AF608334

DIE BRÜCKE 1905——14

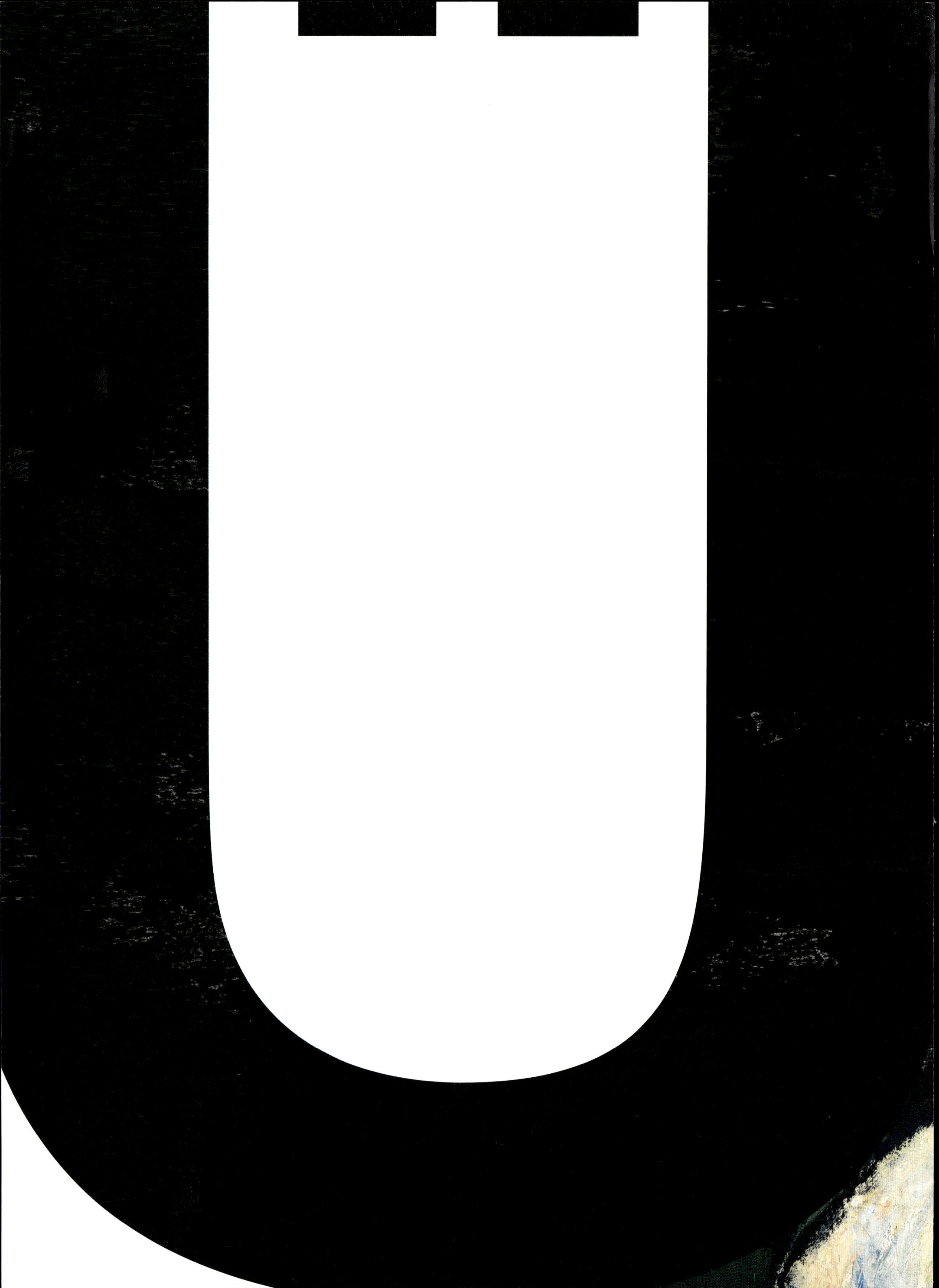

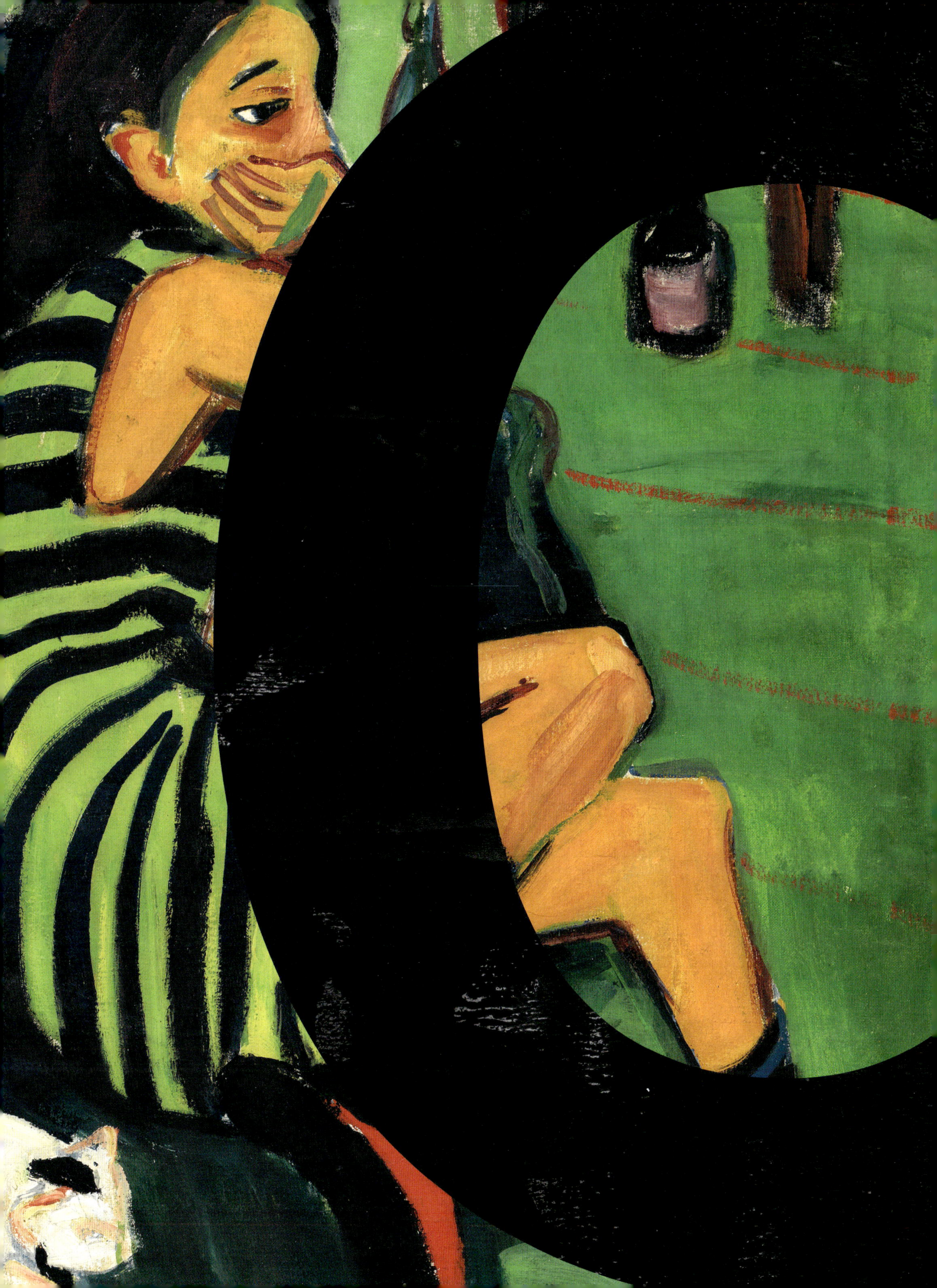

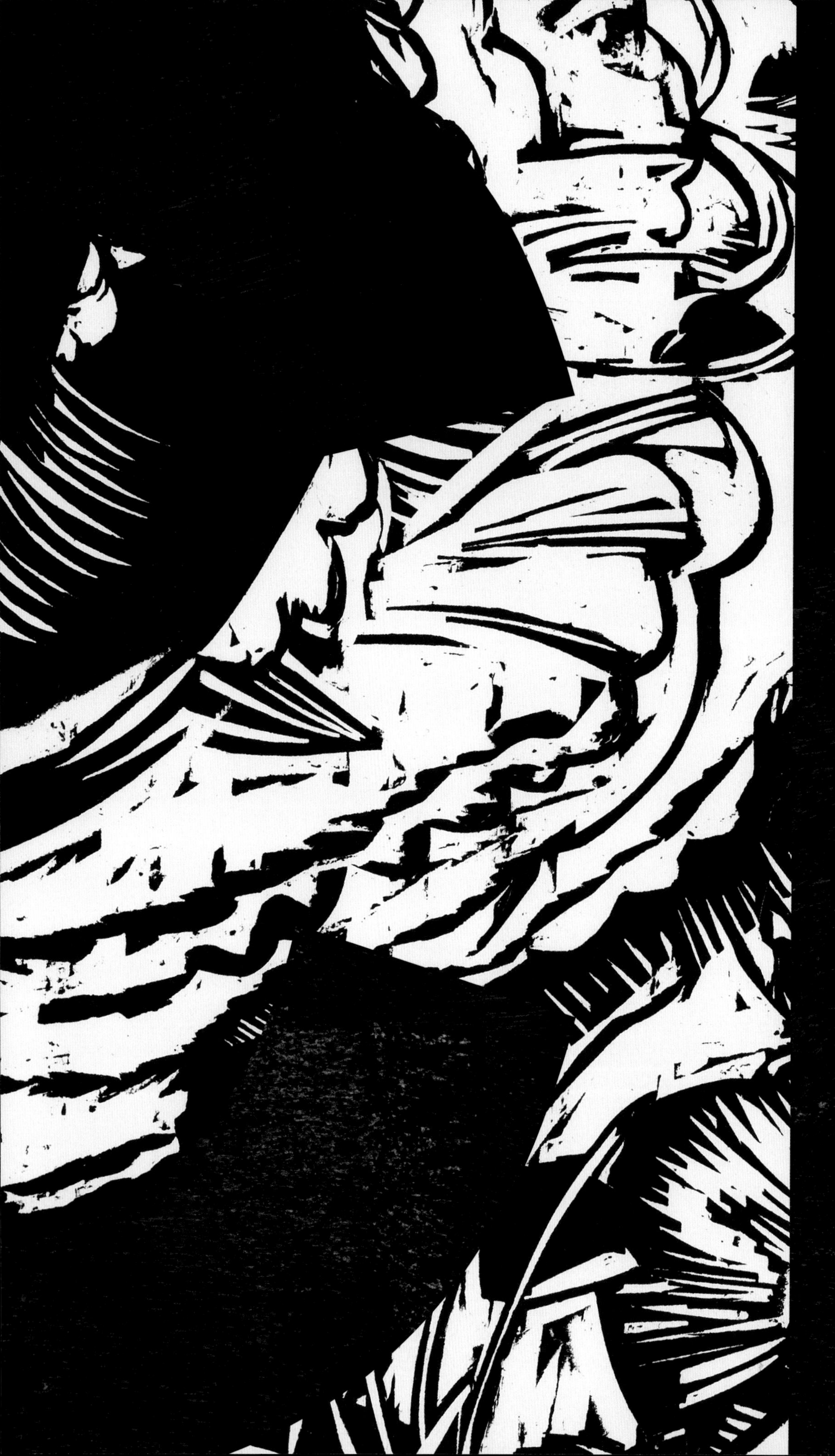

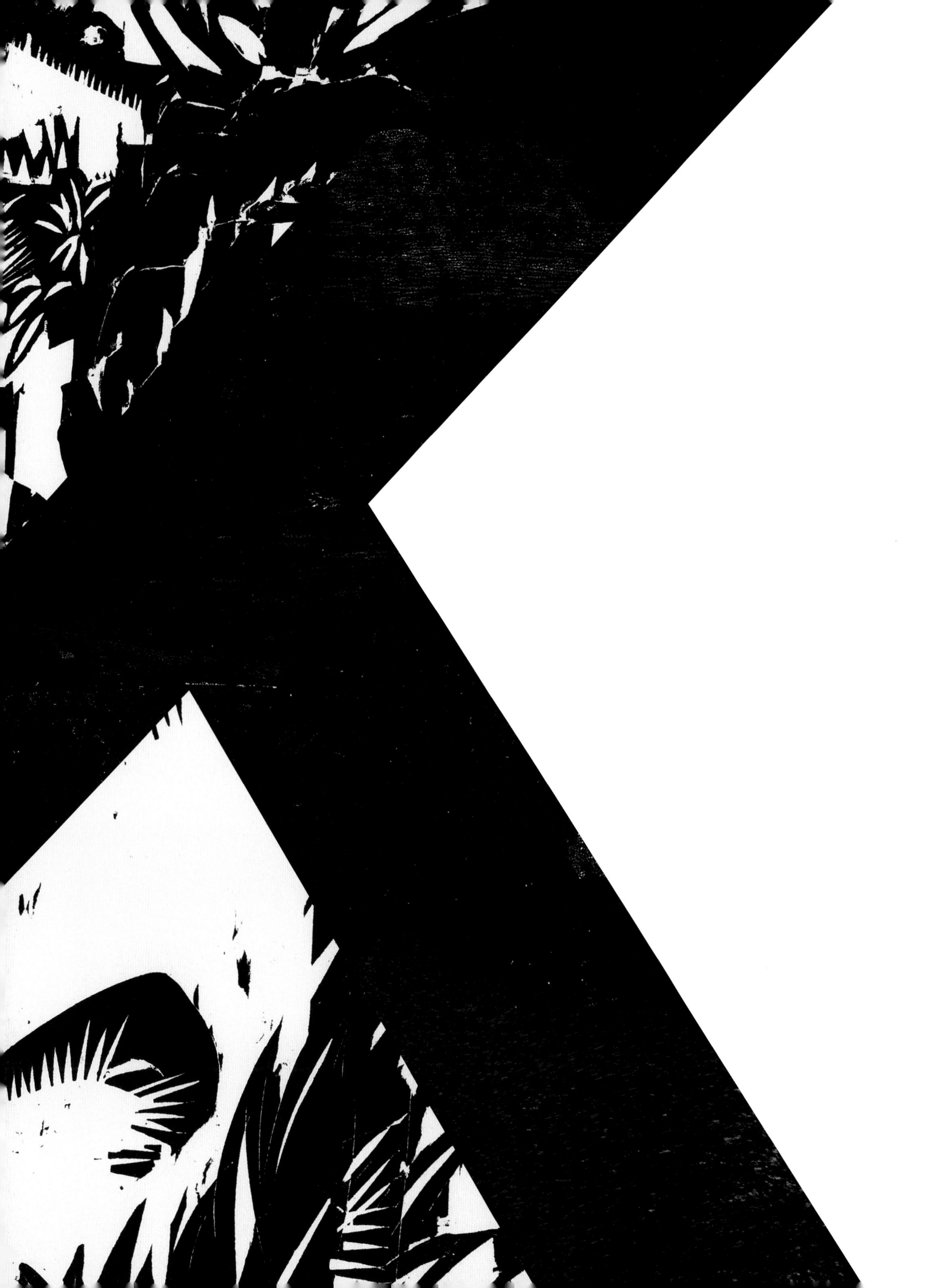

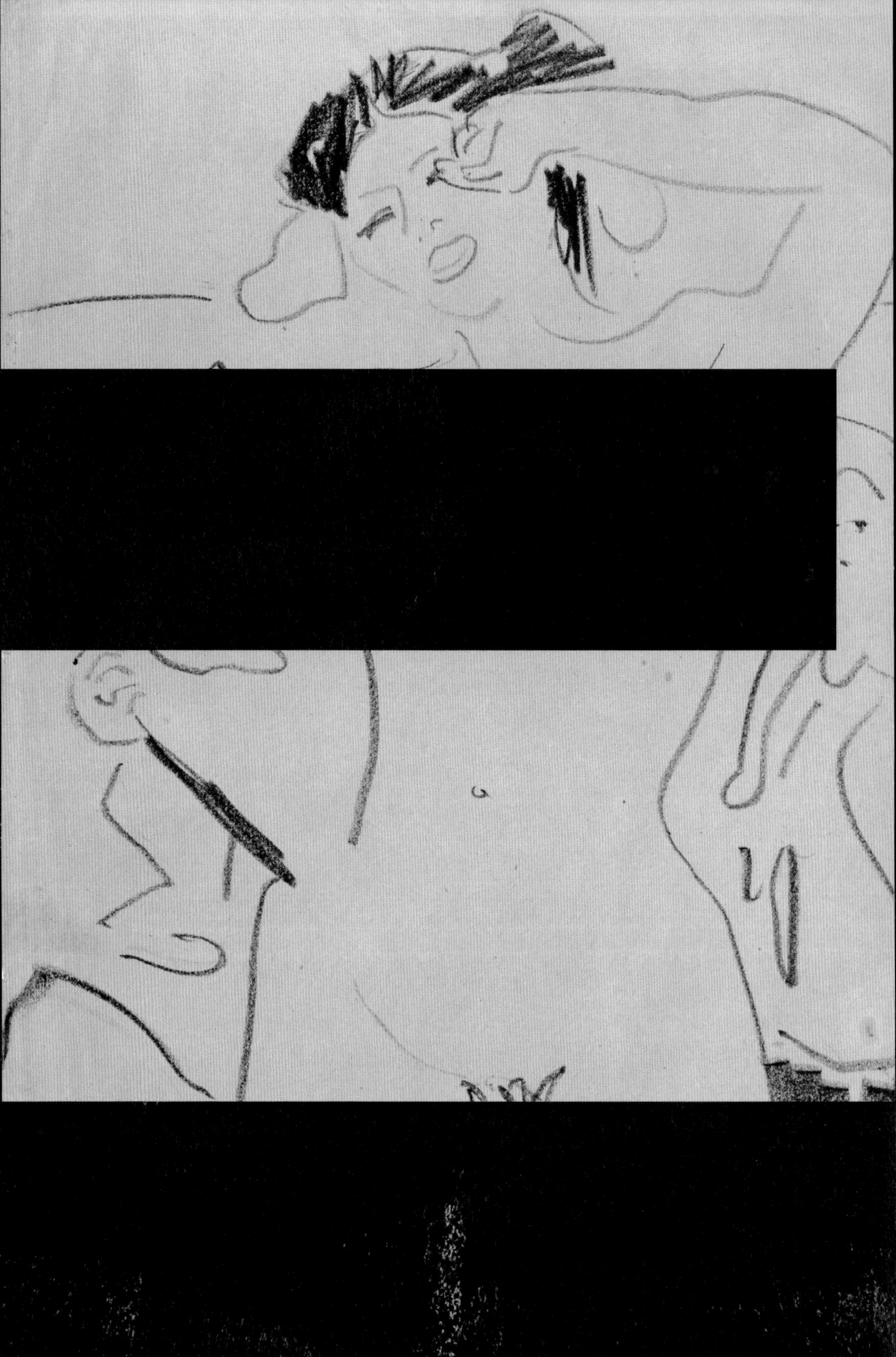

DIE BRÜCKE
1905——14

Herausgegeben
von Magdalena M. Moeller
für die Stiftung Frieder Burda

MUSEUM FRIEDER BURDA
BADEN-BADEN

HIRMER

Frieder Burda

Magdalena M. Moeller

Anhang

Vorwort

Umgeben von farbenfrohen Bildern des deutschen Expressionismus aus der Sammlung meines Vaters bin ich aufgewachsen. Sie gaben einen wesentlichen Impuls für meine spätere eigene Sammelleidenschaft, für meine Begeisterung für expressive Farben und starke Kontraste, und es ist diejenige Kunst, in der ich mich bis heute zuhause fühle. Ich bin glücklich darüber, dass einige dieser Gemälde aus meiner Kindheit nun zu meiner Sammlung gehören und wir sie immer wieder den Besuchern unseres Museums zeigen können.

Sehr oft nehmen wir mit unseren Ausstellungen auf meine Sammlung Bezug und integrieren immer auch Teile von ihr in die jeweilige Schau. Nachdem wir auf diese Weise im Jahr 2009 schon dem „Blauen Reiter“ eine Ausstellung widmen konnten, entstand bald der Wunsch, auch der zweiten großen deutschen Künstlergruppe des Expressionismus, der „Brücke“, eine Ausstellung auszurichten. Als Kuratorin konnten wir die Brücke-Expertin Magdalena M. Moeller, langjährige Direktorin des Berliner Brücke-Museums, gewinnen. Ihr und dem Brücke-Museum, aus dessen Bestand der größte Teil der Exponate stammt, mit seiner neuen Direktorin Lisa-Marei Schmidt möchte ich an dieser Stelle meinen großen Dank aussprechen. Auch allen anderen Leihgebern sei hier für ihre Unterstützung gedankt: der Neuen Nationalgalerie Berlin, dem Museum Kunstpalast, Düsseldorf, dem Lehmbruck Museum, Duisburg, der Heidi Horten Collection, den Städtischen Museen Jena, dem Museo Nacional Centro de Arte Reina Sofía, Madrid, dem Landesmuseum für Kunst und Kulturgeschichte Oldenburg, dem Kunstmuseum Stuttgart, der Staatsgalerie Stuttgart sowie den Leihgebern, die nicht genannt werden möchten.

Zuletzt richtet sich mein herzlicher Dank wieder an die Mitarbeiterinnen und Mitarbeiter unseres Hauses für ihre zuverlässige und präzise Arbeit.

Unseren Besuchern wünsche ich, dass sie sich von den expressiven und farbstarken Bildern berühren und inspirieren lassen. Für mich persönlich haben die Ideen der „Brücke“-Künstler auch über hundert Jahre nach ihrer Entstehung mit ihrem Glauben an Entwicklung, Überwindung von Konventionen und ihrem Ruf nach Freiheit nichts an Aktualität verloren.

Frieder Burda

Zur Ausstellung

Diese Ausstellung geht auf einen Besuch von Frieder Burda gemeinsam mit Götz Adriani im Brücke-Museum in Berlin zurück. Die Begeisterung Frieder Burdas für eine Präsentation der Sammlung des Brücke-Museums in seinem neuen Museum in Baden-Baden war ansteckend. Nach einer sehr erfolgreichen Ausstellung über den „Blauen Reiter“ aus der Sammlung der Städtischen Galerie im Lenbachhaus in München war es Helmut Friedel, inzwischen Intendant des Museums, der die Idee einer „Brücke“-Ausstellung schließlich zur Realisierung führte. Die beiden großen Bewegungen des deutschen Expressionismus, „Blauer Reiter“ und „Brücke“, finden auf diese Weise nun eine sich ergänzende Präsentation in Baden-Baden.

Nach verschiedenen Kooperationen zwischen dem Brücke-Museum und der Städtischen Galerie im Lenbachhaus war die erneute Zusammenarbeit mit Helmut Friedel eine Freude und Quelle der Inspiration. Das jetzt erweiterte Ausstellungskonzept sah die Einbeziehung bedeutender Leihgaben vor, die die Werke aus dem Brücke-Museum, der weltweit umfangreichsten Sammlung zur „Brücke“-Kunst, ergänzen und abrunden sollten. Nach drei Jahren Vorbereitungszeit kann die „Brücke“-Ausstellung nun eine beachtliche Anzahl hervorragender Exponate aus öffentlichen und privaten Sammlungen des In- und Auslands vereinen. Seit der Ausstellung *Brücke. Die Geburt des deutschen Expressionismus* zur Wiederkehr des 100. Gründungsjahres der „Brücke“, für die das Brücke-Museum 2005 ca. 250 Werke aus Sammlungen in Europa, Japan und den USA zusammengetragen hatte, zeigt die jetzige Präsentation in Baden-Baden nach über zehn Jahren erstmals wieder einen umfassenden, breiter angelegten Überblick zum „Brücke“-Expressionismus.

Mit dem Auftreten der „Brücke“ hatte die deutsche Kunst entscheidende neue Impulse erhalten; hier setzte die Moderne in Deutschland ein. Es entstand eine Ausdrucksweise, die mit ihren unorthodoxen Stilmitteln wie starker Farbgebung und Vereinfachung der Form eine Abkehr von allem Akademischen und Traditionellen beinhaltete und daher beim zeitgenössischen Publikum auf starke Ablehnung stieß. Heute, im 21. Jahrhundert,

ist der „Brücke“-Expressionismus so populär – und so modern – wie nie zuvor und gilt als der entscheidende Beitrag Deutschlands zur internationalen Avantgarde des 20. Jahrhunderts.
Der vorliegende Katalog zur Ausstellung wurde von mir so konzipiert, dass er einerseits als Monographie zur „Brücke“ gelten kann, andererseits aber auch durch die in sich abgeschlossenen Texte ein Lesebuch darstellt, ohne allerdings eine bestimmte Leserichtung vorzugeben.
Diese wichtige und anspruchsvolle Ausstellung der „Brücke“ in Baden-Baden war nur möglich durch das heute nicht mehr selbstverständliche Entgegenkommen der Leihgeber. Ich bin daher allen Leihgebern, den Museumskolleginnen und -kollegen sowie den Privatsammlern sehr verbunden und bedanke mich von ganzem Herzen für die großartige und großzügige Unterstützung und das entgegengebrachte Vertrauen. Einige Werke aus Privatbesitz sind seit Jahren nicht mehr öffentlich bzw. waren überhaupt noch nie zu sehen, und ich freue mich sehr, dass sie in Baden-Baden gezeigt werden dürfen.
Neben den Leihgebern bedanke ich mich auch ganz besonders herzlich bei Frieder Burda für seine engagierte Begleitung des Ausstellungsprojekts und sein großes Interesse an dem Ausstellungsthema.
Besonderer Dank gilt ebenfalls Helmut Friedel für eine wie gewohnt wunderbare und bereichernde Zusammenarbeit. Auch bei Henning Schaper, dem jetzigen Direktor des Museum Frieder Burda, bedanke ich mich sehr für seinen unermüdlichen Einsatz, der wesentlich zum Gelingen der Ausstellung beigetragen hat.
Ich hoffe, dass die Ausstellungsbesucher ebenso begeistert sind wie wir, und ich wünsche der Ausstellung eine große Resonanz und viel Erfolg.

Prof. Dr. Magdalena M. Moeller

Kuratorin der Ausstellung

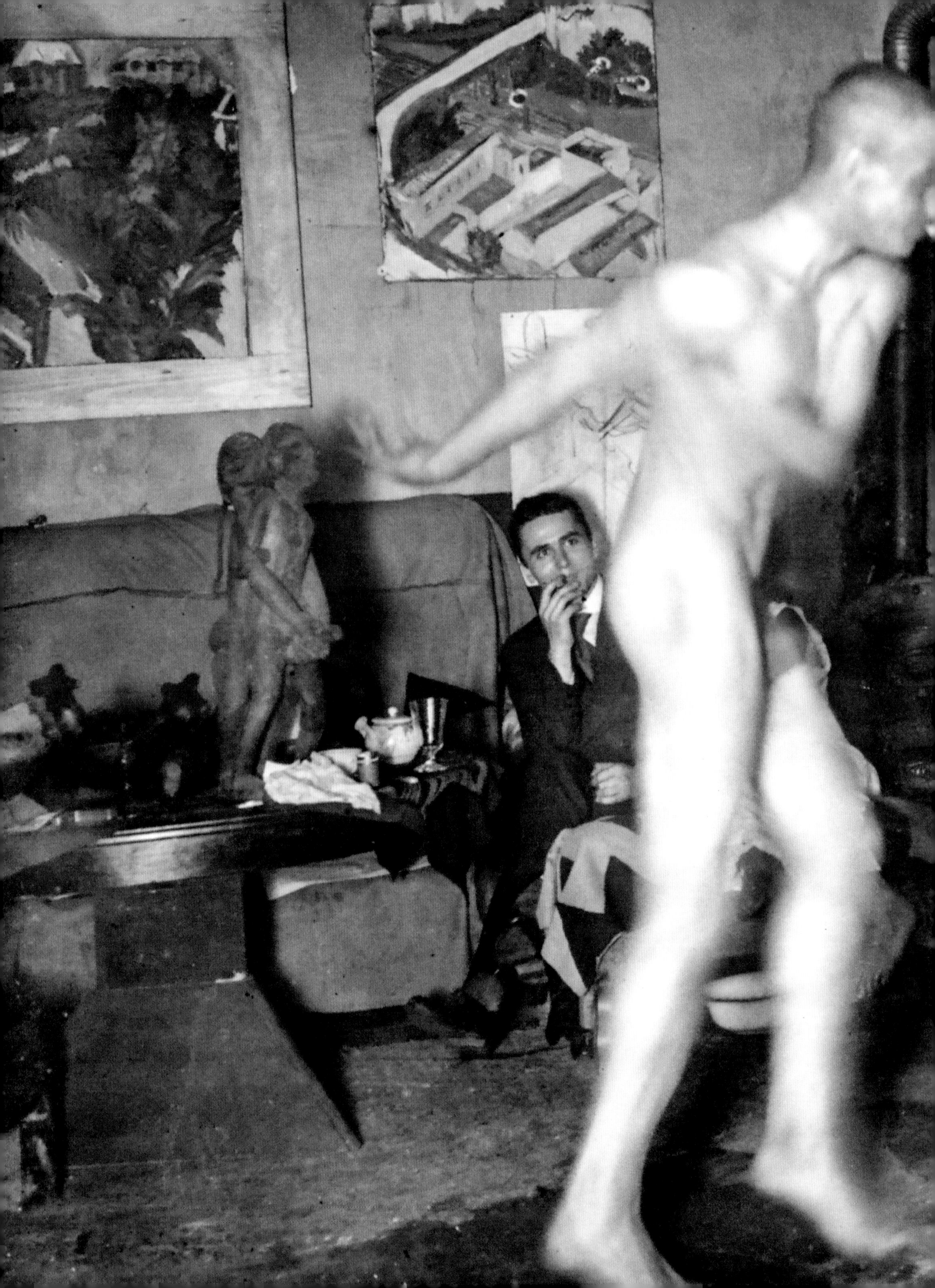

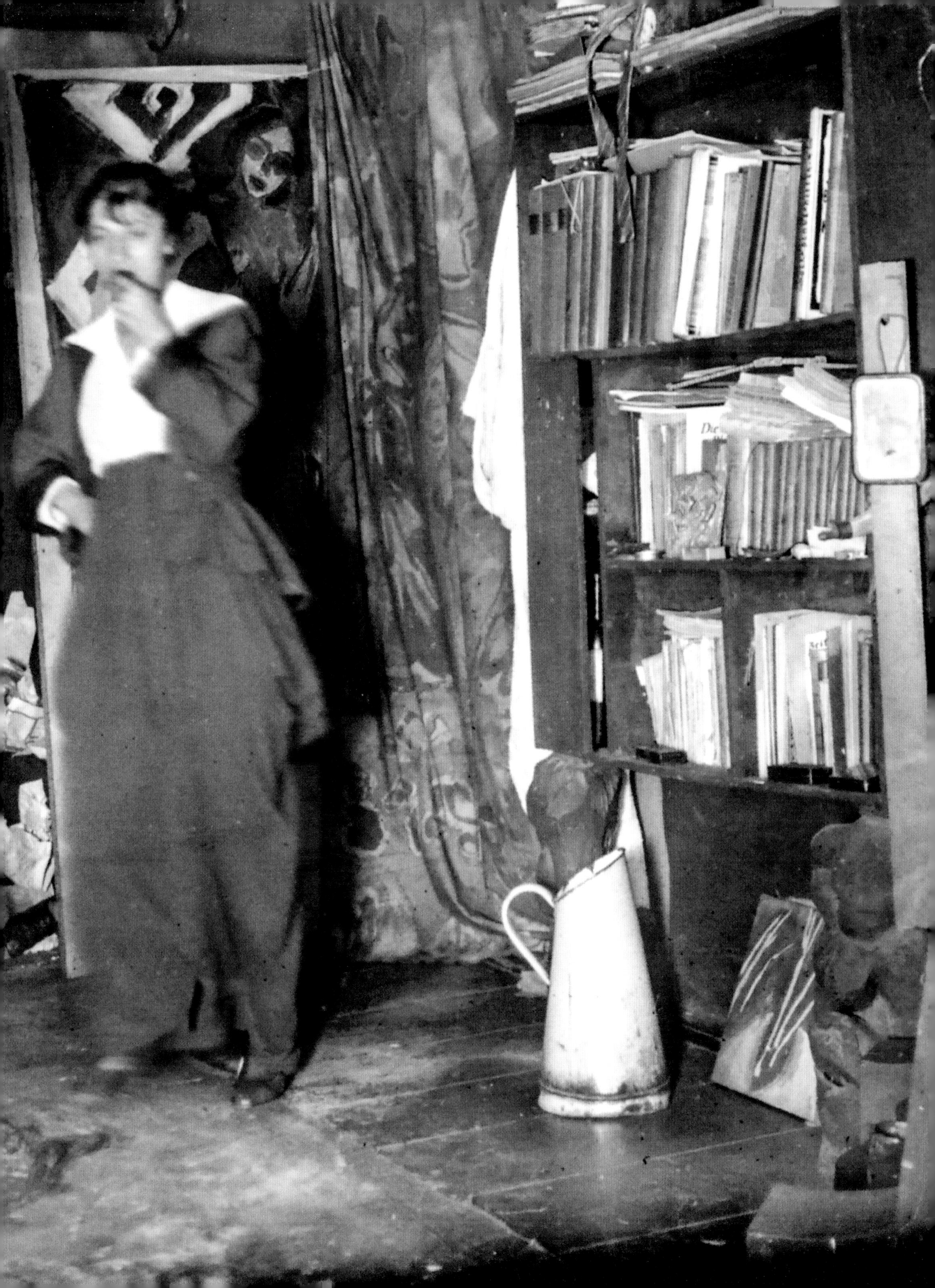

MIT DEM GLAUBEN
AN ENTWICKLUNG
AN EINE NEUE GE-
NERATION DER SCHAFFEN-
DEN WIE DER GENIESSEN-
DEN RUFEN WIR ALLE JU-
GEND ZUSAMMEN UND
ALS JUGEND, DIE DIE ZU-
KUNFT TRÄGT, WOLLEN
WIR UNS ARM- UND LE-
BENSFREIHEIT VERSCHAF-
FEN GEGENÜBER DEN
WOHLANGESESSENEN ÄL-
TEREN KRÄFTEN. JEDER GE-
HÖRT ZU UNS, DER UN-
MITTELBAR UND UNVER-
FÄLSCHT DAS WIEDER-
GIEBT, WAS IHN ZUM
SCHAFFEN DRAENGT.

Die „Brücke" – Durchbruch zur Moderne

Die Kunst des 20. Jahrhunderts setzte in Deutschland mit etwa zehn Jahren Verspätung ein. Erst mit der Entstehung des Expressionismus, für den die Künstlergruppe „Brücke" heute synonym steht, wurde mit allem Bisherigen gebrochen. 1912, im Jahr nach der Übersiedlung in die Reichshauptstadt Berlin, erlebte der „Brücke"-Expressionismus seinen Höhepunkt, und steigerte sich noch weiter, bis schließlich der Erste Weltkrieg diesem Höhenflug ein Ende setzte. Es entstand eine durch die pulsierende Großstadt mitgeprägte Bildsprache, die bis dahin nicht ihresgleichen hatte: Alle zuvor existierenden Stilrichtungen und Ismen wie Impressionismus, Pointilismus, Jugendstil, Japonismus oder Symbolismus – und selbstverständlich auch die traditionelle akademische Kunst – gehörten noch sämtlich dem 19. Jahrhundert an. Es sind Stiläußerungen, welche auch die „Brücke"-Künstler in ihren ersten Jahren aufgriffen beziehungsweise setzten sie hier an, bevor sie dann ab 1910, nicht zuletzt durch die Rezeption der außereuropäischen Kunst, zu Neuem und schließlich zu Eigenständigem vordrangen. So waren die ersten zehn Jahre des 20. Jahrhunderts in Deutschland quasi die Inkubationszeit des Expressionismus – oder präziser: des Großstadtexpressionismus.

Vor allem das Jahr 1912 kann als Schlüsseljahr für die Moderne in Deutschland gelten. Neben der „Brücke" in Berlin trat in München mit dem „Blauen Reiter" eine weitere Künstlergemeinschaft hervor, die mit dem Herkömmlichen brach. Deren erste Ausstellung fand im Dezember 1911/Januar 1912 in der Modernen Galerie Heinrich Thannhauser statt und wurde im März/April in Berlin gezeigt, als Eröffnungsausstellung von Herwarth Waldens „Sturm"-Galerie. Die Werke des „Blauen Reiters" zeigten eine

Ernst Ludwig Kirchner
Programm der Brücke, 1906

andere Moderne als diejenigen der „Brücke“, waren eher eine Variante der expressionistischen Ausdrucksweise. Die Einbeziehung der Stilmittel von Kubismus und Orphismus waren für sie weitgehend stilbestimmend. Bei den Münchner Künstlern Kandinsky, Marc sowie bei Macke war der Erneuerungswille ebenso ausgeprägt wie bei Kirchner, Heckel und Schmidt-Rottluff. 1912 war auch das Erscheinungsjahr ihres Almanachs *Der Blaue Reiter*, der mit unterschiedlichen Beiträgen und Bildbeispielen die Verbindung von der Gegenwart zu Gotik, Stammeskunst, asiatischer Kunst, Volkskunst und sogar zu Kinderzeichnungen herstellte. Das Gedanken- und Geistesgut des „Blauen Reiters“ ist programmatisch orientiert, ihre Kunst international ausgerichtet, während die Kunst der „Brücke“ eher auf der emotionalen, sozusagen eruptiven Ebene angesiedelt ist.

Ein weiteres bedeutendes Ereignis im Stichjahr 1912 stellte die erste Ausstellung der italienischen Futuristen dar, deren Werke im April in der „Sturm“-Galerie in Berlin zu sehen waren und die beim konservativen Publikum einen Aufschrei des Entsetzens hervorriefen. Die Futuristen waren angetreten, um eine radikale Erneuerung der Kunst herbeizuführen; im Glauben an die Zukunft forderten sie in ihren Manifesten die Zerstörung der bisherigen Werte. Ihre Stilmittel, mit denen sie die Geschwindigkeit, Bewegung und Dynamik der modernen Zeit zum Ausdruck bringen wollten, hatten auf Kirchner eine starke Wirkung. Indem er diese Bildmittel für seine Straßenszenen adaptierte, verband sich der Expressionismus der „Brücke“ ebenso wie der „Blaue Reiter“ mit der internationalen Moderne. Überall in Europa traten Künstler auf den Plan, die vor dem Hintergrund einer neuen Befindlichkeit, einer neuen Auffassung von Kunst und Leben neue Bildlösungen hervorbrachten. Diese Entwicklungslinien begannen 1912 zu konvergieren, und die Gegensätze von Tradition und Moderne prallten niemals zuvor so heftig aufeinander wie jetzt.

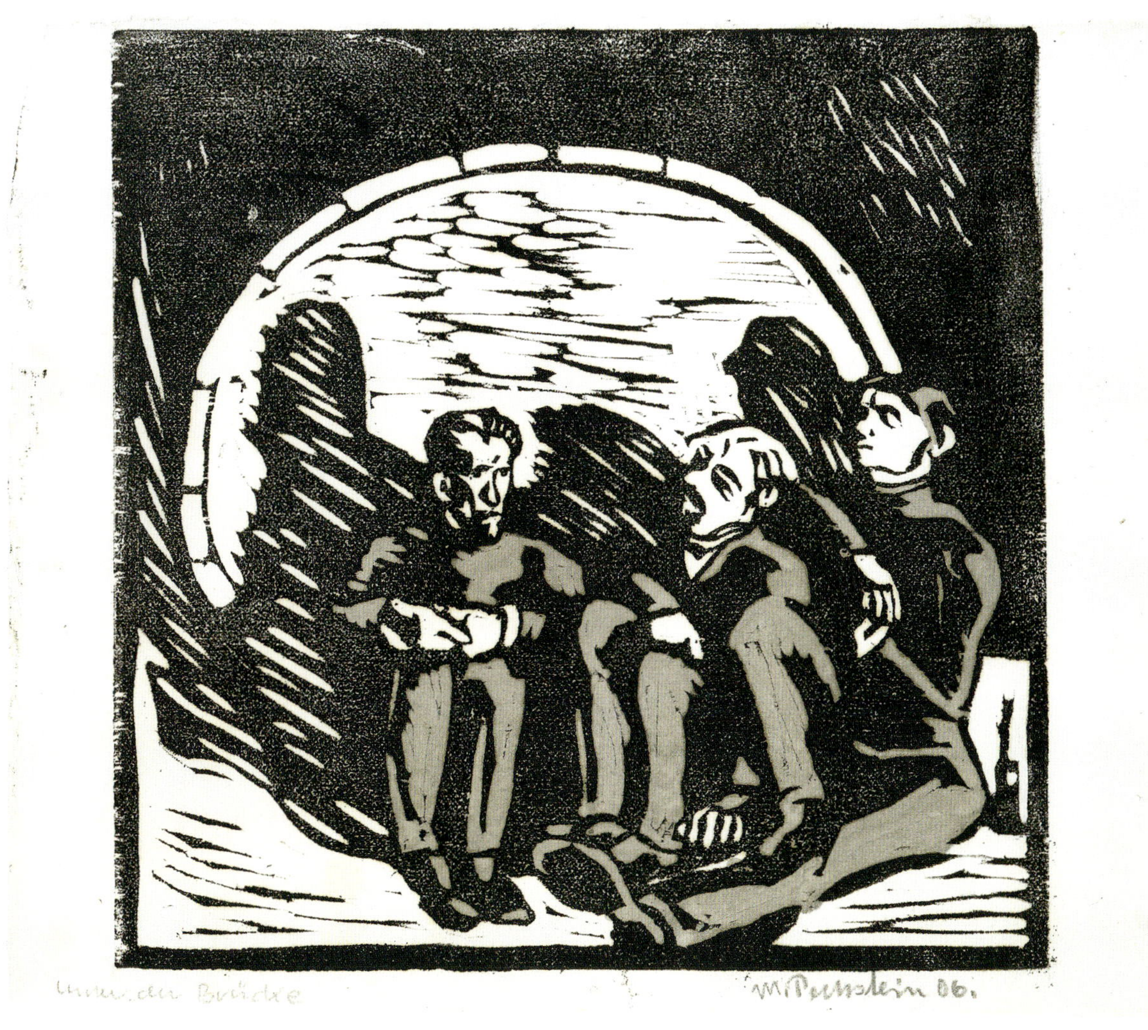

Max Pechstein
Unter der Brücke, 1906

Die alles überragende Ausstellung 1912 war die des „Sonderbunds Westdeutscher Kunstfreunde und Künstler“ in der Ausstellungshalle am Aachener Tor in Köln. Sie bedeutete die Anerkennung des Expressionismus als der maßgebenden Stilrichtung der Moderne. Aus der 1909 in Düsseldorf gegründeten Künstlergruppe „Sonderbund“ war 1910 die kulturpolitisch orientierte Vereinigung des „Sonderbunds Westdeutscher Kunstfreunde und Künstler“ hervorgegangen. Die ersten beiden großen Ausstellungen in Düsseldorf 1910 und 1911 präsentierten und konfrontierten aktuelle deutsche und französische Kunst, riefen jedoch in der alten Akademiestadt so starke Proteste hervor, dass die für den Sommer 1912 geplante, groß dimensionierte Ausstellung, die erstmals in Deutschland bzw. Europa einen umfassenden Überblick über die Moderne geben sollte, nach Köln wanderte. Hier wurden 634 Gemälde und Plastiken von Künstlern aus Deutschland, Frankreich, Belgien, Schweiz, Italien, Österreich, Ungarn und Norwegen gezeigt. Im Vorwort des Katalogs formuliert Richart Reiche konkret das angestrebte Ziel der Ausstellung, sie „will einen Überblick über den Stand der jüngsten Bewegung in der Malerei geben, die nach dem atmosphärischen Naturalismus und dem Impressionismus der Bewegung aufgetreten ist und nach einer Vereinfachung und Steigerung der Ausdrucksformen, einer neuen Rhythmik und Farbigkeit nach dekorativer oder monumentaler Gestaltung strebt, einen Überblick über jene Bewegung, die man als Expressionismus bezeichnet hat“. Zum Expressionismus wurden damals auch Fauvismus und Kubismus gezählt, es war einfach der Sammelbegriff für alles Moderne, Zeitgenössische. Um die Entstehung des Expressionismus schlüssig darzulegen, wurden dessen Wegbereiter mit umfangreichen Werkkomplexen präsentiert: In jeweils eigenen Sälen wurden von van Gogh 125, von Cézanne 26 und von Gauguin 25 Werke gezeigt. Dem unmittelbaren Vorläufer expressionistischer Kunst, dem Norweger Edvard Munch, war ebenfalls ein eigener Saal mit der beachtlichen Anzahl von 32 Werken gewidmet. Die Künstler

der „Brücke“ waren in Raum 16 mit jeweils drei Werken von Kirchner, Heckel und Schmidt-Rottluff vertreten. Außerdem hatten Kirchner und Heckel die von Thorn-Prikker gestaltete Kapelle ausgemalt. Auch die zum „Blauen Reiter“ gehörenden Künstler sowie die rheinischen Expressionisten waren entsprechend vertreten, jedoch waren ihre Arbeiten auf unterschiedliche Räume verteilt.
Die Ausstellung des „Sonderbunds“ verankerte den deutschen Expressionismus in die aktuellen internationalen Ismen der Zeit. Aufsehenerregend war die Präsentation von 16 Werken Picassos, dem führenden Künstler der Moderne in Frankreich, in einem eigenen Saal. Es war sozusagen die erste Picasso-Ausstellung in Deutschland, noch bevor im Februar 1913 die Galerie Thannhauser in München eine Werkschau zeigte und anschließend zwei weitere Einzelausstellungen in der Galerie Otto Feldmann in Köln und in Berlin stattfanden.
Bei der Eröffnung am 24. Mai waren Heckel und Kirchner anwesend, ebenso Edvard Munch, den sie nun endlich persönlich kennenlernten, dessen Werk sie bereits in ihren Anfangsjahren bewundert hatten und das für Kirchners Graphik eine Vorbildfunktion hatte. Vergeblich hatten sie versucht, Munch als „Brücke“-Mitglied sowie zur Teilnahme an ihren Ausstellungen zu gewinnen. Schmidt-Rottluff hingegen besuchte die „Sonderbund“-Ausstellung erst später.
Den „Brücke“-Künstlern muss durch die „Sonderbund“-Ausstellung umso klarer geworden sein, wo sie mit ihrer Kunst standen. Auf revolutionäre Weise haben sie die deutsche Kunst erneuert. Ihre Hinwendung zur reinen, leuchtend eingesetzten Farbe und die radikale Reduzierung der Form ließen ihnen eine Schlüsselfunktion für die Moderne in Deutschland zukommen. Nie zuvor war eine Bildsprache so heftig in ihrem Ausdruck und von solcher Steigerung in der Aussage. Es war eine unmittelbar persönliche, auf Gefühl, Intuition und Emotion basierende Kunst. Auf dieselbe unbefangene

Art von Autodidakten setzten sie sich auch mit der Druckgraphik auseinander und führten nach langer Stagnation den Holzschnitt zu einer neuen Blüte. Die Form gestaltete sich hier noch eruptiver und direkter in der Aussage. Ein ständiges Experimentieren mit den druckgraphischen Techniken brachte zusätzlich neue Effekte. Auch das Aquarell war eine bereits seit der Romantik vernachlässigte Technik, die sie zum wesentlichen Ausdrucksmittel ihrer Kunst machten. Wie in der Malerei war hier der Einsatz leuchtender Farben möglich, wobei der bewegliche Aquarellpinsel den Eindruck der Wirklichkeit noch unmittelbarer festhalten, das optische Erlebnis noch direkter und rascher erfassen konnte; zudem war hier auch die Bewegung der Hand stärker als in der Malerei in die Ausgestaltung des Kunstwerks einbezogen.

Druckgraphik und Aquarell standen für die „Brücke"-Künstler gleichwertig neben der Malerei, ebenso wie die Tausenden von Zeichnungen und Skizzenblätter einen wesentlichen Bestandteil der Kunst der „Brücke" darstellen. Entscheidende Stilneuerungen finden hier oft zum ersten Mal ihre Ausformulierung und lassen den ganzen Innovationscharakter des „Brücke"-Expressionismus erkennen.

Ernst Ludwig Kirchner
Heckel und Modell im Atelier, 1905

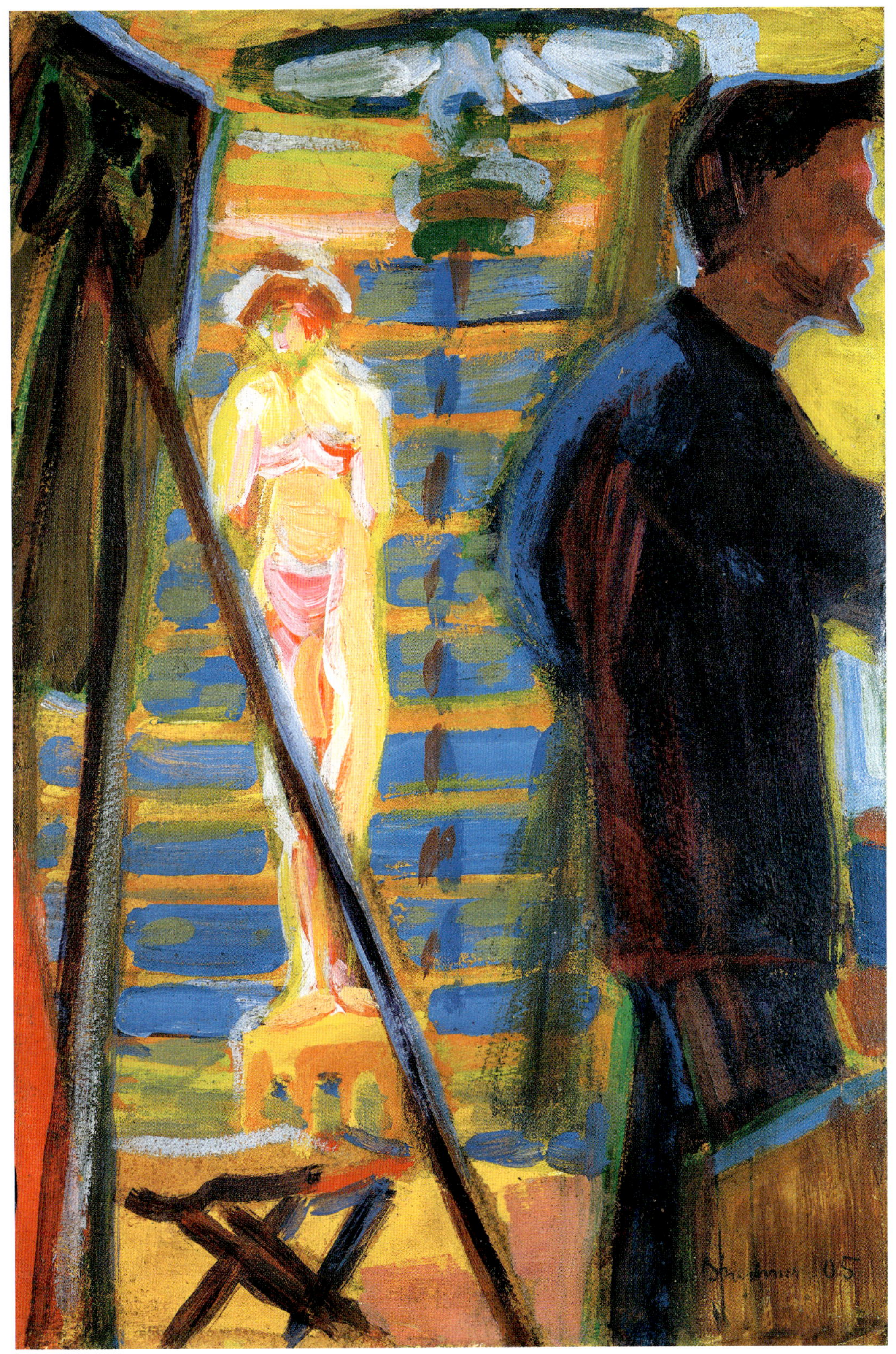

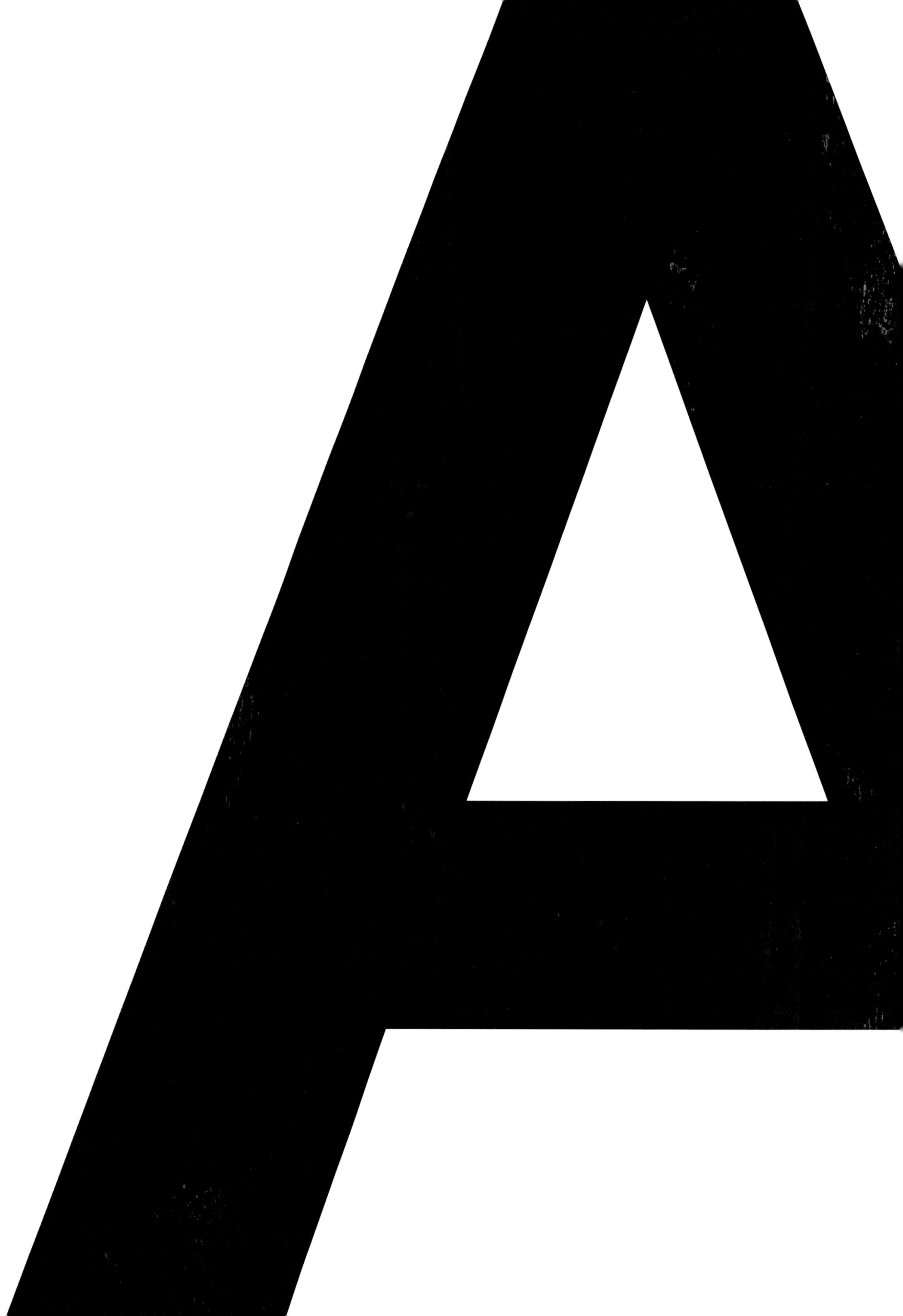

Gründung und Programm der „Brücke"

Am 7. Juni 1905 wurde in der alten Residenzstadt Dresden die Künstlergruppe „Brücke" ganz unspektakulär von Ernst Ludwig Kirchner, Fritz Bleyl, Erich Heckel und Karl Schmidt, der sich von da an nach seinem Geburtsort Schmidt-Rottluff nannte, gegründet. Kirchner und Bleyl, der der Gruppe nur bis 1907 angehören sollte, hatten gerade ihr Architekturstudium an der Technischen Hochschule erfolgreich mit dem Diplom abgeschlossen. Die beiden jüngeren, Schmidt-Rottluff und Heckel, studierten dagegen noch im ersten beziehungsweise dritten Semester, doch verließen sie die Hochschule schon bald, um sich dem freien künstlerischen Schaffen zu widmen. Das Interesse an der Kunst hatte die jungen Leute zusammengeführt, alle hatten in ihrer Freizeit intensiv gemalt und gezeichnet, sich also abgesehen von dem Zeichenunterricht an der Technischen Hochschule weitgehend autodidaktisch ausgebildet. Nur Kirchner, der im Wintersemester 1903/04 sein Architekturstudium vorübergehend in München fortsetzte, konnte sich dort durch den Besuch des privaten „Lehr- und Versuchsateliers für Angewandte und Freie Kunst" von Wilhelm von Debschitz und Hermann Obrist zusätzliche Kenntnisse aneignen. Wie Heckel später berichtete, war es Schmidt-Rottluff, der für die Gruppe den Namen „Brücke" fand: „Wir haben natürlich überlegt, wie wir an die Öffentlichkeit treten können. Eines Abends sprachen wir auf dem Nachhauseweg wieder davon. Schmidt-Rottluff sagte, wir könnten das Brücke nennen – das sei ein vielschichtiges Wort, würde kein Programm bedeuten, aber gewissermaßen von einem Ufer zum anderen führen. Wovon wir weg mussten, war uns klar, wohin wir kommen würden, stand allerdings weniger fest."[1] Aber auch Nietzsches *Also sprach Zarathustra,* ein Werk, das alle

„Brücke"-Künstler sehr gut kannten und aus dem vor allem Heckel gern zitierte, kann bei der Namensgebung eine Rolle gespielt haben. „Was groß ist am Menschen, das ist, daß er eine Brücke und kein Zweck ist: was geliebt werden kann am Menschen, das ist, dass er ein Übergang und kein Untergang ist", heißt es hier an einer Stelle.[2] Fritz Bleyl schreibt in seinen Lebenserinnerungen zur Gründung: „Mit von Selbstvertrauen getragener Begeisterung wurde die Einrichtung der neuen Künstlervereinigung beraten und in Angriff genommen, mit großem Mut und jugendlicher Rücksichtslosigkeit und Keckheit der zunächst fast aussichtslos erscheinende Kampf wider die gegnerischen Kräfte begonnen."[3]

1

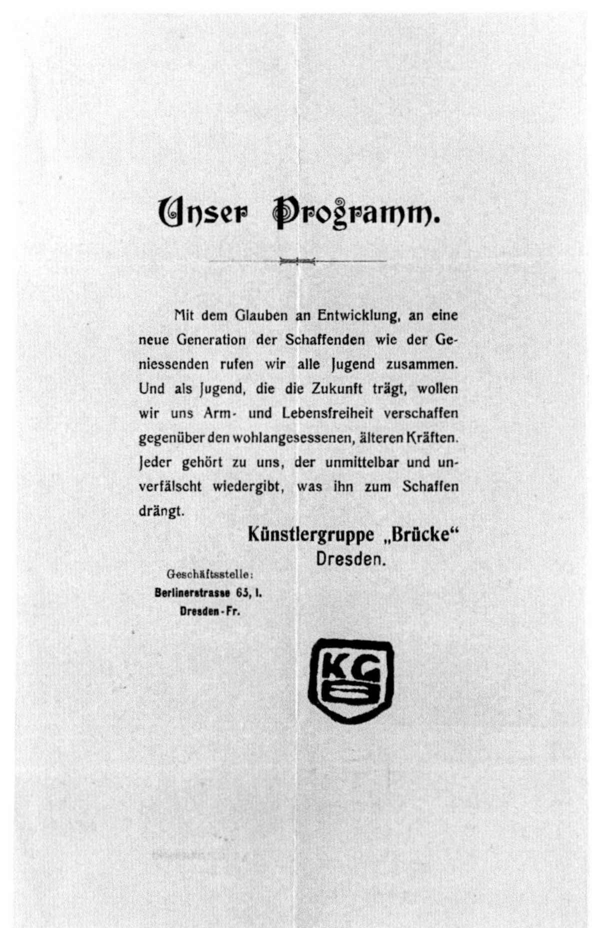

Unser Programm.

Mit dem Glauben an Entwicklung, an eine neue Generation der Schaffenden wie der Geniessenden rufen wir alle Jugend zusammen. Und als Jugend, die die Zukunft trägt, wollen wir uns Arm- und Lebensfreiheit verschaffen gegenüber den wohlangesessenen, älteren Kräften. Jeder gehört zu uns, der unmittelbar und unverfälscht wiedergibt, was ihn zum Schaffen drängt.

Künstlergruppe „Brücke"
Dresden.

Geschäftsstelle:
Berlinerstrasse 65, I.
Dresden-Fr.

KG B

Abb. 1
Ernst Ludwig Kirchner
Programm der Brücke, 1906

Von Anfang an ist das künstlerische Schaffen der „Brücke“ durch ein vitalistisches Verständnis geprägt. Auch wenn, wie die Äußerungen von Heckel und Bleyl belegen, das Stilwollen, eine bestimmte einzuschlagende künstlerische Richtung, zunächst nicht definiert worden war, so empfanden sich die „Brücke“-Mitglieder dennoch als Revolutionäre, die etwas Neues schaffen wollten. Ein neues Lebensgefühl galt zunächst als die grundlegende Kunstphilosophie. Wahrscheinlich noch im Gründungsjahr formulierte Kirchner das Programm der „Brücke“, das 1906 als Holzschnitt Seite — 16 veröffentlicht wurde und das auch als gedrucktes Flugblatt zur Verteilung kam Abb. — 1. Der Text bestand aus nur drei Sätzen: „Mit dem Glauben an Entwicklung, an eine neue Generation der Schaffenden wie der Genießenden rufen wir alle Jugend zusammen und als Jugend, die die Zukunft trägt, wollen wir uns Arm- und Lebensfreiheit verschaffen gegenüber den wohlangesessenen älteren Kräften. Jeder gehört zu uns, der unmittelbar und unverfälscht das wiedergiebt, was ihn zum Schaffen drängt.“ Ein stilunabhängiger Wille zum Schaffen klingt hier an, aber auch ein Außenseitertum. Man verstand sich als Überwinder der Kunst des wilhelminischen Zeitalters. Losgelöst von akademischen Regeln wollte die „Brücke“ den Schaffensdrang als wichtigsten künstlerischen Impuls verstanden wissen. Das Programm ist die einzige theoretische Verkündung der „Brücke“. Ihr zukünftiges Schaffen sollte eher impulsiv und von einem starken Gefühlsausdruck gekennzeichnet sein als von theoretischer Orientierung.

---

1 Hans Kinkel, Aus einem Gespräch mit Erich Heckel, in: Das Kunstwerk, XII, 3, 1958, S. 24.

2 Friedrich Nietzsche, Werke, 2 Bde., Leipzig 1930, Bd. 1: Also sprach Zarathustra, S. 296.

3 Fritz Bleyl, Lebenserinnerungen, in: Fritz Bleyl 1880–1966, Brücke-Archiv 18, Brücke-Museum Berlin 1993, S. 206.

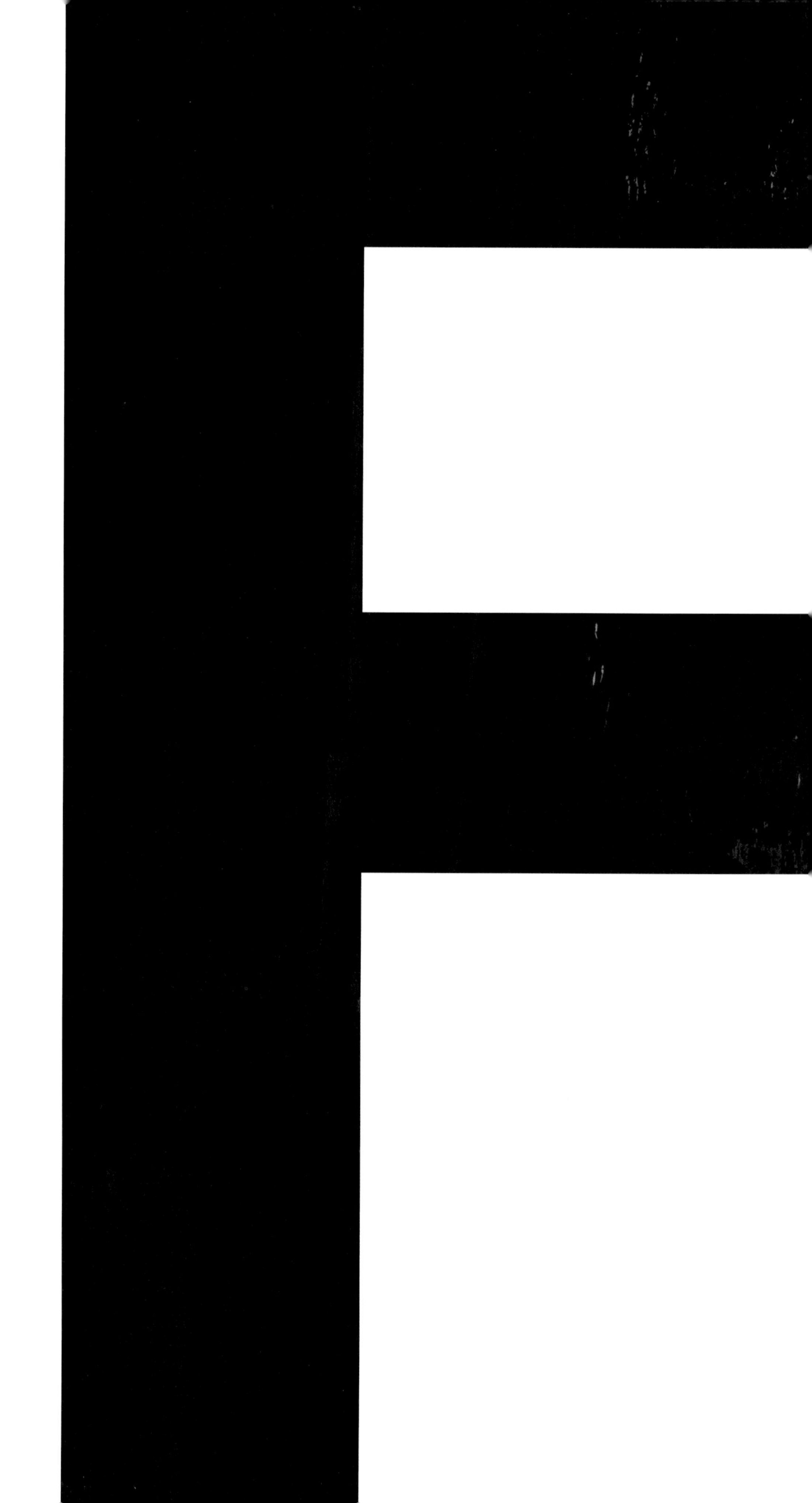

Künstlerportraits

Freundschaftsbilder in der Tradition des 19. Jahrhunderts, wie sie etwa bei den Nazarenern üblich waren, hat die Künstlergruppe „Brücke“ nicht geschaffen. Es gibt stattdessen eine Anzahl von Selbstbildnissen, gegenseitige Portraits sowie szenische Darstellungen der Künstlerkollegen bei ihrer Arbeit im Atelier oder in der Natur. In den Dresdener Jahren, als das gemeinsame Arbeiten im Vordergrund stand und somit eine enge künstlerische Verbundenheit und Nähe dominierte, sind zahlreiche solcher Portraits entstanden.

Die ersten Portraits stammen aus dem Gründungsjahr 1905. Das in Holz geschnittene Selbstbildnis Kirchners Seite — 32 ist wie alle seine Selbstbildnisse auch ein Selbstzeugnis. Er stellt sich hier, lässig seine Pfeife rauchend, als Bohemien dar, der sich bereits für ein antibürgerliches Leben als Künstler entschieden hat. Selbstbewusst schaut er den Betrachter an. Auch in seinem in Öl gemalten Selbstportrait von 1914 Seite — 297 konfrontiert er den Betrachter mit seinem frontal wiedergegebenen Antlitz. Während seine Körperhaltung statisch ist, er statt auf die Leinwand geradeaus, zum Betrachter, schaut, sind vor und hinter ihm diagonale Linien angeordnet. Dadurch wird eine dynamische Bewegung erzielt, die durch den nervösen Pinselduktus ihre Unterstützung findet. Kirchner gibt sich hier als der Beobachter der hektischen Großstadt Berlin, die er in seinen zahlreichen Straßenszenen festhielt. Inszeniert ist ebenfalls sein radiertes *Selbstbildnis, zeichnend* Seite — 296. Hier gelingt ihm die Vision eines am Leben und den Lebensumständen leidenden Menschen.

Zu den nicht gerade zahlreichen Portraitbildnissen seiner Künstlerkollegen gehört das Gemälde *Heckel und Modell im Atelier* Seite — 23, das wohl beim gemeinsamen Arbeiten im Atelier

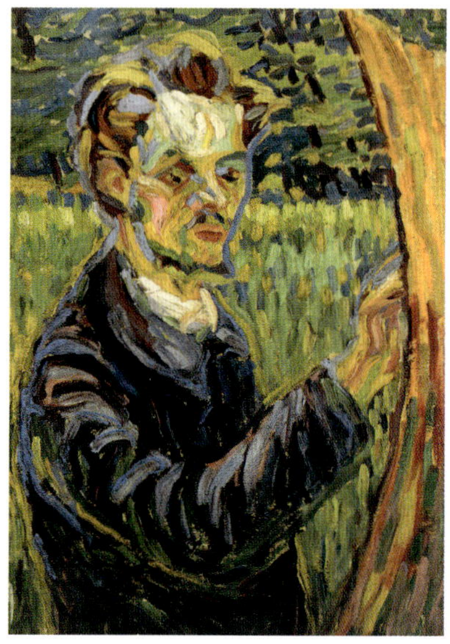

2

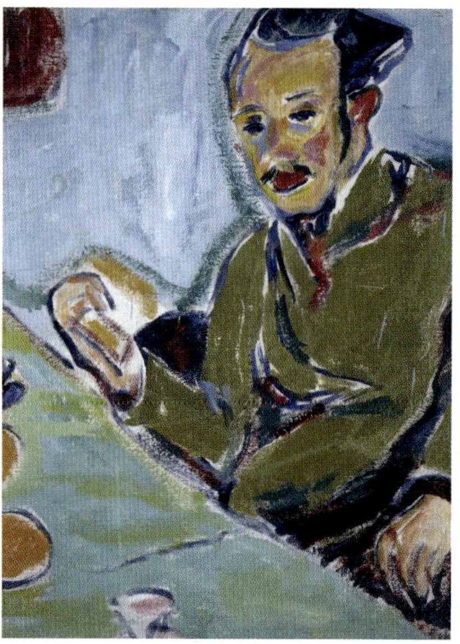

1

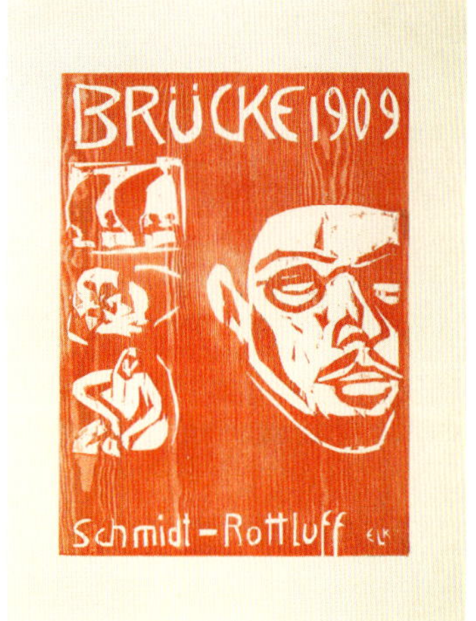

3

Abb. 1
Ernst Ludwig Kirchner
Bildnis Erich Heckel, 1909

Abb. 2
Ernst Ludwig Kirchner
Portrait des Malers Heckel, 1907

Abb. 3
Ernst Ludwig Kirchner
Portrait Schmidt-Rottluff, 1909

Abb. 4
Max Pechstein
Bildnis Ernst Ludwig Kirchner, 1908

entstanden ist und in Zusammenhang mit den „Viertelstundenakten“ zu sehen ist. 1907 und 1909 malte er nochmals seinen Freund Heckel Abb. — 1 und 2. Für das Titelblatt der Jahresmappe der „Brücke“ von 1909 schnitt er das Portrait von Schmidt-Rottluff in Holz Abb. — 3.

Von Heckel gibt es dagegen keine Gemälde mit dem Portrait Kirchners in der gemeinsamen „Brücke“-Zeit. Erst 1917 schuf Heckel aus der Erinnerung heraus das Kirchner darstellende Gemälde *Roquairol* (Brücke-Museum Berlin). Auch Schmidt-Rottluff hat Kirchner nicht portraitiert; Heckel wurde dagegen in dessen Dangaster Aquarell von 1909 festgehalten Seite — 37.

Ein verbindendes Stilelement all dieser Portraitdarstellungen ist die Abkehr von der rein akademischen Auffassung: Es werden keine Posen eingenommen, was einen Bruch mit den klassischen Regeln bedeutete. Auch das 1906 entstandene Selbstbildnis Heckels, *Mann in jungen Jahren* Seite — 33, ist in seiner Auffassung und Pinselschrift unorthodox. Als Vorbild dienten Heckel die Selbstbildnisse van Goghs, doch ist seine Darstellung weniger psychologisiert. Mit den leuchtenden Farben, dem dynamischen Pinselduktus, der Vorder- und Hintergrund verbindet, steigert Heckel die Expressivität des Ausdrucks, was auch sein Hauptanliegen war.

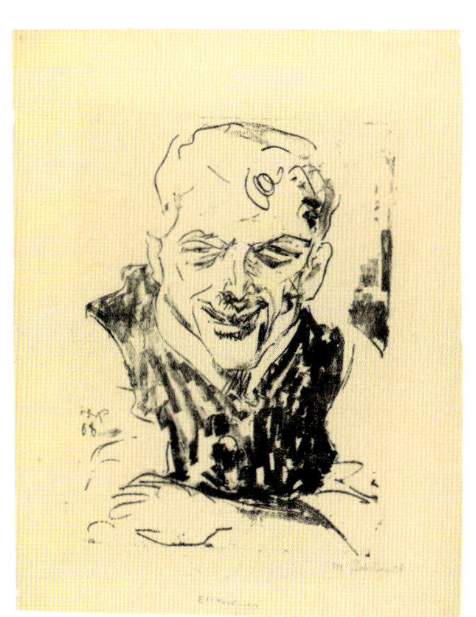

4

Nach seiner Rückkehr aus Paris Ende 1908 hielt Max Pechstein seine „Brücke“-Kollegen in druckgraphischen Bildnissen fest Seiten — 34, 35 und Abb. — 4, von Heckel sind sogar zwei lithographierte Portraits entstanden. Aus demselben Jahr stammt die Radierung *E.N. (Selbstbildnis)* von Nolde Seite — 51.

Mit der Übersiedlung der „Brücke“ nach Berlin verlor sich der Zusammenhalt der Künstler zunehmend, und das Interesse an der Gruppengemeinschaft verringerte sich stark. Portraits der Kollegen tauchen so gut wie gar nicht mehr auf. Somit bildet Kirchners Gemälde *Heckel und Otto Mueller beim Schach* (Brücke-Museum Berlin) eine gewisse Ausnahme, jedoch sind hier die Künstler weniger als individuelle Persönlichkeiten erfasst, sondern wirken eher wie Staffagefiguren einer Interieurszene.

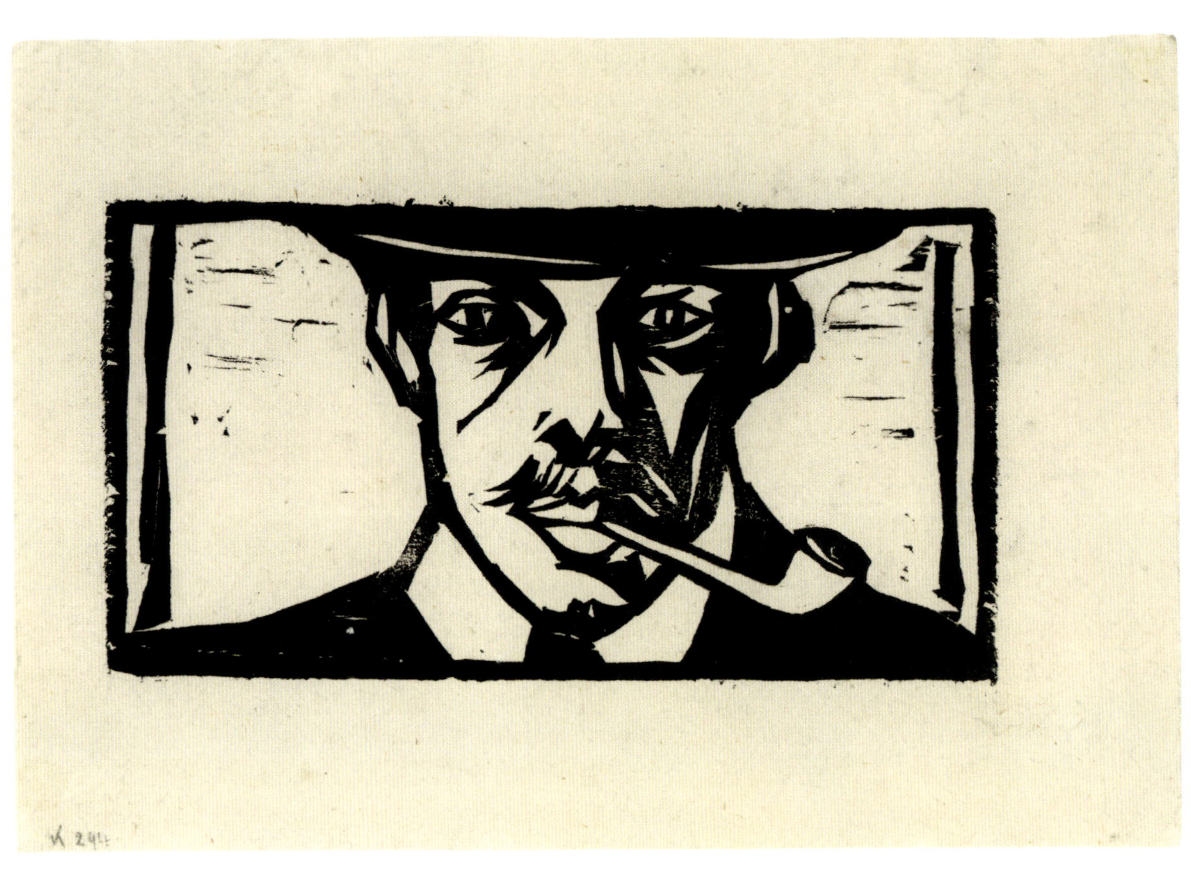

Ernst Ludwig Kirchner
Selbstbildnis mit Pfeife, 1905

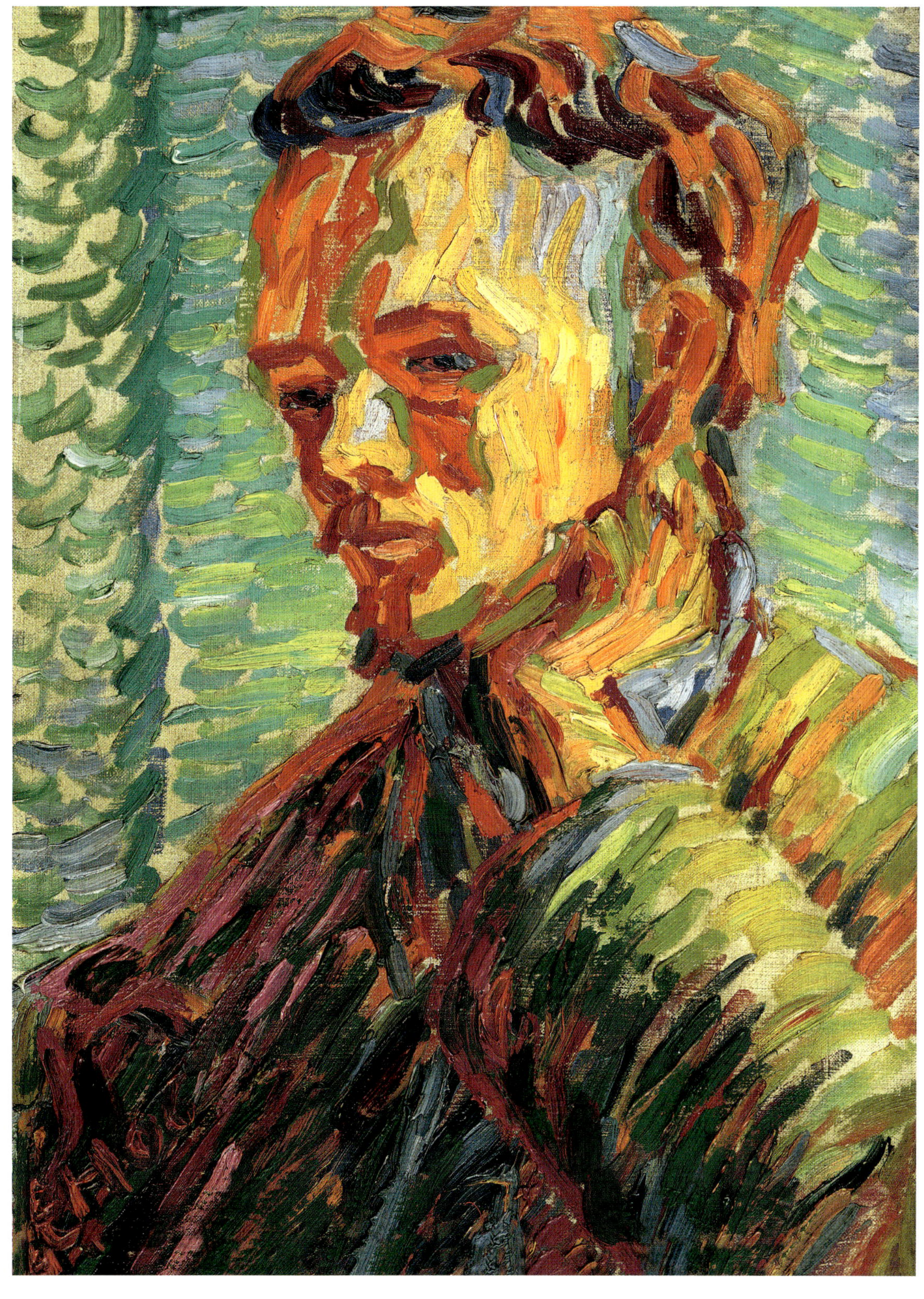

Erich Heckel
Mann in jungen Jahren, 1906

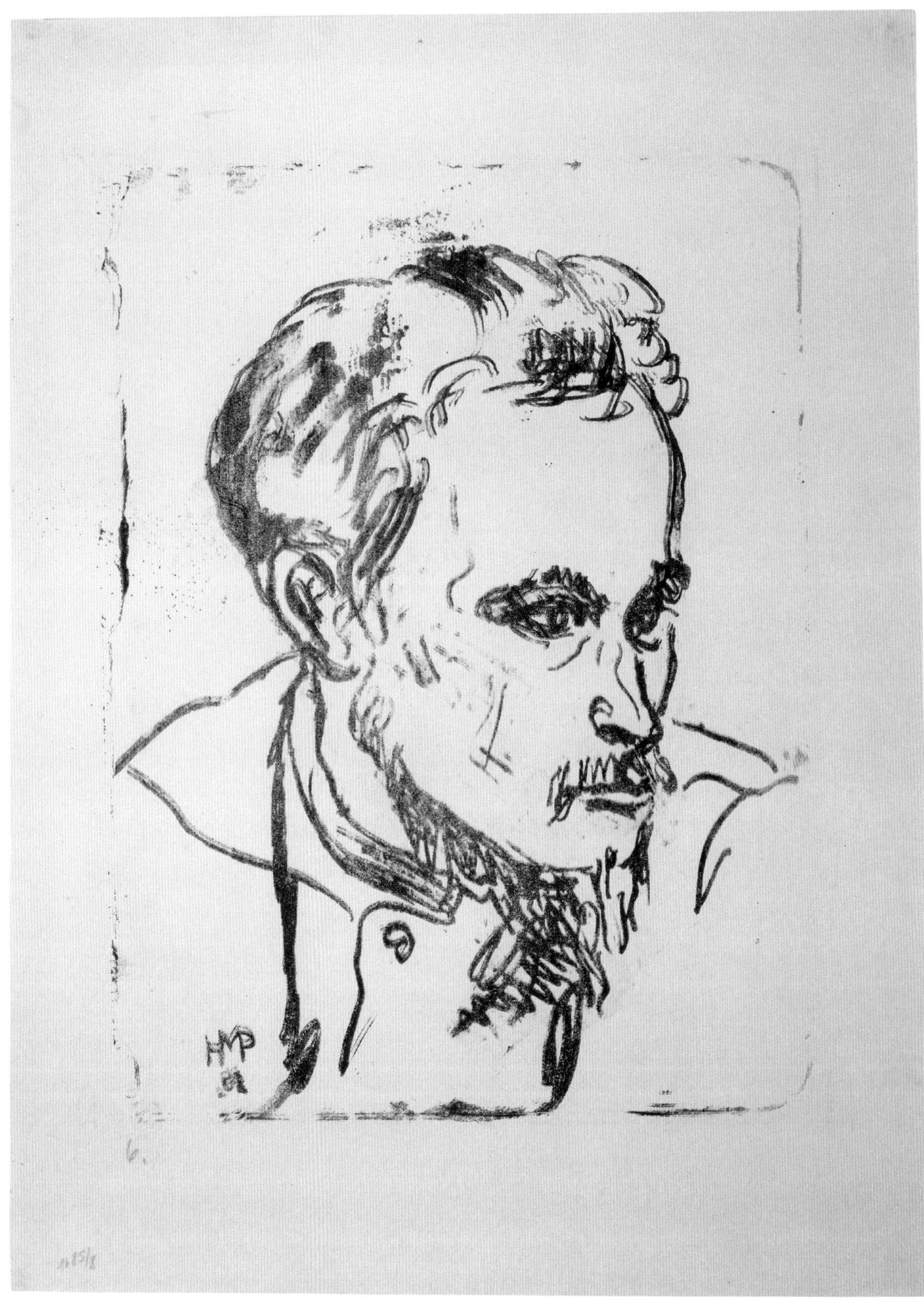

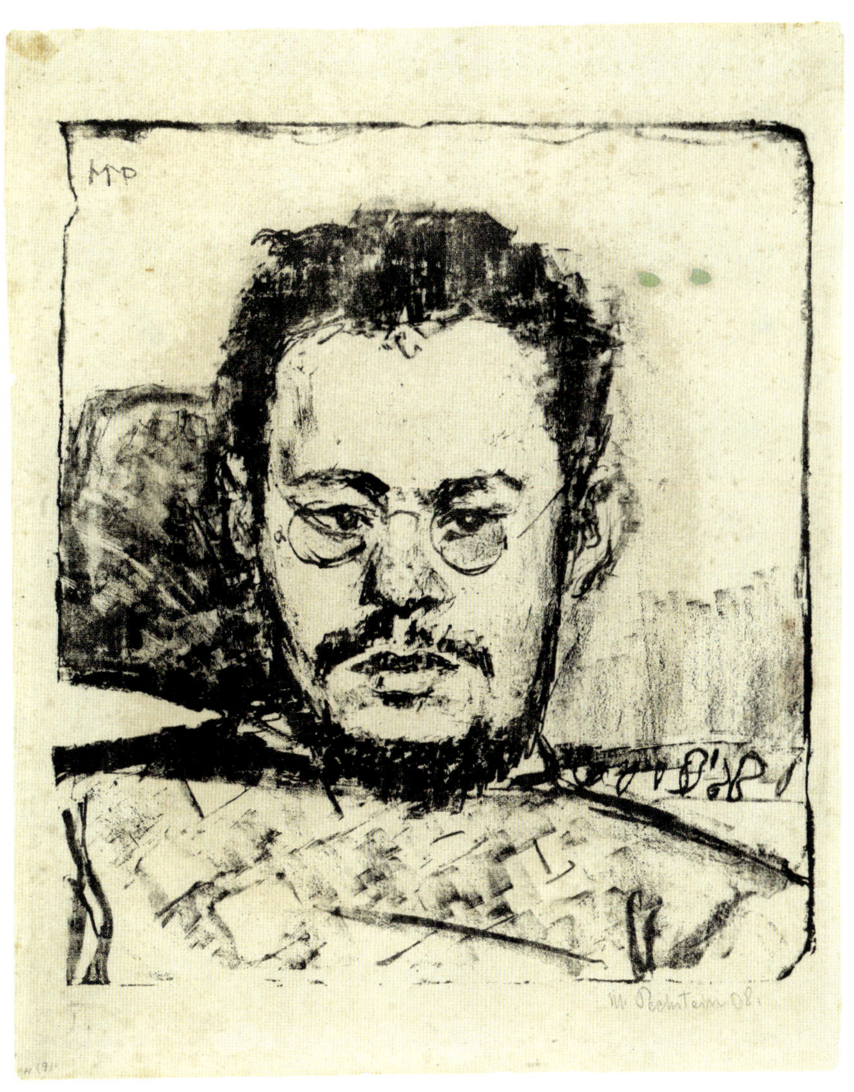

Max Pechstein
Bildnis Schmidt-Rottluff, 1908

Max Pechstein
Bildnis Erich Heckel I, 1908

Karl Schmidt-Rottluff
Bildnis H (Erich Heckel), 1909

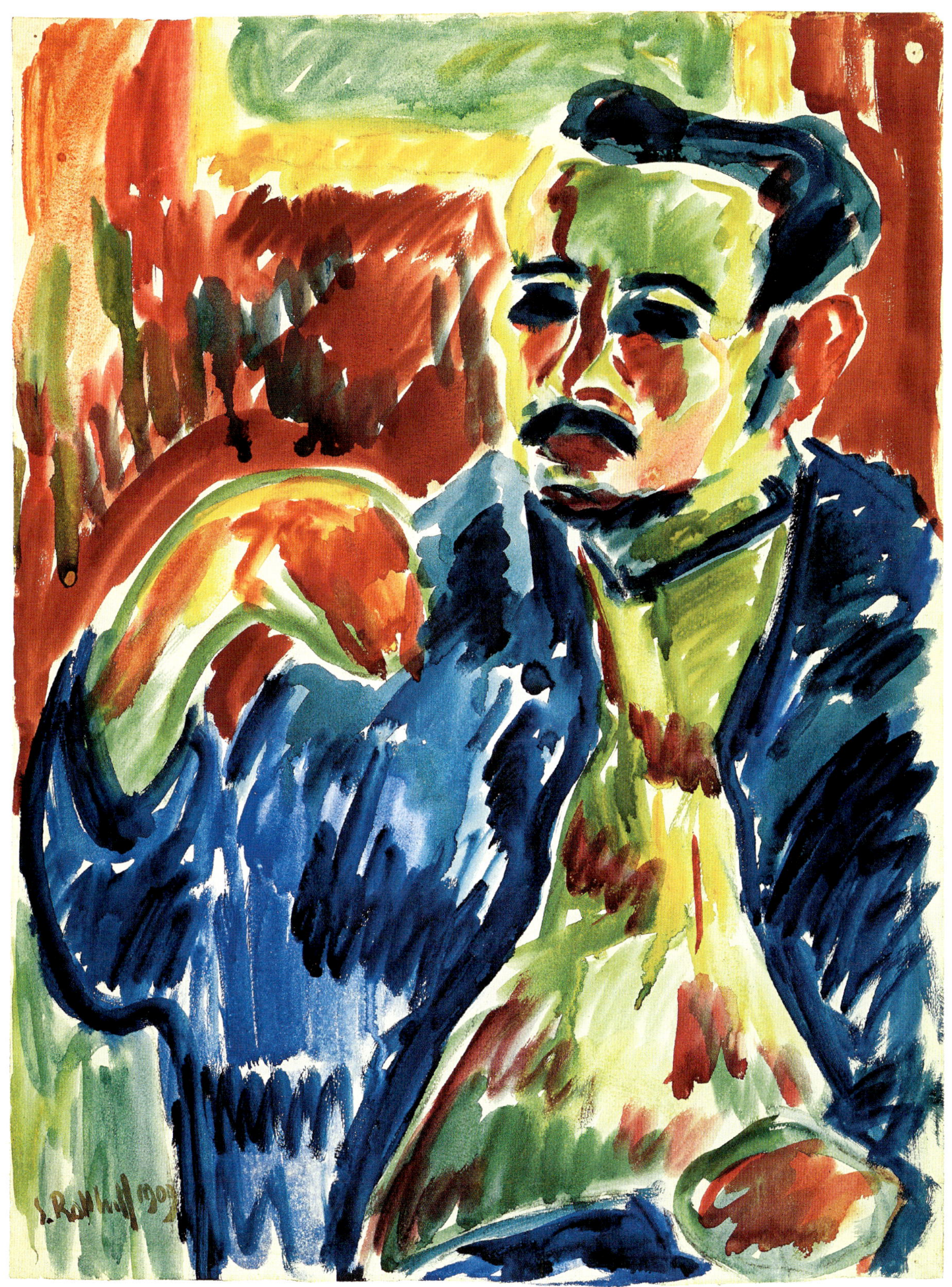

Jugendstil und Japonismus

Die künstlerischen Anfänge der „Brücke" waren zunächst stark geprägt vom Zeitgeschmack, von den Kunstrichtungen, die dem damaligen Zeitgeist entsprachen. Dresden galt um 1900 als ein Zentrum des Jugendstils.[1] Vor allem dieser sowie der damit eng verbundene Japonismus bestimmten den Frühstil der „Brücke". Ein intensives Studium der aktuellen Kunstzeitschriften wie *Kunstwerk*, *Jugend*, *Pan*, *Simplizissimus*, *The Studio* oder der Wiener Zeitschrift *Ver Sacrum* machten die Künstler der „Brücke" sowohl mit dem floralen als auch mit dem strenger strukturierten Wiener Jugendstil vertraut. Zudem war die Wiener Moderne auf der *Großen Kunstausstellung Dresden 1904* umfangreich präsentiert gewesen. Schon die an der dortigen Technischen Hochschule angefertigten Architekturzeichnungen wie auch die 1905 für ihr Diplom eingereichten Arbeiten Bleyls und Kirchners waren in ihrem Erscheinungsbild vom Jugendstil geprägt.

In der Anfangsphase der „Brücke" spielte die Malerei eine geringere Rolle. Zeichnung und Holzschnitt dominierten, wobei Motive wie Figur, Portraits und Selbstbildnisse, Stadtansichten und Aktdarstellungen im Vordergrund standen. Es ging vor allem darum, eine knappe, auf das Wesentliche konzentrierte Formensprache zu finden. Bei den Skizzen und Zeichnungen der sogenannten „Viertelstundenakte" sollte das Modell innerhalb kurzer Zeit mit rasch gesetzten Strichen und Linien erfasst werden. Die Zeichnungen besitzen in der Regel eine geschwungene, dekorativ orientierte Sprache, was bis 1909 immer wieder in der „Brücke"-Kunst anklang Seite — 79. Das Gemälde *Heckel und Modell im Atelier* von Kirchner geht wohl auf diese „Viertelstundenakte" zurück Seite — 23.

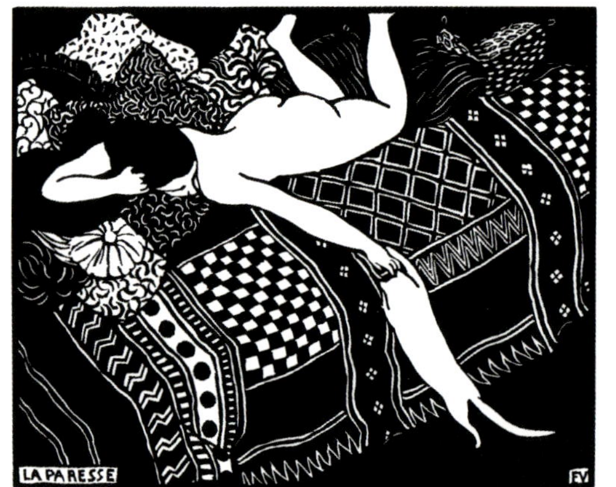

1

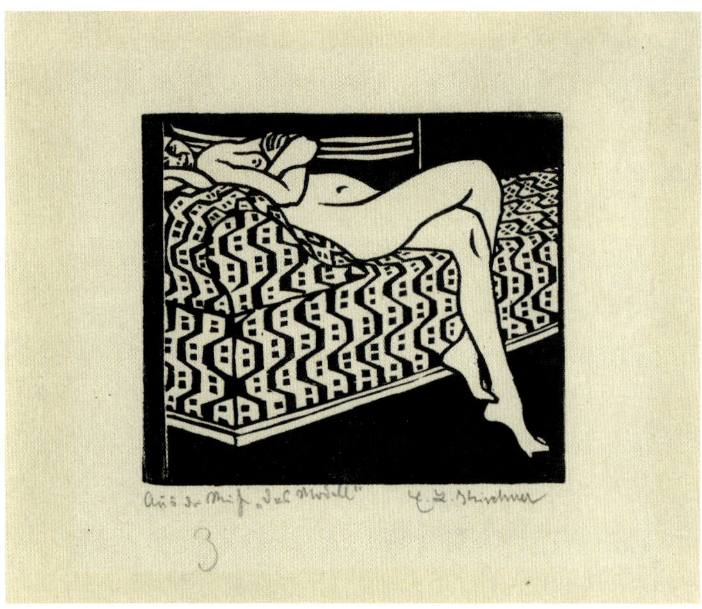

2

Abb. 1
Félix Vallotton
La Paresse, 1896

Abb. 2
Ernst Ludwig Kirchner
Mädchenakt auf Sofa, 1905

Abb. 3
Fritz Bleyl
Winter, 1905

Abb. 4
Karl Schmidt-Rottluff
Aus einem Bergwerksdorf, 1905

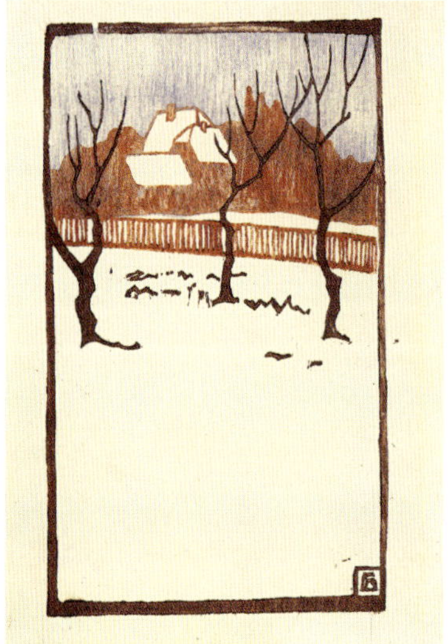

3

Entscheidend für die frühe „Brücke“ war auch Kirchners Aufenthalt in München, wo er 1903/04 am „Lehr- und Versuchsatelier für Angewandte und Freie Kunst“, das von den Jugendstilkünstlern Wilhelm von Debschitz und Hermann Obrist geleitet wurde, Kurse belegte. Hier entdeckte er seine Vorliebe für den Holzschnitt, der zu klaren Formen zwang und der die Möglichkeit bot, mit Schwarz-Weiß-Kontrasten einen starken Ausdruck zu erreichen. In München sah Kirchner auch Ausstellungen der von Kandinsky gegründeten „Phalanx“. Wesentlich war hier die Begegnung mit den farbigen Holzschnitten Kandinskys, die mit Aquarellfarben gedruckt waren und dadurch einen weichen, sinnlichen Charakter erhielten und Kirchner stark inspirierten Seite — 44/45.
Seine Münchener Erfahrungen gab Kirchner an seine „Brücke“-Kollegen weiter. Der Holzschnitt der „Brücke“ erhielt somit von Beginn an eine wichtige Bedeutung für ihr Schaffen. Alle, auch Heckel, Bleyl und Schmidt-Rottluff, experimentierten mit der für sie neuen Technik und schufen zunächst noch Holzschnitte, die dem Stil der Zeit entsprachen. Hervorzuheben ist hier Kirchners *Selbstbildnis mit Pfeife* von 1905 Seite — 32. Ein wichtiges Vorbild wurde auch der Schweizer Graphiker Félix Vallotton, dessen Holzschnitte mit ihrer Fin-de-Siècle-Dekadenz, ihrer oftmals diagonalen Kompositionsweise und kleinteiligen Musterung als Orientierungshilfe dienten Abb. — 1 und 2. Die Holzschnitte von Vallotton kannten die „Brücke“-Künstler sehr wahrscheinlich durch die 1898 erschienene, von Julius Meier-Graefe verfasste Monographie über den Künstler, ebenso wie sie auch alle Meier-Graefes *Entwicklungsgeschichte der modernen Kunst* gelesen hatten.[2]
Zugleich ist für das frühe Schaffen der „Brücke“ auch ein starker stilistischer Einfluss des Japonismus greifbar. Japanische Farbholzschnitte wurden schon sehr früh vom Königlichen Kupferstichkabinett in Dresden gesammelt und waren aufgrund der Begeisterung Bleyls für diese Drucke allen „Brücke“-Künstlern im Original bekannt. 1897 erschien zudem die grundlegende

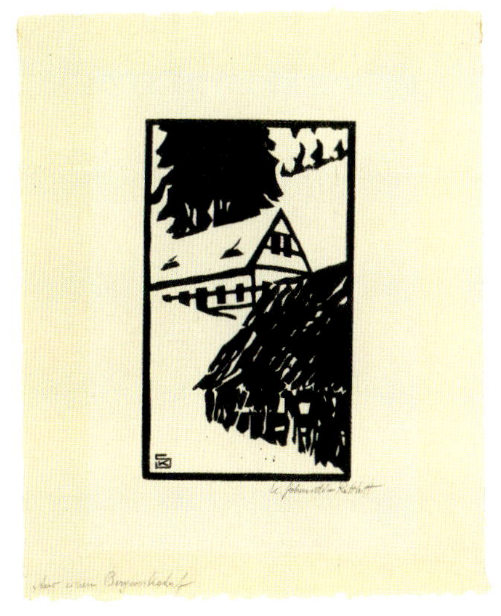

4

Publikation *Geschichte des japanischen Farbenholzschnitts* von Woldemar von Seidlitz, der seit 1884 als Vortragender Rat, also quasi als eine Art Generaldirektor den Königlichen Sammlungen Dresden vorstand. Bis 1924 erschien das Buch, das auch Bleyl besessen hat, in mehreren Auflagen. Außerdem zeigte die Galerie Arnold in Dresden 1895 und 1903 Ausstellungen japanischer Farbholzschnitte. Holzschnitte wie Bleyls *Winter* Abb. — 3 oder Schmidt-Rottluffs *Aus einem Bergwerksdorf* Abb. — 4 mit ihrer Stille des Ausdrucks, den übereinandergestaffelten Formen, dem extremen Hochformat, der Umrahmungslinie der Darstellung und den in einer Kartusche angebrachten Initialen der Künstlers wären ohne die Vorbilder japanischer Drucke nicht denkbar.

---

1 Vgl. hierzu auch: Jugendstil in Dresden. Aufbruch in die Moderne, Ausst.-Kat. Staatliche Kunstsammlungen Dresden, Kunstgewerbemuseum, Dresden 1999.

2 Vgl. hierzu auch Hans Wentzel, Fritz Bleyl, Gründungsmitglied der Brücke, in: Kunst in Hessen und am Mittelrhein, 8, 1968, S. 94.

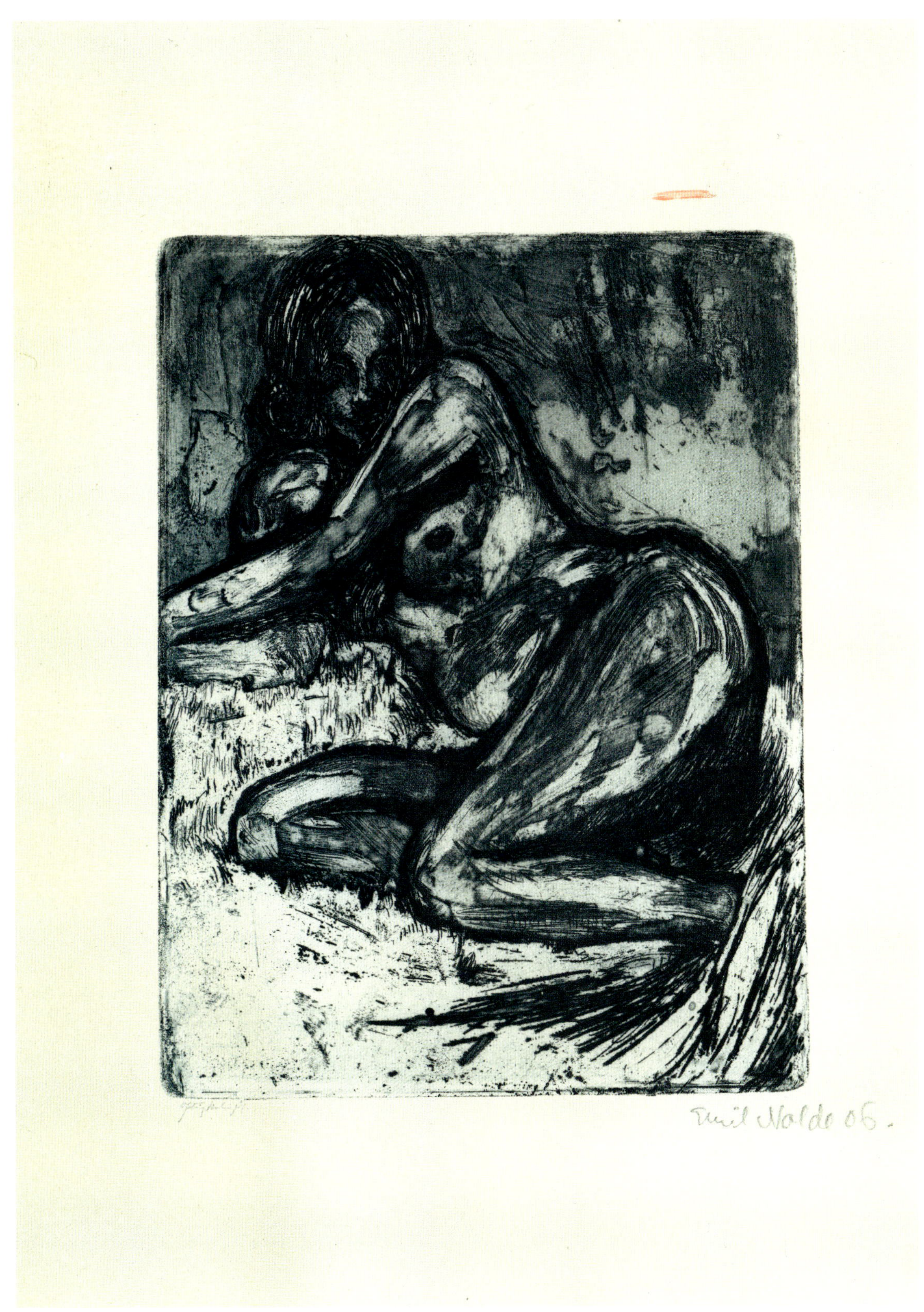

Emil Nolde
Akt, 1906

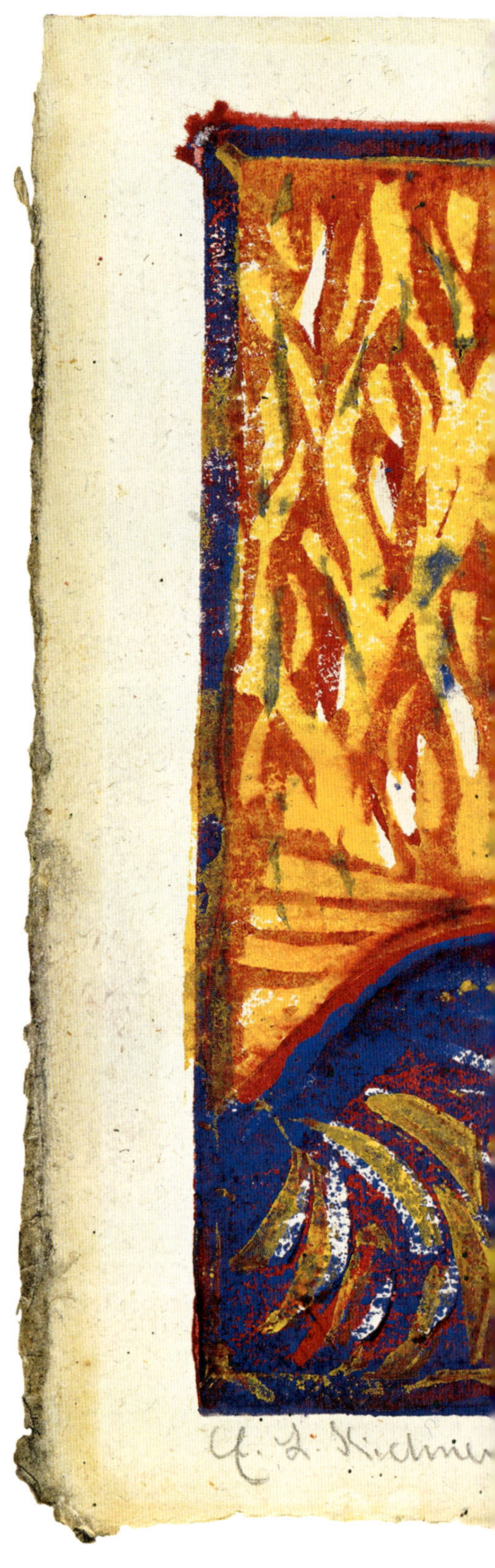

Ernst Ludwig Kirchner
Ruhendes Mädchen mit Kopfschmerzen, 1906

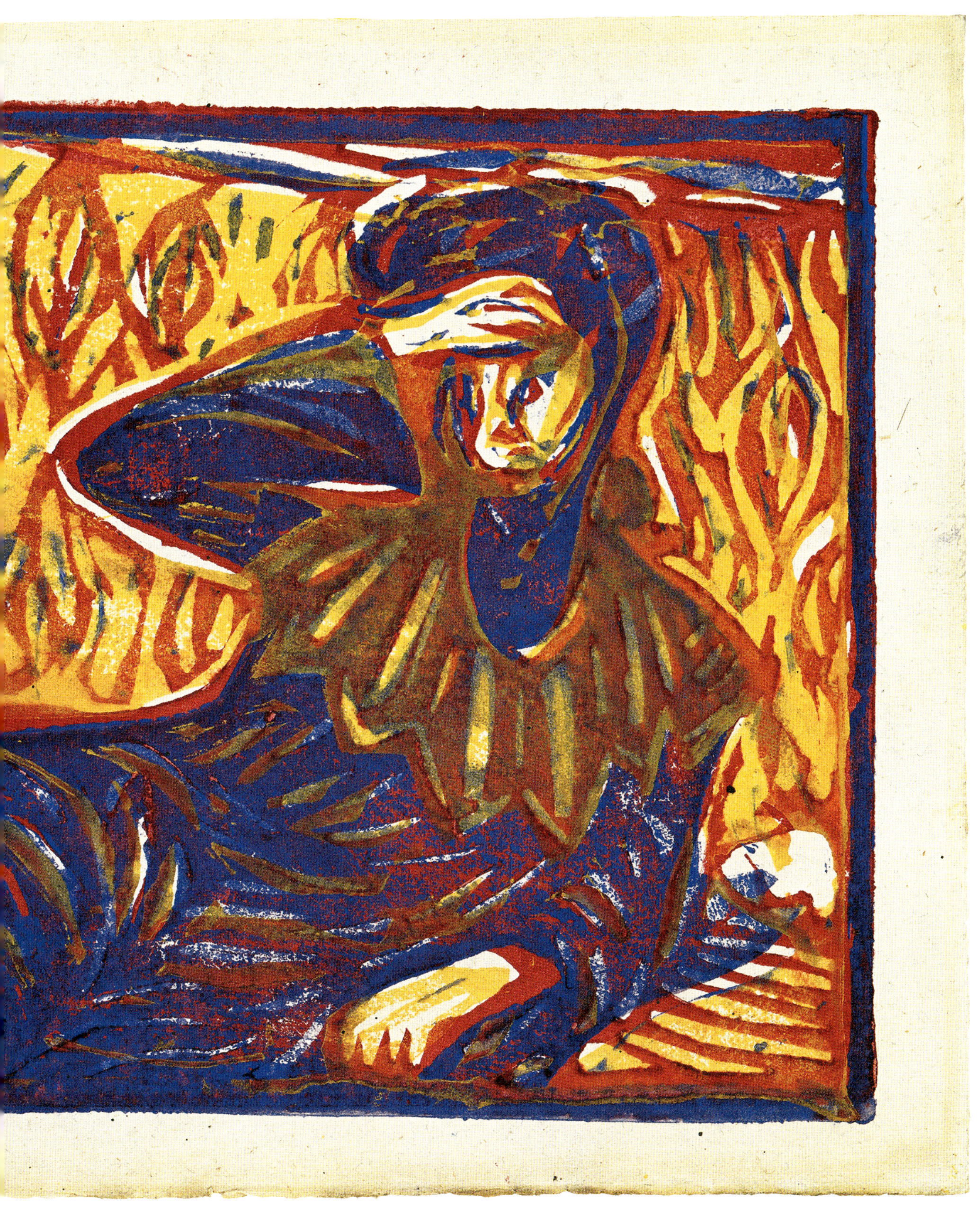

Neue Mitglieder

Die Künstler, die ab 1906 von der „Brücke“ zum Beitritt aufgefordert wurden beziehungsweise sich ihr aus eigenem Wunsch anschlossen, entsprachen mit ihrem Schaffen der vitalistischen Kunstauffassung dieser Gemeinschaft. Sie sollten die Gruppe stärken und mit ihr gemeinsam den Kampf um die Moderne bestreiten. Am 4. Februar 1906 forderte Schmidt-Rottluff, der zu diesem Zeitpunkt die Geschäftsführung übernommen hatte, in einem Brief Emil Nolde zur Mitgliedschaft auf, nachdem er im Januar dessen farbintensive, an van Gogh geschulte Werke auf einer Ausstellung in der Galerie Ernst Arnold in Dresden gesehen hatte: „Nun, eine von den Bestrebungen der Brücke ist, alle revolutionären und gärenden Elemente an sich zu ziehen – das besagt der Name Brücke. [...] Nun, geehrter Herr Nolde, denken Sie, wie und was Sie wollen, wir haben Ihnen hiermit den Zoll für Ihre Farbstürme entrichten wollen. Ergebenst und huldigend die Künstlergruppe Brücke.“[1] Nolde wurde für eineinhalb Jahre Mitglied der Gemeinschaft.

1906 stieß auch Max Pechstein zur „Brücke“. Heckel war ihm im Frühjahr auf der vom 12. Mai bis 31. Oktober stattfindenden „Dritten Deutschen Kunstgewerbeausstellung“ in Dresden begegnet, wo Pechstein eine Deckenmalerei ausgeführt hatte, deren leuchtende Farbgestaltung allerdings zu seiner großen Verärgerung durch Übermalung gemildert worden war. Pechstein hatte nach einer Lehre als Dekorationsmaler 1900 bis 1902 die Kunstgewerbeschule in Dresden besucht, um dann von 1902 bis 1906 seine Ausbildung als Meisterschüler an der Dresdener Kunstakademie zu beenden. Trotz seiner akademischen Ausbildung suchte er, wie auch die „Brücke“, nach neuen Ausdrucksmitteln und vor

allem nach einem neuen Umgang mit der Farbe. In seiner Biographie erinnert er sich: „Beglückt entdeckten wir einen restlosen Gleichklang im Drang nach Befreiung, nach einer vorwärtsströmenden, nicht durch Konvention gehemmten Kunst."[2]
Weitere neue Mitglieder waren der Schweizer Maler Cuno Amiet, der 1906 beitrat und dessen Kunst damals stark am Werk Vincent van Goghs orientiert war. Im selben Jahr wurde auch der Holländer Lambertus Zijl aufgenommen. 1907 gelang es, den finnischen Maler Akseli Gallen-Kallela für die „Brücke" zu gewinnen. Er zählte damals zu den populärsten Künstlern und hatte eine eigenständige Ausdrucksweise für seine symbolistischen Werke entwickelt. 1908 tritt vorübergehend der zu den französischen Fauves gehörende Maler Kees van Dongen der „Brücke" bei, wie auch der Hamburger Maler Franz Nölken, der zeitweilig in Paris lebte und in seinem Schaffen von der französischen Kunst beeinflusst war. 1910 kam Otto Mueller hinzu und 1911, nachdem die „Brücke" nach Berlin übergesiedelt war, Bohumil Kubišta von der Prager Künstlervereinigung Manĕs. Henri Matisse und Edvard Munch hingegen folgten einer Aufforderung zur Mitgliedschaft nicht.
Allen diesen Künstlern war gemeinsam, dass die Gründer der „Brücke" in ihrer Kunst eine neuartige, gleichgesinnte Ausdrucksweise zu erkennen glaubten. Doch nur Max Pechstein wurde ein wichtiges Mitglied, das den sich ab 1908 mit rasantem Tempo herauskristallisierenden spezifischen „Brücke"-Stil entscheidend mitgeprägt hat.

---

1 Emil Nolde, Jahre der Kämpfe, 5. Aufl. Köln 1985, S. 98.

2 Max Pechstein, Erinnerungen, hrsg. von Leopold Reidemeister, Wiesbaden 1960, 2. Aufl. Stuttgart 1993, S. 22/23.

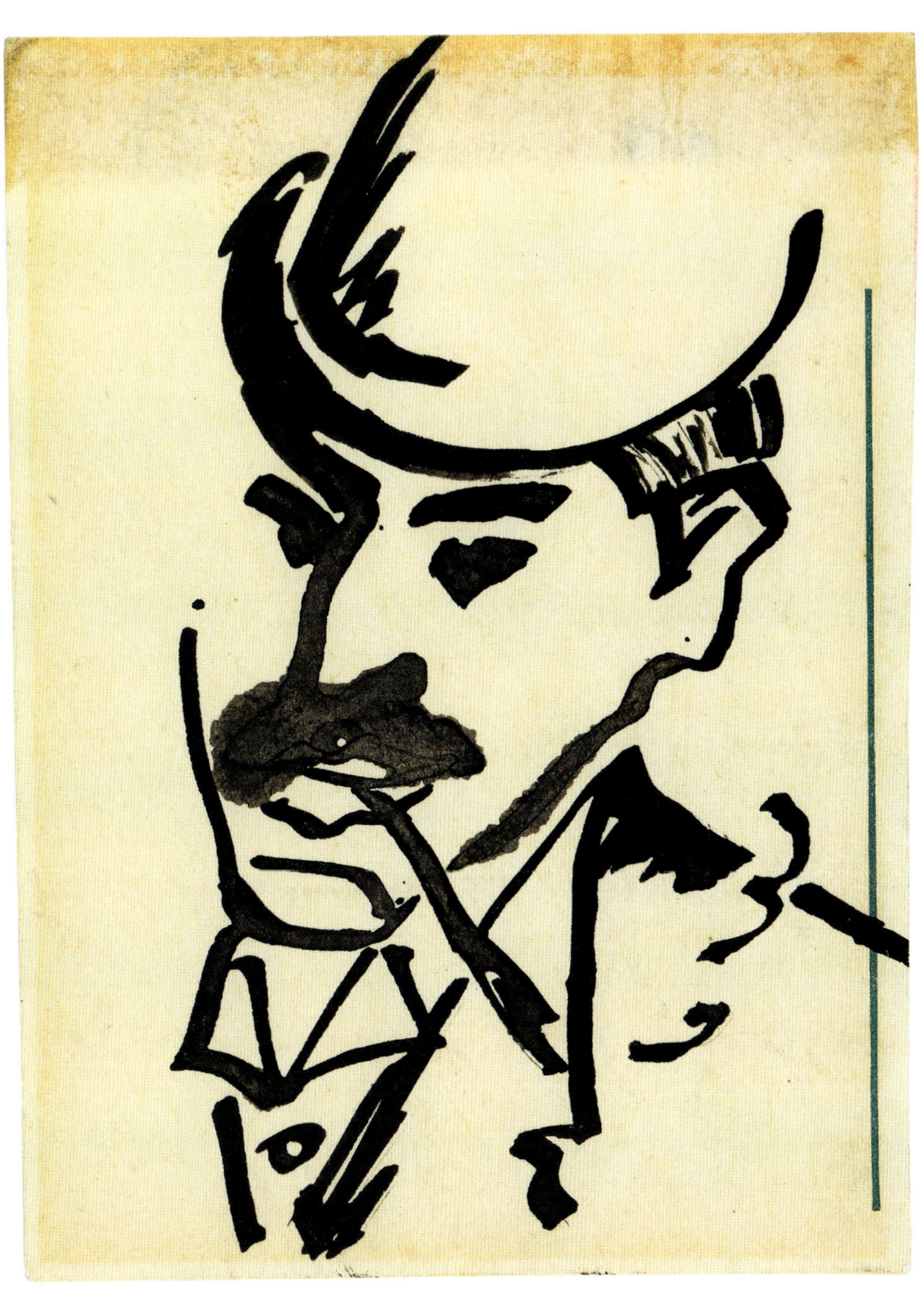

Max Pechstein
Selbstbildnis mit Zigarre, 1909

Emil Nolde
E.N. (Selbstbildnis), 1908

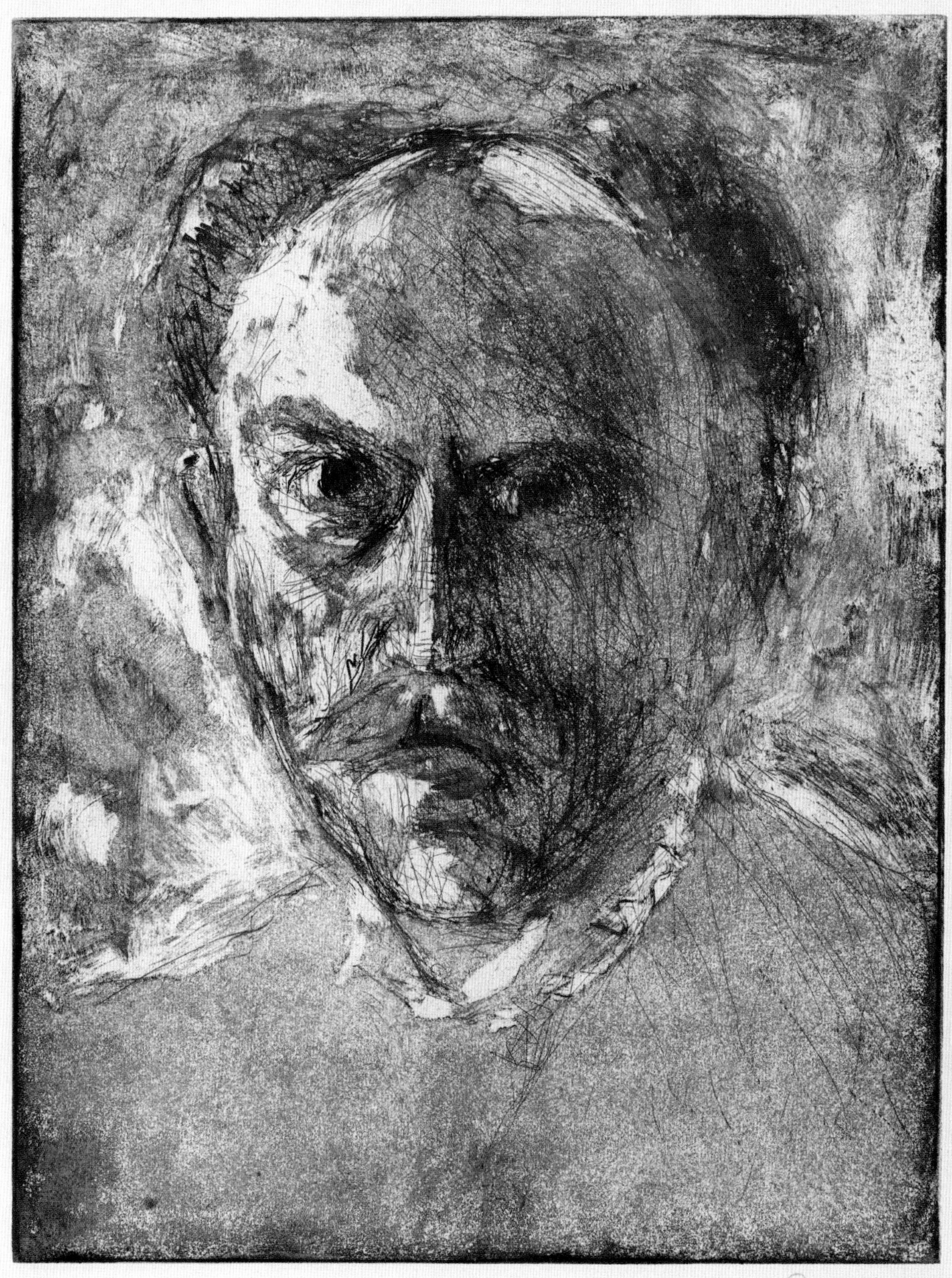
Emil Nolde 08.

Auf den Spuren van Goghs

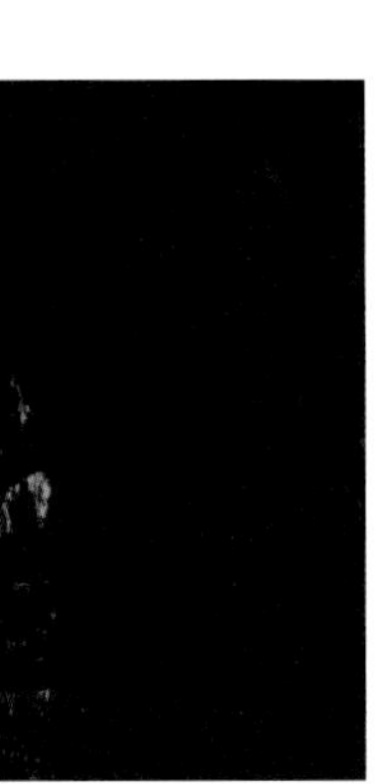

Für die Künstler der „Brücke" wurde die Begegnung mit der Malerei Vincent van Goghs das erste große, überwältigende Erlebnis. Im November 1905 zeigte die Galerie Arnold fünfzig Gemälde des Holländers. Auch wenn van Gogh bereits vorher den „Brücke"-Mitgliedern dank ihres intensiven Zeitschriftenstudiums und aufgrund ihrer Kenntnis von Meier-Graefes 1904 erschienener *Entwicklungsgeschichte der modernen Kunst* längst kein Unbekannter mehr war, so gerieten sie doch angesichts der Originalwerke „außer Rand und Band", wie Fritz Schumacher, ihr Lehrer an der Technischen Hochschule Dresden, zu berichten weiß.[1]
In der in Dresden für viel Aufsehen sorgenden Ausstellung handelte es sich vorwiegend um Werke aus den letzten Schaffensjahren van Goghs, die in Arles, Saint-Rémy und Auvers entstanden waren. Zwischen den Schwarz-Weiß-Reproduktionen und den Originalen lagen Welten. In den Werken seiner letzten Schaffensjahre hatte van Gogh seinen typischen Stil mit stärkster Individualisierung von Form, Farbe und Pinselduktus gefunden. Diese neuartige, freie, von jeder Tradition losgelöste Ausdrucksweise sprach die „Brücke"-Künstler unmittelbar an. Eine solche, bisher nicht gekannte Farb- und Formintensität drang in Bereiche des Seelischen vor. Das subjektive Empfinden wird zum Bildinhalt; innere und äußere Welt verschmelzen zu einer Synthese: Kunst und Leben werden zu einer Einheit sinnlicher Harmonie. Hier traf die Kunst van Goghs genau den Nerv dessen, was die „Brücke"-Künstler auch ausdrücken wollten.
Die Van-Gogh-Rezeption, die bis 1908/09 zu beobachten ist, lässt sich in den Zeichnungen und Aquarellen ebenso wie in den Druckgraphiken der „Brücke" finden. Heckels Farbzeichnung

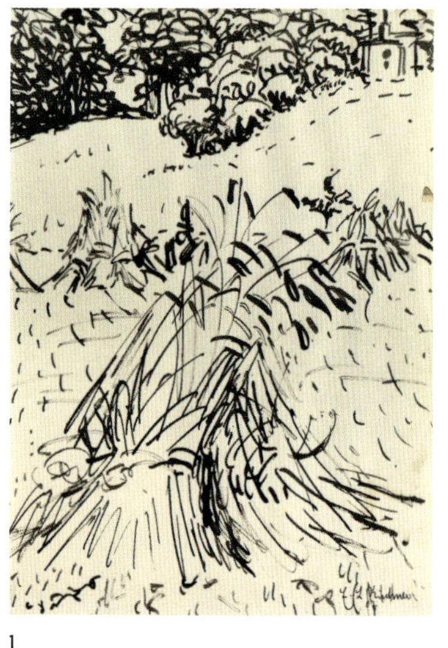
1

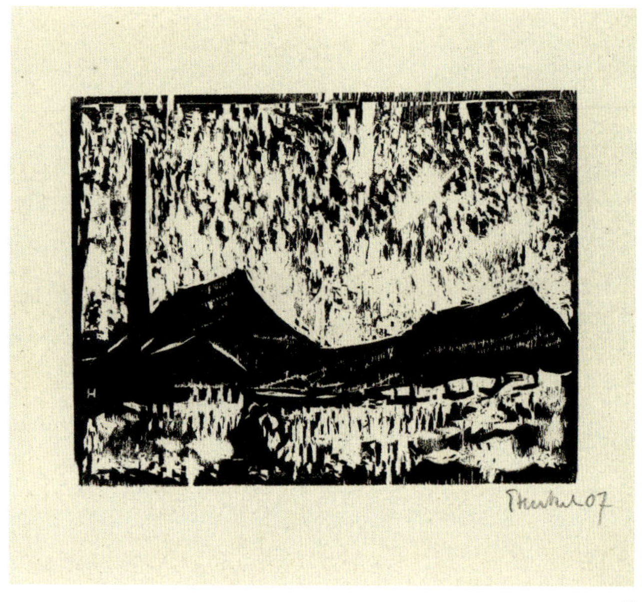
2

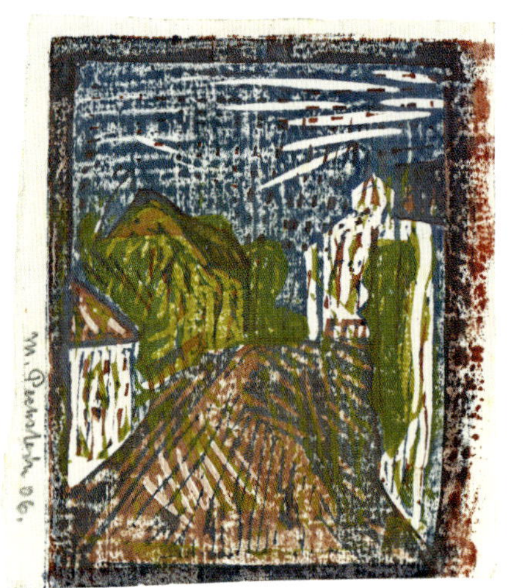
3

Abb. 1
Ernst Ludwig Kirchner
Kornpuppen, 1907

Abb. 2
Erich Heckel
Ziegelei, 1907

Abb. 3
Max Pechstein
Straße, 1906

Abb. 4
Max Pechstein
Bedrückt, 1906

4

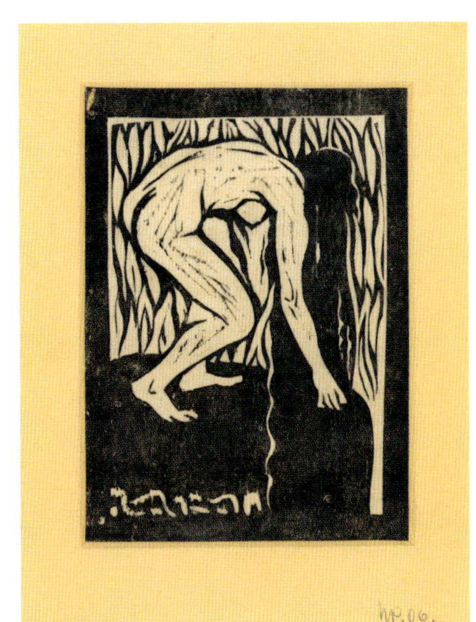

Dangaster Landschaft Seite — 64 ist ein treffendes Beispiel für die Auseinandersetzung der „Brücke"-Künstler mit van Gogh. Anders als in der Jugendstil-Phase ist nun alles aufgewühlt und in Bewegung, und der Farbe kommt eine neue, ausdrucksbestimmende Aufgabe zu. Auch Kirchners Tuschzeichnung *Kornpuppen* von 1907 Abb. — 1 sowie seine großformatige Zeichnung *Paar* von 1908 Seite — 78 besitzen die heftig-nervöse Schrift, die mit dem Pinselduktus van Goghs vergleichbar ist. Bei Schmidt-Rottluff dauerte die Beschäftigung mit van Goghs Stilprinzipien am längsten. So sind noch 1909 zahlreiche Aquarelle entstanden, die auf das Vorbild des holländischen Künstlers zurückgehen Seiten — 37 und 143.
Bei den graphischen Techniken war es vor allem der Holzschnitt, der mit einer neuartigen Schnitttechnik die heftigen Pinselstriche van Goghs zu imitieren suchte. Kirchners *Dodo, sitzend, in gestreiftem Kleid* von 1906 ist hier als Beispiel zu nennen, ebenso wie *Ruhendes Mädchen mit Kopfschmerzen* Seiten — 44/45, das allerdings in der Art Kandinskys mit Aquarellfarben gedruckt wurde.
Auch bei Heckel und Pechstein tauchten entsprechende Holzschnitte

auf, wie etwa *Ziegelei* von 1907 Abb. — 2 sowie *Straße* Abb. — 3 oder *Bedrückt*, beide von 1906 Abb. — 4. Bei Schmidt-Rottluff ist noch 1909 eine Sequenz herausragender Arbeiten entstanden, in Form und Ausdruck selten verdichtet.
Am intensivsten und augenscheinlichsten spielte sich die Van-Gogh-Rezeption der „Brücke" im Bereich der Malerei ab. Alle Künstler reagierten hier heftig, und das malerische Schaffen, das bis dahin mehr im Hintergrund gestanden hatte, trat nun prominent hervor. Herausragend und den neuen Stil überzeugend vortragend ist Heckels Selbstbildnis *Mann in jungen Jahren* Seite — 33. Es orientiert sich an den zahlreichen Selbstbildnissen, die van Gogh in seiner nur zwölfjährigen Schaffenszeit gemalt hat. In Dreiviertelansicht tritt Heckel hier dem Bildbetrachter gegenüber. Die Palette ist auf wenige leuchtende Farben reduziert. Mit schnellen, pastosen Pinselstrichen ist sie auf die Leinwand aufgetragen. Der Hintergrund ist wie bei vielen Van-Gogh-Portraits ebenfalls abstrakt gehalten, ohne jedoch einen starken Kontrast zum Bildnis selbst zu setzen. Heckels Selbstbildnis ist weniger psychologisiert als die Werke seines Vorbilds, dafür aber in der Expressivität des Ausdrucks gesteigert. Dieselbe Begeisterung für van Gogh strahlen auch die Gemälde Schmidt-Rottluffs aus. *Am Meer (Steilküste)* Seite — 60 ist 1906 entstanden und zeigt ein Motiv von der dänischen Ostsee-Insel Alsen, wo Schmidt-Rottluff im Sommer 1906 Emil Nolde und seine Frau Ada besucht hat. Auf den ersten Blick scheint die ganze Komposition mit wild gesetzten, bunten Pinselstrichen überzogen zu sein. Bei genauerem Hinsehen erschließt sich jedoch das Dargestellte: Im Vordergrund erkennt man links die Steilküste der Insel, rechts den Bug eines Bootes. Im Hintergrund erscheinen der blaue Himmel und das Wasser der Ostsee. Die van Gogh ähnlichen Pinselstriche werden von Schmidt-Rottluff in die Länge gezogen: Durch das bunte Durcheinander erhält alles eine besondere Heiterkeit. Der Künstler fängt das Erlebnis eines strahlenden Sommertags ein. Bei Kirchner sind

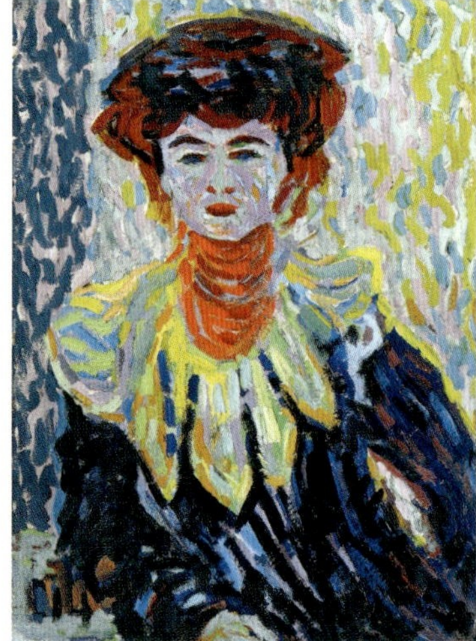

5

Abb. 5
Ernst Ludwig Kirchner
Doris mit Halskrause, 1906

analog zu Heckel und Schmidt-Rottluff ebenfalls hauptsächlich Landschaften und Bildnisse in der Manier van Goghs entstanden. Aus der Anfangsphase der Rezeption stammt die Darstellung seiner Freundin Dodo (Doris Große), *Doris mit Halskrause* Abb. — 5. Kleine, bewegte Pinselstriche dominieren hier. Auch Max Pechstein, das neue Mitlied der „Brücke", malte 1906 und 1907 einige wenige an van Gogh geschulte Werke, bevor er schließlich im September 1907 für ein Jahr zuerst nach Italien und dann nach Paris reiste. Der *Eliasfriedhof in Dresden* Seite — 62/63 gehört dazu. Der akademisch ausgebildete Pechstein warf hier alles über Bord, um sich wie die anderen „Brücke"-Mitglieder auf die Suche nach dem Neuen zu begeben. „Stolz fühlten wir uns als Träger einer Mission, dem Holländer van Gogh [...] in der Kunst verwandt", schrieb er rückblickend in seinen Lebenserinnerungen.[2]
Im Jahr 1907 erlebte die Van-Gogh-Rezeption der „Brücke" ihren Höhepunkt. Die Jahresausstellung der Gruppe im September 1907 in der Galerie Arnold in Dresden, die diesen Einfluss mehr als deutlich dokumentierte, schockierte das Publikum ebenso, wie es die Van-Gogh-Ausstellung im November 1905 getan hatte. Zu dieser „Brücke"-Ausstellung hat Emil Nolde, der 1907, als Mitglied enttäuscht, wieder ausgeschieden war, sarkastisch gemeint: „Ihr solltet euch nicht ‚Brücke', sondern ‚van Goghiana' nennen."[3]
Im Mai 1908 fand im Kunstsalon Richter in Dresden nochmals eine große Retrospektive van Goghs mit rund hundert Gemälden statt. Für die Brücke war die Kunst van Goghs wie ein Katalysator gewesen. Sie war das Vehikel, um zum eigenen Ausdruck und zu einem eigenen künstlerischen Wollen zu finden. 1908/09 sollte schließlich die Entstehung des reifen „Brücke"-Stils einsetzen.

---

1 Fritz Schumacher, Stufen des Lebens. Erinnerungen eines Baumeisters, Stuttgart/Berlin 1935, S. 283.

2 Max Pechstein, Erinnerungen, hrsg. von Leopold Reidemeister, Wiesbaden 1960, Repr. Stuttgart 1993, S. 23.

3 Hans Fehr, Emil Nolde. Ein Buch der Freundschaft, Köln 1957, S. 53.

Ernst Ludwig Kirchner
Frauenkopf vor Sonnenblumen, 1906

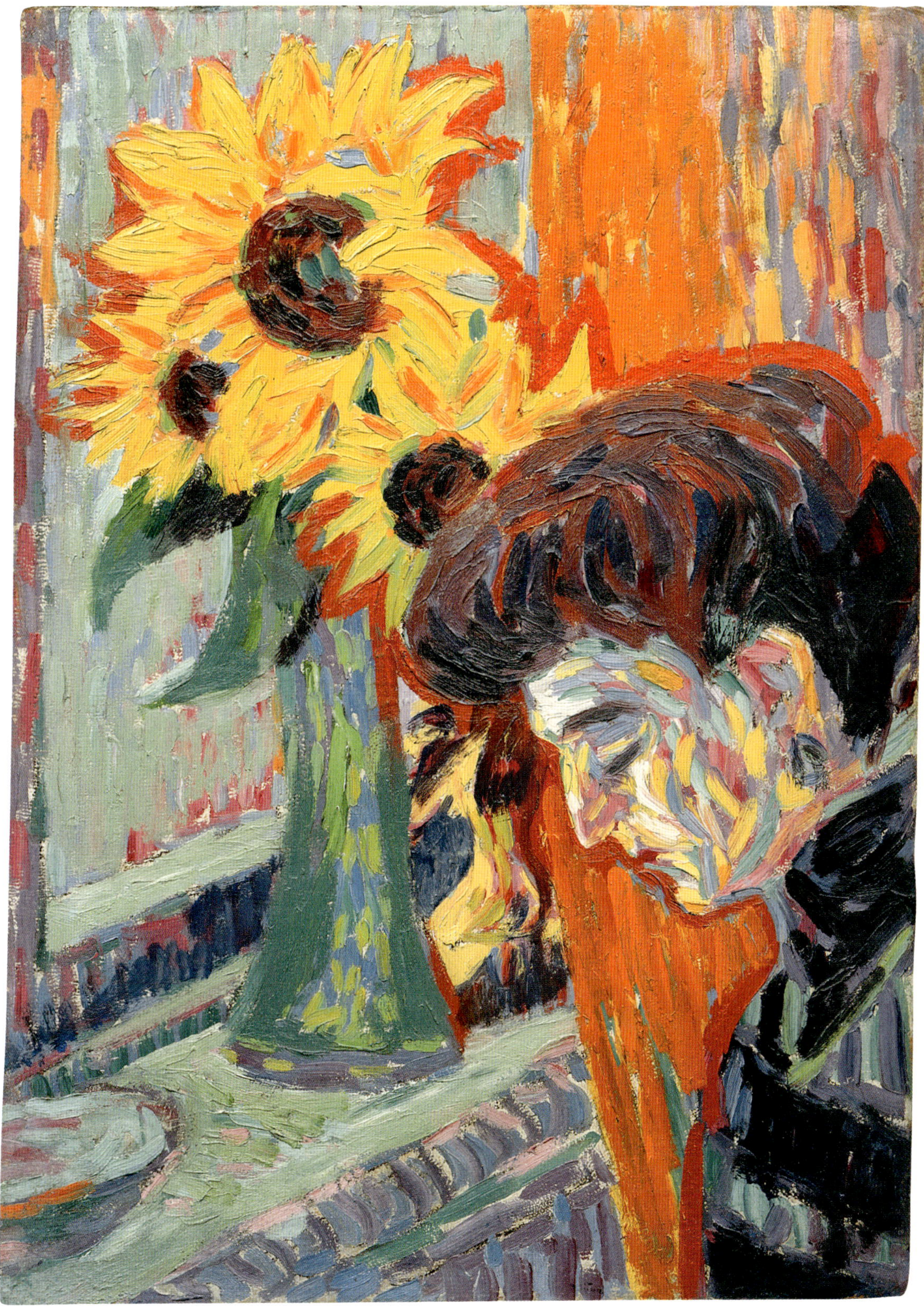

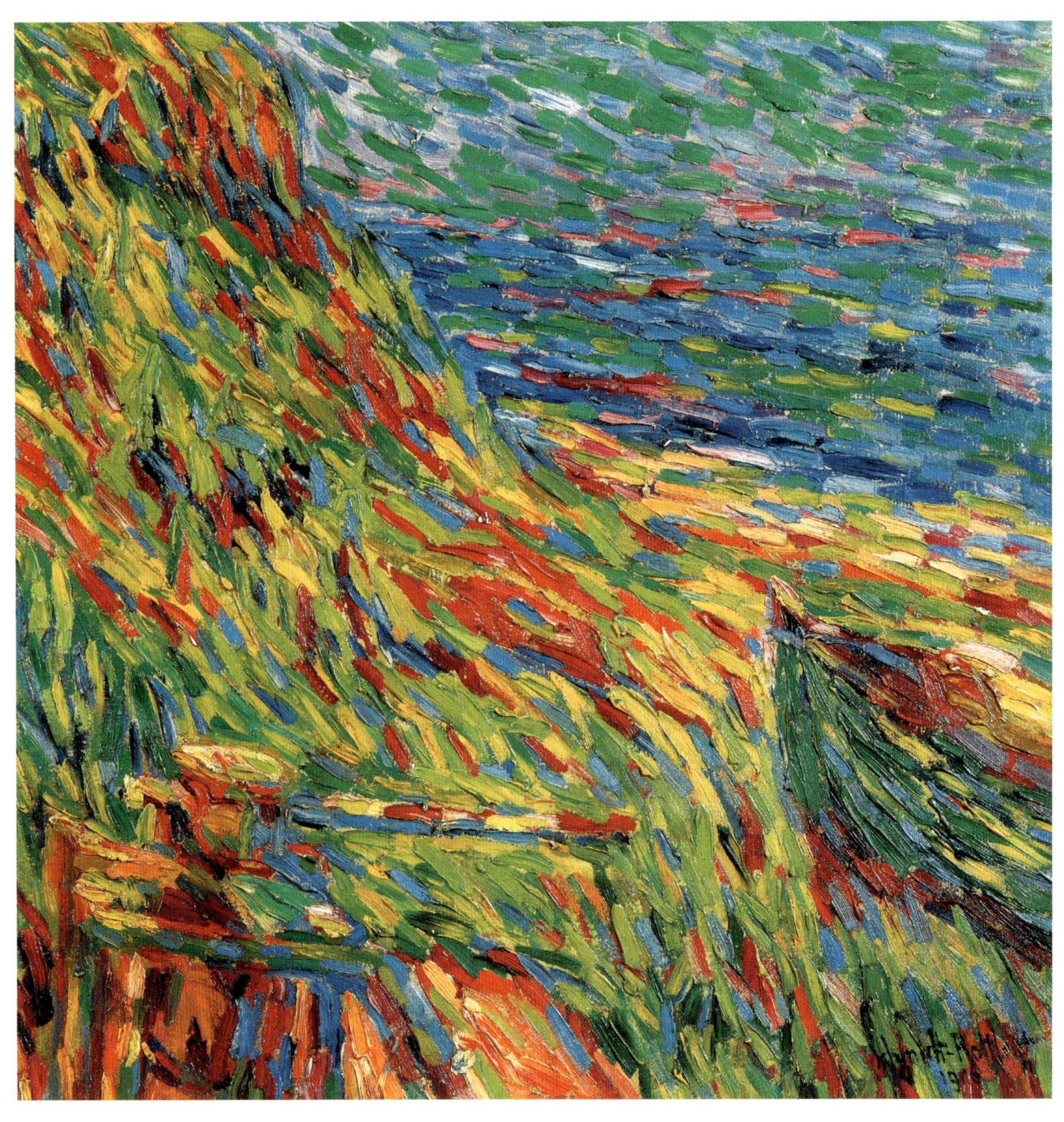

Karl Schmidt-Rottluff
Am Meer (Steilküste), 1906

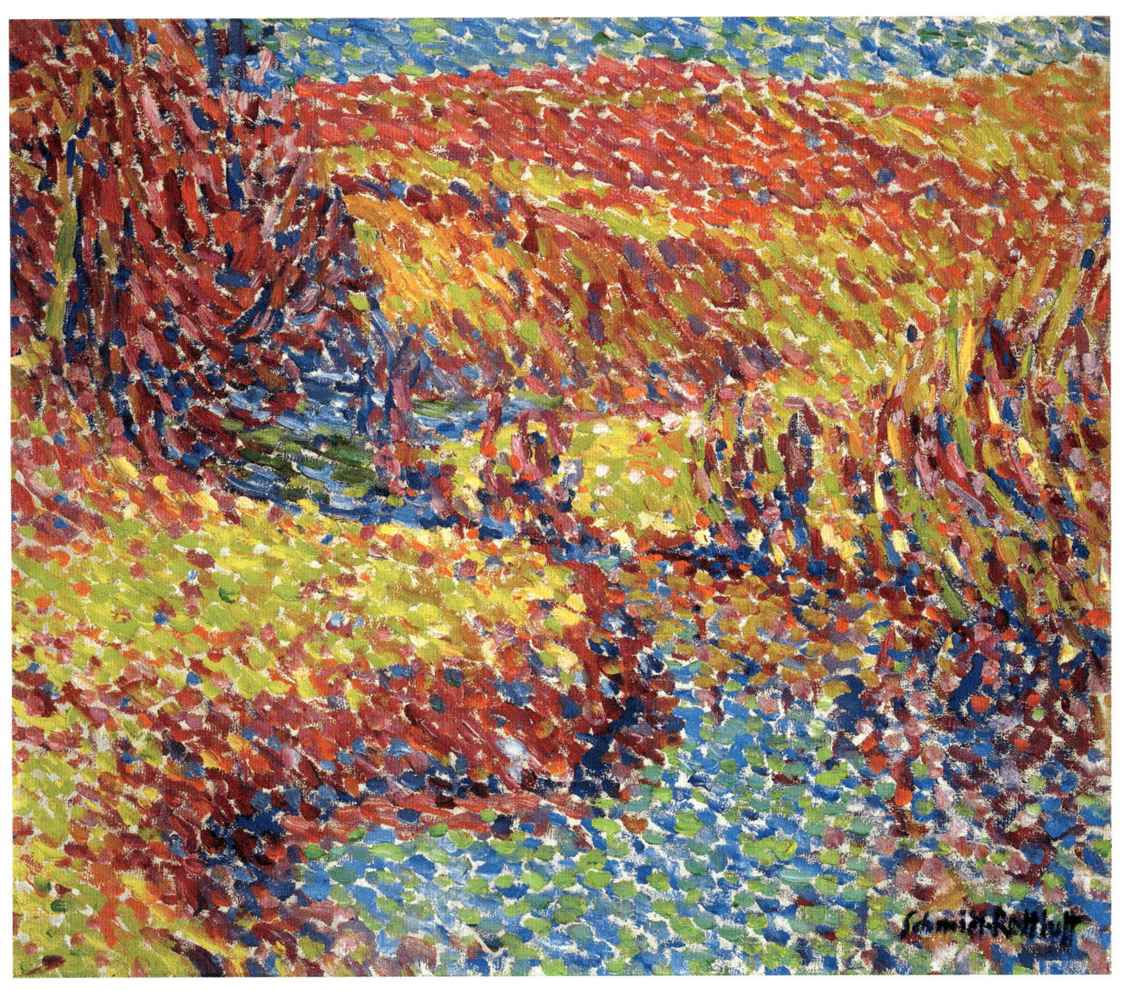

Karl Schmidt-Rottluff
Am Pleißebach, 1906

Max Pechstein
Eliasfriedhof in Dresden, 1906

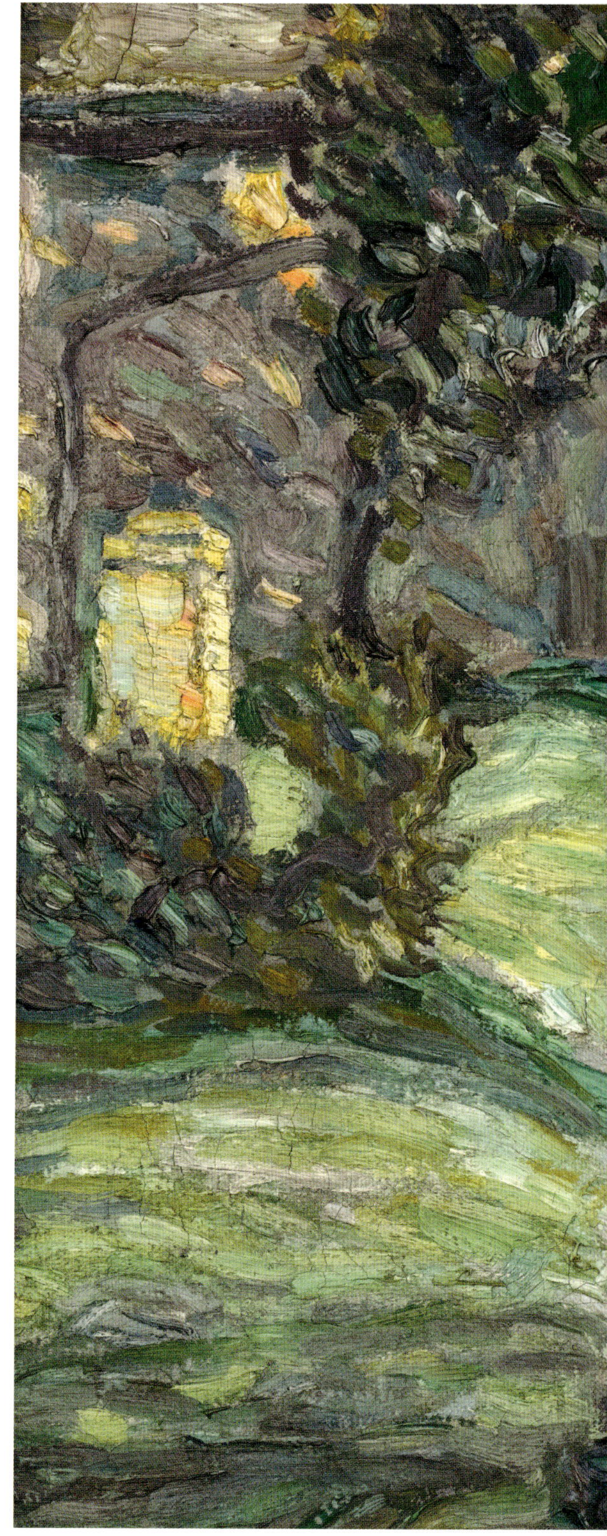

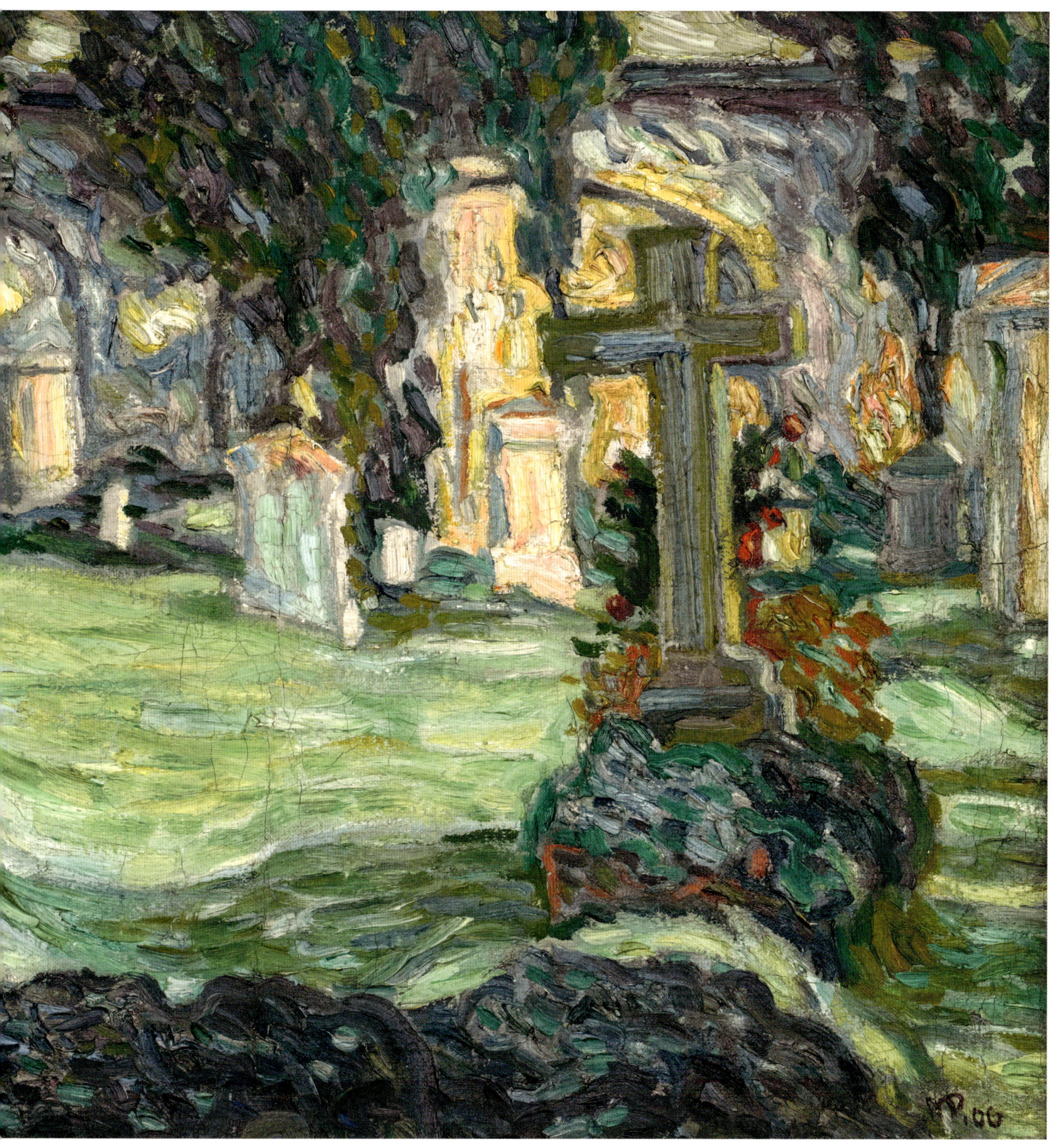

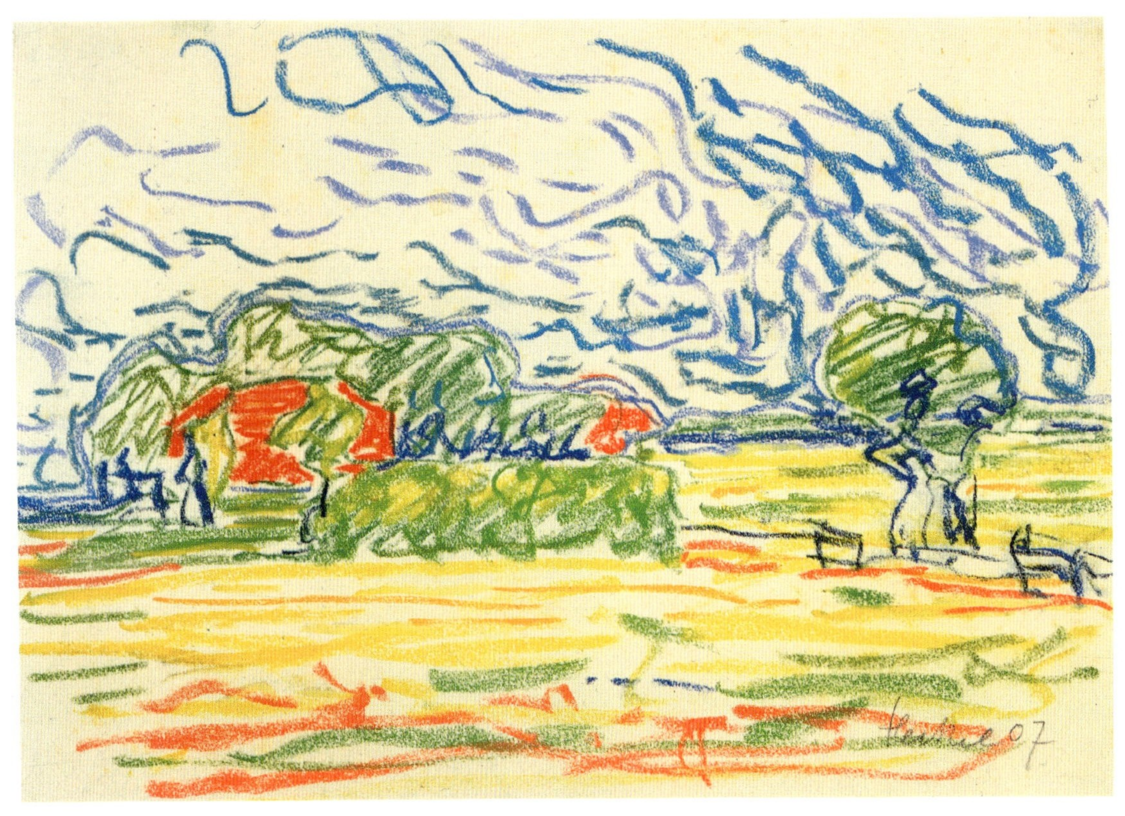

Erich Heckel
Dangaster Landschaft, 1907

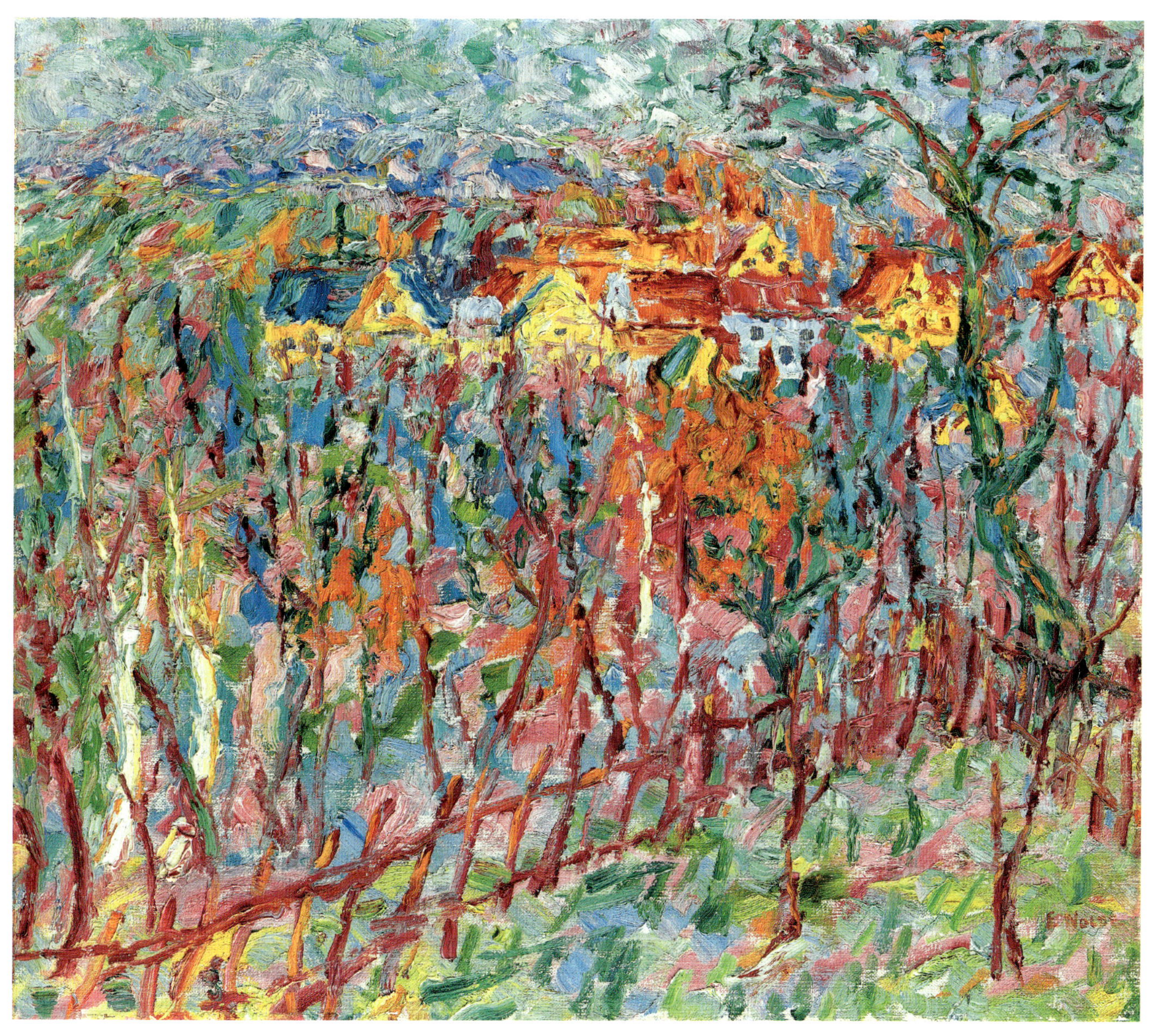

Emil Nolde
Dorf Cospeda, 1908

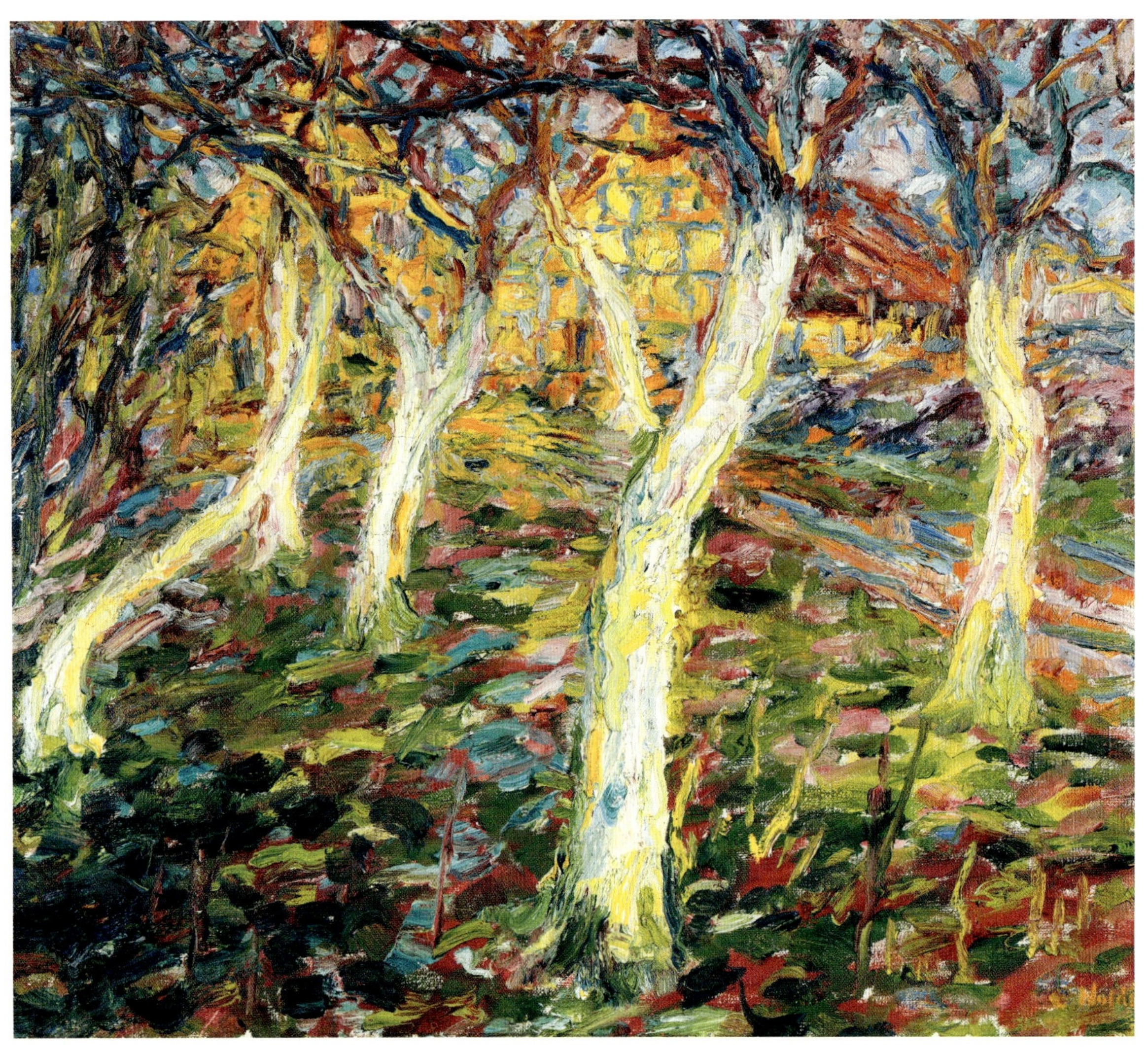

Emil Nolde
Weiße Stämme, 1908

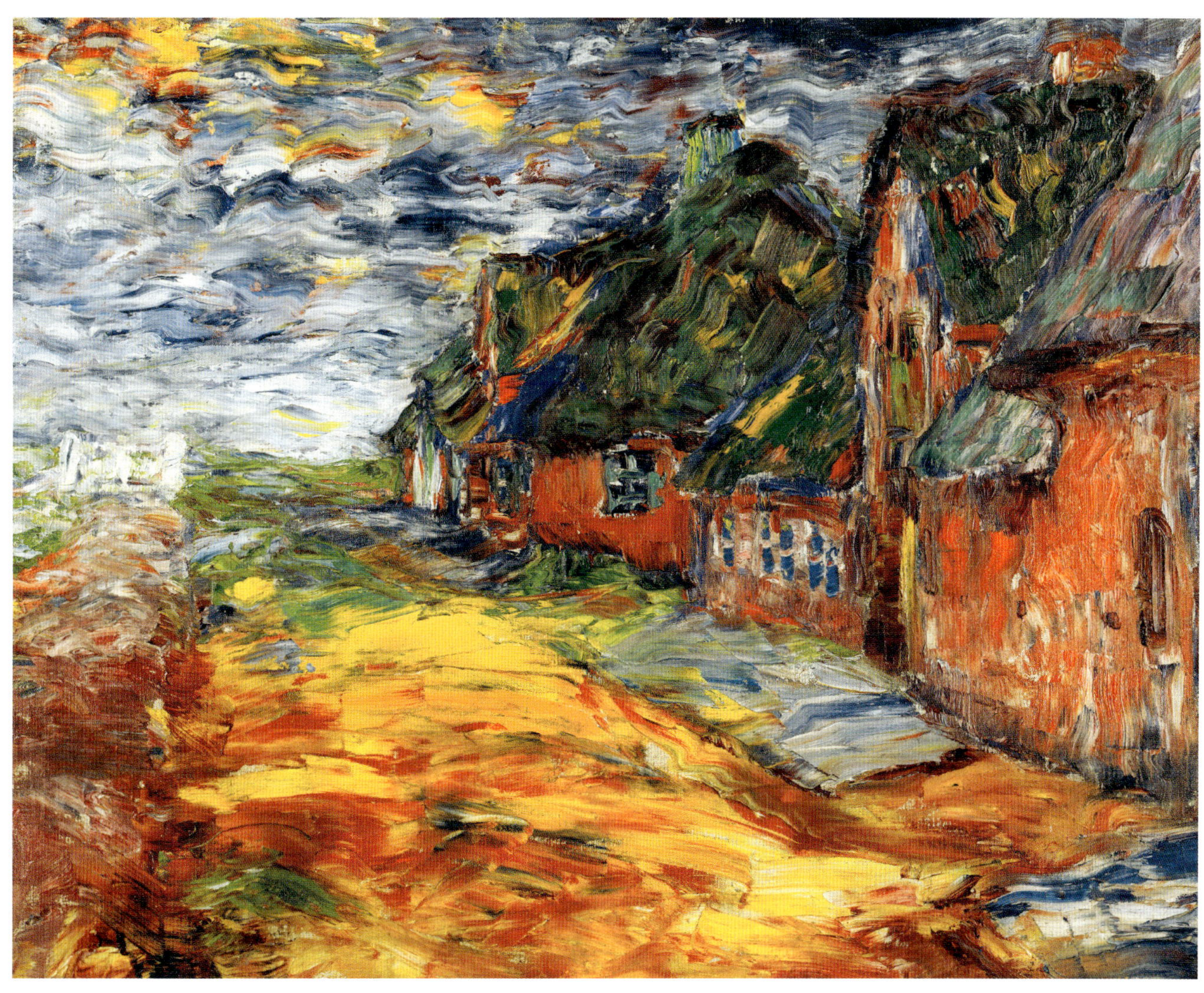

Emil Nolde
Friesenhäuser I, 1910

Emil Nolde, *Jägers Haus auf Alsen*, 1909

Das Wesen von Noldes Malerei manifestiert sich darin, Emotionen und Empfindungen unmittelbar durch die Farbe zu artikulieren. 1906, nach langem Ringen, gelingt ihm endlich dieser Durchbruch zur reinen Farbe. Aufbauend auf dem Naturlyrismus der Skagener Künstlerkolonie und der aufgehellten, lichtdurchfluteten Sprache des Impressionismus wurden die Gemälde van Goghs, die er in den Sammlungen von Harry Graf Kessler in Weimar, Karl Ernst Osthaus in Hagen und Gustav Schiefler in Hamburg gesehen hatte, zu einem wegweisenden Erlebnis und brachten für ihn den Vorstoß zur Farbe. Der nun bewegter werdende Pinselduktus Noldes bringt die glühende Farbe heftig auf die Leinwand und überträgt diese Erregung ohne jede Abschwächung. Im Januar 1906 stellte er seine neuen Gemälde in der Galerie Arnold in Dresden aus, was zur der Aufforderung der Künstlergruppe „Brücke" führt, ihr beizutreten.

Noldes Gemälde bedeuteten für die „Brücke"-Künstler eine kühne Modernität. Im November 1907 verließ Nolde die Gruppe allerdings wieder, da er sich durch die jungen Leute künstlerisch eingeengt fühlte. Nolde war stets ein Einzelgänger und besaß einen untrüglichen Instinkt für das, was er zum Erreichen seiner Ziele aufnehmen und umsetzen musste. Viele seiner besten Werke sind in der Einsamkeit, während Phasen der Zurückgezogenheit auf dem Land entstanden. Hier fand er eine innere Kraft und Energie, die sich in gesteigerter Kreativität entlud. 1903 waren Emil und Ada Nolde auf die Ostsee-Insel Alsen gezogen, wo Nolde bis 1916 die Sommermonate verbringen sollte. Auf Alsen entstand ab 1906 eine große Anzahl von Garten- und Blumenbildern, zu denen auch *Jägers Haus auf Alsen* gehört. Es zeigt den Blick auf das Haus und den Garten der nachbarlichen Familie Jäger. Zu diesen Blumenbildern schrieb Nolde später: „... kleine, reiche, schön gepflegte Gärten mit Buchsbaumrabatten umzogen, und immer mit vielen Blumen. [...] Die Farben der Blumen zogen mich unwiderstehlich an, und fast plötzlich war ich beim Malen. Es entstanden meine ersten Gartenbilder. Die blühenden Farben der Blumen und die Reinheit dieser Farben, ich liebte sie. Ich liebte die Blumen in ihrem Schicksal: emporsprießend, blühend, sich neigend, verwelkend, verworfen in der Grube endend. Nicht immer ist ein Menschenschicksal ebenso folgerichtig und schön."[1]

---

1 Emil Nolde, Jahre der Kämpfe, 5. Aufl. Köln 1985, S. 100.

Emil Nolde
Jägers Haus (auf Alsen), 1909

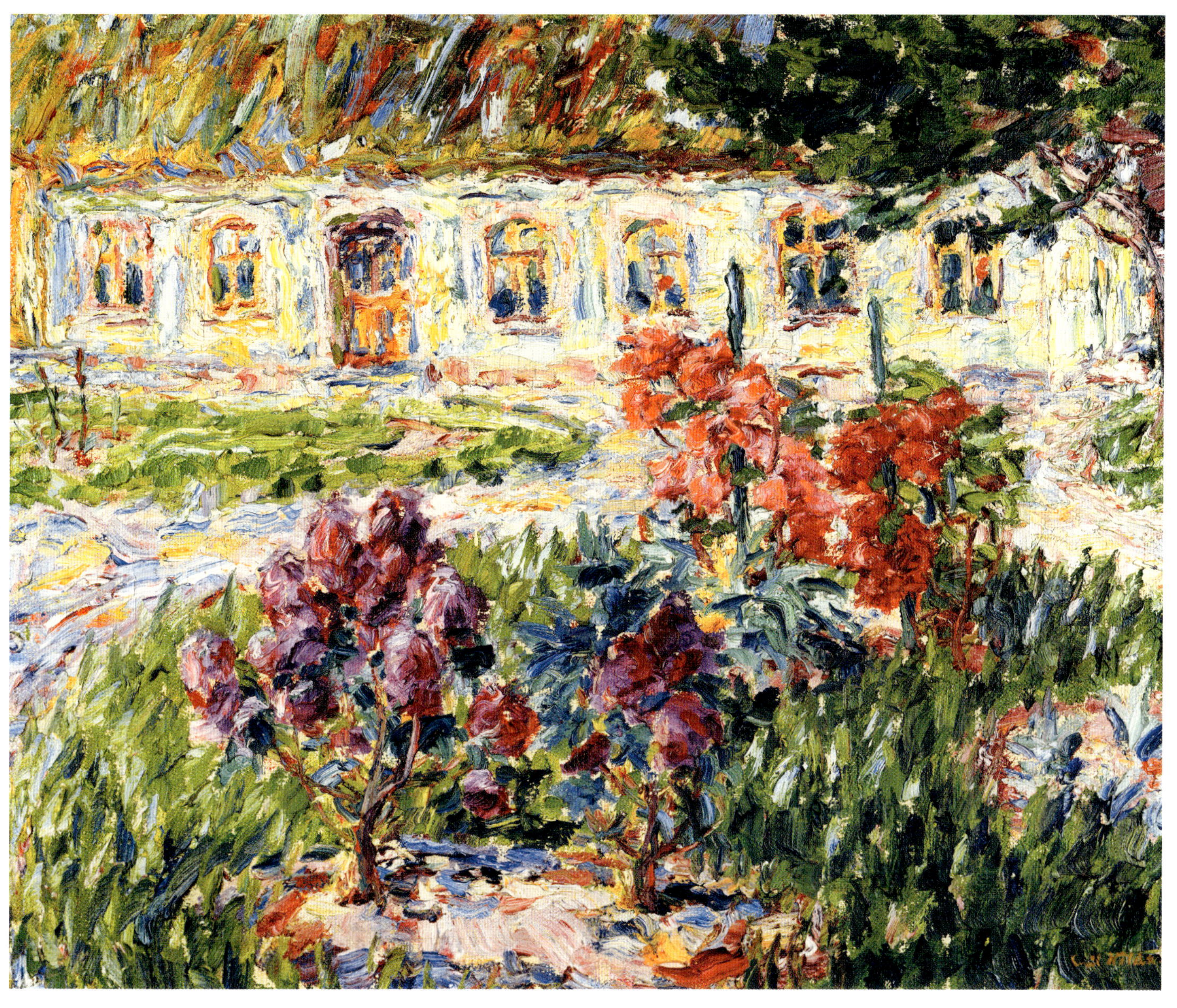

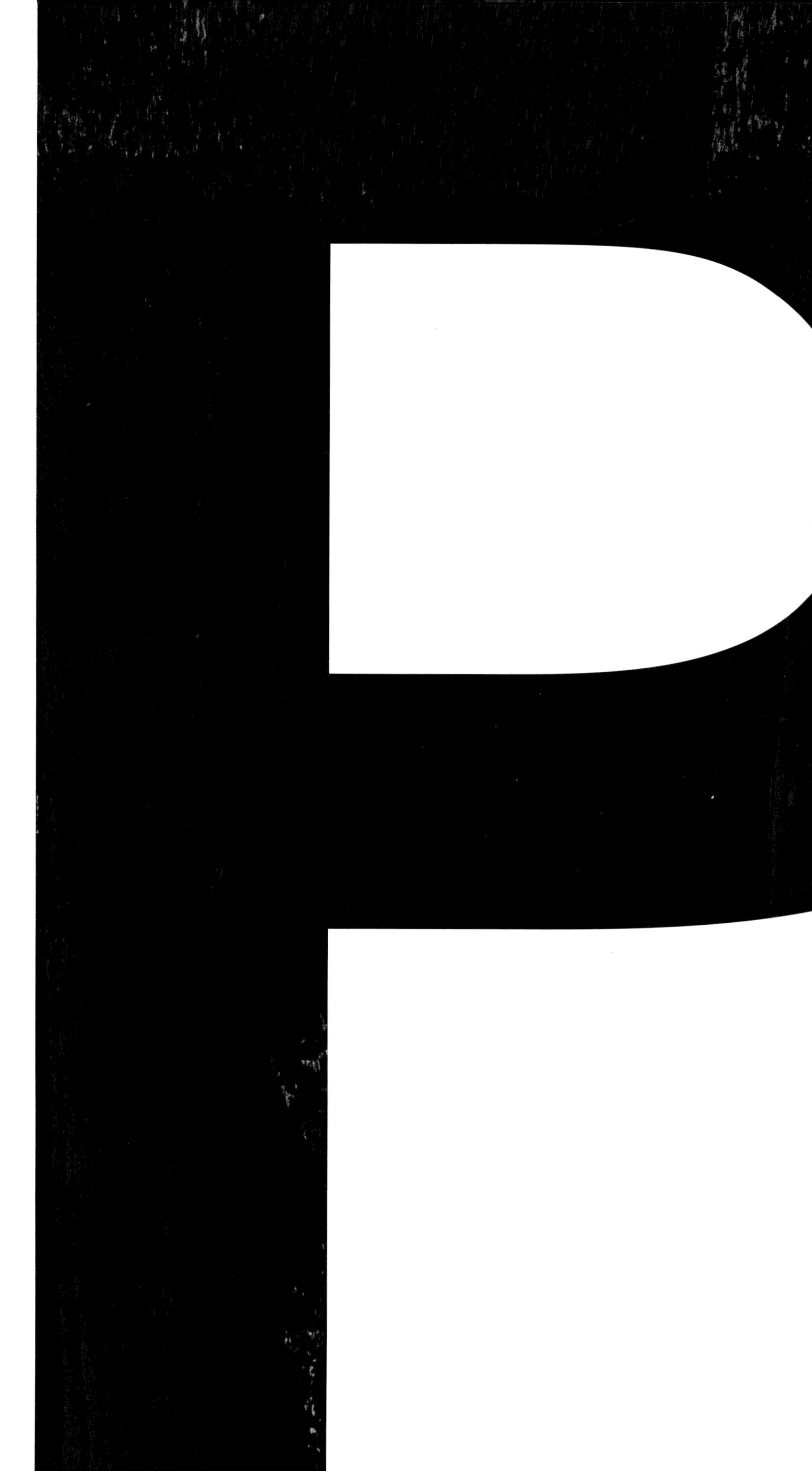

Inspiration Munch

Parallel zur Rezeption der Stilmittel van Goghs lässt sich auch eine Auseinandersetzung der „Brücke“ mit dem norwegischen Künstler Edvard Munch erkennen, sowohl in Bezug auf die druckgraphischen Techniken als auch in der psychologisch befrachteten Ikonographie seiner Werke. Munch war damals in Deutschland weitaus bekannter als van Gogh, nicht zuletzt wegen seiner skandalträchtigen Ausstellung in Berlin 1892, die schon nach wenigen Tagen wieder schließen musste, sowie auch wegen seiner Ausstellung 1902 in der Berliner Secession. Im Sächsischen Kunstverein in Dresden fand im Februar 1906 – also nur kurz nach der Van-Gogh-Ausstellung im November 1905 – eine Ausstellung statt, die zwanzig Gemälde, Zeichnungen und Druckgraphiken präsentierte. Erwähnt werden muss auch die Galerie Arnold, die zur Jahreswende 1905/06 graphische Blätter Munchs ausgelegt hatte, darunter auch einige seiner großformatigen Holzschnitte. Am frühesten und stärksten von allen „Brücke“-Künstlern reagierte Kirchner auf Munch. Das ist auch der Grund dafür, warum bei ihm die Van-Gogh-Rezeption zurückhaltender ausfiel als bei den anderen. So äußerte sich Max Pechstein 1918: „Wir erkannten unser gleiches Sehnen, unsere gleiche Begeisterung für die gesehenen van Goghs und Munchs […], für letzteren war Kirchner begeisterter.“[1] Während Heckel und

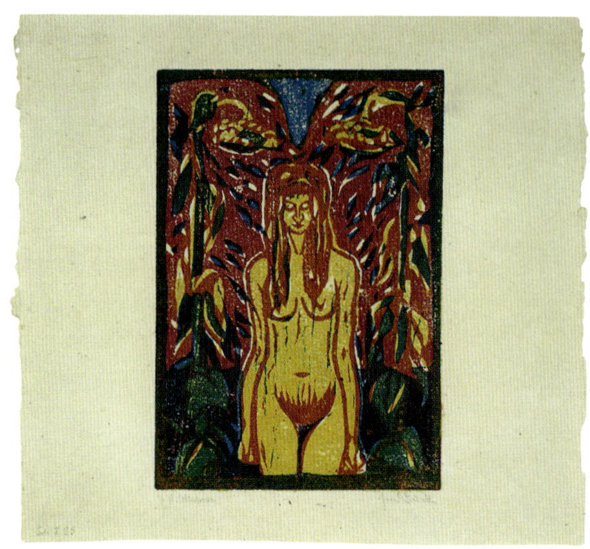

2

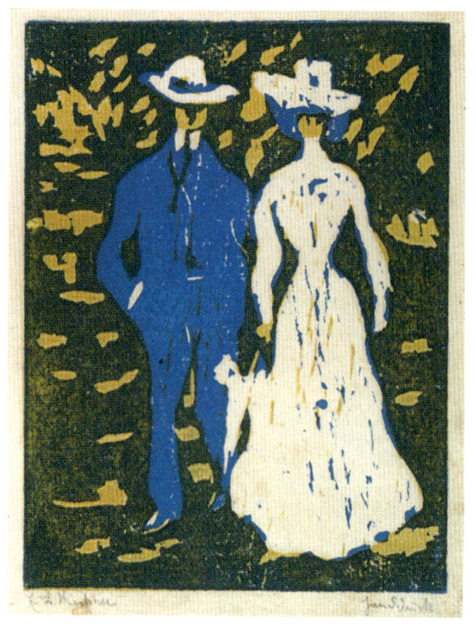

1

3

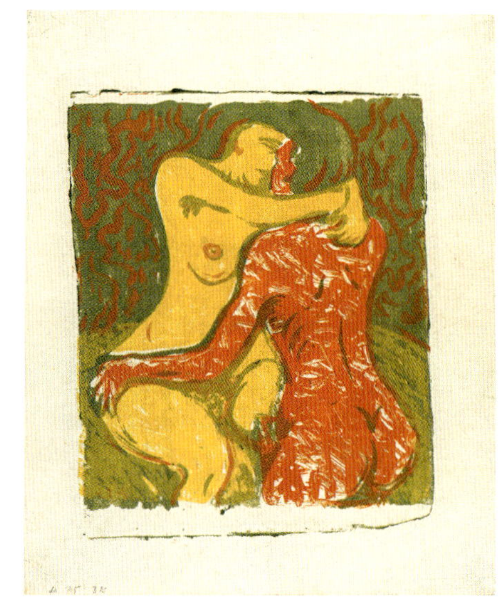

Abb. 1
Ernst Ludwig Kirchner
Spazierengehendes Paar, 1907

Abb. 2
Ernst Ludwig Kirchner
Akt unter Sonnenblumen, 1906

Abb. 3
Ernst Ludwig Kirchner
Liebesszene, 1908

Schmidt-Rottluff vor allem die schummrige Technik, das Herausreißen von Fasern aus dem Holzstock nachahmten, so faszinierte Kirchner Munchs Kompositionsstrategie. Oftmals findet sich die Übernahme bestimmter Figurentypen, wie auch seine Figuren nun häufiger frontal präsentiert werden Abb. — 1, 2. Nicht mehr das klassische Schönheitsideal, sondern die Psychologisierung des Inhaltlichen, ein bestimmter Stimmungscharakter sowie die Deformierung der Konturlinien stehen dabei im Vordergrund. Neue ästhetische Kategorien bestimmen jetzt Kirchners Schaffen Abb. — 3.

Seine Munch-Adaption vermischte sich phasenweise mit dem Einfluss van Goghs, wie zum Beispiel der Farbholzschnitt *Ruhendes Mädchen mit Kopfschmerzen* Seite — 44/45 deutlich zeigt. Die Psychologisierung der Darstellung und die Haltung des Mädchens sind Munch zu verdanken, die sich über die gesamte Bildfläche verteilenden Farblinien und -striche gehen auf van Gogh zurück, verbinden sich aber zugleich mit der oftmals parallel gesetzten Schnitttechnik Munchs. Der auf Blau, Gelb und Rot aufgebaute Farbklang ist äußerst intensiv. Hinsichtlich der Drucktechnik hat Kirchner hier experimentiert und nach dem Vorbild der in München gesehenen Farbholzschnitte Kandinskys Aquarellfarben verwendet. Nur zwei Abzüge gibt es von dem Holzschnitt.
Die große Wertschätzung Munchs zeigt sich auch darin, dass die „Brücke" diesen Künstler mehrmals, allerdings jedes Mal vergeblich, zur Mitgliedschaft eingeladen hat. Insbesondere Schmidt-Rottluff, der gleichfalls Munchs Werk hoch schätzte, bemühte sich in den Jahren 1908 und 1909, Munch zu einer Teilnahme an den „Brücke"-Ausstellungen zu bewegen, allerdings ohne Erfolg. 1909 beabsichtigte er sogar, allein mit Munch in Weimar auszustellen. In einem Brief an Munch heißt es: „Herr Schiefler schreibt mir, daß es Ihnen vielleicht möglich wäre, für Ende März einige Bilder an das Museum nach Weimar gehen zu lassen. Der Leiter des Museums, Hofrat Koetschau, hatte die Absicht, Ihre Bilder mit

den meinen zusammen auszustellen. Es wäre fein, wenn es sich machen ließe."[2] Die Ausstellung ist nicht zustande gekommen. Es ist sehr zu vermuten, dass die Mitte 1911 einsetzende starke Vereinfachung von Schmidt-Rottluffs Formensprache auf Munch zurückgeht. Auf der Hinreise zum Sognefjord, wo er im Sommer 1911 einige Wochen allein arbeitend verbrachte, machte er in Bergen Station und sah dort die umfangreiche Munch-Sammlung des Unternehmers Rasmus Meyer. Der Sommer 1911 markiert somit eine radikale Stiländerung in Schmidt-Rottluffs Schaffen. Gemälde wie *Oppedal (Sogne Fjord)* Abb. — 4 belegen dies, ebenso wie die nach der Rückkehr nach Dangast entstandenen Arbeiten. Ein Jahr später, im Sommer 1912, fand in Köln die Internationale Kunstausstellung des Sonderbunds statt. Munch hatte hier einen eigenen großen Saal erhalten, in dem 32 Werke, Gemälde zumeist, gezeigt wurden – die bis dahin umfangreichste Ausstellung Munchs in Deutschland. Ende September reiste Schmidt-Rottluff nach Köln, um die Ausstellung zu sehen. Munchs *Selbstbildnis mit Weinflasche*, 1906 entstanden Abb. — 5, hat ihn wohl besonders berührt, ein Gemälde, das Munchs damalige Lebenskrise zum Ausdruck bringt, seine Resignation und Isoliertheit. Seine Körperhaltung, die resignierende Miene und die schlaffen Hände signalisieren Passivität und Schwermut. Schmidt-Rottluff reagierte nun erneut auf Munch. Das für sein Schaffen motivisch untypische Gemälde *Weinstube* von 1913 Abb. — 6 ist ohne Munchs Selbstbildnis von 1906 undenkbar. Der schweigsame Trinker erscheint von den anderen Gästen und dem Geschehen um ihn herum abgesondert, auch auf die im Hintergrund stattfindende Varieté-Aufführung reagiert er nicht. Sein Blick geht nachdenklich nach innen. Ob auch Schmidt-Rottluff hier ein Selbstbildnis geschaffen hat, ist fraglich.

---

1 Max Pechstein, Lebenslauf, in: Georg Biermann, Max Pechstein, Leipzig 1919, S. 14.

2 Zitiert nach Arne Eggum, Die Brücke und Edvard Munch, in: Die Brücke – Edvard Munch, Ausst.-Kat. Munch-museet, Oslo; Malmö Konsthall, Oslo 1978, S. 22.

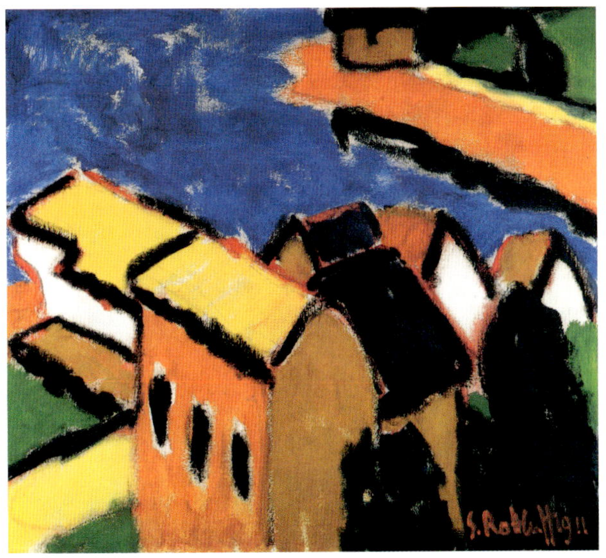

4

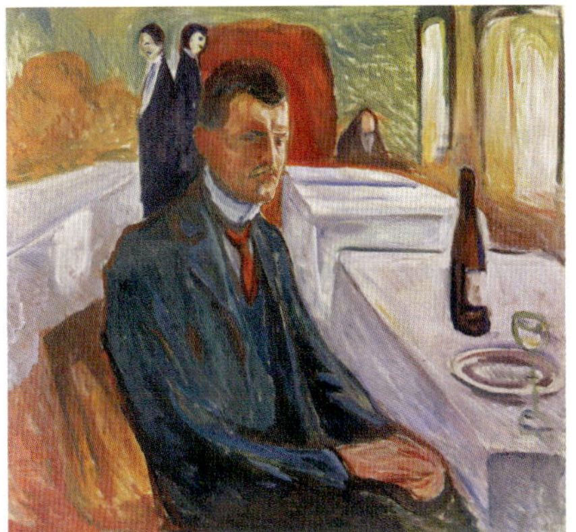

5

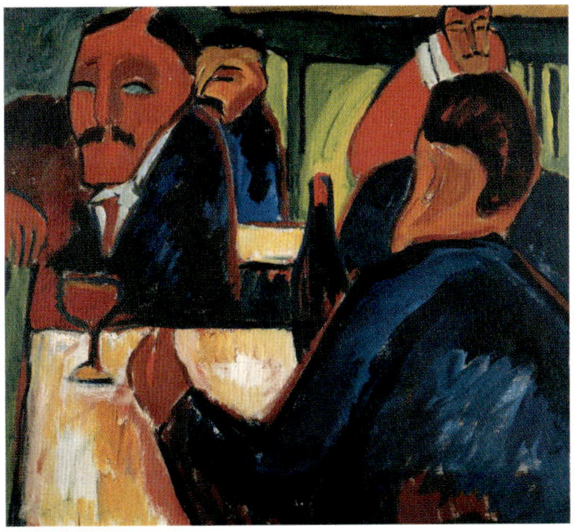

6

Abb. 4
Karl Schmidt-Rottluff
Oppedal (Sogne Fjord), 1911

Abb. 5
Edvard Munch
Selbstbildnis mit Weinflasche, 1906

Abb. 6
Karl Schmidt-Rottluff
Weinstube, 1913

Ernst Ludwig Kirchner
Weibliches Modell, 1909

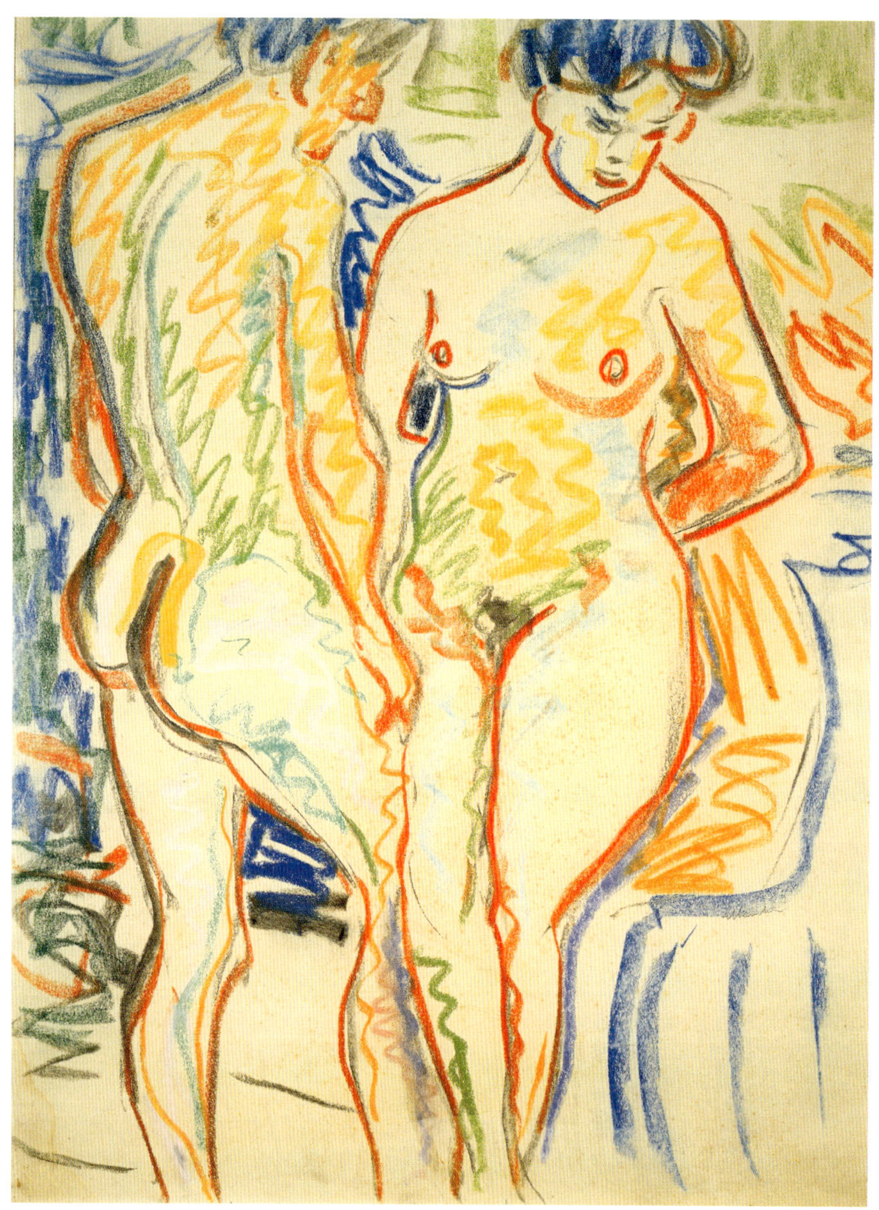

Ernst Ludwig Kirchner
Paar, 1908

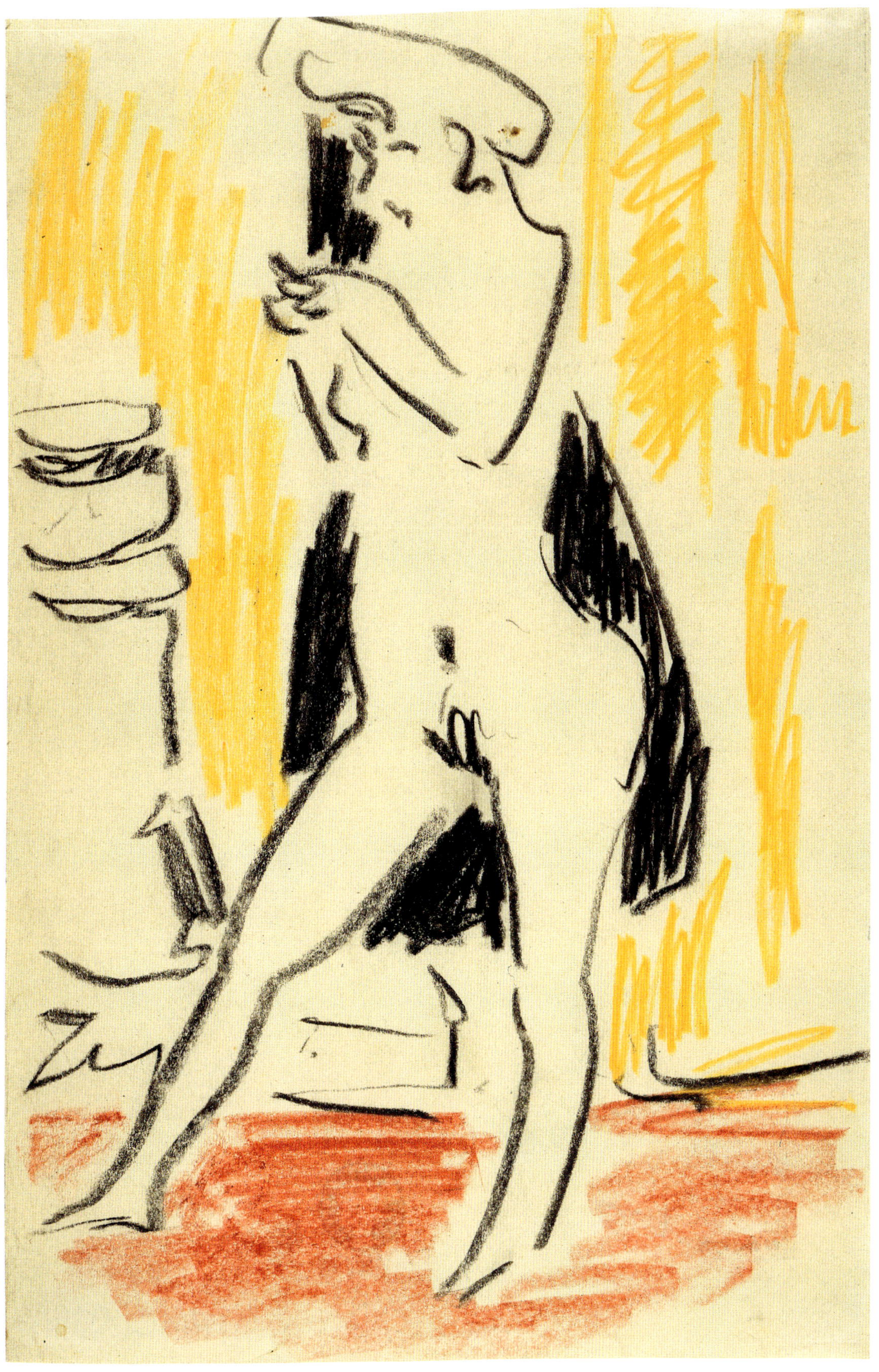

Dangast

Besondere Impulse erhielt das Schaffen der „Brücke"-Künstler durch die regelmäßigen Aufenthalte in der Natur. So waren Dangast, Goppeln, Moritzburg, Nidden oder Fehmarn ihre Ziele. Der aus wenigen Häusern bestehende Badeort Dangast, am Südrand des Jadebusens im Oldenburger Land gelegen, wurde insbesondere für Heckel und Schmidt-Rottluff bedeutsam. 1907 bis 1910 datieren die Aufenthalte von Heckel, während Schmidt-Rottluff noch bis 1912 nach Dangast wie auch in den benachbarten Ort Dangastermoor kam. Die Künstler hatten Dangast auf einer Spezialkarte entdeckt, als sie nach einem geeigneten Ort am Meer suchten. 1910 war auch Pechstein für einen Monat dort Seite — 89. Vor allem die Vielseitigkeit der norddeutschen Landschaft mit ihrer ursprünglichen Natur, dem Wechsel der Gezeiten, dem weiten Himmel, den Deichen und Marschen und dem sich nach Süden erstreckenden Moor fesselte die Künstler und inspirierte sie, diese unterschiedlichen Motive zu gestalten. Hier konnte man ungestört in einer idealen Abgeschiedenheit arbeiten. Schmidt-Rottluff, der oftmals bis spät in den Herbst blieb, verlegte sogar seinen Hauptwohnsitz von Dresden in das Großherzogtum Oldenburg. So wird verständlich, warum in verschiedenen Ausstellungskatalogen der Zeit als Wohnort „Dangast" oder „Dangastermoor" angegeben ist.

Die ersten Gemälde, die in Dangast entstanden, tragen noch deutlich die Van-Gogh-Rezeption vor, wie Heckels *Marschland (Dangast)* Seiten — 84/85 deutlich sichtbar macht, mit einer antiakademischen Pinseltechnik und ekstatischer Steigerung der Komposition. Eine Loslösung von van Gogh setzte jedoch 1908 ein mit eher flächenbetonter Bildaufteilung, wofür Heckels Gemälde *Rote Häuser* Abb. — 1 ein gutes Beispiel ist. Am bedeutsamsten sind die Dangaster Aufenthalte für Schmidt-Rottluff. Er wurde nun

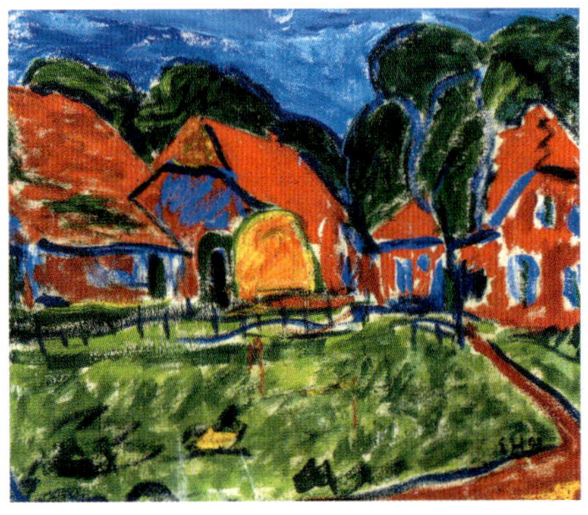

1

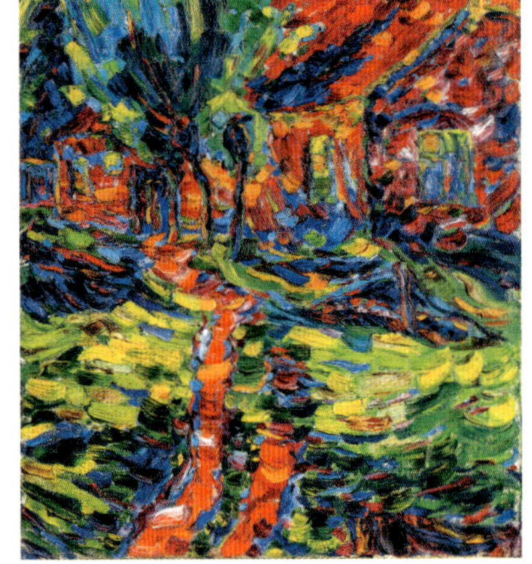

2

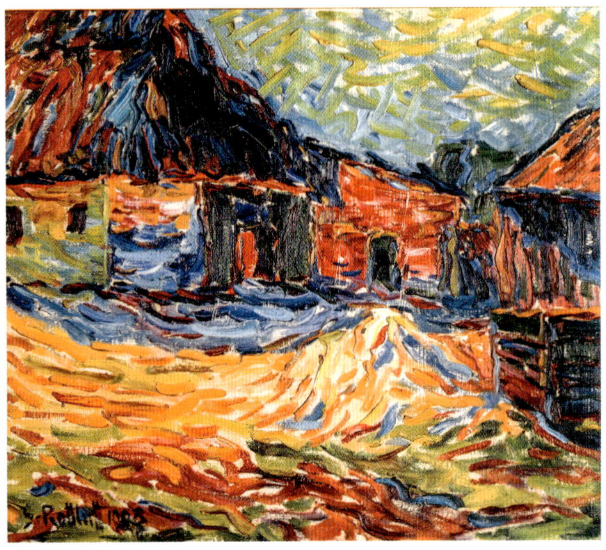

3

Abb. 1
Erich Heckel
Rote Häuser, 1908

Abb. 2
Karl Schmidt-Rottluff
Dorfhaus mit Weiden, 1907

Abb. 3
Karl Schmidt-Rottluff
Mittag im Moor (Dangast), 1908

Abb. 4
Karl Schmidt-Rottluff
Einfahrt, 1910

der große Einzelgänger im Kreis der „Brücke", der durch konsequentes Herausarbeiten seiner Bildvorstellungen zu eigenständigen Positionen vordrang, während sich die Stile von Kirchner und Heckel wie auch in gewisser Hinsicht von Pechstein in den Jahren 1909 bis 1911 einander zum Verwechseln annäherten. Schmidt-Rottluff nahm auch nie an den gemeinsamen Arbeitsaufenthalten in Goppeln, Moritzburg oder auf Fehmarn teil, beteiligte sich als Gruppenmitglied jedoch regelmäßig an den „Brücke"-Ausstellungen. Mit einer Wucht von Form und Farbe, einem Verlangen nach expressivem Ausdruck fand Schmidt-Rottluff in Dangast zu sich selbst und ging einen eigenständigen Weg. 1907 dominiert wie bei Heckel der erregte Farbauftrag, die Textur vibriert. Aber es entstanden auch Gemälde wie *Dorfhaus mit Weiden* Abb. — 2, die seinen künftigen Weg vorgaben: Die einzelnen Pinselstriche sind jetzt zusammengezogen zugunsten einer stabileren Bildordnung. In dem Schlüsselwerk von 1908, *Mittag im Moor (Dangast)* Abb. — 3, ist der Farbauftrag ruhiger und flächiger, die Linien sind summarischer gegeben und zu größeren Flächenkomplexen verbunden. Teile der Leinwand bleiben erstmals stehen. In einem Brief vom 25. September 1908 an Luise Schiefler schrieb Schmidt-Rottluff: „Meine malerischen Anschauungen haben sich dieses Jahr in einer Weise geändert und einen neuen Weg genommen, von dem ich selbst nicht weiß, wohin er eigentlich führen soll. Mit dieser Verwandlung war aber auch verbunden, dass ich wenig gemalt und das Wenige tastend und suchend."[1] Auch 1909 klang van Gogh nach. In diesem Jahr trat allerdings die Malerei zugunsten des Aquarells in den Hintergrund. Schmidt-Rottluff spürte, dass er an einem Punkt seiner Entwicklung angelangt war, an dem es vor allem darum ging, das Problem des Bildaufbaus zu klären. Das Aquarell diente diesem Zweck. Neben Landschaften und Stillleben sind auch Portraits entstanden Seiten — 37, 143. Es fand nun eine Verknappung der Form statt, ohne dass die Dynamik der Form aufgegeben wurde. Alle Teile der Darstellung werden in

4

einer Ebene zusammengezogen. Die freien Stellen, die das Papier durchscheinen lassen, werden zum festen Bestandteil der Komposition. 1910 übertrug er den Aquarellstil auf seine Druckgraphik, vor allem aber auf die Malerei. Die Ölfarbe wurde nun stark verdünnt aufgetragen, was ein rasches Arbeiten ermöglichte. Eine große Anzahl von Gemälden entstand in der neuen Technik, wobei die Farben weiterhin strahlend und leuchtend sind. Obwohl die Formen klar definiert sind, besitzen sie eine immanente Energie und Dynamik. Locker gesetzte Konturen begrenzen die Flächenstrukturen. Wie im Aquarell werden Partien der Leinwand stehen gelassen, als Teil der Komposition. Das Gemälde *Einfahrt* Abb. — 4 dokumentiert diese Stilstufe. Im Laufe des Jahres 1910 verstärkte Schmidt-Rottluff die Vereinfachung der Komposition und das Arbeiten mit Flächenzonen. Dunkle Konturen als Gleichgewicht zum stehen gelassenen Weiß der Leinwand gewannen immer mehr an Bedeutung als ordnendes Element. Die Gemälde *Deichdurchbruch* Seite — 87 und *Dorfecke* Seite — 86 sind herausragende Beispiele für diese Stilstufe. Das Streben nach Vereinfachung verbindet sich mit einer subjektiven Interpretation der Landschaft. Schmidt-Rottluff ahmt die Natur nicht mehr nach – er lässt sie neu entstehen. Durch die Reduktion auf das Wesentliche und die Gegenüberstellung komplementär ausgerichteter Kontraste wird eine intensive Wirkung erzielt. Die künftige Kargheit von Schmidt-Rottluffs Ausdrucksweise ist hier bereits greifbar. Deutlich belegen aber auch seine 1910 und 1911 geschaffenen Holzschnitte, wie etwa *Durchblick* Seite — 91 und *Dangast Dorf* Seite — 92 den konsequenten Stil, den Kirchner später in der „Chronik der Brücke" als „monumental" bezeichnen sollte.

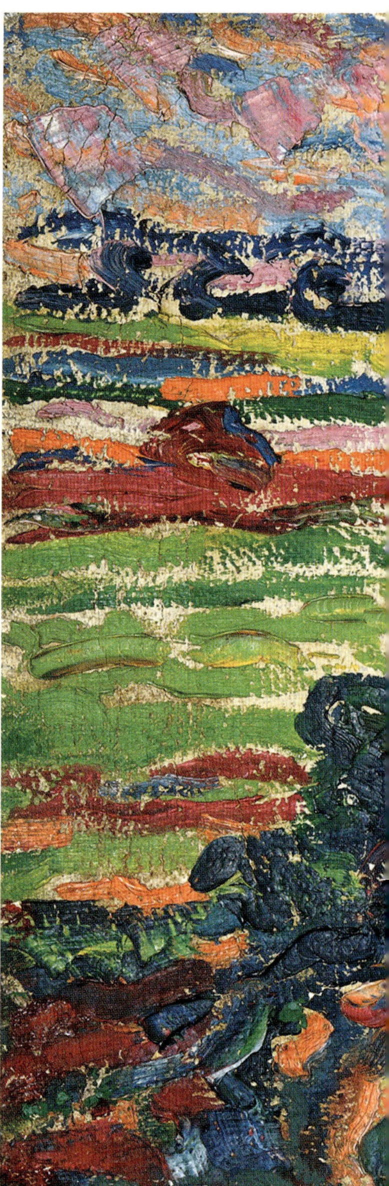

---

1 Karl Brix, Biographie, in: Karl Schmid-Rottluff, Malerei und Graphik, Bestandskatalog der Sammlung Malerei und Plastik, Städtische Kunstsammlungen Chemnitz 1993, Bd. 1, S. 326.

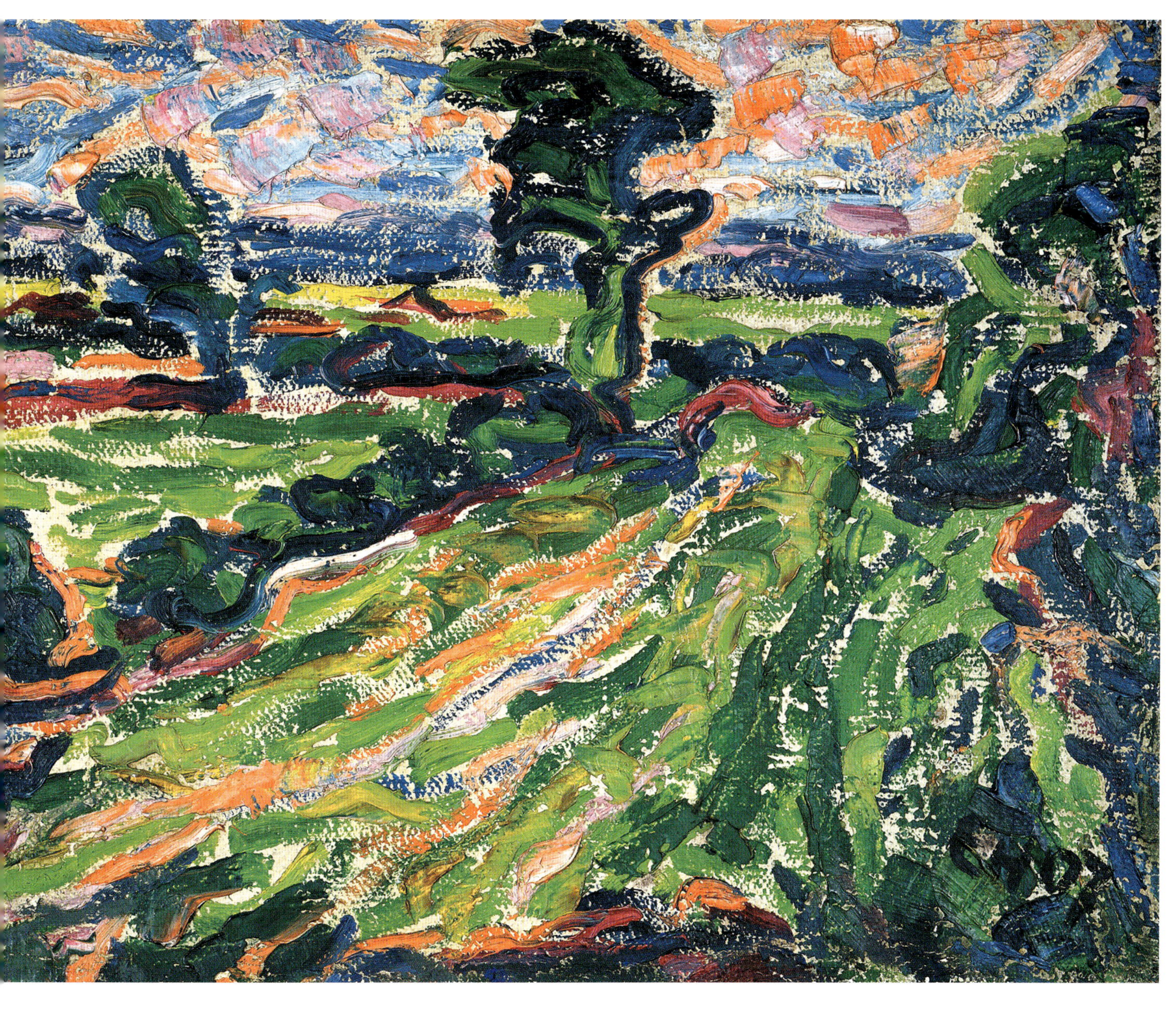

Erich Heckel
Marschland (Dangast), 1907

Karl Schmidt-Rottluff
Dorfecke, 1910

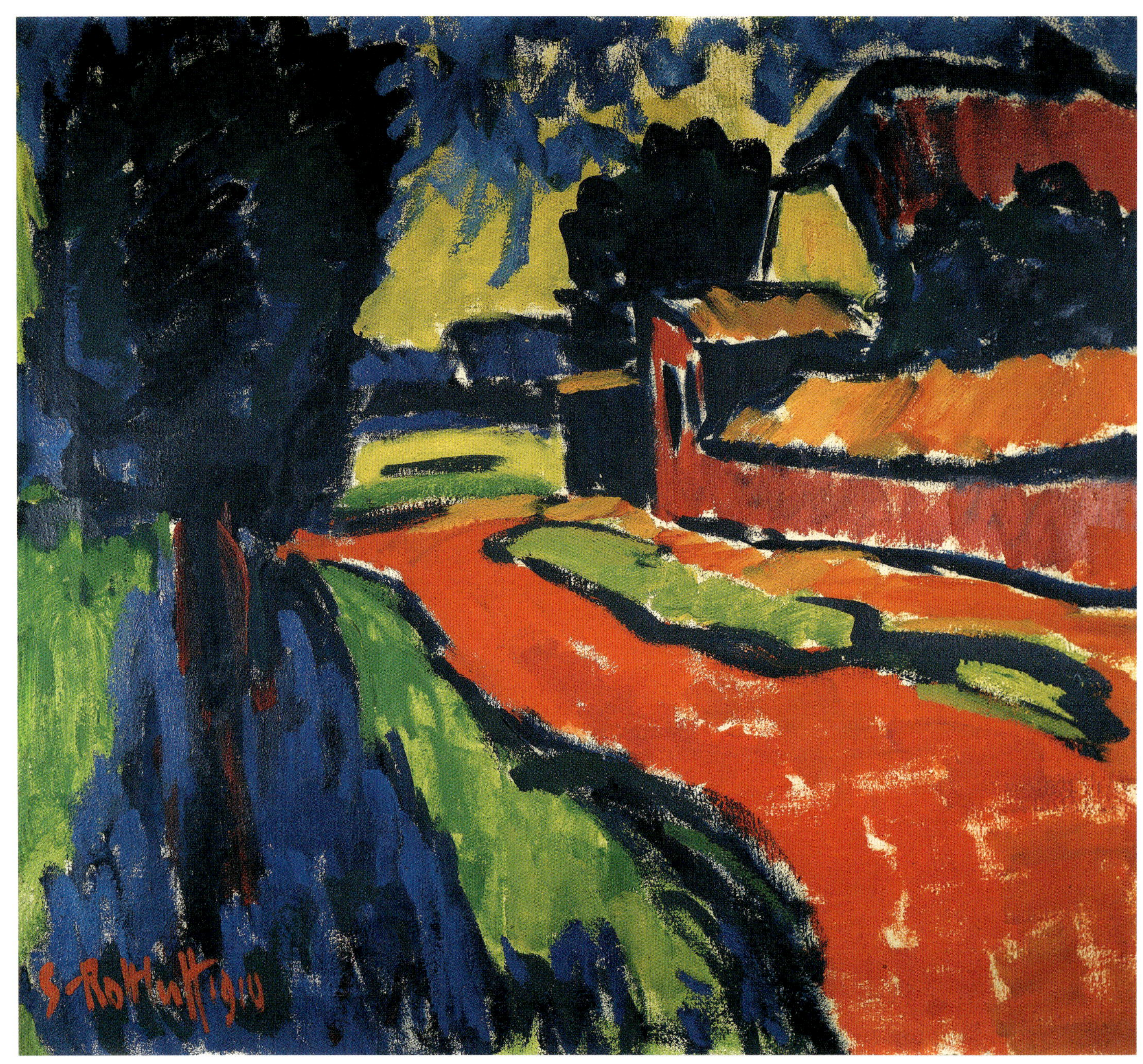

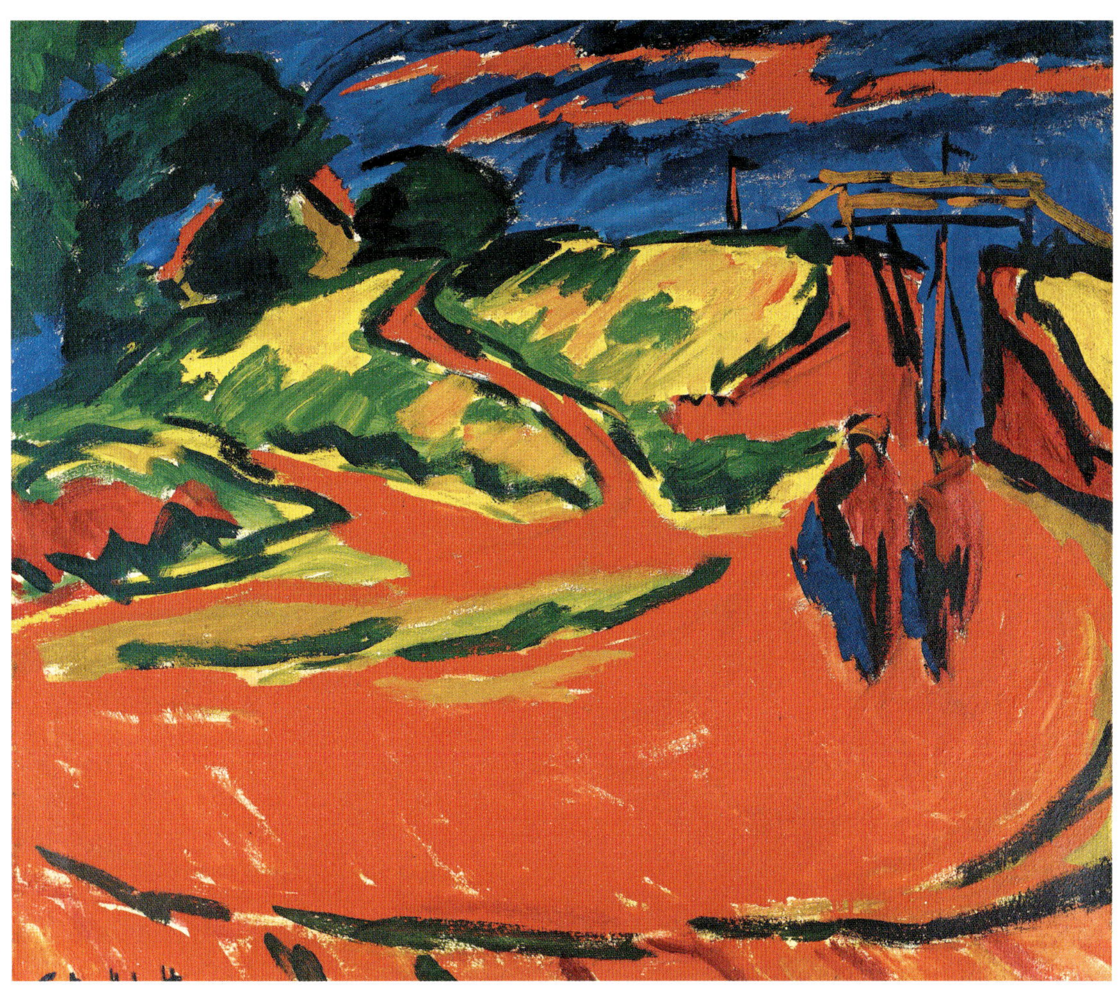

Karl Schmidt-Rottluff
Deichdurchbruch, 1910

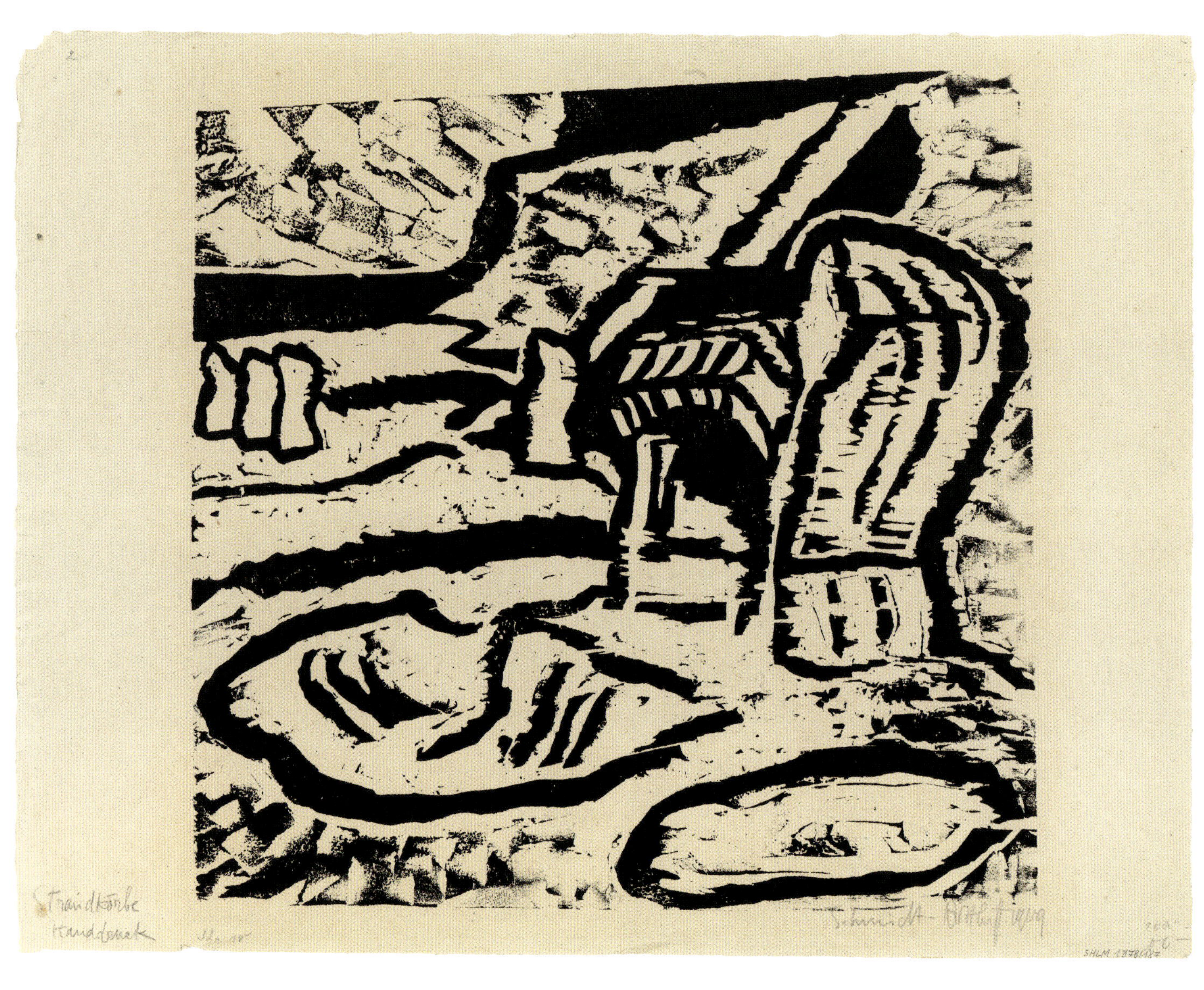

Karl Schmidt-Rottluff
Strandkörbe, 1909

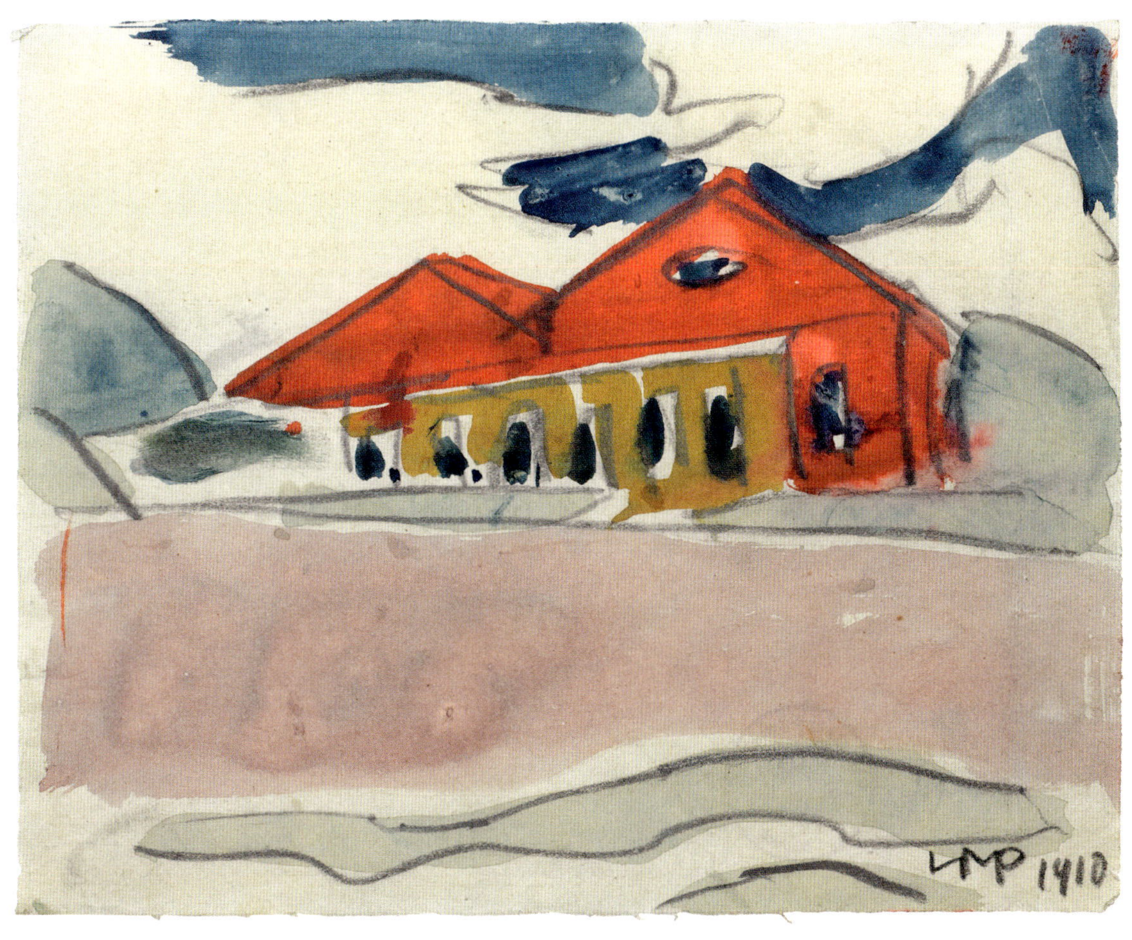

Max Pechstein
Haus am Strand, 1910

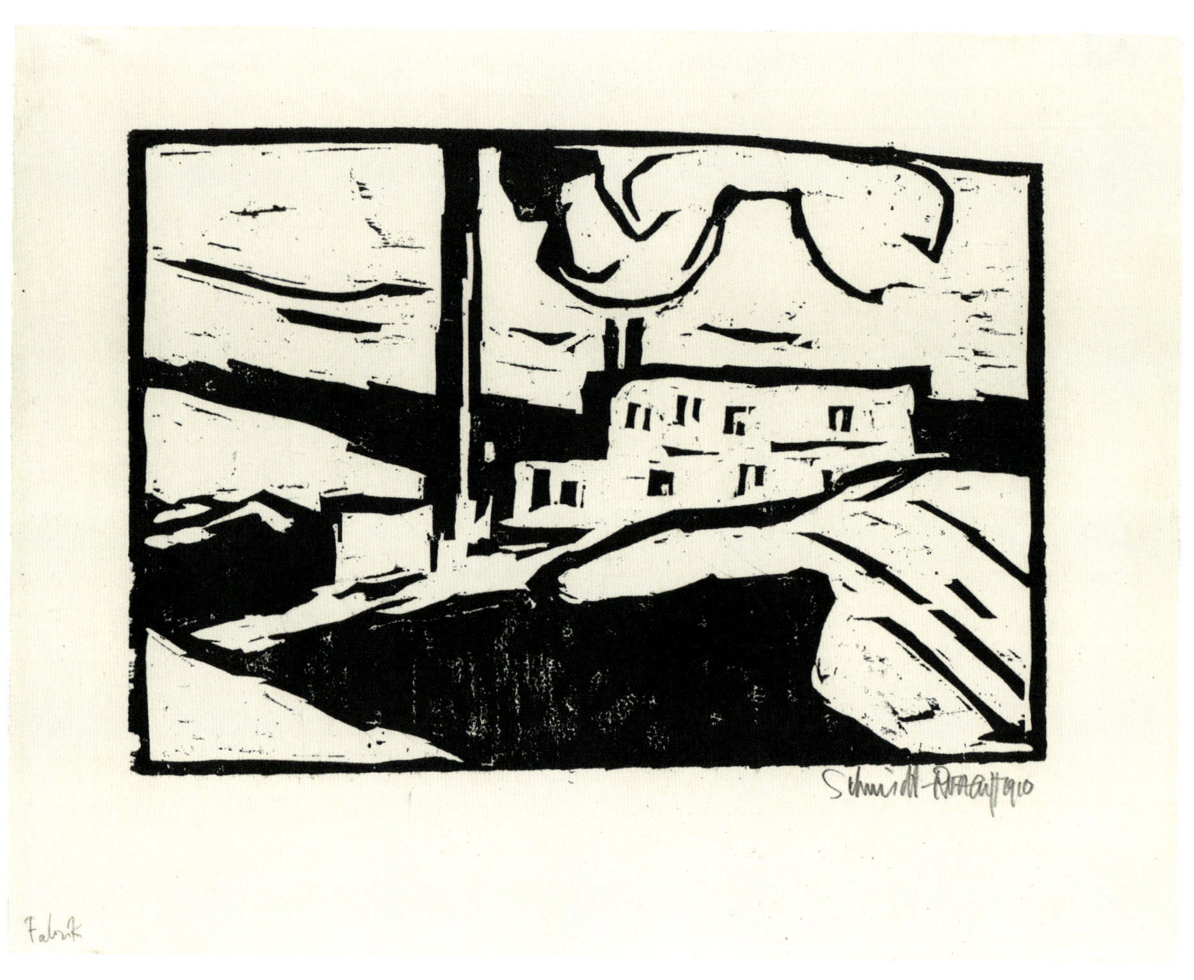

Karl Schmidt-Rottluff
Fabrik, 1910

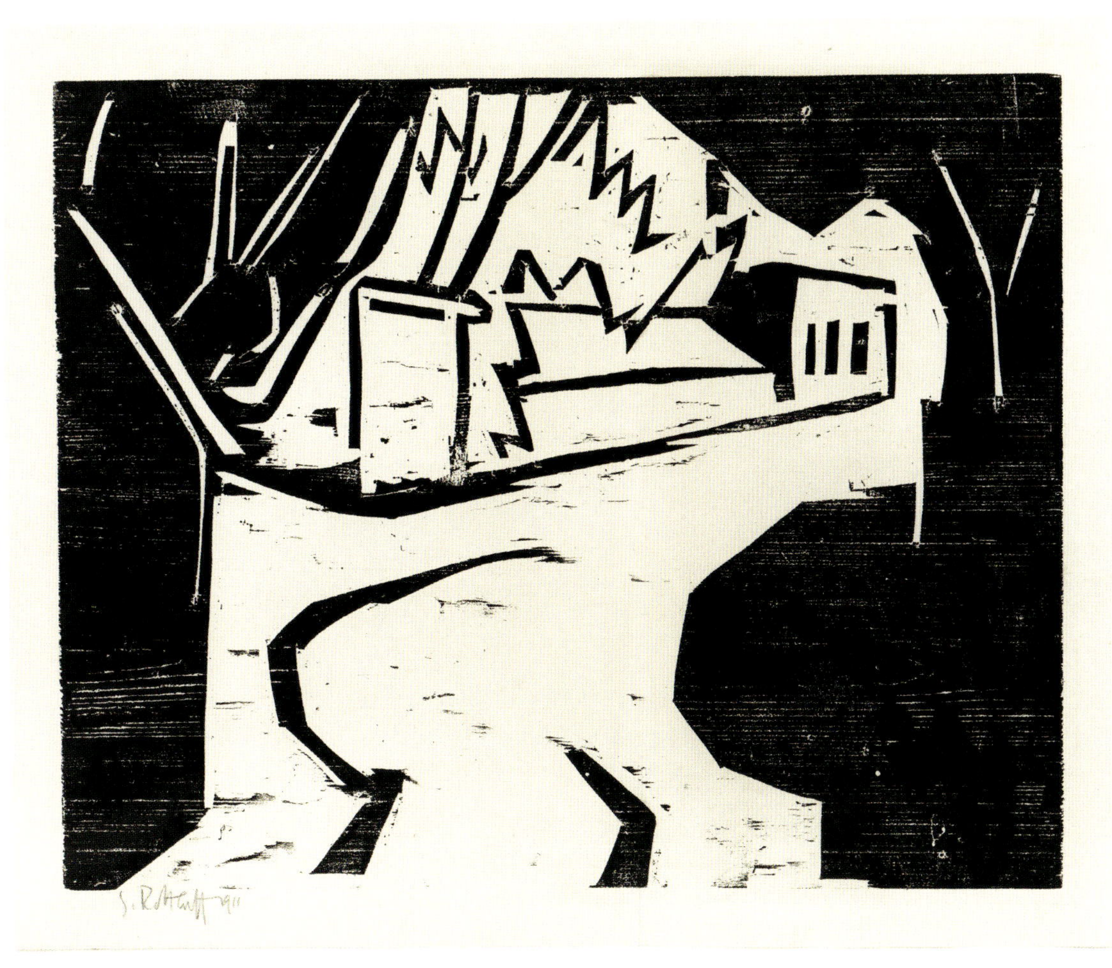

Karl Schmidt-Rottluff
Durchblick, 1911

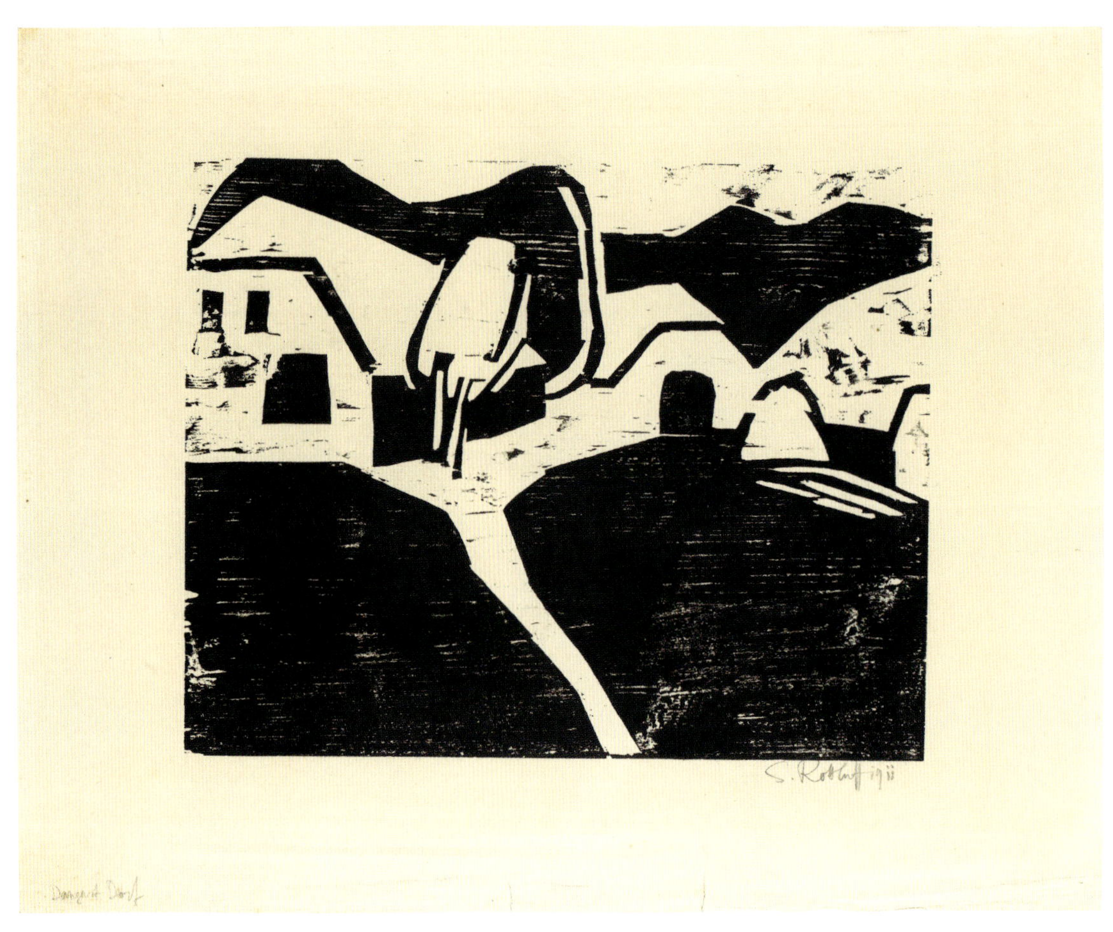

Karl Schmidt-Rottluff
Dangast Dorf, 1911

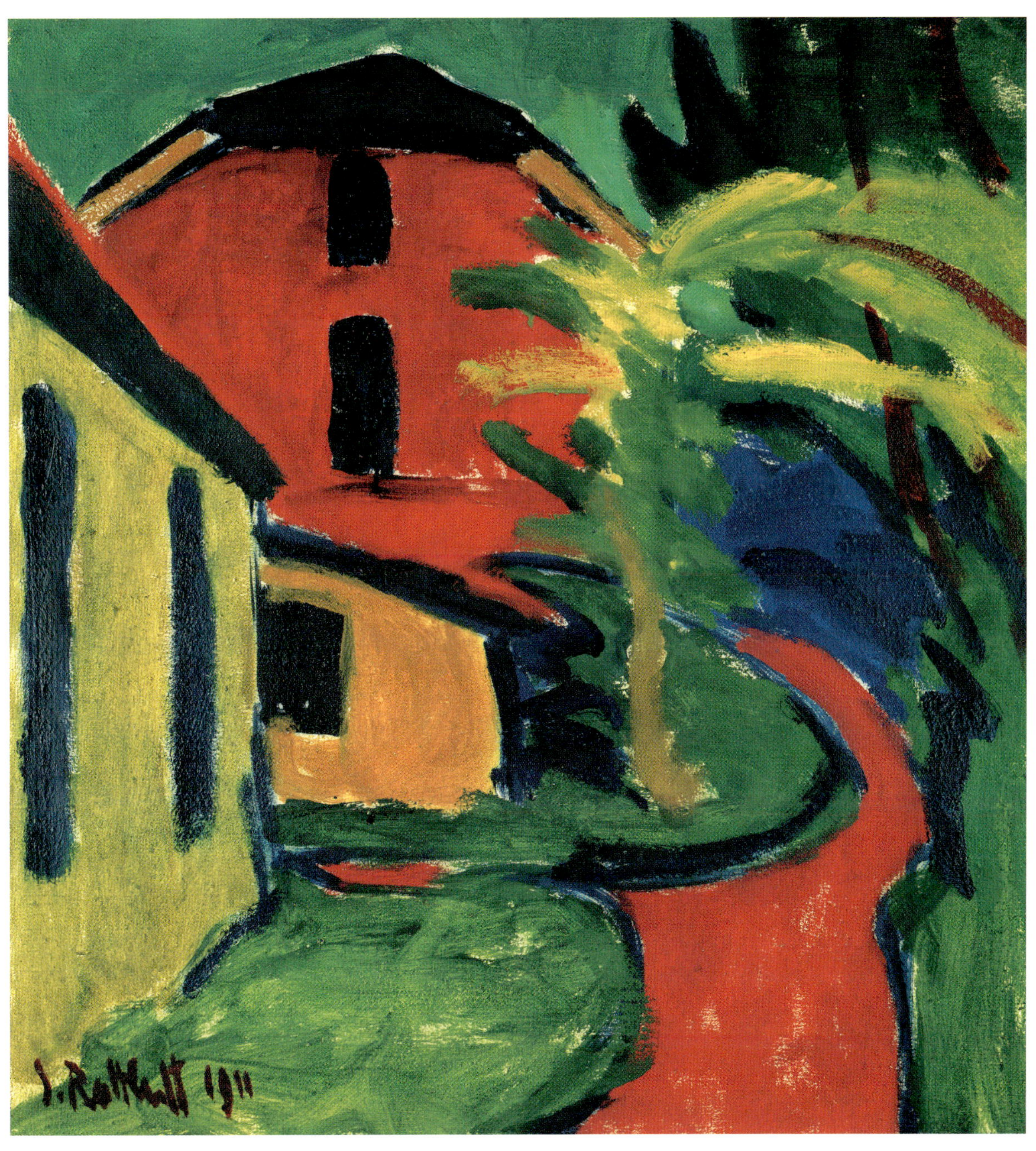

Karl Schmidt-Rottluff
Roter Giebel, 1911

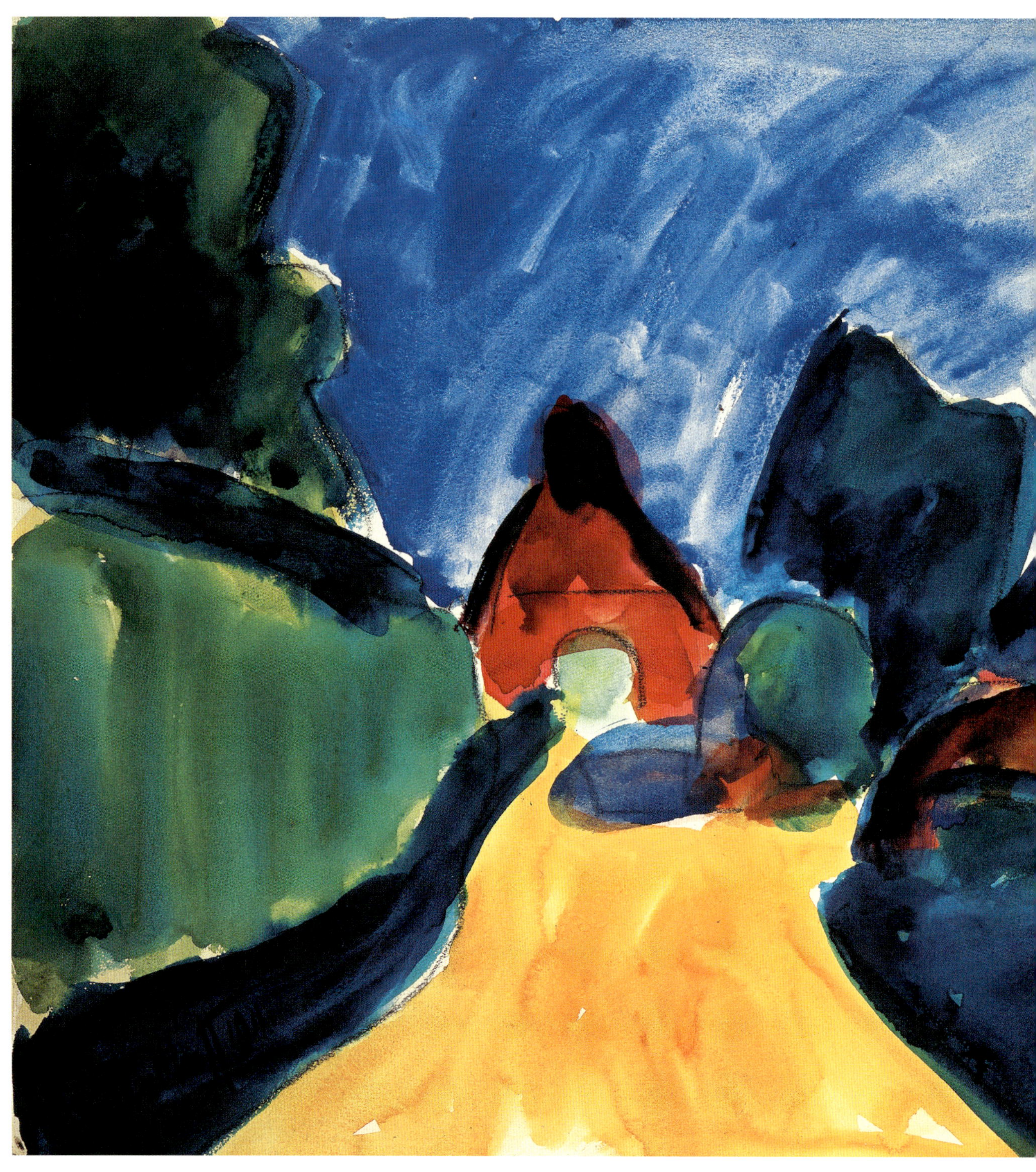

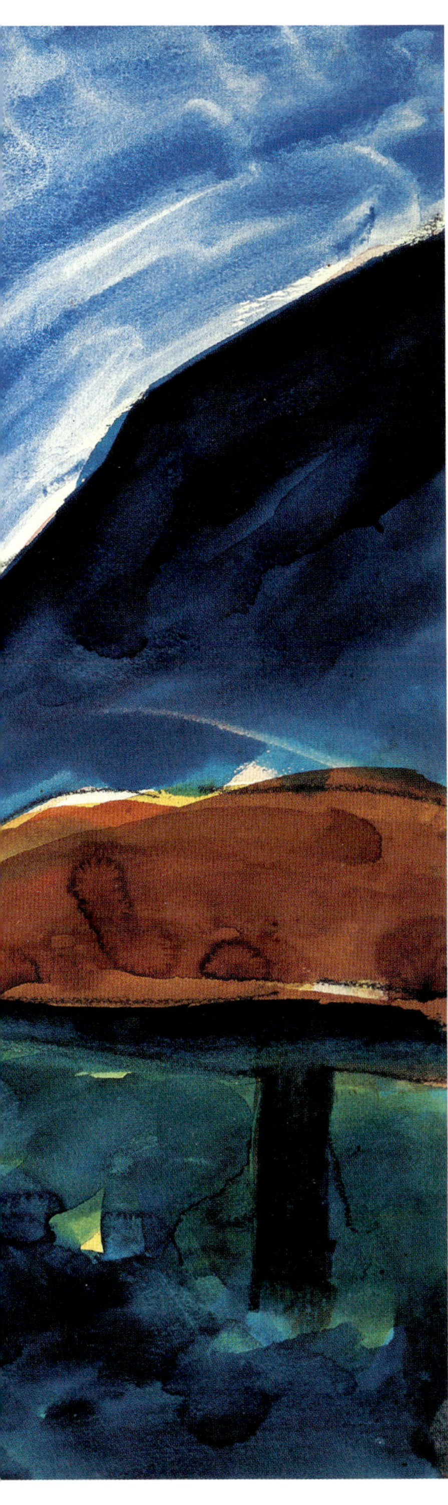

Karl Schmidt-Rottluff
Bauernhaus, 1911

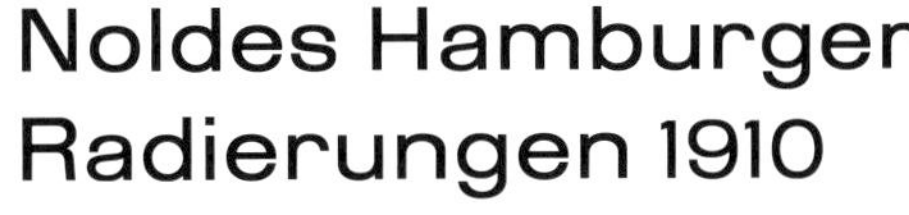

Noldes Hamburger Radierungen 1910

Einen Höhepunkt in Noldes Graphik bilden die 19 Radierungen aus dem Hamburger Hafen, die innerhalb sehr kurzer Zeit entstanden sind. Nolde war nach Hamburg gereist anlässlich der Eröffnung seiner Ausstellung am 13. Februar 1910 in der Galerie Commeter, die einen Überblick über sein bisheriges Schaffen gab. Nach der Eröffnung zog es Nolde aus dem gutbürgerlichen Hotel Mählmann in die kleine Pension Petersen, Vorsetzen 49/51 in der Hafengegend, ohne diese neue Anschrift irgendjemandem mitzuteilen. Bis zum 15. März blieb er hier. In diesen drei Wochen des Aufenthalts arbeitete er ungestört und unbehelligt Tag und Nacht. Es war ein ähnlich rauschhaftes und besessenes Arbeiten wie 1905 in Berlin, als er seine *Phantasien* schuf. In seinen Erinnerungen *Jahre der Kämpfe* schreibt Nolde: „Unter den Vorsetzen am Hafen in Hamburg wohnte ich während weniger Wochen in einem kleinen dunklen Hotel. Unten war eine Gassenschänke mit Matrosen und fremdländischen gebräunten Seeleuten, und viel Augenreiz, oben einige Räume zum Wohnen. Mein Zimmer lag über einer Durchfahrt, mit Wagengetöse, und kalt war es. Tag und Nacht lärmten und tuteten die Autos auf der Straße, die Schiffe und Pinassen im Hafen, das alles draußen vor meinen Fenstern lag. Die Gäste im Hotel waren Stewards und Steuerleute, und manchmal huschte ein weibliches Wesen über die Gänge. Ich kam ins Arbeiten hinein, und nichts mehr störte mich. Mit den Pinassen voll Menschen ging ich fahrend, arbeitend, bei dem Getriebe auf den Landungsbrücken saß ich, immer arbeitend, und abends legte ich die Platten in die fressende Säure, drei Stunden war die angemessene Zeit. Ich schlief schwer müde, wie angewachsen im Bett, und doch genau zur richtigen Minute aufwachend, nachschauend, die

Platte spülend – sie war gut. In einer Viertelstunde mehr wäre sie zerfressen, verdorben gewesen. Es war ein Untertauchen des ganzen Menschen in Arbeit und Spannung. Es ließ sich sonst auch kaum erklären, dass der Dauerschläfer aufwachen konnte, in dem Zeitmoment, als es eben sein musste."[1] Das, was Nolde in seinen Flensburger Hafenbildern von 1907 erstmals in Angriff genommen hatte, vollendete sich in Hamburg. Waren die Flensburger Radierungen mit ihren Liniengespinsten noch dem Impressionismus verhaftet, so löste sich Nolde nun von allem Verbindlichen; er tauchte ein in die Motive und ließ Meisterwerke eigener Ausprägung entstehen. Die fremde Welt des Hafens forderte Nolde heraus, steigerte sein Empfinden und seine Kreativität. Wenn Nolde später einmal äußerte: „Meine Kunst ist keine Gedankenarbeit – sie entsteht"[2], so trifft dies vor allem auch auf die Hamburger Radierungen zu. Von sicherem Instinkt geleitet, kratzte und riss er mit der Nadel seine Linien und Schraffuren in die nun verwendeten Eisenplatten, ein sprödes, härteres Material als die bisher benutzten Kupferplatten. Nachts setzte er die Platten dann der Säure aus, in dem Maße, dass der erreichte Zustand der Endzustand ist. Fast alle der Hamburg-Radierungen existieren somit in nur einem Plattenzustand, ganz entgegen der Gewohnheit Noldes, durch nachträgliches Ändern weitere Zustände eines Motivs zu schaffen.

---

1 Emil Nolde, Jahre der Kämpfe, 5. Aufl. Köln 1985, S. 109/110.
2 Max Sauerlandt, Emil Nolde, München 1921, S. 38.

Emil Nolde
Segler und Rauch, 1910

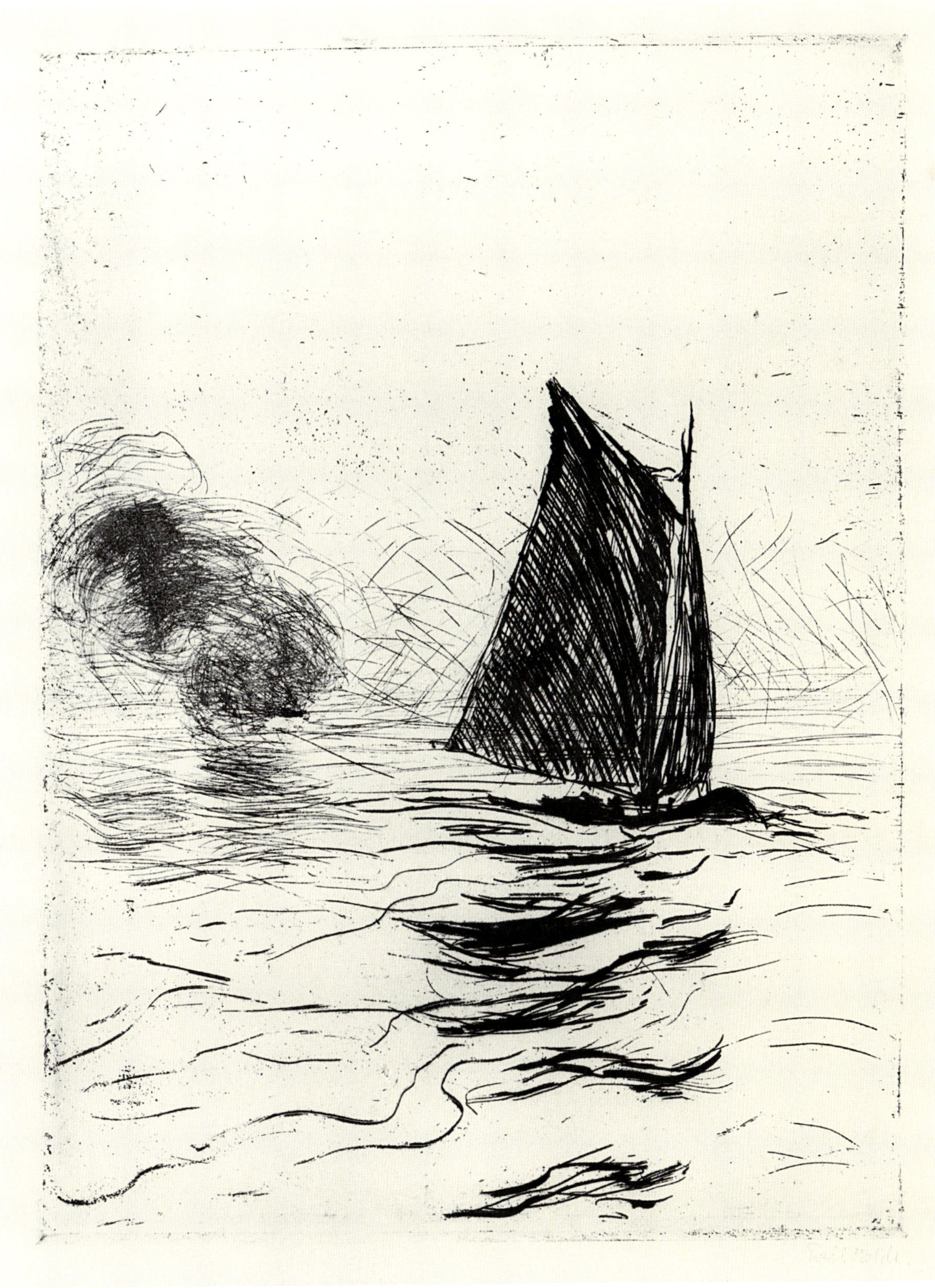

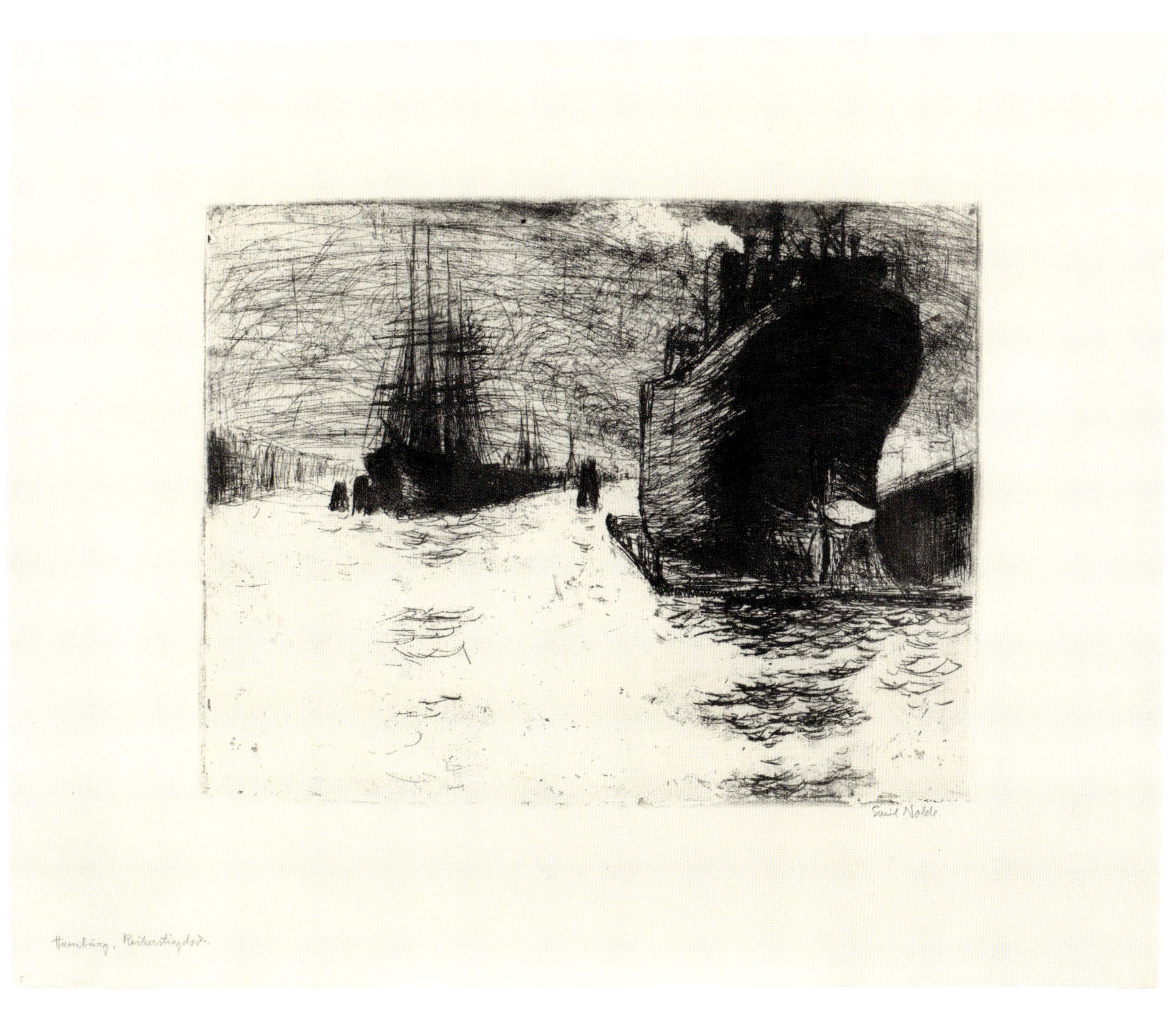

Emil Nolde
Hamburg, Reiherstiegdock, 1910

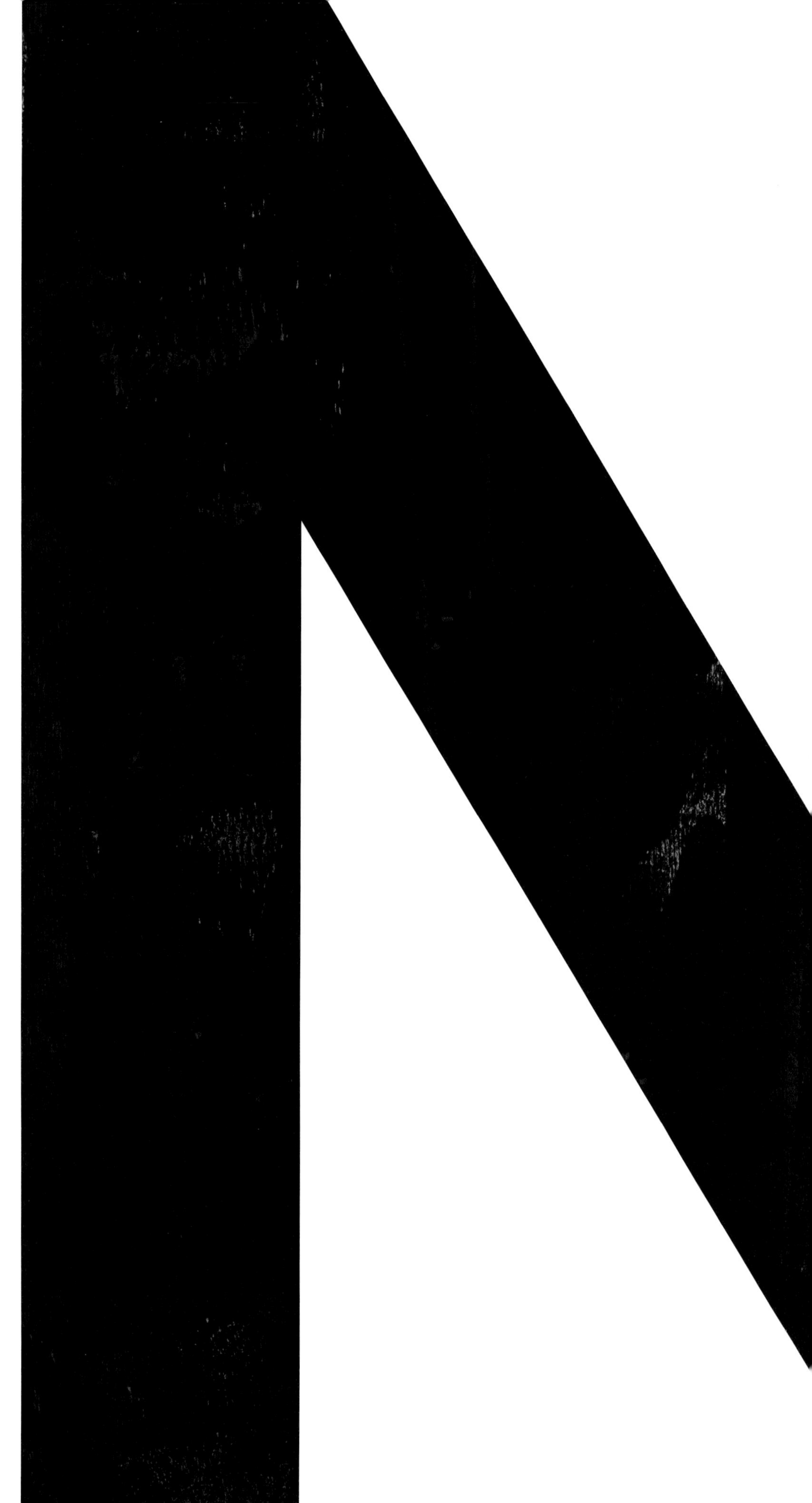

Religiöse Visionen – Noldes Gemälde *Verspottung*

Nolde gehörte zu den Künstlern, die aus einer inneren Vorstellung heraus Figuren und Phantasiewesen zu kreieren und diese in einem trancehaften Schaffensrausch festzuhalten in der Lage waren. In einer solchen Phase entstanden im Sommer 1909 religiöse Gemälde, in denen ein inneres Sehen das äußere Sehen ablöste. Inmitten der zahlreichen pastos gemalten Blumen- und Gartenbilder, die die Urkraft der Natur zum Ausdruck bringen sollten, erschuf Nolde nun Werke, die das Seelische zum Thema haben. Allein die Figuren stehen im Mittelpunkt, nah an den Bildbetrachter herangerückt.

Noldes Stil wird mit den biblischen Bildern ein anderer. Den Sommer 1909 wollte er nicht auf Alsen verbringen. Es zog ihn zurück an die heimatliche Westküste Süderjütlands, nach Rüttebüll. Nach einer schweren Vergiftung – er hatte verseuchtes Wasser getrunken – und einer durch Todesangst gesteigerten Empfindung malte er die *Verspottung*, eine Szene aus dem Johannesevangelium (Joh 19,1–16): Nach der von Pilatus befohlenen Geißelung wurde Jesus die Dornenkrone aufgesetzt, und die Soldaten verspotteten ihn als „König der Juden". Nolde gestaltete die Szene als Ausdruck seiner inneren Vision mit einer stark vereinfachten Formensprache: Die Soldaten mit ihren fratzenhaften, brutalen Gesichtern werden mit vibrierender Farbkraft und glühender Erregtheit wiedergegeben. In *Jahre der Kämpfe* schreibt Nolde zu den religiösen Bildern: „Einem unwiderstehlichen Verlangen nach Darstellung von tiefer Geistigkeit, Religion und Innigkeit war ich gefolgt, doch ohne viel Wollen und Wissen oder Überlegung. [...] Fast erschrocken stand ich vor dem aufgezeichneten Werk, um mich gar kein Vorbild der Natur, und nun sollte ich malen das geheimnisvollste, tiefinnerlichste Geschehnis der christlichen Religion! [...] Vor dem Versinken in Religion und Ergriffenheit rettete ich mich wieder hoch am Bild der ‚Verspottung', wo die Kriegsknechte schreien, hauen, spotten, spucken."[1]

Die religiösen Bilder bedeuteten eine erste große Wende in Noldes Schaffen.

---

1 Emil Nolde, Jahre der Kämpfe, 5. Aufl. Köln 1985, S. 121.

Emil Nolde
Verspottung, 1909

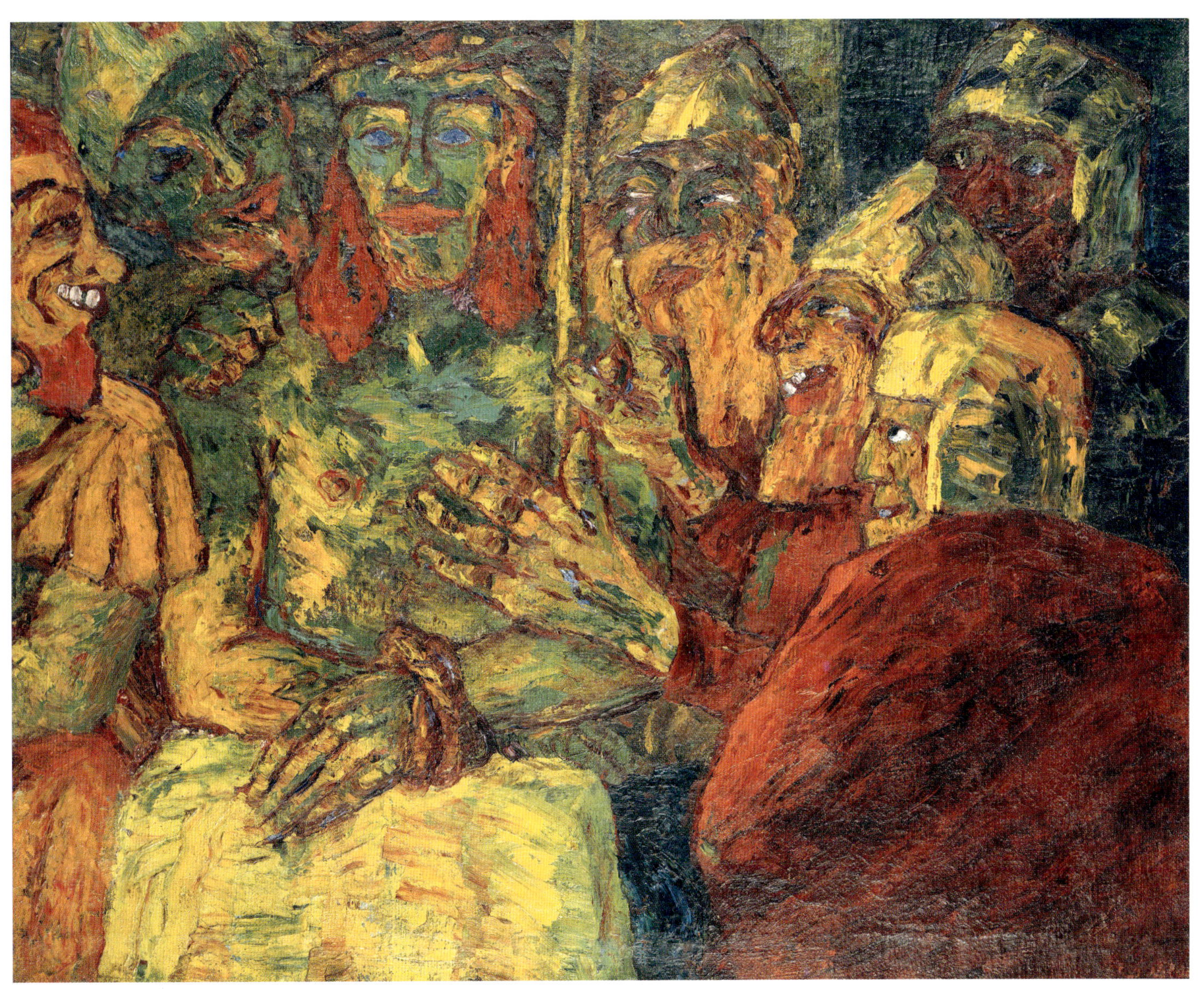

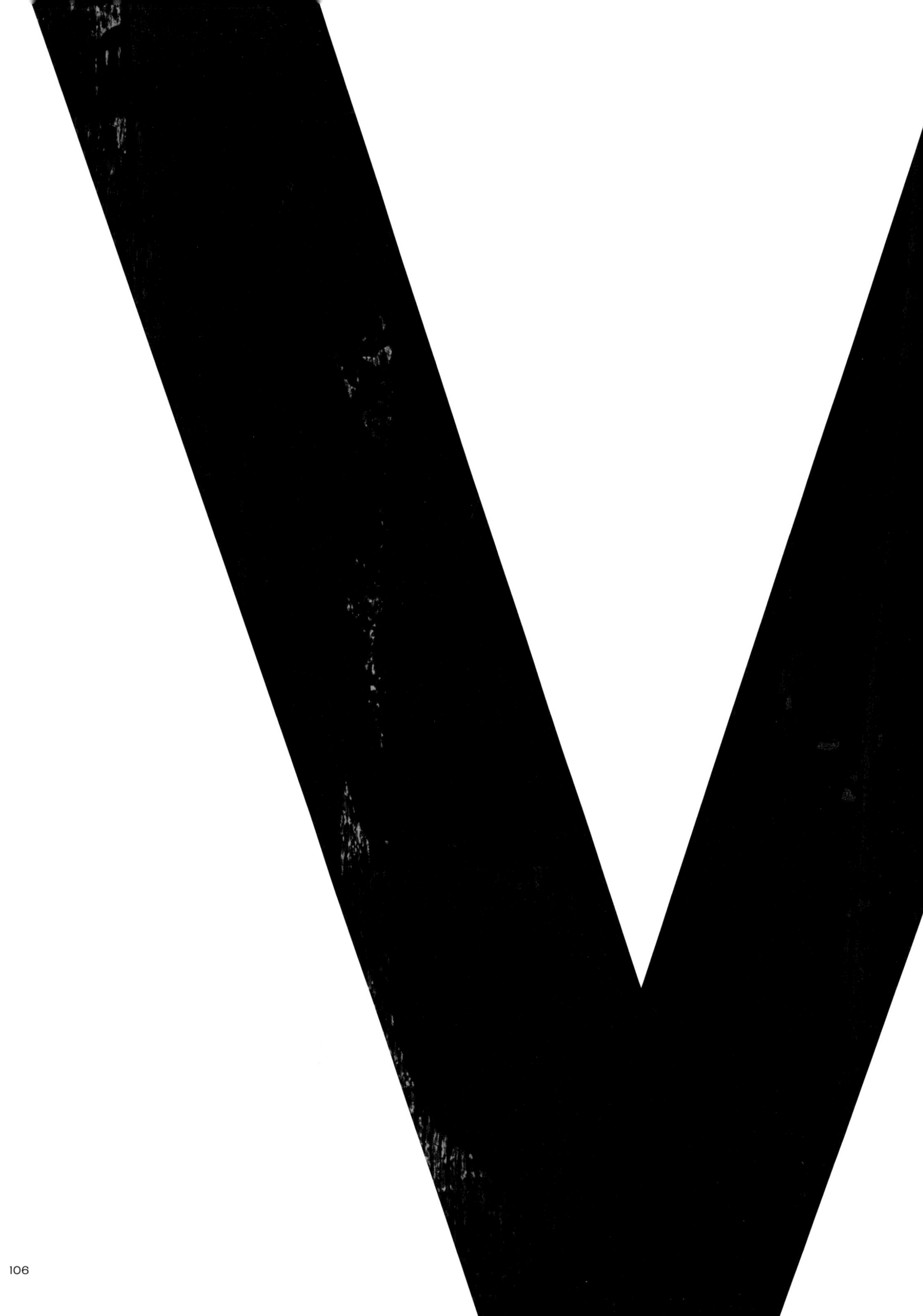

Pechstein in Nidden, 1909, 1911 und 1912

Von dem Verkauf eines Gemäldes, das Pechstein im Mai 1909 auf der Frühjahrsausstellung der Berliner Secession verkauft hatte, konnte er sich einen Aufenthalt am Meer leisten. „Mit dem Kaufpreis konnte ich zum ersten Mal ans Meer reisen und mich einen ganzen Sommer lang meinem freien Schaffen hingeben“, schreibt er später.[1] So wie Schmidt-Rottluff und Heckel 1907 den Ort Dangast entdeckt hatten, suchte auch Pechstein einen abgelegenen Ort, an dem er ungestört arbeiten konnte. Seine Wahl fiel auf Nidden auf der Kurischen Nehrung in Ostpreußen (heute Litauen). In Nidden vertiefte und variierte Pechstein seinen in Paris neu gefundenen Stil. Der von großen Sanddünen und Wäldern umgebene Ort zwischen der Ostsee und dem Haff wurde damals kaum von Künstlern besucht. Pechstein malte während des ersten Aufenthalts vor allem Landschaftsbilder, die die bewegte Topographie zeigen, aber es entstanden auch Darstellungen der Fischer, ein Motiv, das er zeit seines Lebens immer wieder aufgriff Seite — 240, sowie Darstellungen der bunt bemalten einheimischen Häuser Abb. — 1. Zunächst trug Pechstein die Farbe noch relativ pastos auf, mit einem Pinselstrich, der an van Gogh denken lässt; vielleicht fühlte er sich an dessen Gemälde bretonischer Häuser erinnert. Doch ging Pechstein in der Farbgebung über van Gogh hinaus. Im Laufe seines Aufenthalts wurde der Stil immer flüssiger und freier. Pechstein reduzierte das Impasto, vermied Übermalungen und ließ sogar Teile der Leinwand unbemalt stehen. Er entwickelte eine bis dahin nicht gekannte Souveränität in der Bildsprache und ein neues Gefühl für Form und Farbe. Blau, Rot und Gelb wurden zu höchster Leuchtkraft gesteigert. Pechsteins Bilder sind nun trotz zahlreicher Details großzügig komponiert. Vorder- und Hintergrund verbinden sich zu einer Einheit. Es entstand eine neue bildimmanente Räumlichkeit. Ein Hauptwerk des Niddener Aufenthalts 1909 ist das Gemälde *Haff* Seite — III. Es gibt den Blick auf das tiefblaue Haff wieder, im Mittelgrund sind einige rote Dächer als Farbakzente zu sehen. Der Stil erinnert stark an die Ausdrucksweise der Fauves, deren Werke Pechstein durch seinen Paris-Aufenthalt 1908 gekannt hat. Mit Bildern wie *Haff* ging Pechstein weit über die in Deutschland damals tonangebende Malerei des Impressionismus hinaus. In Nidden kreierte er den Stil des Fauve-Expressionismus, der schon bald von Heckel und vor allem Kirchner aufgegriffen werden sollte.

1911 war Pechstein zum zweiten Mal während der Sommermonate auf Nidden. Diesmal entstand eine große Anzahl von Aktbildern. Sein Modell Lotte Kaprolat, das er im März 1909 kennengelernt und im Frühjahr 1911 geheiratet hatte, begleitete ihn. Das Malen nach dem Modell hatte er während des ersten Aufenthalts schmerzlich vermisst. „Jetzt hatte ich das große Glück, ständig einen Menschen in voller Natürlichkeit um mich zu haben, dessen Bewegungen ich aufsaugen konnte. So setzte ich mein Trachten fort, Mensch und Natur in eins zu erfassen, stärker und innerlicher als 1910 in Moritzburg.“[2] Neben Lotte standen auch die Mädchen der Fischer als Modelle zur Verfügung, sodass auf vielen Gemälden mehrere Akte zu sehen sind Abb. — 2. Die Naturform steigerte Pechstein, wie bereits 1910 in Moritzburg, zur Bildform. Seine Akte erhalten jedoch jetzt eine bisher nicht gekannte Plastizität; sie erobern den Raum. Die Konturen sind präzise gegeben und nicht mehr skizzenhaft oder organisch fließend. Das Haptische evoziert zugleich eine unmittelbare Sinnlichkeit, Energie und Vitalität. Die Farbgebung der Niddener Aktbilder ist allerdings reduziert, als wolle Pechstein alles auf die Form konzentrieren. Der schon 1910 zu beobachtende Einsatz von Schwarz wird weiter verstärkt, sodass die einzelnen Farben aus einem dunkleren Grund aufzuleuchten scheinen. Parallel zu den Aktbildern sind auch Gemälde

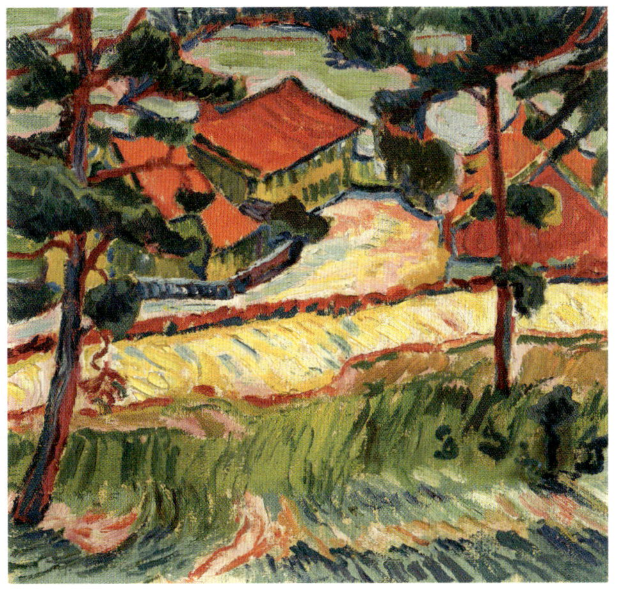

1

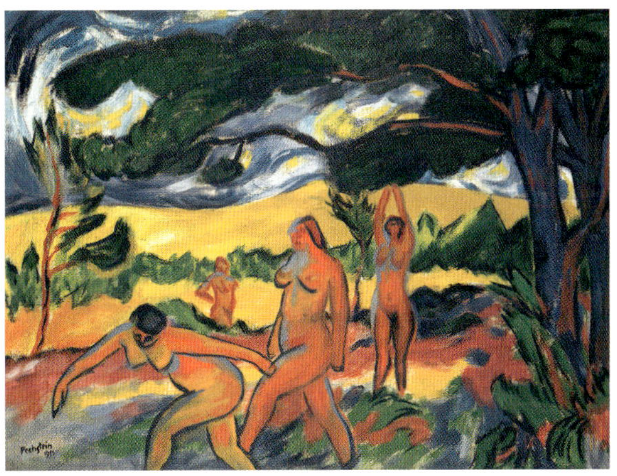

2

Abb. 1
Max Pechstein
Gehöft, 1909

Abb. 2
Max Pechstein
Unter den Bäumen, 1911

mit Gebäuden aus dem Ortskern von Nidden entstanden sowie Darstellungen mit den für Nidden typischen Kurenkähnen Seite —— 112 oder das Gemälde *Rettungsboot* Seite —— 113, das durch die Kombination des brennenden Rot-Gelb mit den schwarz eingefärbten Partien von Himmel und Wasser sowie des von den Fischern gezogenen Rettungsboots besticht.

Das Jahr 1912 steht für Pechstein im Zeichen eines neuen stilistischen Aufbruchs. Mit der Hinwendung zu kubistischen Tendenzen ist seine Schaffensphase des eigentlichen, ursprünglichen Expressionismus gleichsam abgeschlossen. Neue Kontakte wie zu den Künstlern des „Blauen Reiter", eine einsetzende Rezeption von Orphismus, Kubismus und Futurismus bringen eine starke Formvereinfachung und gleichzeitig Reduzierung auf stereometrische Grundelemente. Die klare, vom Expressionismus herrührende Farbwahl wird aber noch nicht aufgegeben. 1912 war Pechstein erst im Herbst in Nidden, und dieser Aufenthalt ist von kürzerer Dauer, von September bis Oktober, wegen Wandgestaltungsprojekten in Berlin. Durch die Auseinandersetzung mit den Stilmitteln des Kubismus erhalten Pechsteins Bilder eine andere Dingqualität. Das Stille und Unbewegte, das schon charakteristisch für einige 1911 geschaffene Werke war, wird nun zum dominierenden Stilprinzip. Ein Gemälde wie *Fischerboote in Nidden* Seiten —— 114/115 belegt den Stilwandel deutlich. Pechstein wandte sich 1912 vom Expressionismus ab, was außer in seiner Kunst auch an seinem im Mai 1912 erfolgten Ausscheiden aus der „Brücke" zu erkennen ist.

---

1 Max Pechstein, Erinnerungen, hrsg. von Leopold Reidemeister, Wiesbaden 1960, 2. Aufl. Stuttgart 1993, S. 33/34.

2 Ebd., S. 50.

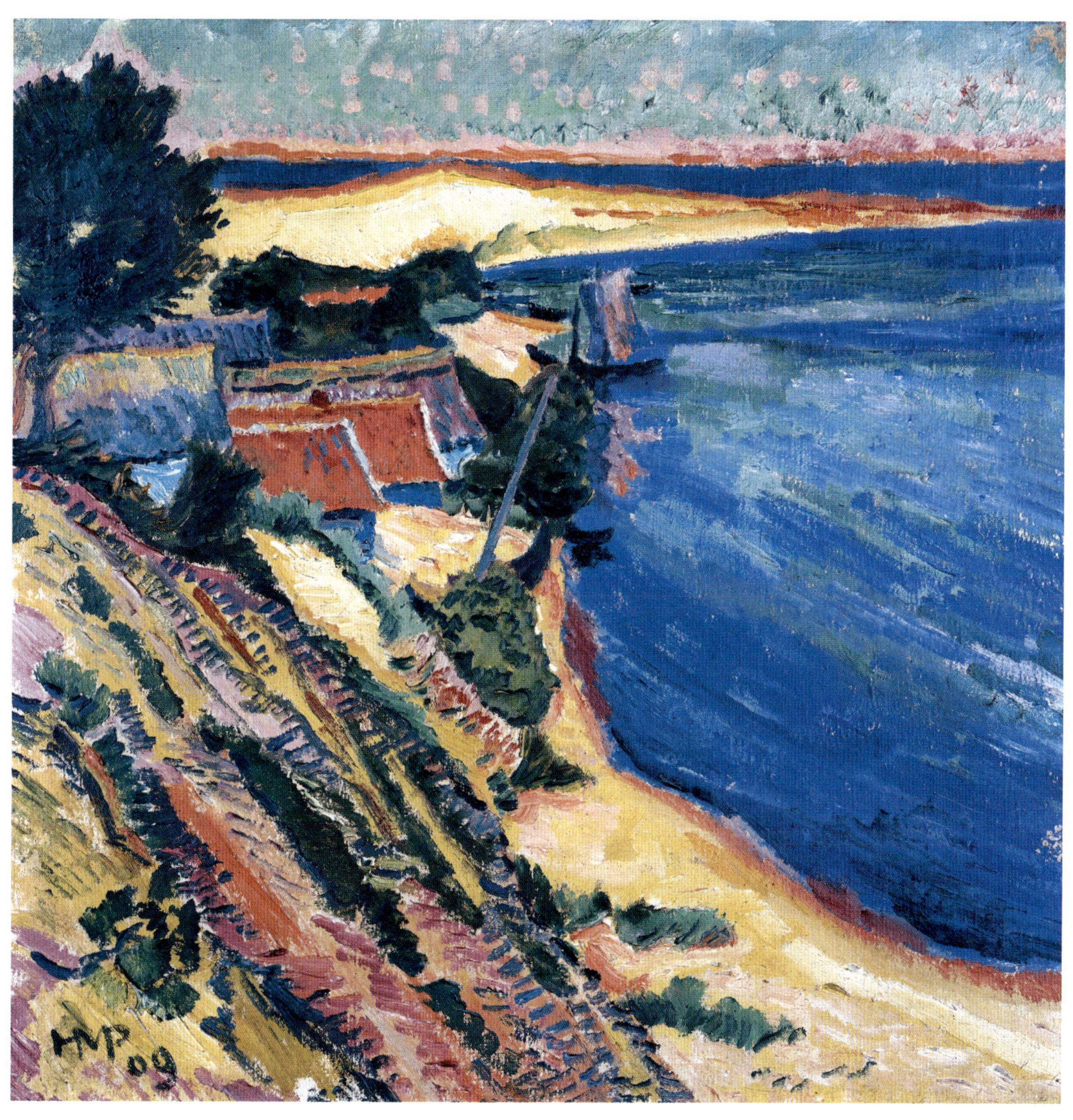

Max Pechstein
Haff, 1909

Max Pechstein
Nidden, 1911

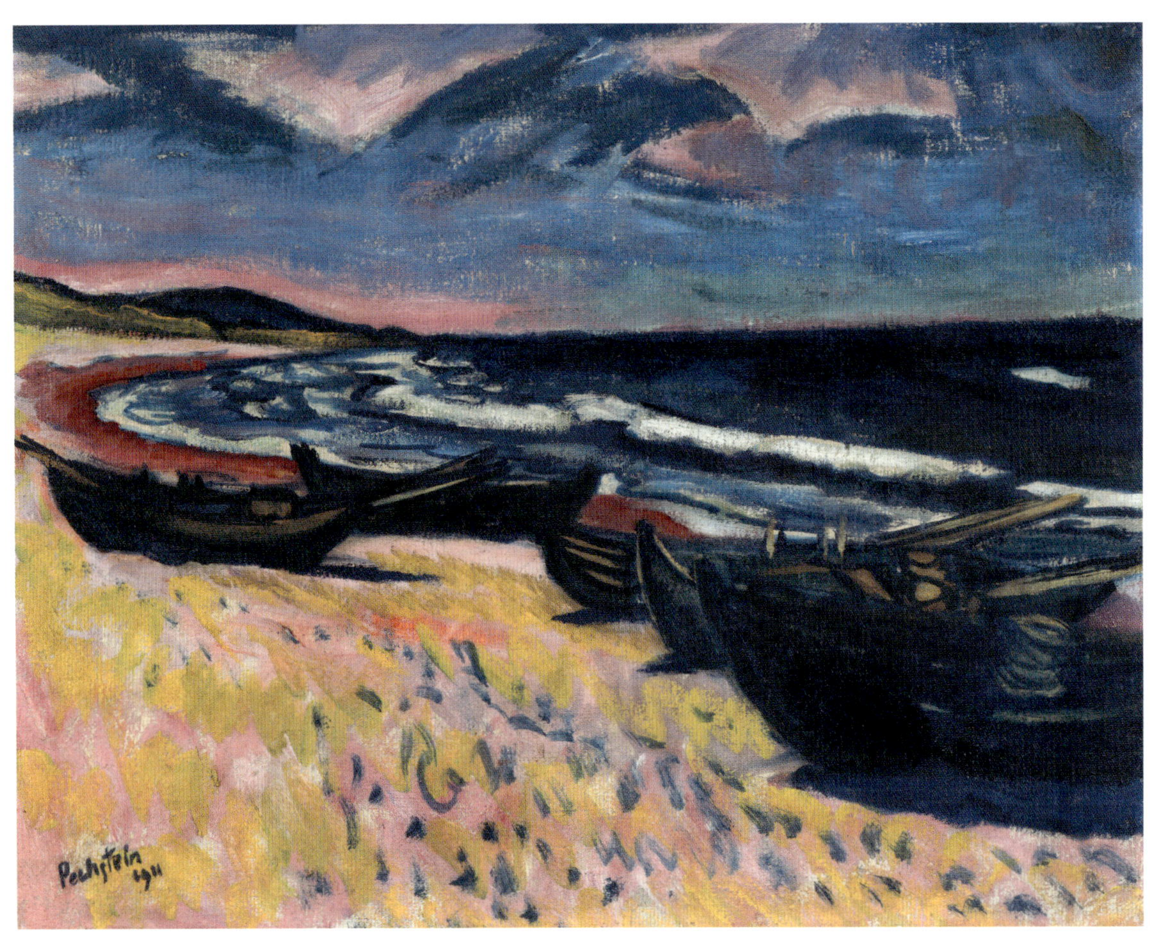

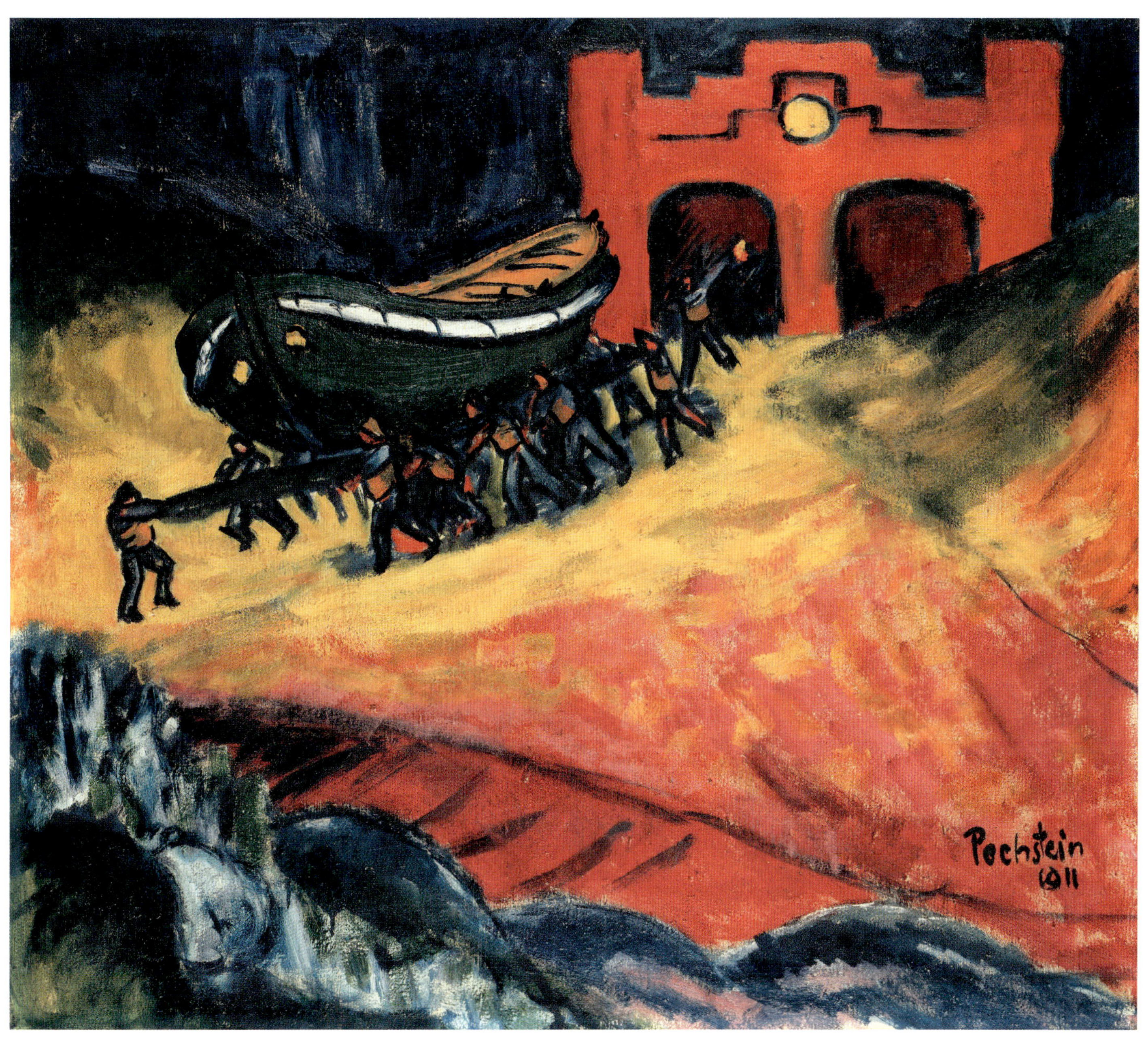

Max Pechstein
Rettungsboot, 1911

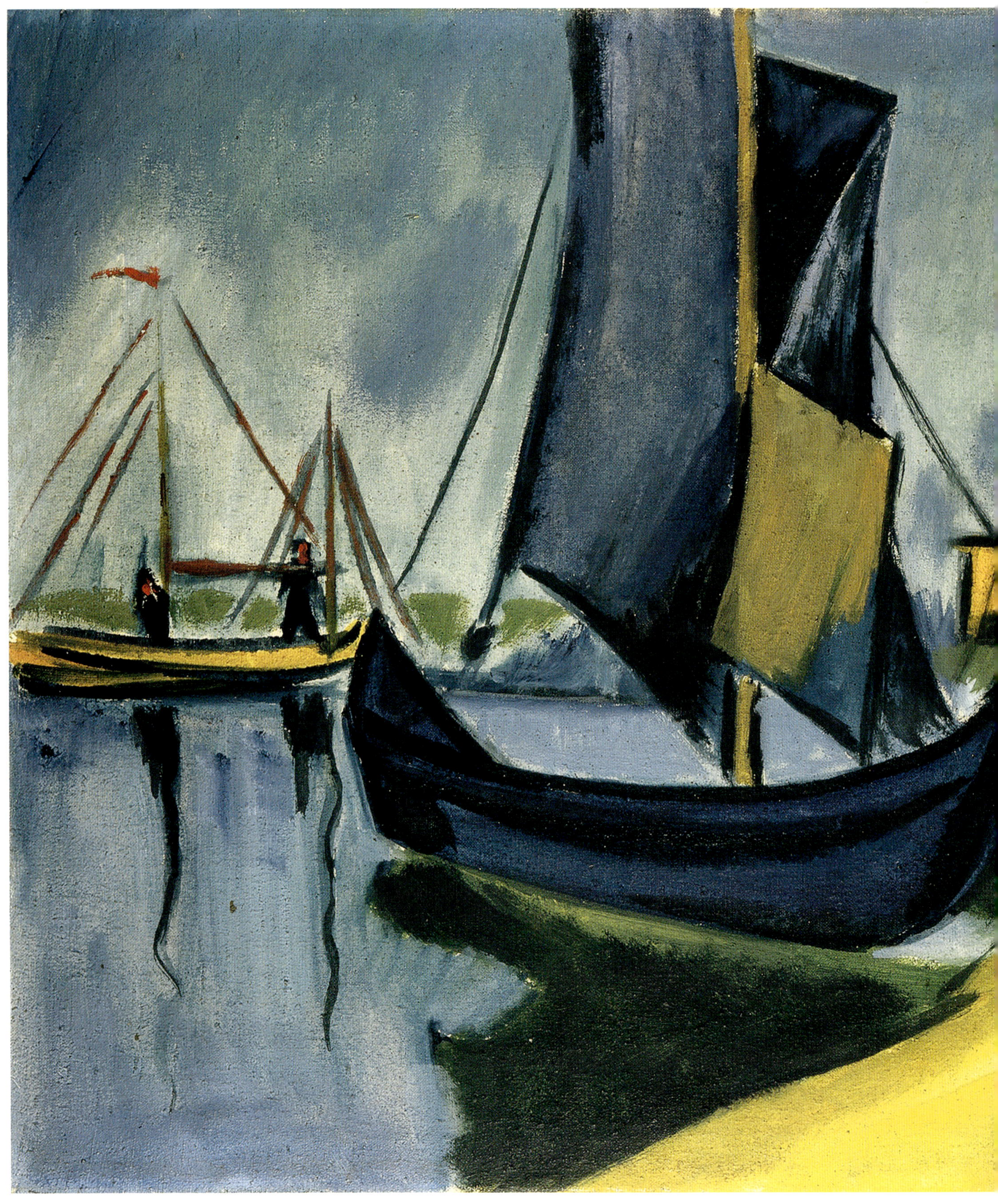

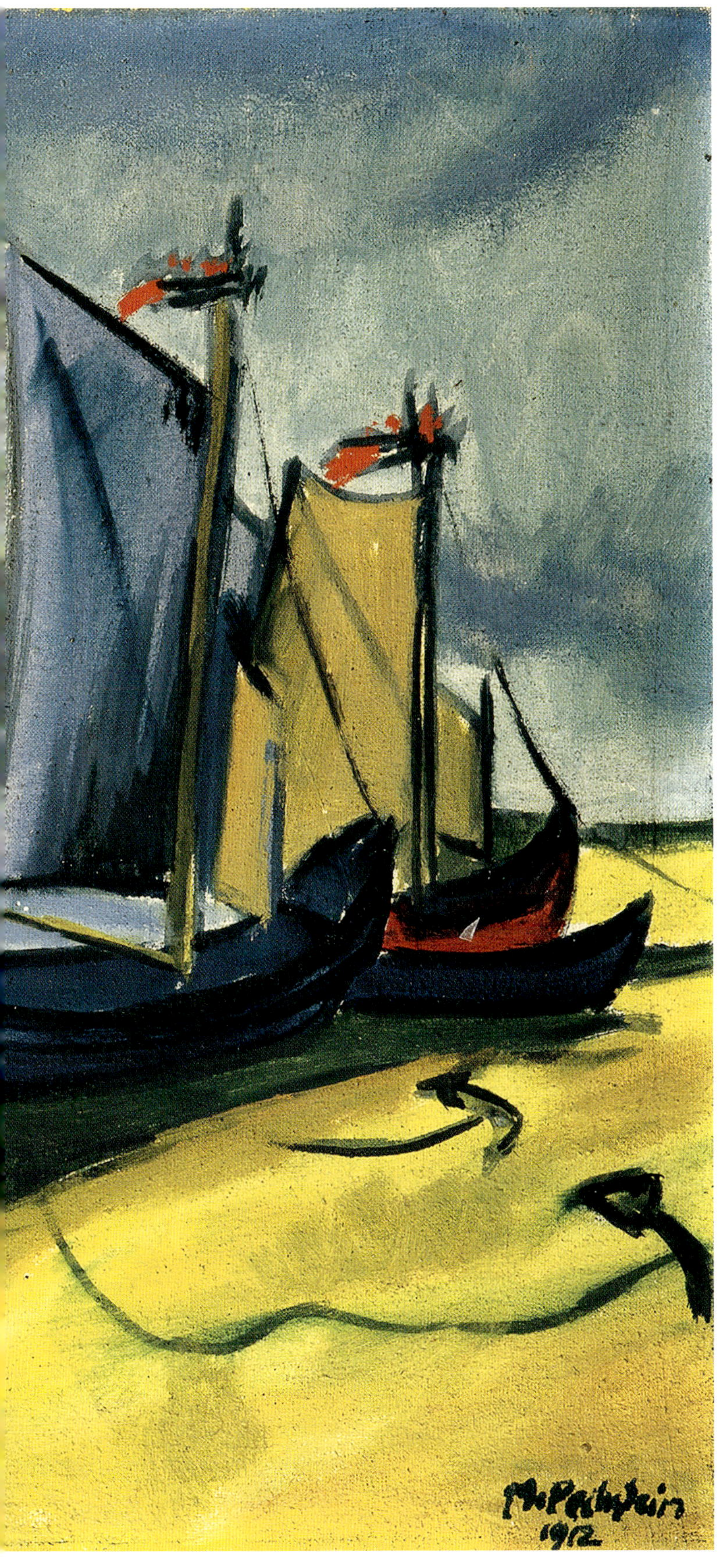

Max Pechstein
Fischerboote in Nidden, 1912

Fauve-Expressionismus

1909 trat eine große Veränderung in der Stilausprägung der „Brücke“ ein. Die Van-Gogh-Rezeption wurde überwunden und an ihre Stelle trat eine auf das Wesentliche reduzierte, beruhigtere Bildsprache mit starker Farbgebung. Es ist der Einfluss der modernen französischen Kunst, vor allem der Malerei der Fauves, der nun auf die „Brücke“ wirkt. Im Herbst 1908 kehrte Pechstein aus Paris zurück, wo er ein Dreivierteljahr gelebt hatte und wo er die jüngsten Entwicklungen französischer Kunst studieren konnte, die in Deutschland noch weitgehend unbekannt waren. Werke von Braque, Camoin, Cross, Derain, Dufy, Friesz, Girieud, Manguin, Marquet, Matisse, Sérusier, Signac oder van Dongen konnte er in Paris auf Ausstellungen oder dank seiner Kontakte zu Händlern sehen. Sie waren ihm also bei seiner Rückkehr vertraut. Aus wirtschaftlichen Gründen entschied er sich, ein Atelier in der Reichshauptstadt Berlin statt in Dresden zu nehmen. Pechsteins Gemälde *Junges Mädchen* Seite — 120 zeigt seine in Paris gewonnene Leichtigkeit und Beschwingtheit des Stils. Der Kontakt zu Kirchner intensivierte sich nach Pechsteins Rückkehr; Kirchner hielt sich oft bei ihm in Berlin auf und eine reger künstlerischer Austausch setzte ein. Im Januar 1909 haben beide zusammen die erste Matisse-Ausstellung in Deutschland gesehen, die vom 21. Dezember 1908 bis Ende Januar 1909

in der Galerie Cassirer in Berlin zu sehen war. 30 Gemälde, 30 Zeichnungen, Lithographien und Holzschnitte sowie eine Anzahl Plastiken waren ausgestellt. Kirchner wird hier die Möglichkeit erkannt haben, sich von van Gogh zu lösen. Matisse selbst war diesen Weg bereits gegangen. Da insbesondere seine Gemälde so großen Unwillen beim Berliner Publikum hervorriefen, wurden sie vorzeitig aus der Ausstellung genommen. Kirchner und Pechstein haben aber, wie eine Postkarte an Heckel belegt,[1] diese Ausstellung am 12. Januar noch mit den Gemälden gesehen. Kirchners erste Begegnung mit Originalwerken moderner französischer Künstler hatte im Herbst 1908 in Dresden stattgefunden. Im September zeigte der Kunstsalon Richter parallel zur Jahresausstellung 1908 der „Brücke“ etwa 60 Werke französischer Kunst, Gemälde und Zeichnungen von unter anderem van Dongen, Marquet, Vlaminck, Puy, Guérin und Friesz. Kirchner richtete die „Brücke“-Ausstellung allein ein, Pechstein war noch in Paris, Heckel und Schmidt-Rottluff in ihren Sommeraufenthalten. Schon hier erhielt Kirchner entscheidende Impulse für sein Schaffen. 1909 waren dann die Auswirkungen unübersehbar und auch in den Werken des Moritzburger Sommers deutlich greifbar Seite — 151. Höhepunkt von Kirchners Fauve-Expressionismus sind Gemälde wie *Liegender Akt vor Spiegel* Seite — 125, *Japanisches Theater* Abb. — 1 oder *Ringkämpfer im Zirkus* Abb. — 2, beide 1909 entstanden. 1910 finden die Ausdrucksmittel in dem Gemälde *Artistin Marcella* Seite — 126 noch einmal eine vollgültige Ausprägung. Kirchner entwickelte einen heiteren, starkfarbigen Stil, der denselben Sensualismus aufweist wie die Malerei der Fauves. Ebenso lassen sich auch die Motive in ihrer Auffassung vergleichen: Akte, Badende, Landschaften, Stillleben, Portraits. Die Werke aus Kirchners Fauve-Phase können als Metaphern für Lebensfreude, Leidenschaft und Harmonie gesehen werden. Nur selten war Kirchners Schaffen so ungezwungen und frei. Auch Pechsteins Kunst erlebte 1909 einen Höhepunkt, vor allem mit den Arbeiten

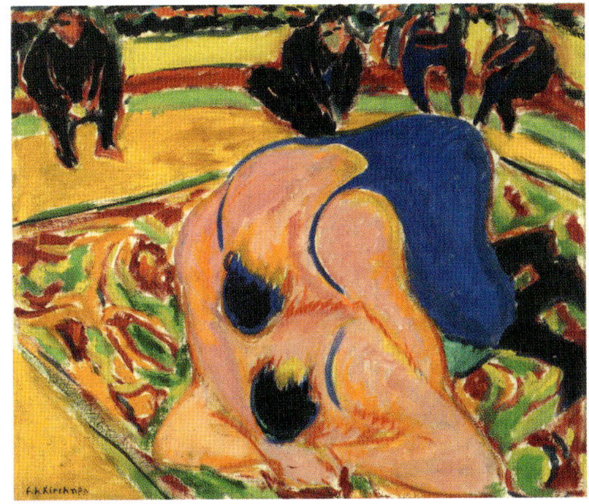

2

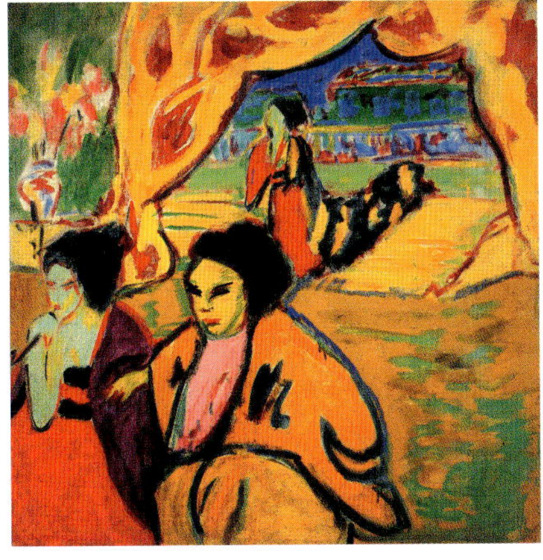

1

Abb. 1
Ernst Ludwig Kirchner
Japanisches Theater, 1909

Abb. 2
Ernst Ludwig Kirchner
Ringkämpfer im Zirkus, 1909

des Niddener Aufenthalts Seite — 111, in denen die Pariser Eindrücke in eine eigene Bildsprache gewandelt erscheinen. Heckel hatte sich im Februar 1909 auf eine längere Italienreise begeben, von der er im Juni zurückkehrte. Durch das südliche Licht hatte sich seine Palette aufgehellt, und in Weiterentwicklung seines lockeren Stils von 1908 Seite — 82, Abb. 1 war er zu ähnlichen Ergebnissen gelangt wie Kirchner und Pechstein. Das Gemälde *Junger Mann und Mädchen* Seite — 124 zeigt eine auf starker Farbe und flächiger Formgebung aufgebaute Ausdruckskraft. Das gemeinsame Arbeiten mit Kirchner 1909 an den Moritzburger Teichen prägte auch die weitere Stilentwicklung von Heckel, der nun ebenso stark leuchtende Farbtöne einsetzte.

---

1 Postkarte vom 12. Januar 1910 an Erich Heckel in Dresden, Altonaer Museum, Hamburg.

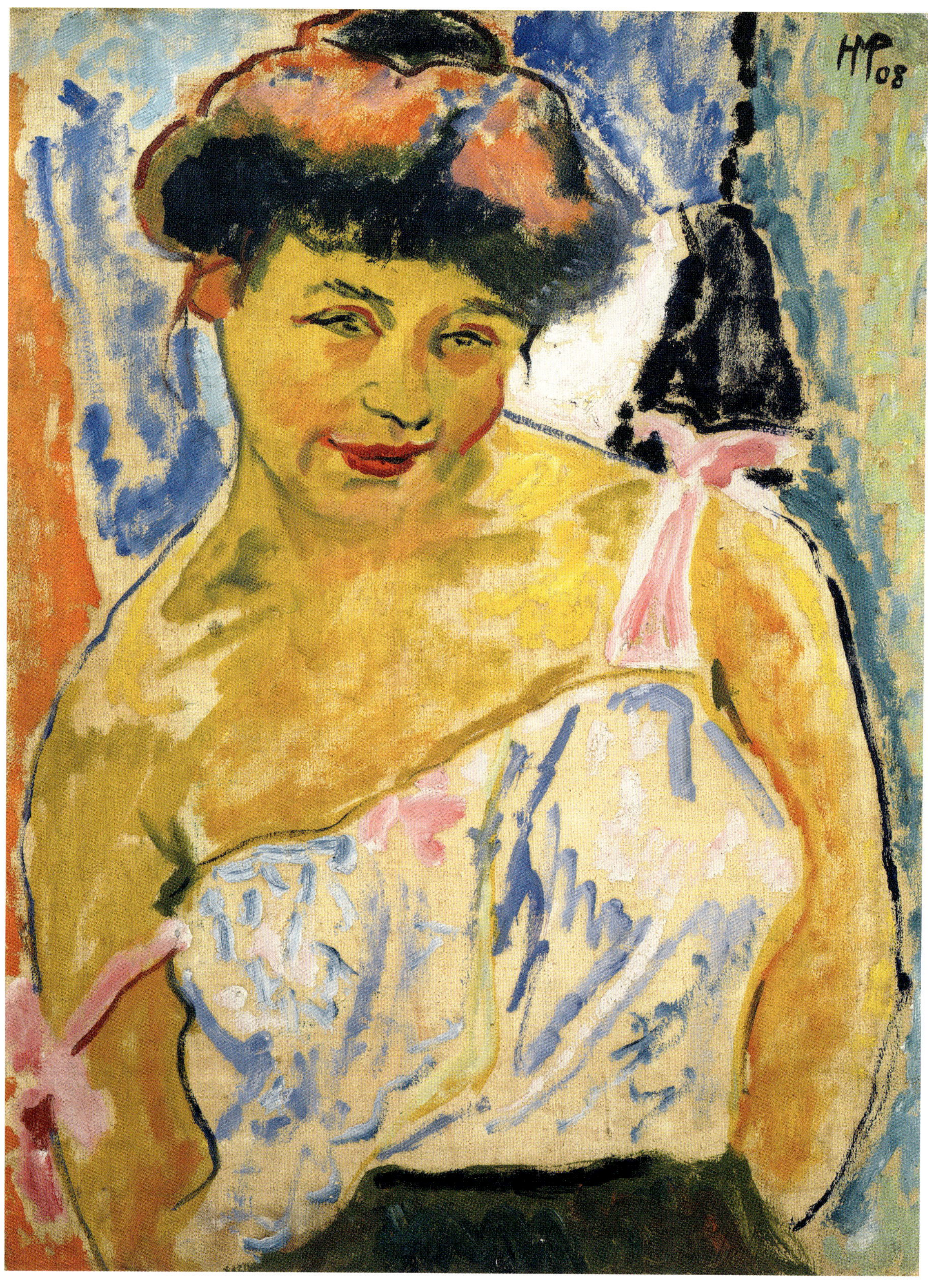
HP 08

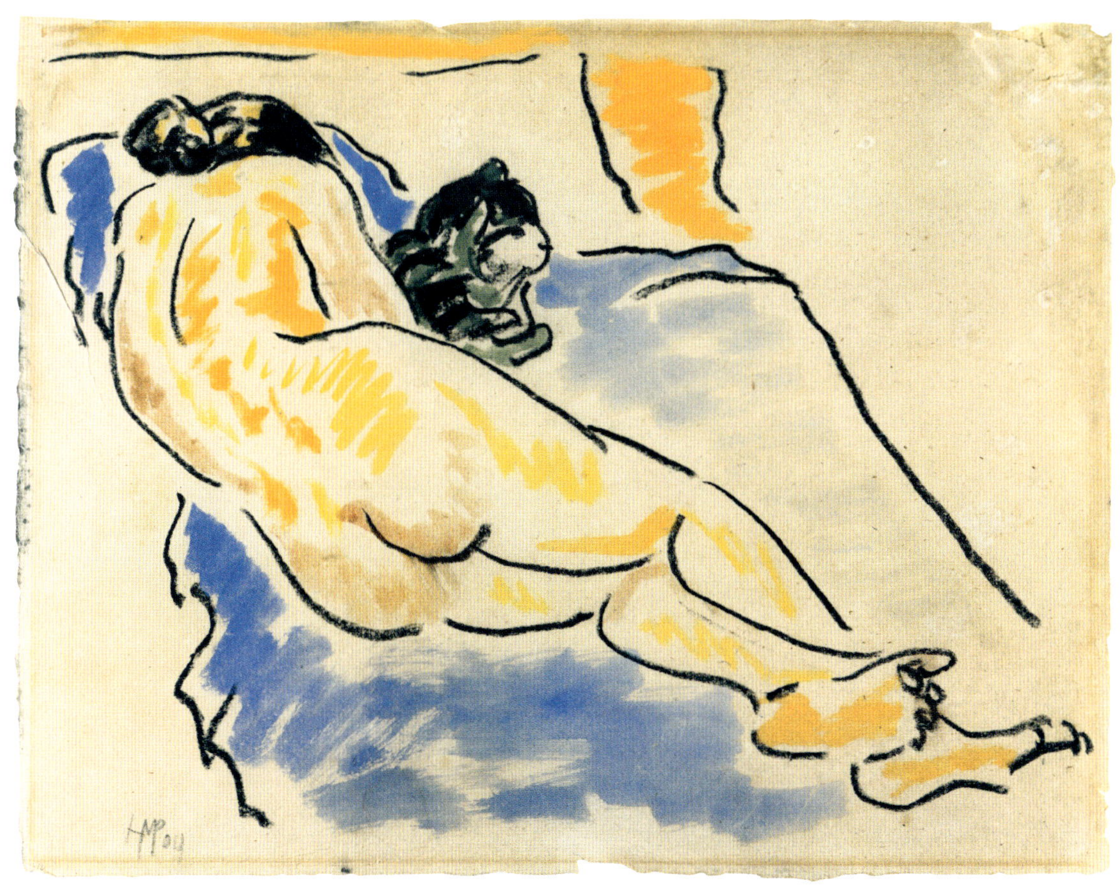

Max Pechstein
Liegender weiblicher Akt mit Katze, 1909

Max Pechstein
Junges Mädchen, 1908

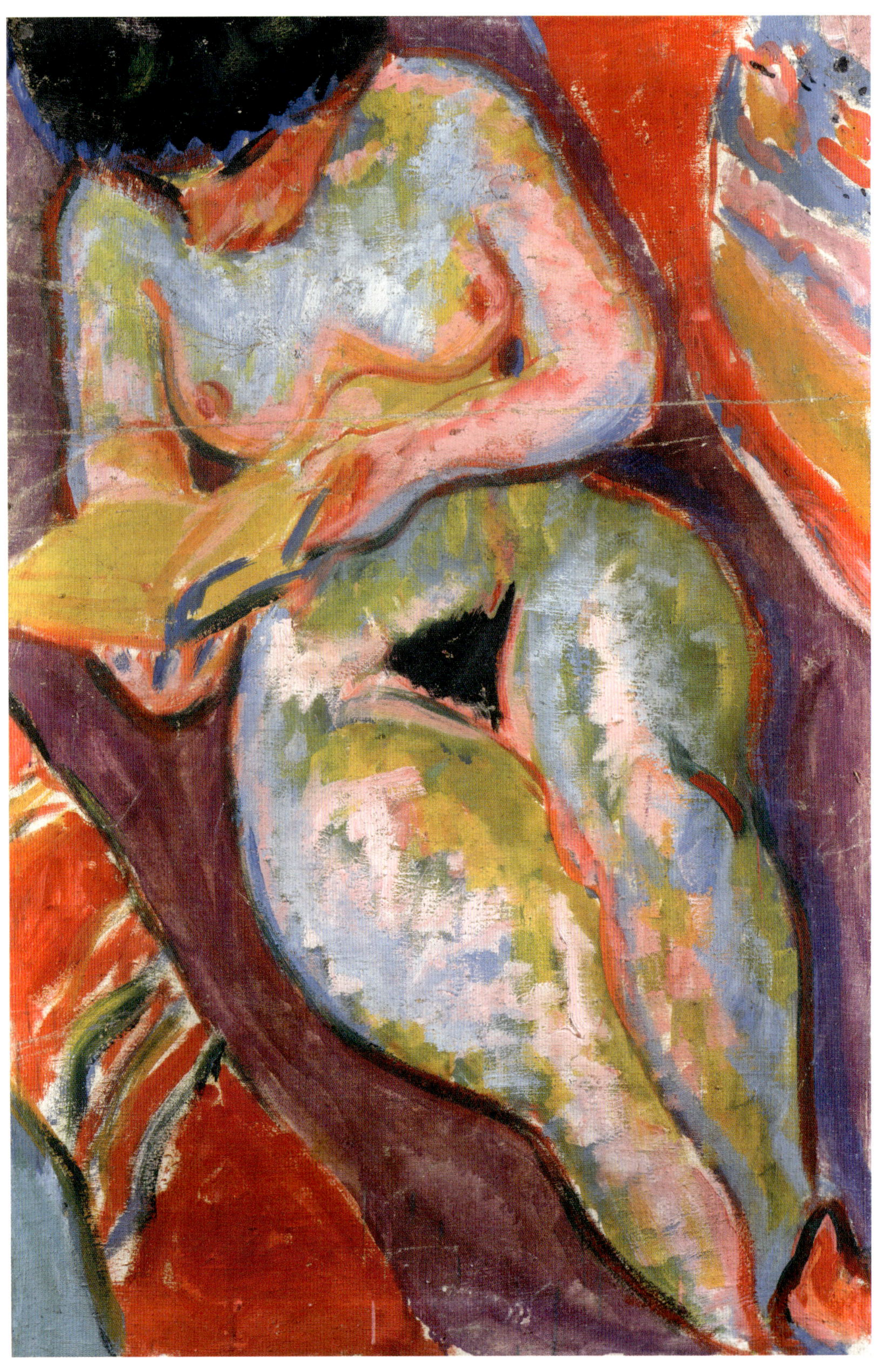

Ernst Ludwig Kirchner
Weiblicher Akt lesend, 1909 (verso zu
Weiblicher Akt mit Badezuber, 1912)

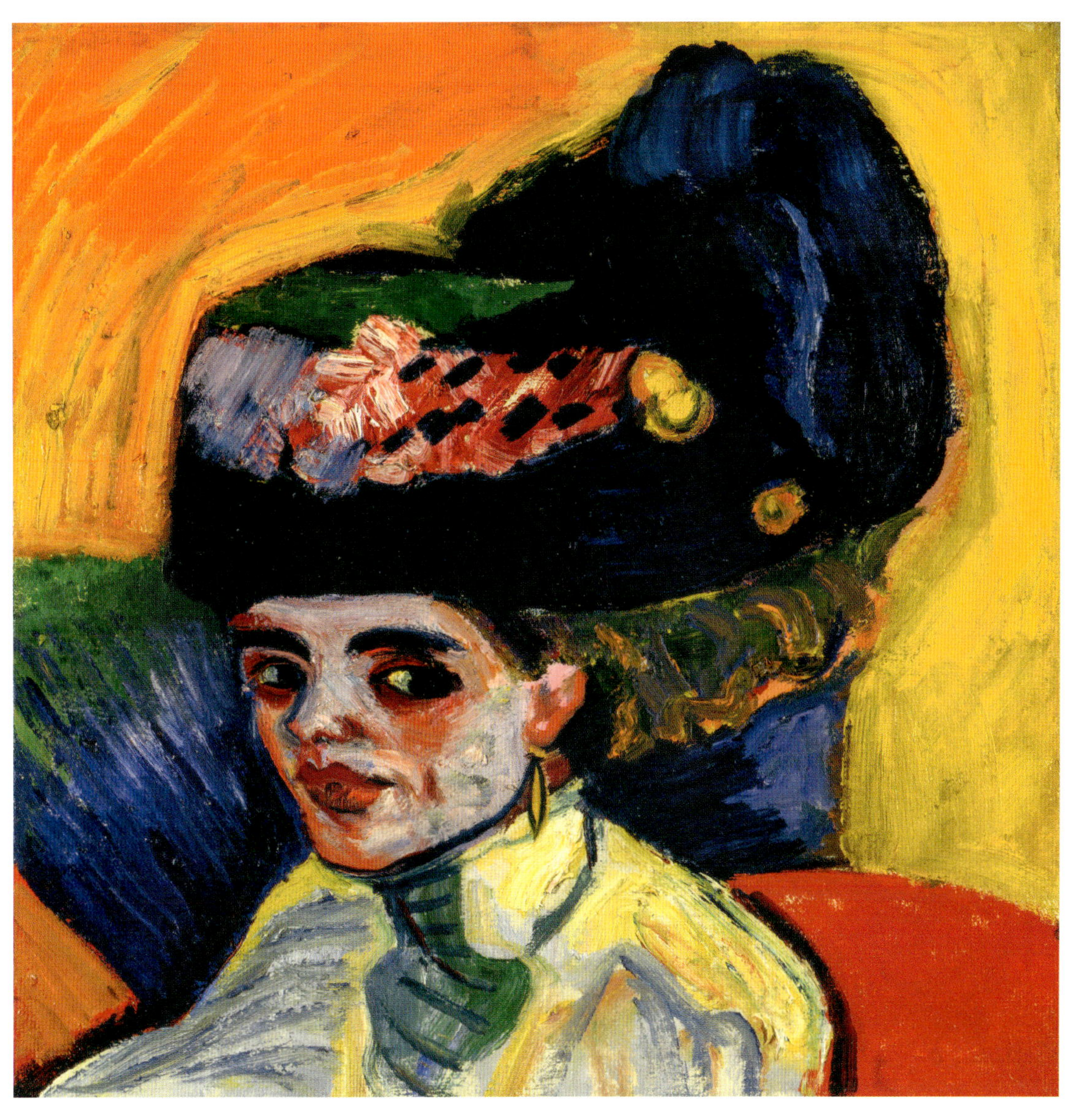

Max Pechstein
Mädchen mit großem Federhut , 1909
(verso zu *Die gelbe Maske*, 1910)

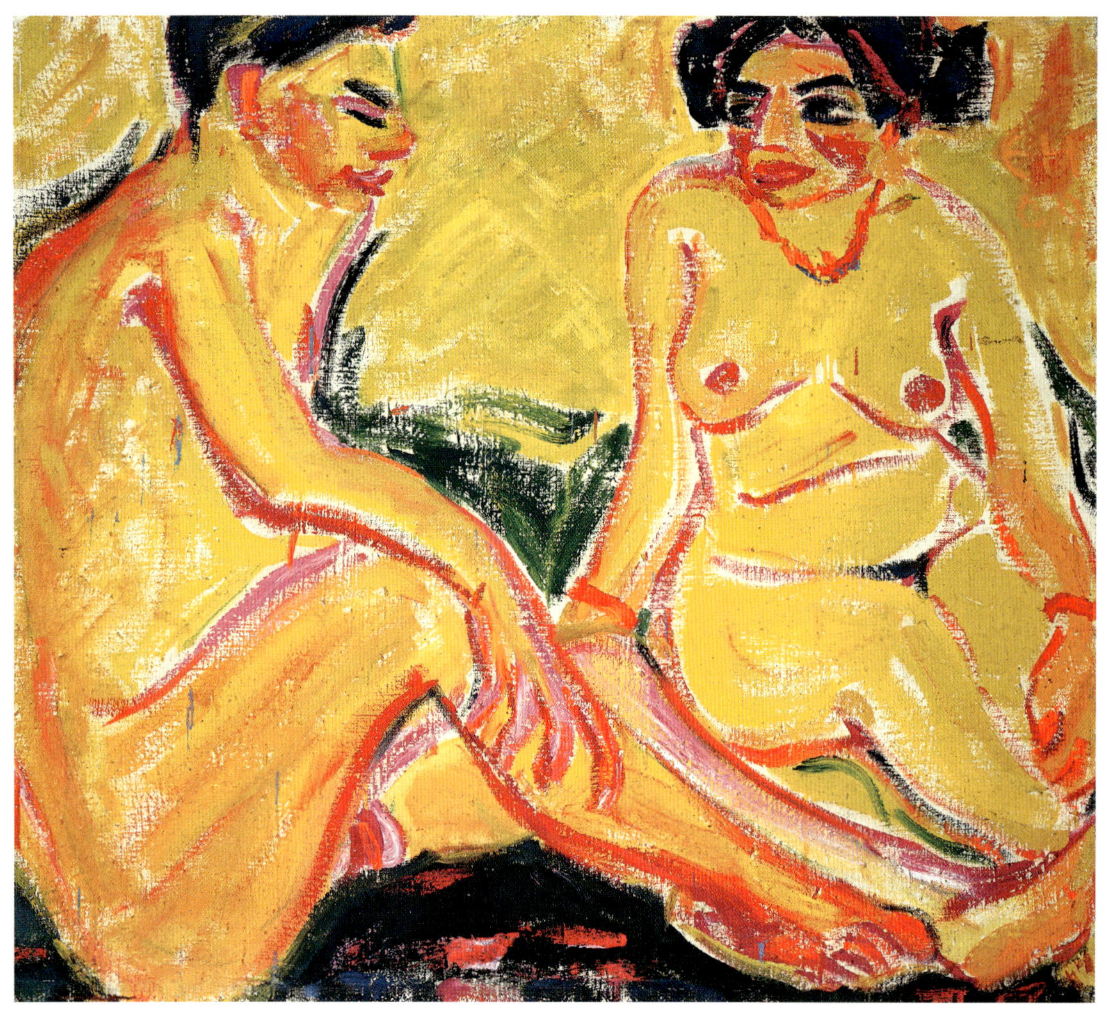

Erich Heckel
Junger Mann und Mädchen, 1909

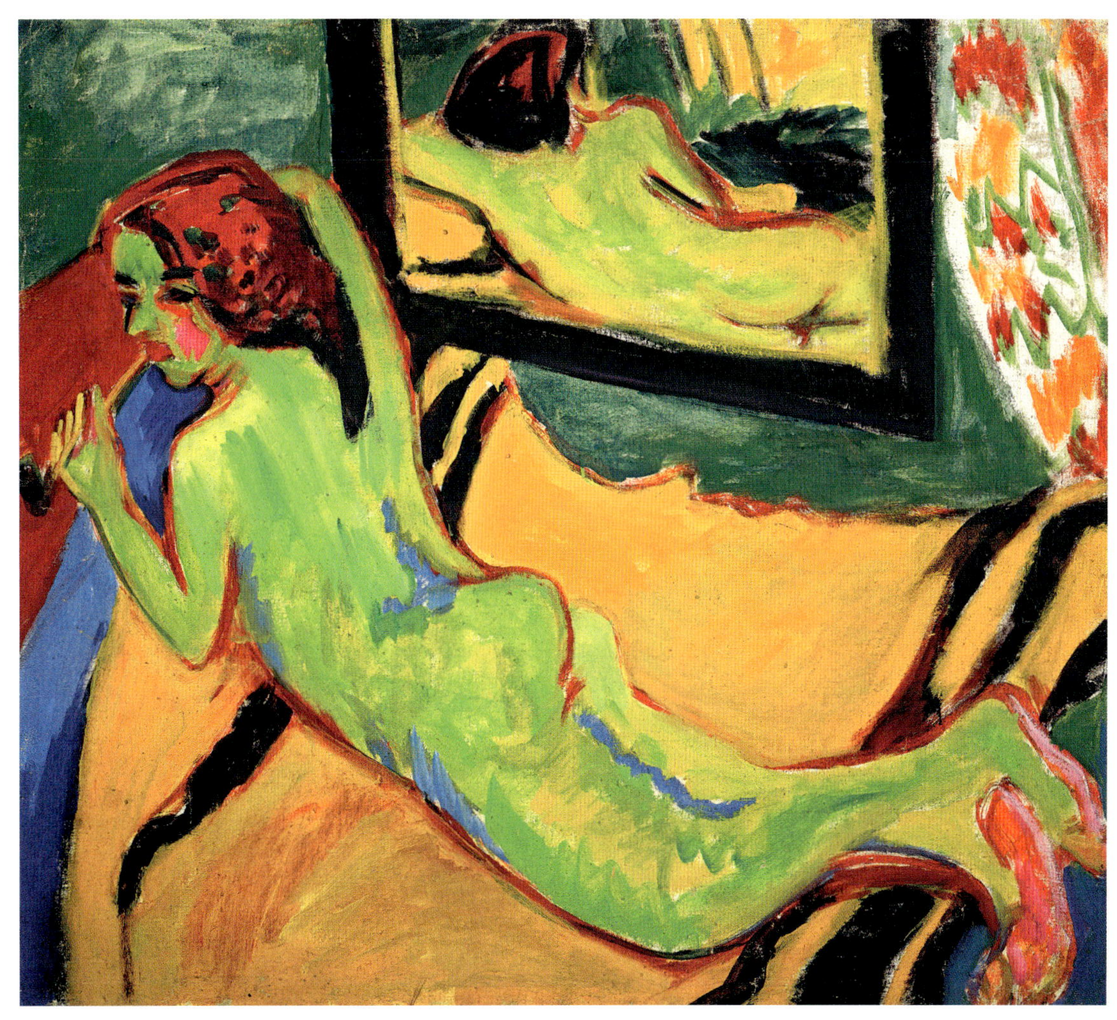

Ernst Ludwig Kirchner
Liegender Akt vor Spiegel, 1909/10

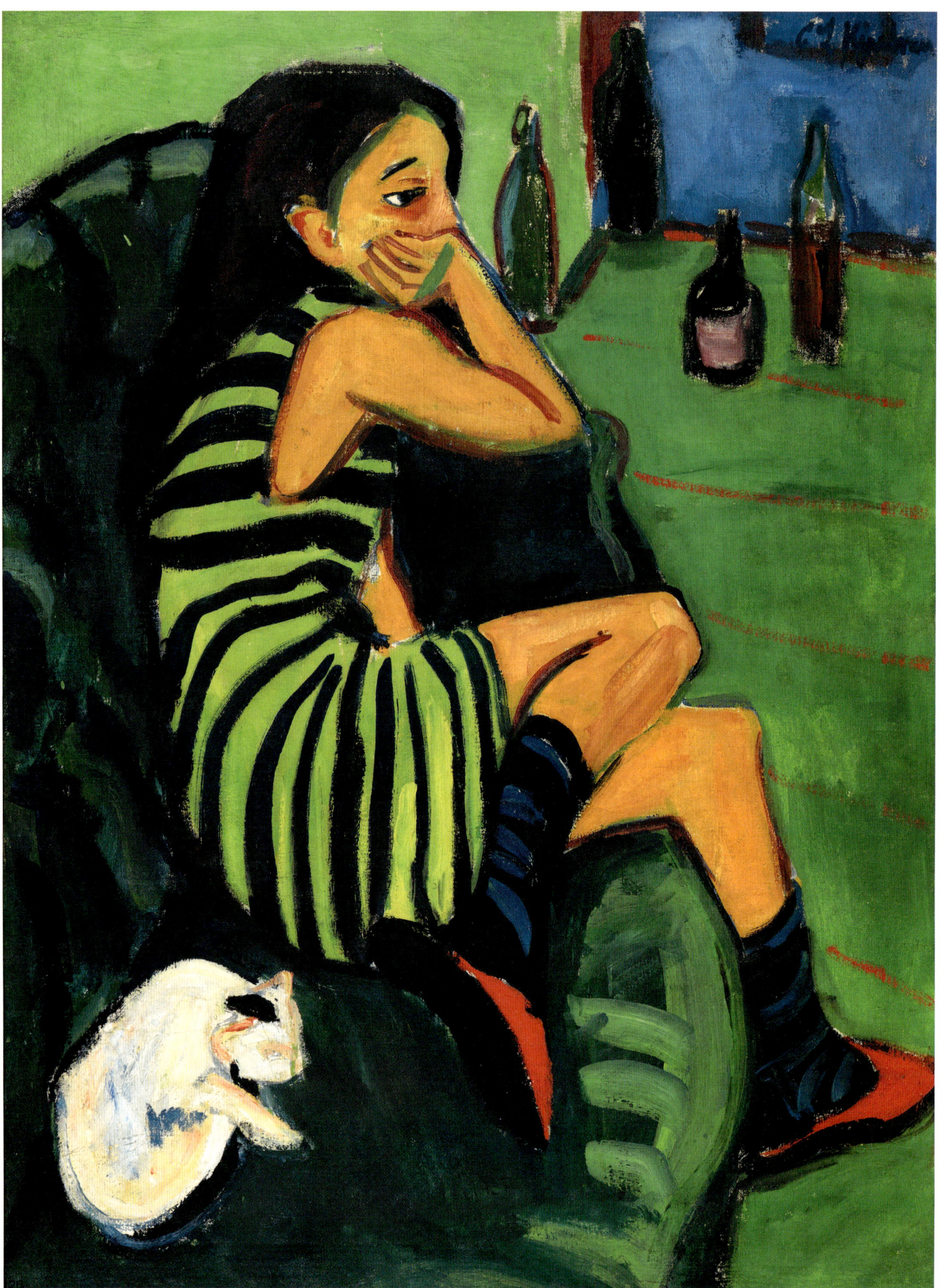

Ernst Ludwig Kirchner
Artistin Marcella, 1910

Ernst Ludwig Kirchner
Pfortensteg Chemnitz, 1910 (verso zu
Zwei Akte mit Badetub und Ofen, 1911)

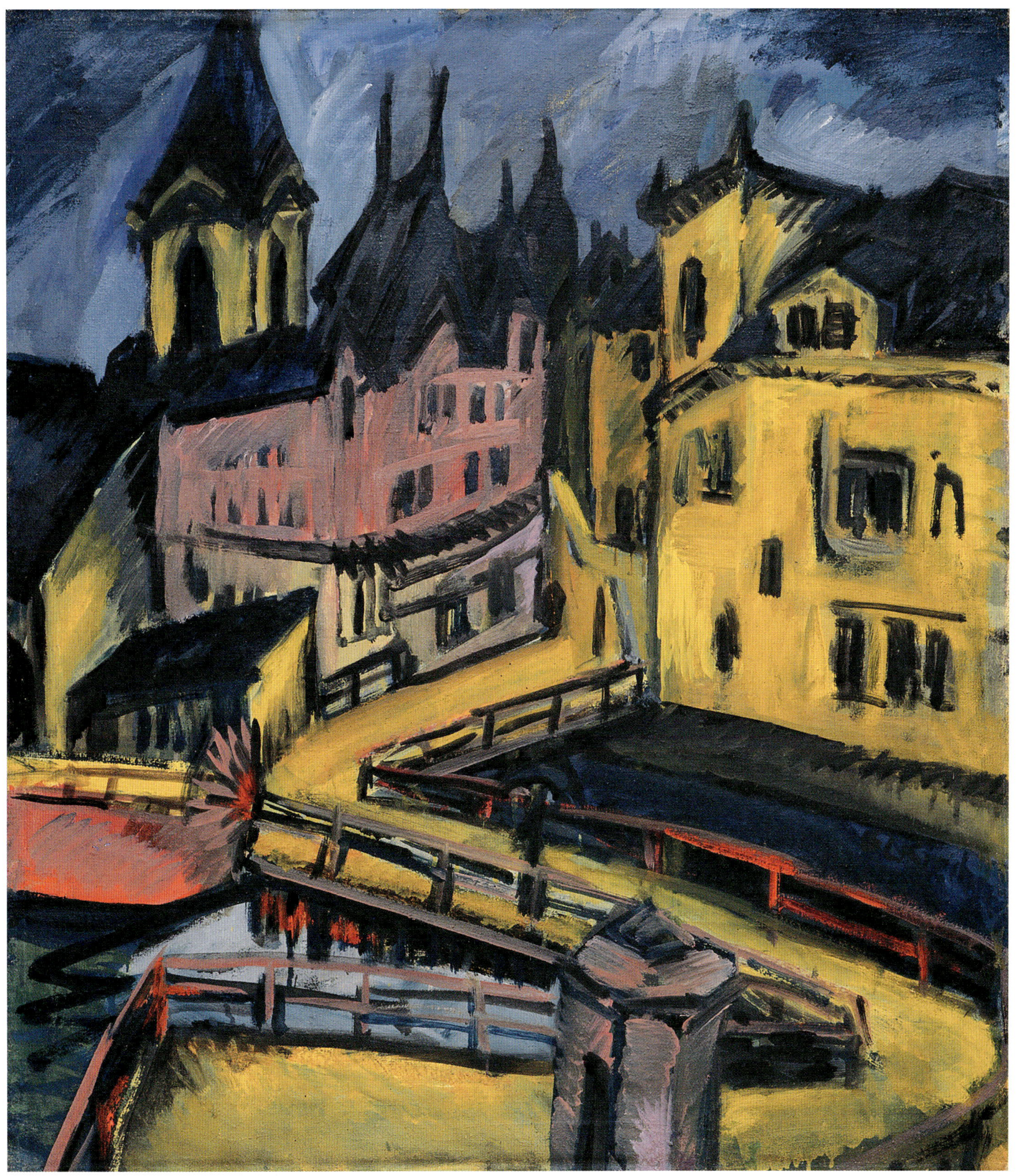

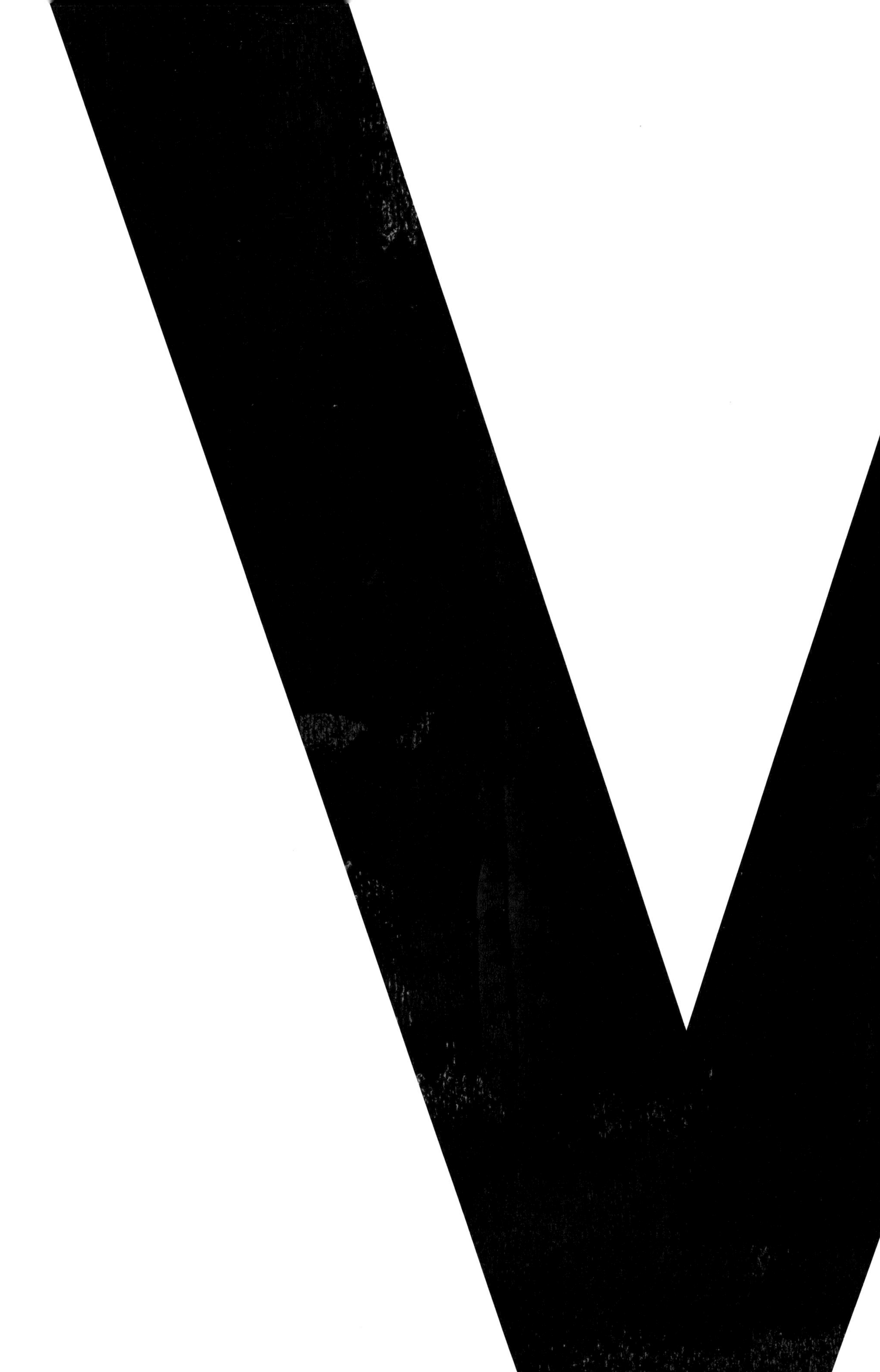

Farbige Druckgraphik

Von allen „Brücke“-Künstlern schuf Kirchner mit Abstand die meisten farbigen Druckgraphiken. Insgesamt sind es über 200 Arbeiten, die in Dresden, Berlin und später in Davos entstanden sind. Auch bei Max Pechstein tauchen in der Zeit kurz nach dessen Rückkehr aus Paris mehrere farbige Lithographien auf, wie etwa *Kind auf der Bank* Seite — 135, das nur in dieser Farbfassung existiert und das mit seiner dekorativen Flächigkeit und Feinheit in der Farbgestaltung noch deutlich den Einfluss der Nabis auf sein Schaffen belegt. Heckel arbeitete dagegen mit farbig gefassten Flächen, wie die Holzschnitte *Zwei Mädchen* von 1909 Seite — 139 und *Fränzi liegend* von 1910 Seiten — 170/171 zeigen, wobei es neben der Fassung in Rot auch Varianten in Blau gibt. Ebenso wie für Schmidt-Rottluff galt auch für Heckel der harte graphische Kontrast von schwarzen und weißen Formelementen als Essenz expressiver Druckgraphik, hier haben beide Künstler ihre stärksten Werke geschaffen. Auch Pechstein konzentrierte sich nach seiner kurzen farbigen Phase auf das ausdrucksstarke Schwarz-Weiß mit knappster Formgebung, wobei der 1911 entstandene *Fischerkopf VII* Seite — 219 zu seinen Hauptwerken gehört.

Alle „Brücke“-Künstler legten großen Wert auf das eigenhändige Abziehen der Drucke von der Holzplatte, der Kupferplatte oder dem Lithostein. Nur dann handelte es sich wirklich um „Originalgraphik“. Die Konsequenz daraus war, dass oft nur wenige Abzüge, mitunter auch nur ein einziger, hergestellt wurden, es also keine nummerierten Auflagen gab. Vielmehr stand das Experimentieren mit der Technik im Vordergrund. Über seine Druckgraphik schrieb Kirchner später treffend: „Der Wille, der den Künstler zur graphischen Arbeit treibt, ist vielleicht zum einen Teil das Bestreben, die einmalige lose Form der Zeichnung fest und endgültig

1

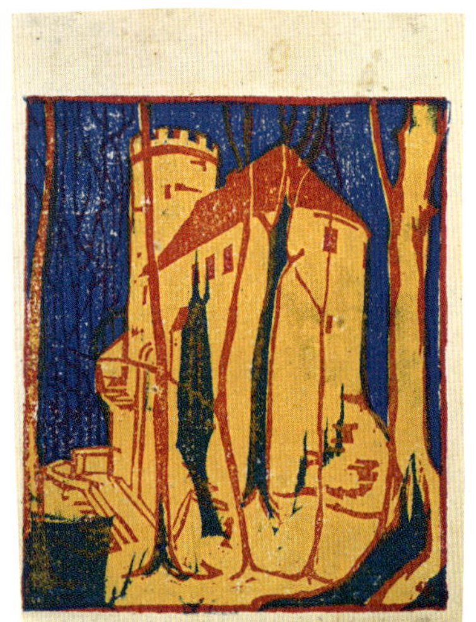

2

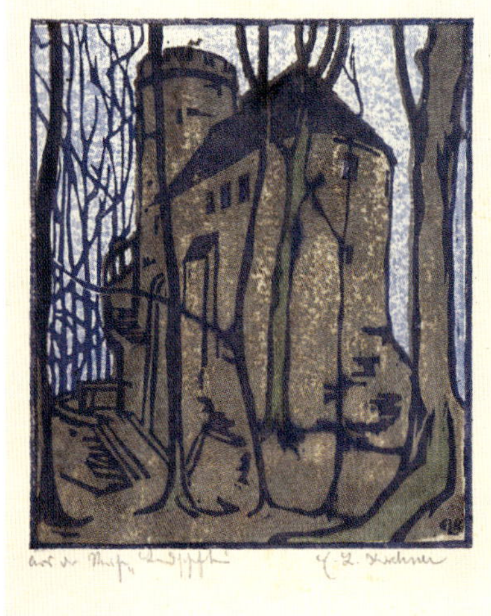

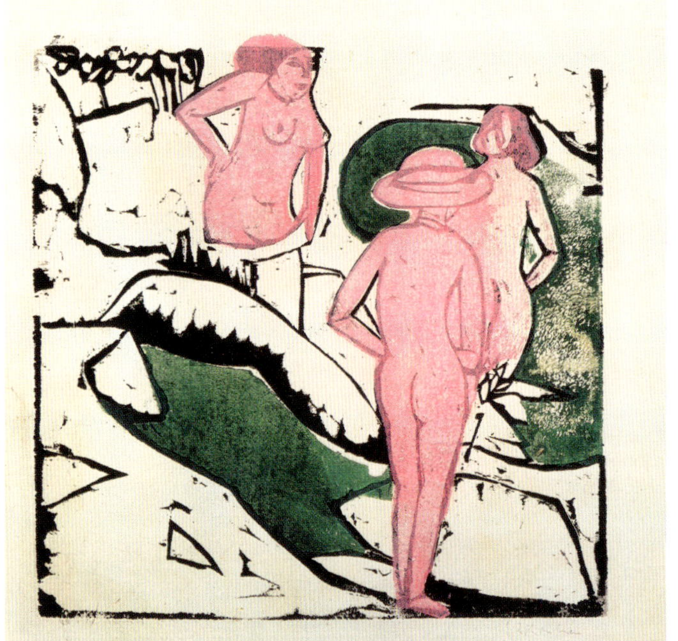

3

Abb. 1
Ernst Ludwig Kirchner
Burg Rabenstein, Chemnitz, 1904/05

Abb. 2
Ernst Ludwig Kirchner
Burg Rabenstein, Chemnitz, 1904/05

Abb. 3
Ernst Ludwig Kirchner
Badende Frauen zwischen weißen Steinen, Fehmarn, 1912

Abb. 4
Max Pechstein
Tänzerin (Tanzpaar), 1909

auszuprägen. Die technischen Manipulationen machen andererseits gewiß dem Künstler Kräfte frei, die bei der viel leichteren Handhabung des Zeichnens und Malens nicht zur Geltung kommen. Der mechanische Prozeß des Druckens fasst die einzelnen Arbeitsphasen zu einer Einheit zusammen. Die Formungsarbeit kann ohne Gefahr so lange ausgedehnt werden, als man will. Es hat einen großen Reiz, in wochen-, ja monatelanger Arbeit, immer und immer wieder überarbeitend das Letzte an Ausdruck und Formenvollendung zu erreichen, ohne dass die Platte an Frische verliert. Der geheimnisvolle Reiz, der im Mittelalter die Erfindung des Druckens umfloß, wird auch heute noch von jedem verspürt, der sich ernsthaft und bis in die Details des Handwerks mit Graphik beschäftigt. Es gibt keine größere Freude als die, die Druckwalze das erste Mal über den eben fertig geschnitzten Holzstock fahren zu sehen, oder die lithographische Platte mit Salpetersäure und Gummiarabikum zu ätzen und zu beobachten, ob die erstrebte Wirkung einsetzt, oder an den Zustandsdrucken das Ausreifen der endgültigen Fassung eines Blattes zu prüfen."[1] In der Regel sind Kirchners farbige Drucke Unikate, weil jeder Druck individuell hergestellt wurde. Kirchner experimentierte mit Leidenschaft und schuf immer wieder neue Farbstellungen oder andere Druckabfolgen unter Verwendung mehrerer Platten. Seine Drucke sind somit keine mechanischen Wiederholungen, wie es etwa bei Heckel der Fall ist. Von Anfang an interessierten Kirchner diese unterschiedlichen Farbstellungen, wie der frühe Linolschnitt *Burg Rabenstein, Chemnitz* zeigt Abb. — 1 und 2. Während die Farbe anfangs rein koloristische Bedeutung hatte, wurde sie allmählich zum Ausdrucksträger der Darstellungen selbst. 1910 entstand der Holzschnitt *Segelboot* Seite — 138, von dem nur zwei Abzüge existieren. Die verknappte Formgestaltung und der Einsatz der grünen und ockerfarbenen Flächenelemente erzeugen eine Bildaussage von starker Expressivität und zugleich von ausgewogener Harmonie. Dargestellt ist ein Segelboot auf dem Müggelsee.

4

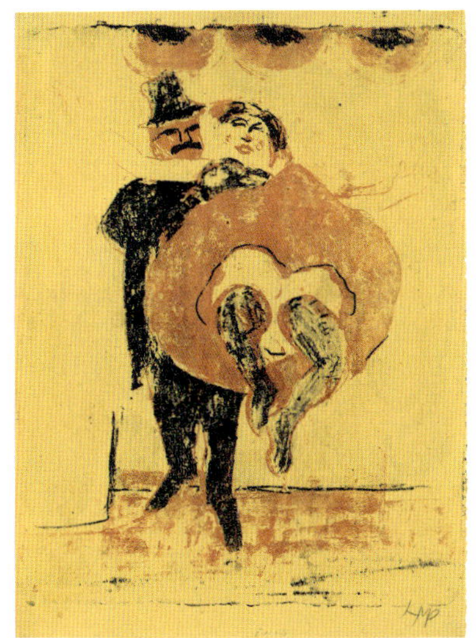

Ab 1910 besaß Kirchners jüngerer Bruder Ulrich ein Haus am Müggelsee, wenige Kilometer östlich von Berlin, wo Kirchner ihn öfter besuchte. Der 1912 geschaffene Holzschnitt *Badende Frauen zwischen weißen Steinen, Fehmarn* Abb. — 3 zeigt einen ähnlichen Ausdruckscharakter wie *Segelboot*. In seiner Farbstellung mit Rosa und Grün über Schwarz gedruckt existiert der auf den Fehmarn-Aufenthalt 1912 zurückgehende Holzschnitt nur ein Mal. Bereits 1909 erhielt auch die farbige Lithographie bei Kirchner eine besondere Bedeutung, was einerseits mit der Kenntnis aktueller französischer Kunst zusammenhängt, andererseits aber durch den damals engen Kontakt zu Pechstein bewirkt worden sein könnte, der sich ebenfalls zu der Zeit mit der Farblithographie auseinandersetzte Abb. — 4 und Seite — 135. Kirchner gelingen mit dieser Technik Kompositionen aus weich fließenden Linien und zarter Farbgebung. Einen Höhepunkt stellt hier *Dodo mit japanischem Schirm* dar. Alle sechs existierenden Abzüge sind farblich anders gestaltet Abb. — 5–7 und sind jeweils Höhepunkte der „Brücke"-Kunst.

Ernst Ludwig Kirchner
Dodo mit japanischem Schirm, 1909

Abb. 5
Lithographie in Schwarz, Violett, Rot, Grün und Gelb

Abb. 6
Lithographie in Schwarz, Blau, Rot, Grün und Gelb

Abb. 7
Lithographie in Schwarz, Hellocker, Rot, Türkis und Gelb

1 Louis de Marsalle (= Ernst Ludwig Kirchner), Über Kirchners Graphik, in: Genius, III, Nr. 2, 1921, S. 250.

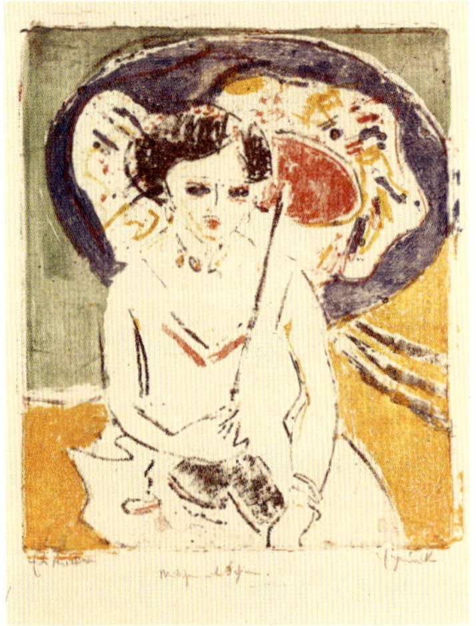
5

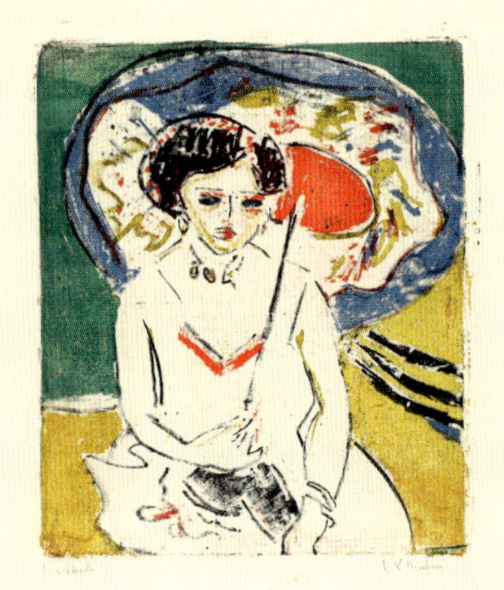
6

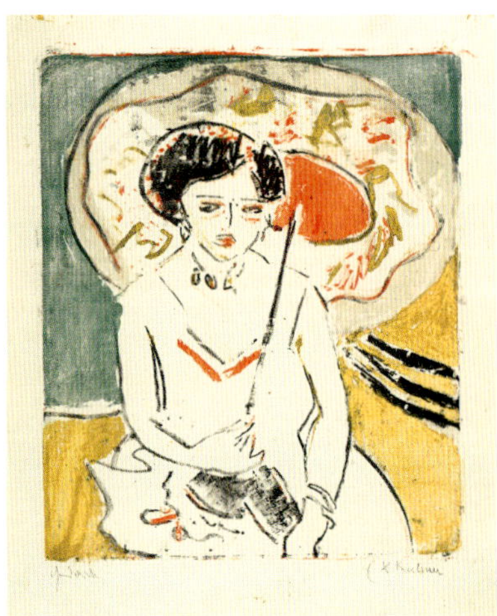
7

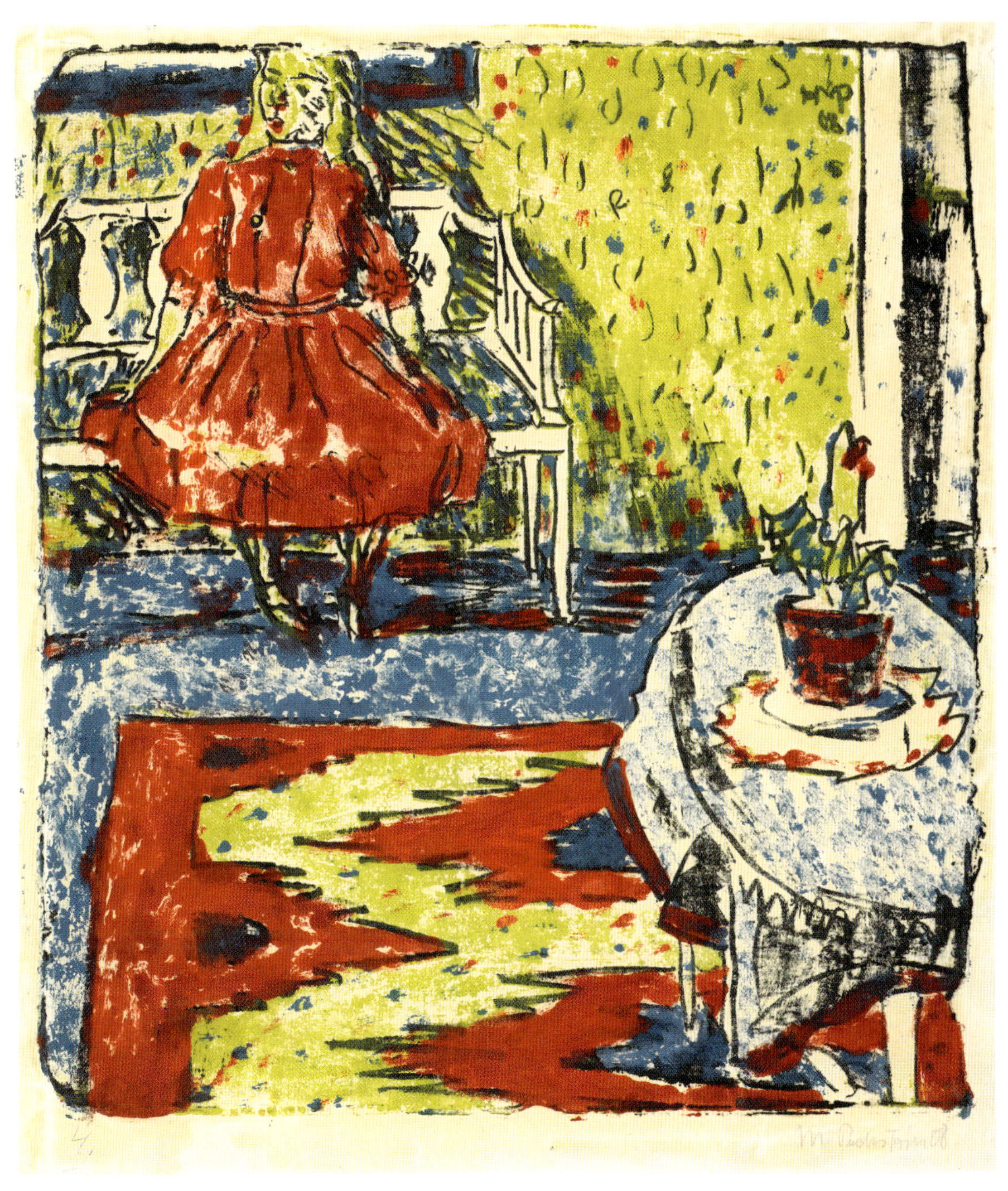

Max Pechstein
Kind auf der Bank, 1908

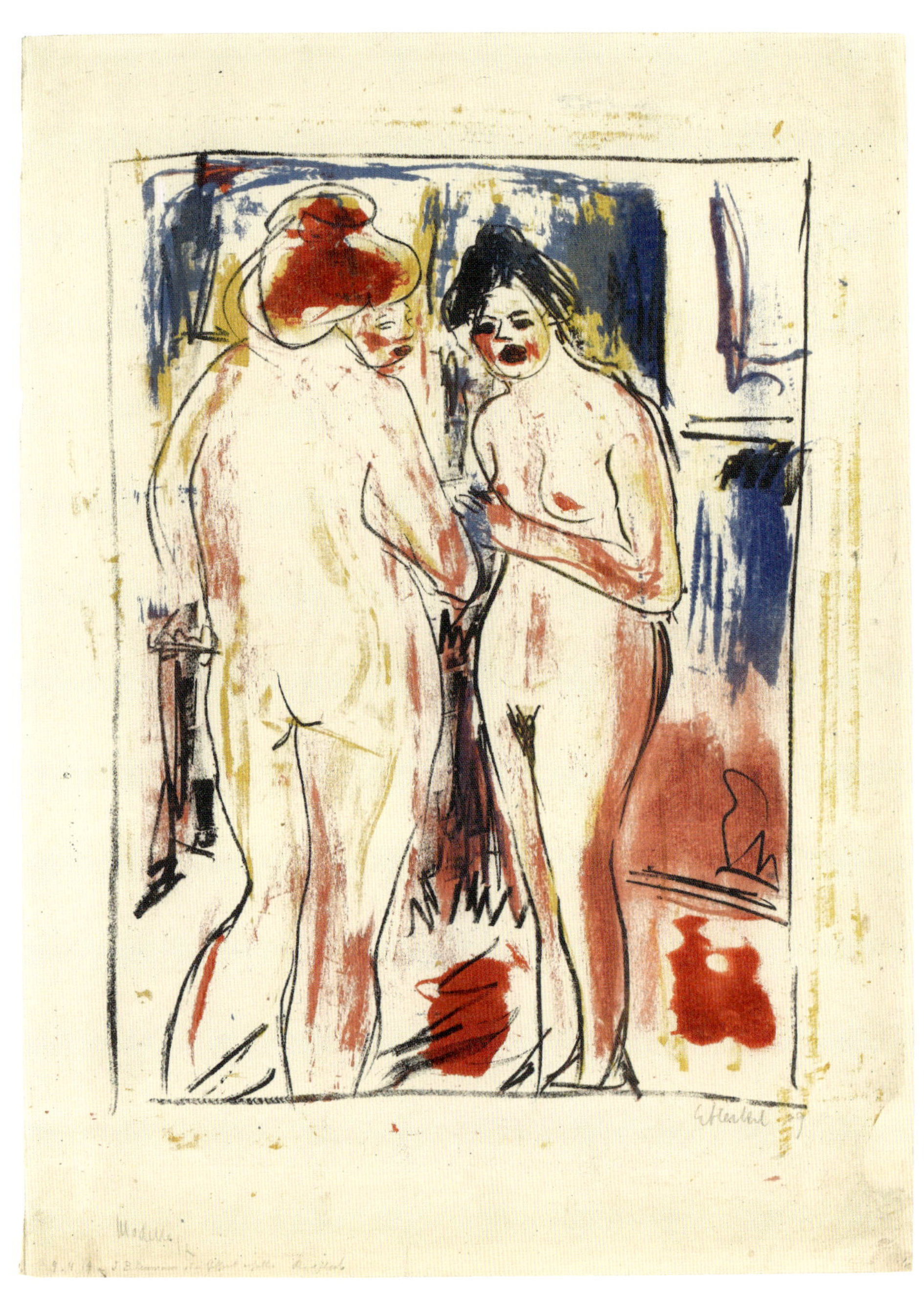

Erich Heckel
Modelle, 1909

Erich Heckel
Zwei ruhende Frauen, 1910

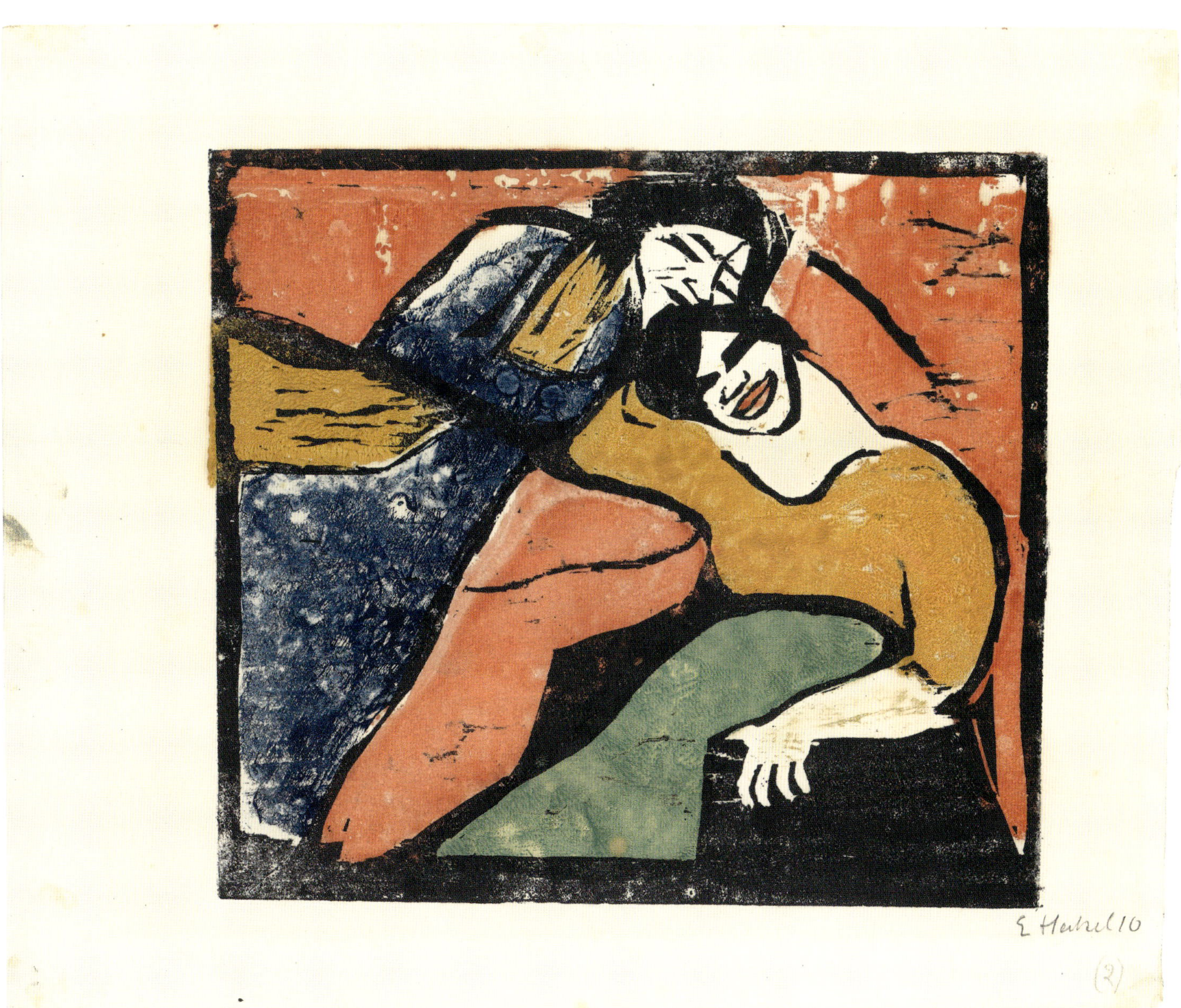

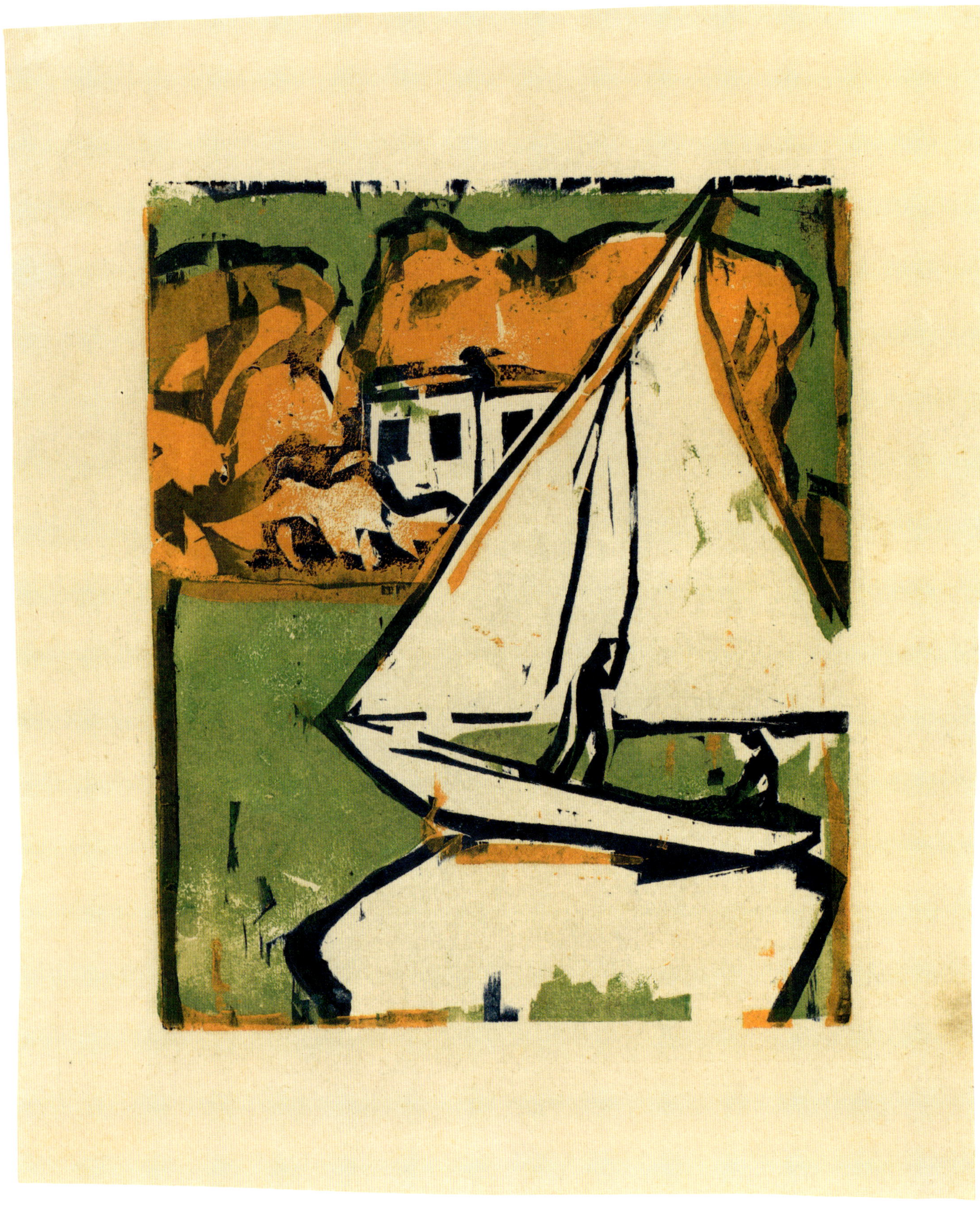

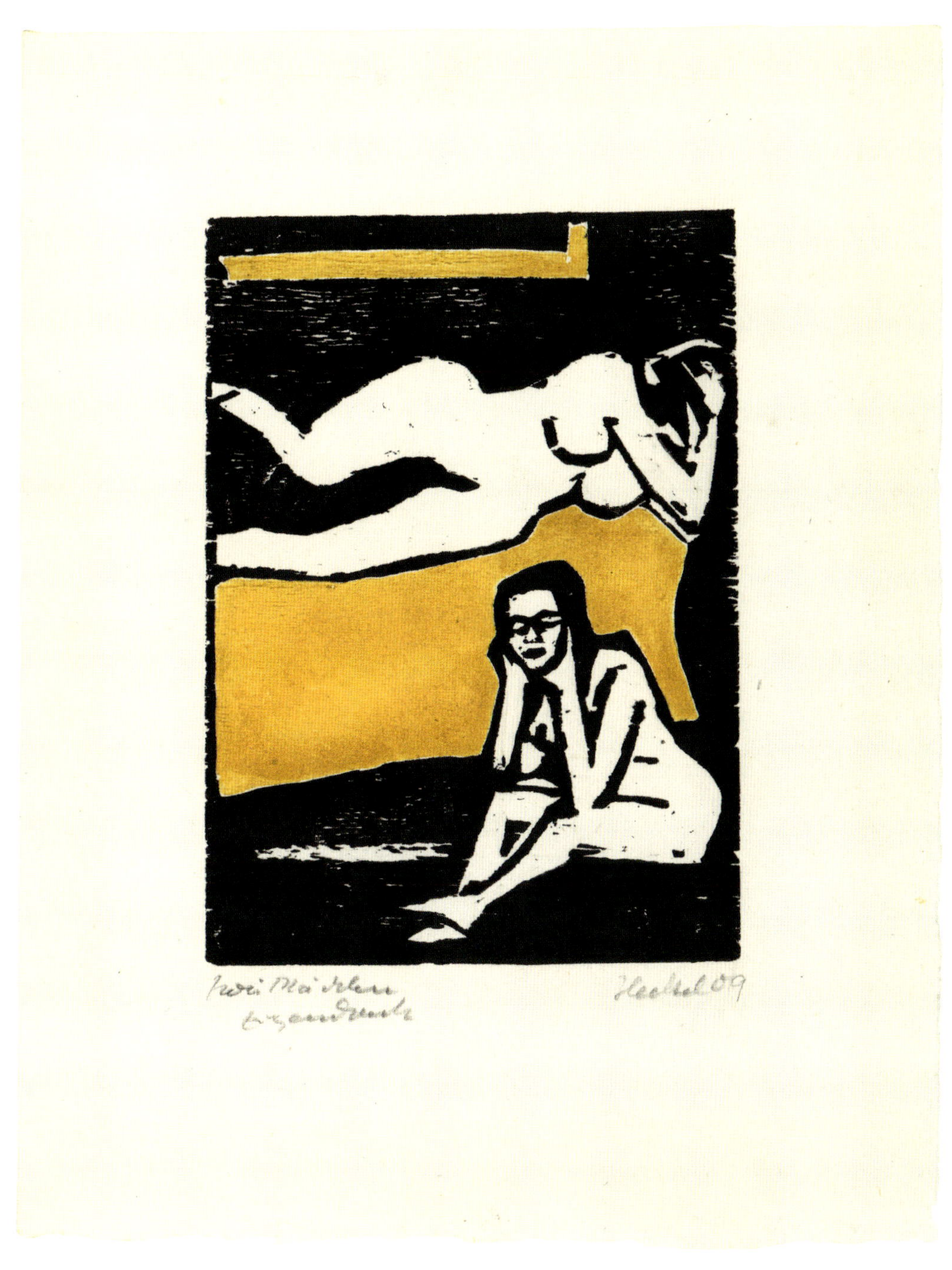

Erich Heckel
Zwei Mädchen, 1909

Ernst Ludwig Kirchner
Segelboot, 1910

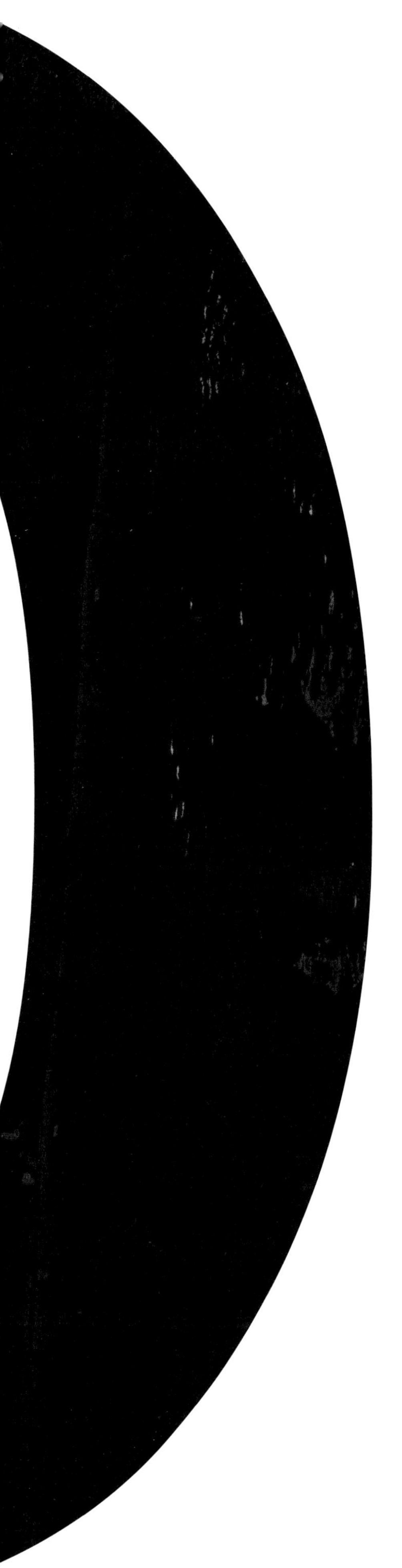

Die Kunsthistorikerin Rosa Schapire

Die Hamburger Kunsthistorikerin Rosa Schapire – die erste Frau, die in Deutschland in dem Fach Kunstgeschichte promoviert hatte – war bereits 1907 der „Brücke" als Passives Mitglied beigetreten. Für die Rezeption der neuen Kunstrichtung des Expressionismus spielte sie eine überaus wichtige Rolle. Sie verfasste Textbeiträge und zahlreiche Ausstellungsbesprechungen und initiierte selbst Ausstellungen, hielt Eröffnungsreden, vermittelte Kunstwerke an Museen und Sammler, gab Zeitschriften heraus und betätigte sich auch auf dem Feld der Übersetzung französischer Literatur ins Deutsche. Im Mittelpunkt ihres Interesses standen jedoch die Künstler der jungen Generation der Expressionisten. Zunächst war es Nolde, für dessen Kunst sie sich begeisterte, dann folgte Karl Schmidt-Rottluff. 1908 besuchte sie Schmidt-Rottluff in Dangast. Im Laufe der Jahre entstand eine enge Freundschaft, und ein außergewöhnliches Engagement für das Werk dieses „Brücke"-Künstlers setzte ein. Vor allem in Hamburg vermittelte sie wichtige Kontakte zu Sammlern, die seine Werke kauften. Vielleicht nicht zuletzt durch ihre Mitwirkung nahm sich Schmidt-Rottluff in den Jahren 1910 bis 1912 ein Atelier in Hamburg, in der Kleinen Johannisstraße 6. Auch der für Schmidt-Rottluffs Stilentwicklung bedeutende Aufenthalt in Norwegen am Hardangerfjord im Sommer 1911 wurde durch die Hamburger Kontakte, insbesondere durch die Sammlerin Bertha Rohlsen, ermöglicht.

1924 erschien das bis heute gültige, von Rosa Schapire erstellte Werkverzeichnis von Schmidt-Rottluffs Druckgraphiken bis einschließlich des Jahres 1923. Rosa Schapire wurde auch selbst zur Sammlerin von Schmidt-Rottluffs Kunst, von dem sie nicht nur Gemälde, Zeichnungen, Aquarelle und Druckgraphiken besaß, sondern auch zahlreiche kunstgewerbliche Gegenstände und Schmuck. Zudem ließ sie ein komplettes Zimmer ihrer Wohnung von Schmidt-Rottluff mit geschnitzten und bemalten Möbeln ausstatten.

Häufig hat Schmidt-Rottluff seine Förderin portraitiert. 1909 ist in Dangast das in Aquarell festgehaltene Bildnis *Frau am Tisch (Rosa Schapire)* Seite — 143 entstanden. Im Mai und im September hatte Rosa Schapire den Künstler dort besucht. Mit flüssigen Pinselzügen und kräftiger Farbwahl gibt Schmidt-Rottluff die Portraitierte wieder, die den Betrachter unmittelbar anschaut. Das 1911 geschaffene *Bildnis Rosa Schapire* Seite — 145 ist dagegen in der kompositorischen Anlage viel kompakter angelegt. Die für sein Schaffen typischen Stilmerkmale, nämlich Vereinfachung und Monumentalisierung, finden sich hier stark ausgeprägt. Vermutlich ist das Portrait in Schmidt-Rottluffs Hamburger Atelier entstanden. Rosa Schapire sitzt in einem Lehnstuhl; in Gedanken versunken hat sie den Kopf aufgestützt. Schmidt-Rottluff behielt dieses Portrait zeit seines Lebens, bis es mit seinen Schenkungen 1964 in das Brücke-Museum gelangte. 1915 und 1919 entstanden noch weitere Portraits seiner Förderin.

Karl Schmidt-Rottluff
Frau am Tisch (Rosa Schapire), 1909

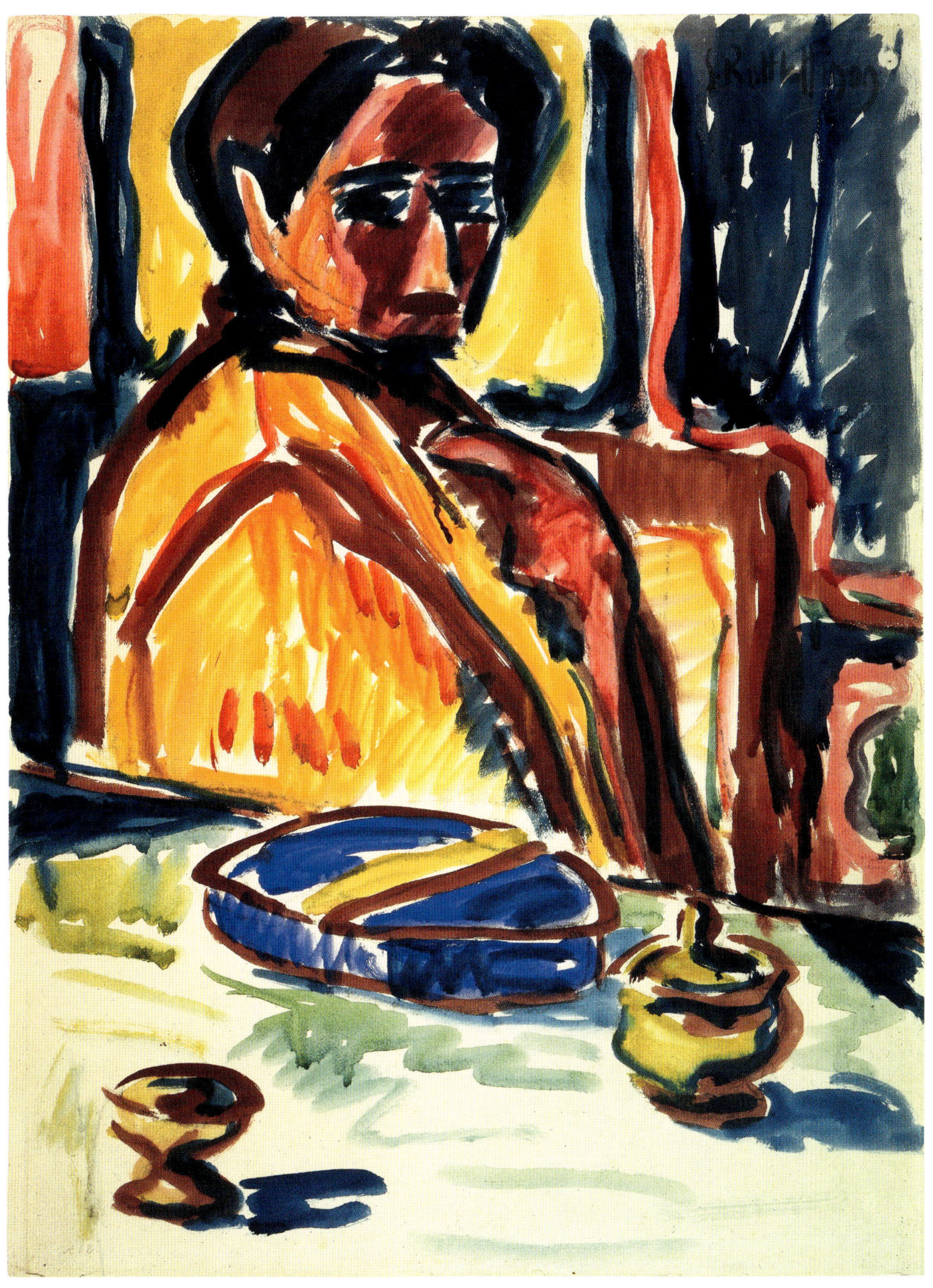

Karl Schmidt-Rottluff
Bildnis Rosa Schapire, 1911

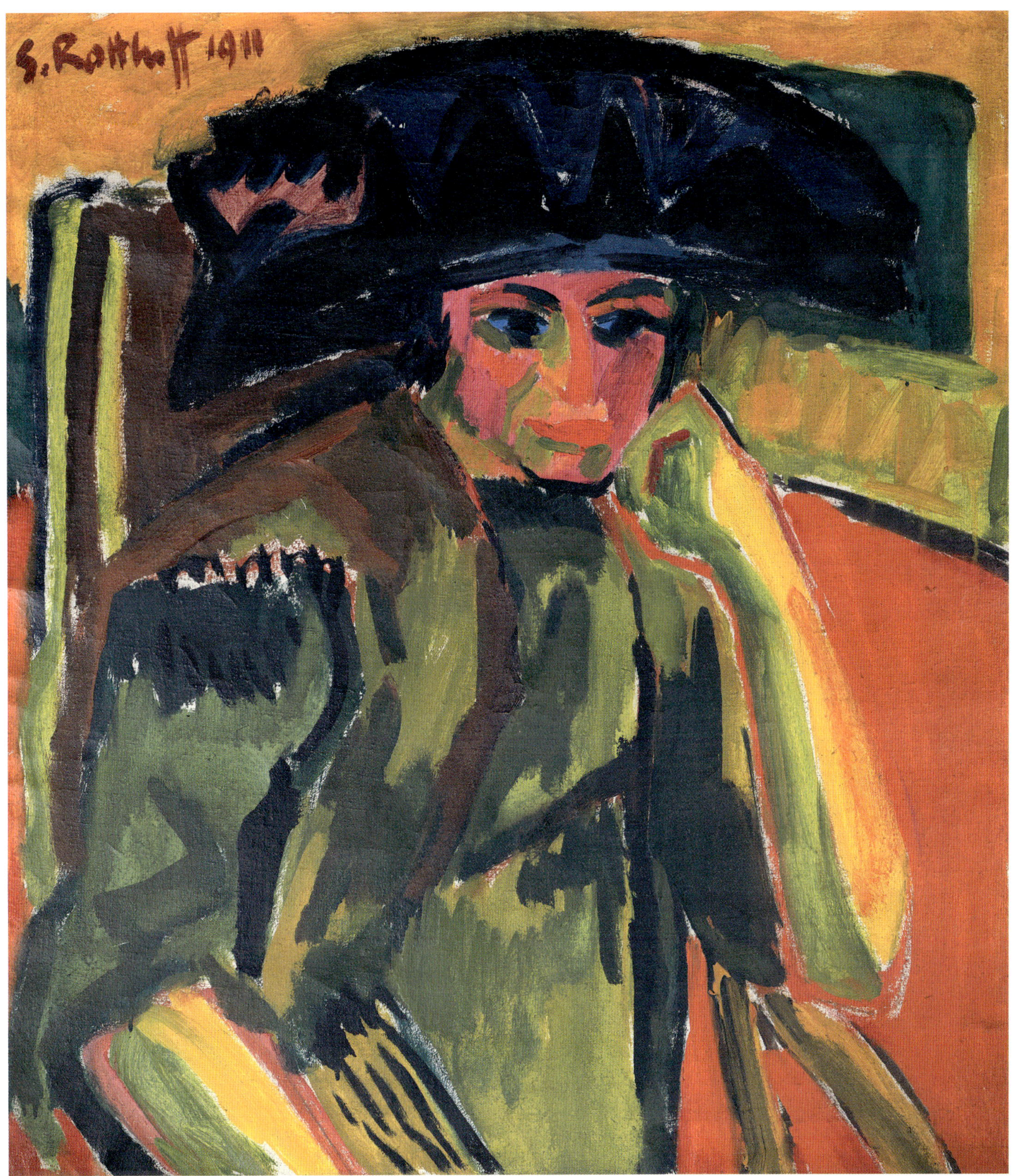
S. Rottluff 1911

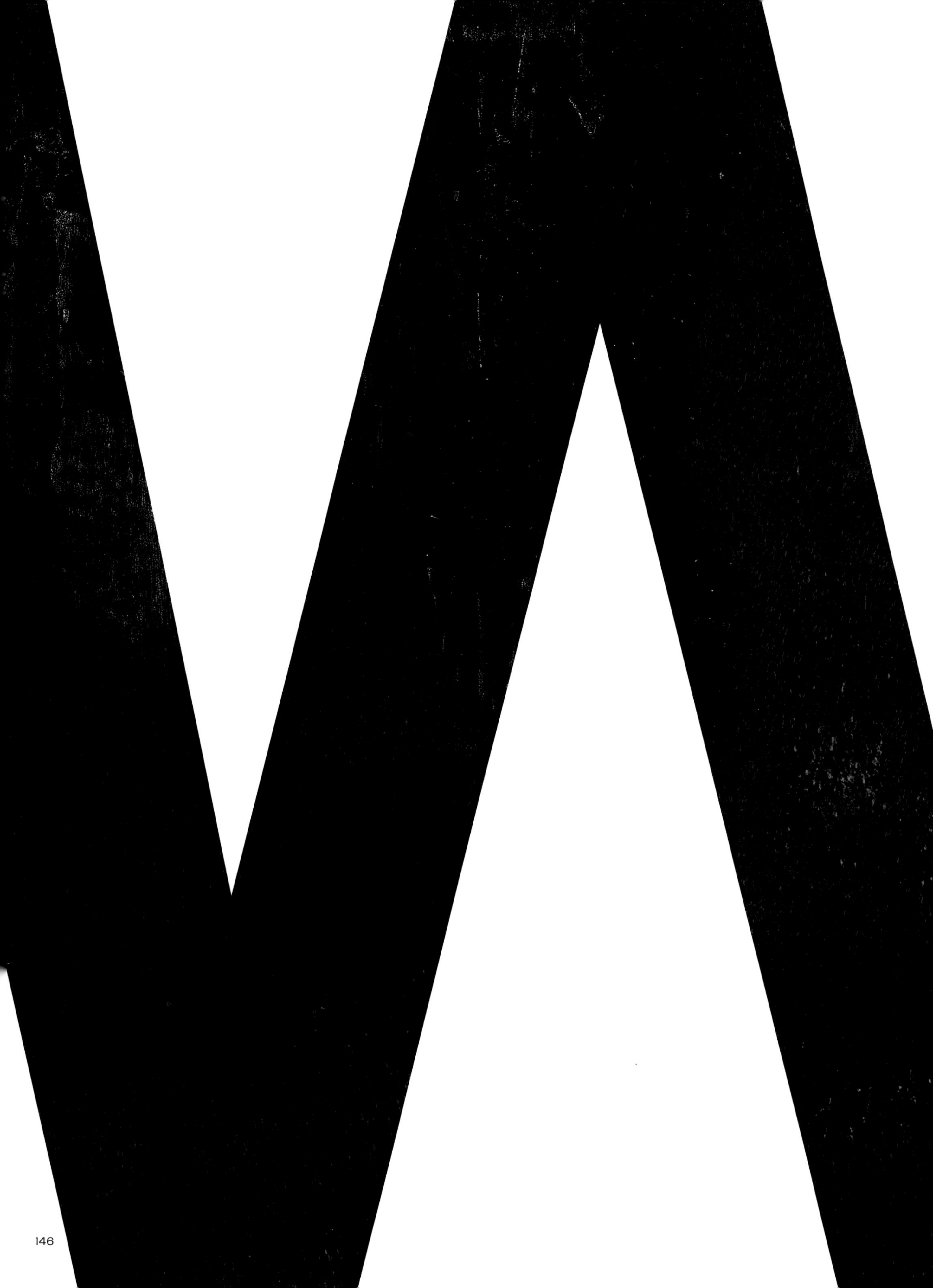

Sommeraufenthalte an den Moritzburger Teichen

Während der Sommer 1909, 1910 und 1911 haben die Künstler der „Brücke" in engster Gemeinschaft an den Moritzburger Teichen gearbeitet, in der waldreichen Umgebung des Jagdschlosses der Könige von Sachsen. Das Schloss mit seiner großen Parkanlage, in der sich neben dem eigentlichen Schlossteich noch drei weitere große Teiche befanden, lag nördlich von Dresden und konnte rasch erreicht werden. Die Aufenthalte dienten vorrangig dem Studium des Aktes in der Natur. Der Akt war für die „Brücke" längst zum Inbegriff des freien Lebens und der freien, von allen akademischen Fesseln befreiten Kunst geworden, doch beschränkte sich seine Darstellung bisher auf den Innenraum. Kirchner schreibt später in seinem Schweizer Tagebuch: „Diese stete Arbeit brachte schließlich als Resultat die Lösung des Problems, nackte Menschen in freier Natur mit neuen Mitteln darstellen zu können. In ungebrochenen Farben, blau, rot, grün, gelb leuchten die Körper der Menschen im Wasser oder zwischen Bäumen."[1] Der dichte Schilfbewuchs wie auch die Wälder gestatteten den Künstlern ein ungezwungenes, freizügiges und vor allem unbeobachtetes Arbeiten in der Natur. Denn trotz der lebensreformerischen Bestrebungen, trotz Freikörperkultur, die um 1900 einsetzte und zu

einem Umdenken in der Gesellschaft führte, war das Baden ohne Kleidung in der Öffentlichkeit nicht gestattet.
Im Juli und August 1909 waren Heckel und Kirchner zum erstenmal nach Moritzburg gekommen; im Herbst arbeitete Kirchner nochmals alleine dort. Begleitet wurden sie von ihren Freundinnen und von Artisten des Zirkus Schumann, mit denen sich die Künstler angefreundet hatten und die schon in Dresden als Modelle zur Verfügung gestanden hatten. Die Arbeiten des Jahres 1909 zeigen die Verarbeitung der Stilmittel des Fauvismus. In den Zeichnungen und Aquarellen wird die Spontaneität des optischen Erlebnisses umgesetzt und alles durch eine formende, gesteigerte Gestaltungskraft auf das Wesentliche reduziert. Linien und Flächen folgen einem Streben nach Ordnung und Rhythmus; ein zweidimensionaler Aufbau der Komposition wird angestrebt, ohne Andeutung von Perspektive. Kirchners Zeichnung *Stehender Akt mit Fächer (Milly)* Seite — 153 zeigt die weich geschwungenen Formen und den neuen Charakter des Ausdrucks. Die Flüchtigkeit des Zeichenstils und die Linien und Strichgebilde, die die Figuren definieren, sind ein neues Stilmerkmal Kirchners. Dargestellt ist die Tänzerin Milly, die zur marokkanischen Tanzgruppe des Zirkus Schumann gehörte. Ein malerisches Hauptwerk der „Brücke"-Kunst des Jahres 1909 ist Kirchners Gemälde *Liegender blauer Akt mit Strohhut* Seite — 150/151, dessen Stil als Fauve-Expressionismus bezeichnet werden kann. Mit seinen leuchtenden Farbflächen und der formalen Reduzierung auf das Wesentliche vermittelt es eine Unbeschwertheit des Fühlens und des Seins. Heckel hat mit seinem Gemälde *Badende im Teich* Abb. — 1 ein stilistisch vergleichbares Werk geschaffen. 1909 entstand der kollektive „Brücke"-Stil, der mit dem Moritzburger Aufenthalt 1910 seinen Höhepunkt erreichte.
Im zweiten Sommer in Moritzburg war auch Pechstein dabei, sowie wieder eine Anzahl von Modellen, darunter auch das Mädchen Fränzi. Der fauve-geprägte Stil erfährt nun eine Erweiterung

durch die Kenntnis von Werken außereuropäischer Kunst. Außerdem ging es jetzt nicht mehr ausschließlich um das Studium des Aktes in der Natur, sondern stärker als beim ersten Aufenthalt scheint sich jetzt die Utopie eines der Zivilisation entrückten Paradieses verwirklicht zu haben: Kunst und Leben wurden eins. Die entstandenen Arbeiten sind Resultate dieses neuen, ursprünglichen Daseinsgefühls. Die Werke der drei Künstler lassen sich nun kaum noch voneinander unterscheiden. Der sich neu entwickelnde, flache Reliefstil mit dem eckigen Figurentyp und die sich verfestigende Bildanlage sind von den Palau-Schnitzereien herzuleiten. Kirchners Gemälde *Vier Badende* Abb. — 2 zeigt noch den Fauve-Stil, aber die links im Bild zu sehende Fränzi weist

Abb. 1
Erich Heckel
Badende im Teich, 1909

Abb. 2
Ernst Ludwig Kirchner
Vier Badende, 1910

Abb. 3
Max Pechstein
Pferdemarkt in Moritzburg, 1910

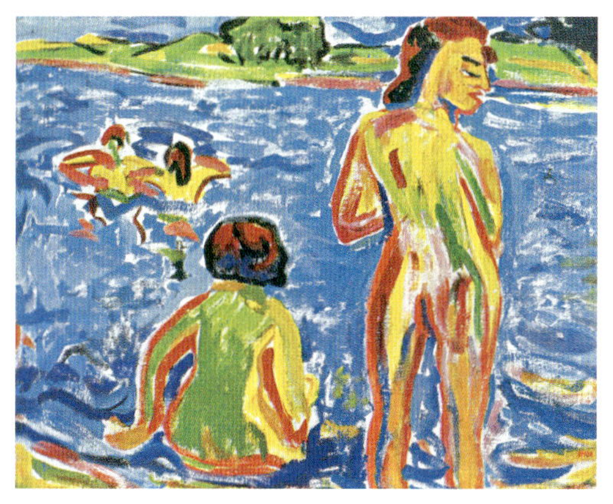

1

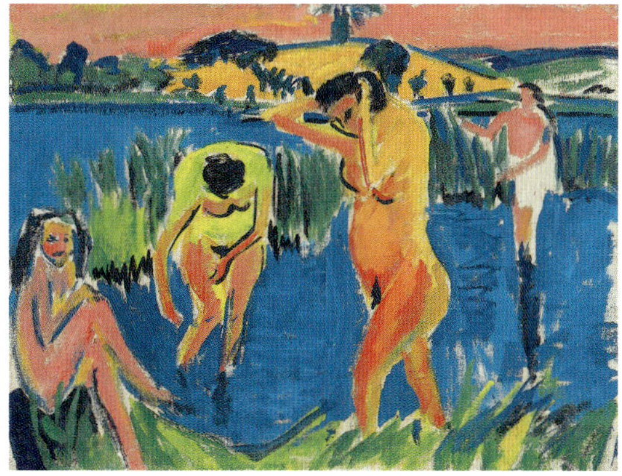

2

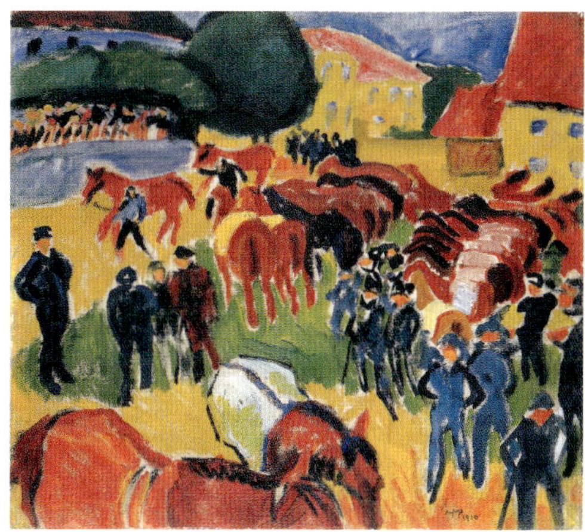

3

bereits eine auf Stammeskunst zurückgehende Formensprache auf, wie sie auch das Aquarell *Fränzi mit Bogen und Akt* Seite — 152 zeigt. Auch die beiden Gemälde von Pechstein, *Das gelbschwarze Trikot* Seite — 155 und *Im Wald bei Moritzburg* Seite — 157, besitzen noch die Manier des Fauve-Expressionismus, während sein Gemälde *Sitzendes Mädchen* Seite — 156 in der Anlage der Komposition und der Malweise viel kompakter ist und die Figur mit dem ausladenden Gesäß auf Stilprinzipien afrikanischer Plastiken zurückzuführen ist. Es gibt auch eine Reihe von Druckgraphiken, die auf den Moritzburger Aufenthalt 1910 zurückgehen und in denen die asketische, an Stammeskunst orientierte Formgebung einen Höhepunkt erreicht, so etwa in Heckels Farbholzschnitten *Fränzi liegend* Seiten — 170/171 und *Stehendes Kind, Fränzi* Seite — 161, das im Winter 1910/11 entstanden ist und im Frühjahr 1911 Bestandteil der Jahresmappe der „Brücke" war. Zu sehen ist Fränzi vor einem Wandbehang im Atelier Heckels mit einer Darstellung der hügeligen Landschaft des Moritzburger Parks. Außer Aktbildern sind 1910 auch Werke entstanden, die Motive aus der Umgebung von Moritzburg zeigen. Heckels Gemälde *Aus Moritzburg* Seite — 159 gehört dazu, ebenso wie Pechsteins *Pferdemarkt in Moritzburg* Abb. — 3. Eine Innenraumdarstellung präsentiert Kirchner mit dem Gemälde *Artistin Marcella* Seite — 126, ein Portrait Fränzis, das wohl im Brauhof, wo die Künstler übernachtet haben, entstanden ist. Den dritten und letzten Moritzburger Aufenthalt im Sommer 1911 verbrachten Kirchner und Heckel wieder gemeinsam; Pechstein war nach Nidden gereist, und Schmidt-Rotluff befand sich in Dangast. Dieser Aufenthalt subsumiert und variiert noch einmal die stilistischen Errungenschaften der letzten zwei Jahre und bringt somit den reifen „Brücke"-Stil zum Abschluss. Heckel setzte sich weiterhin mit der Stammeskunst auseinander, während Kirchner bereits mit Stilmitteln der indischen Höhlenmalerei von Ajanta experimentierte Seite — 160.

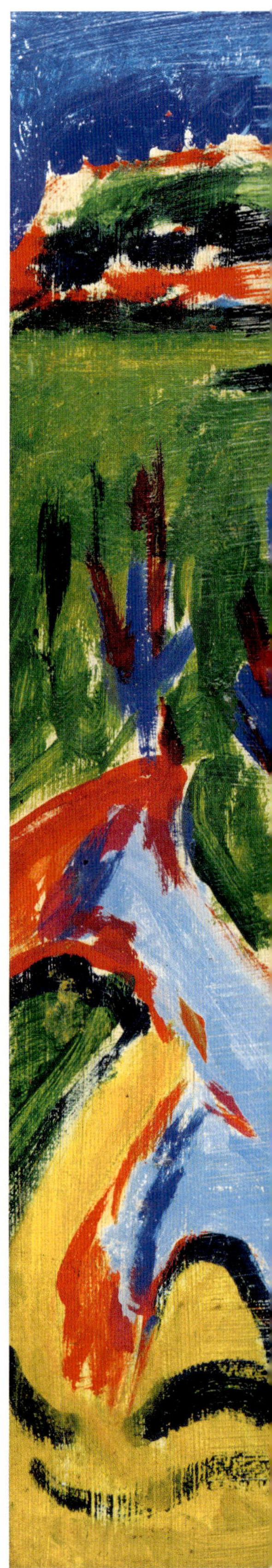

---

1 Lothar Grisebach (Hrsg.), E. L. Kirchners Davoser Tagebuch, Köln 1968, Neuausg. durchges. v. Lucius Grisebach, Köln 1997, S. 85.

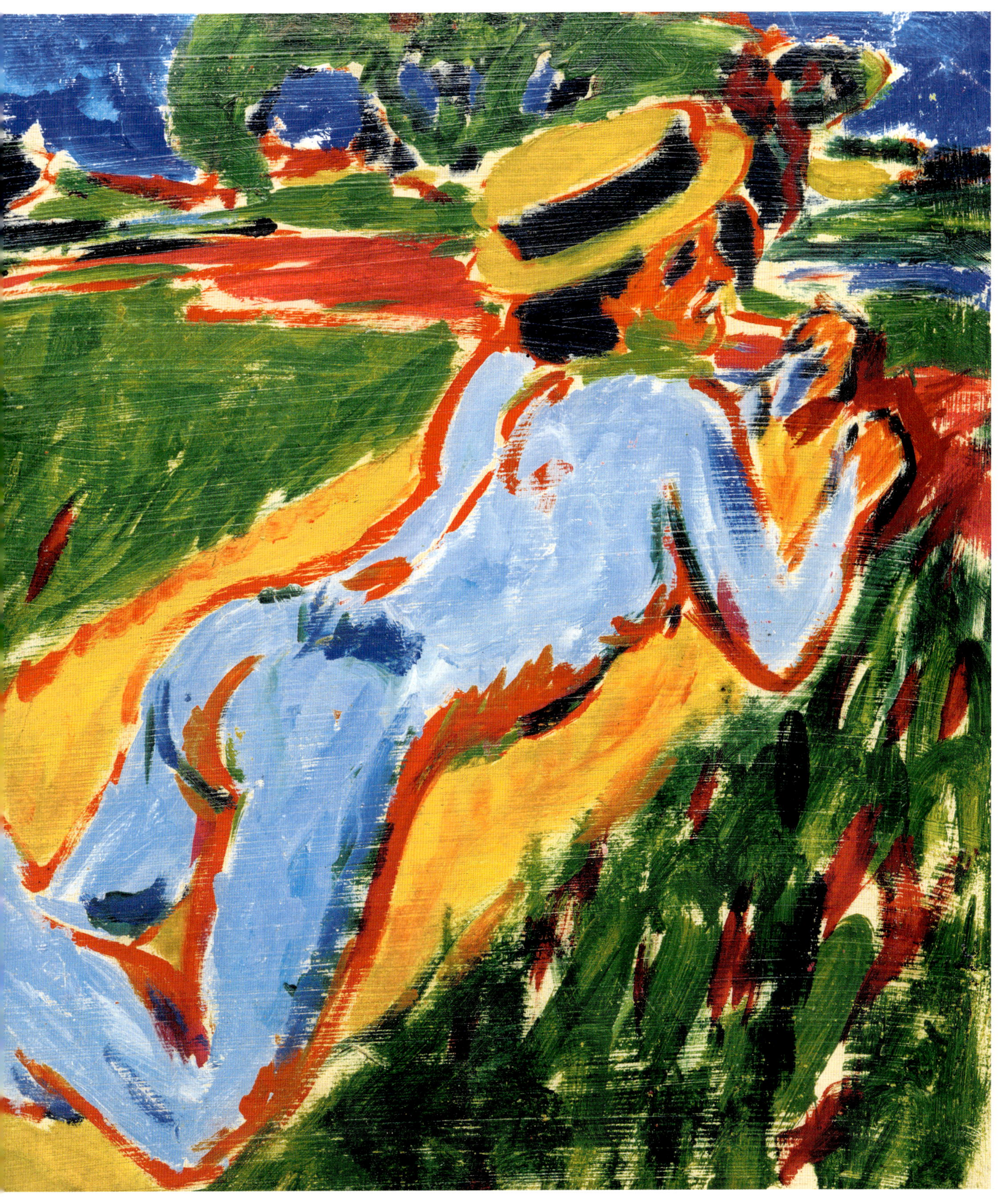

Ernst Ludwig Kirchner
Liegender blauer Akt mit Strohhut, 1909

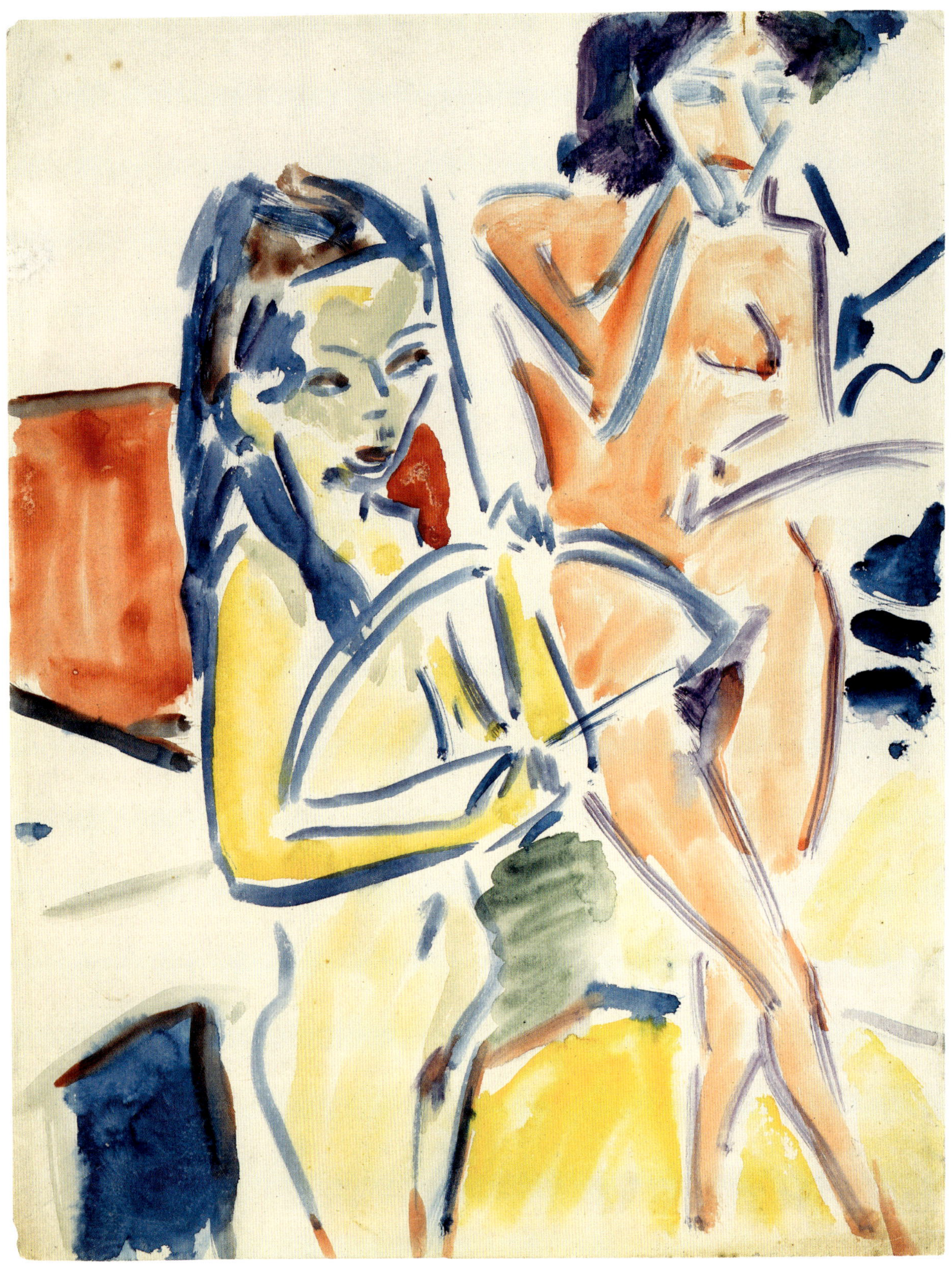

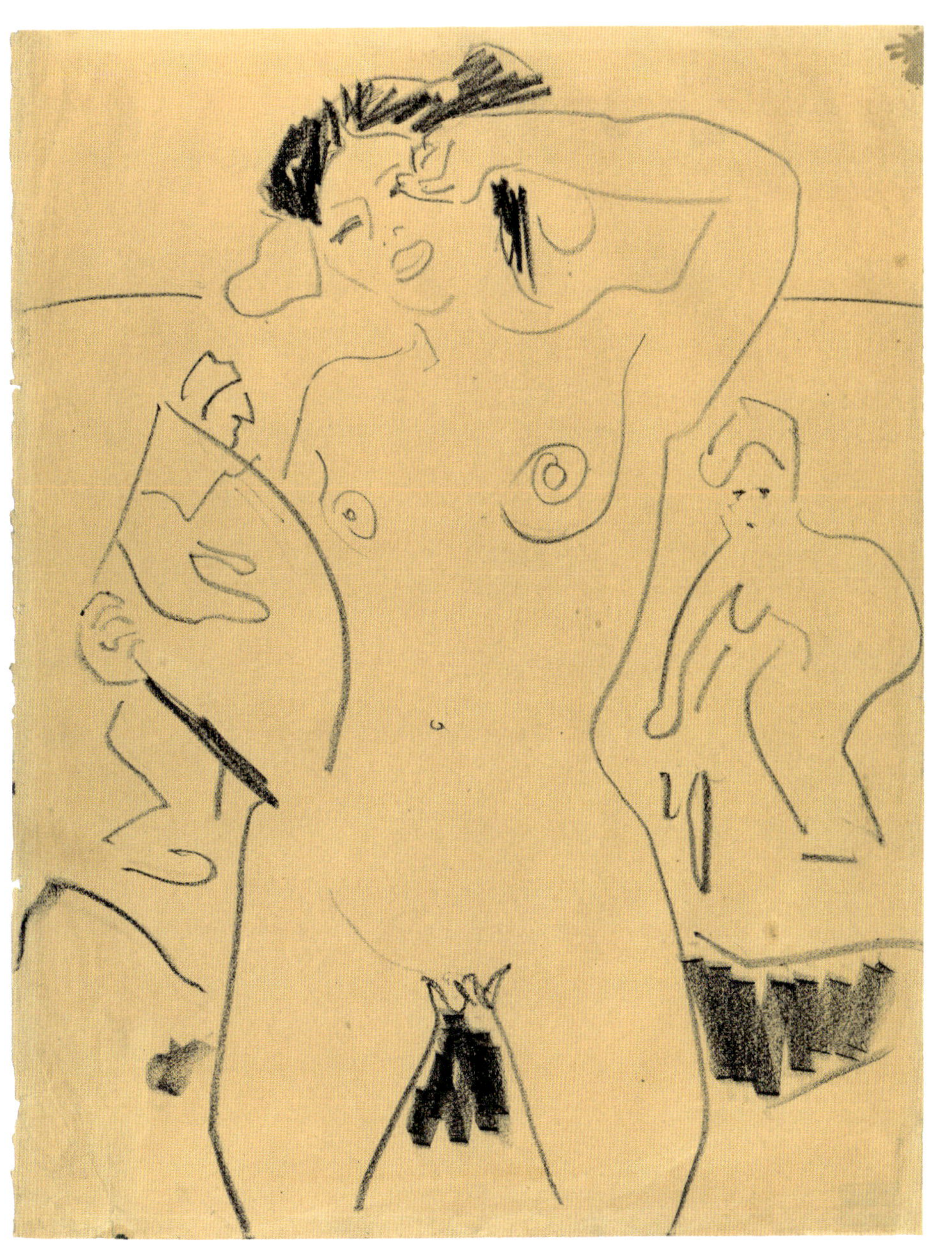

Ernst Ludwig Kirchner
Stehender Akt mit Fächer (Milly), 1909

Ernst Ludwig Kirchner
Fränzi mit Bogen und Akt, 1910

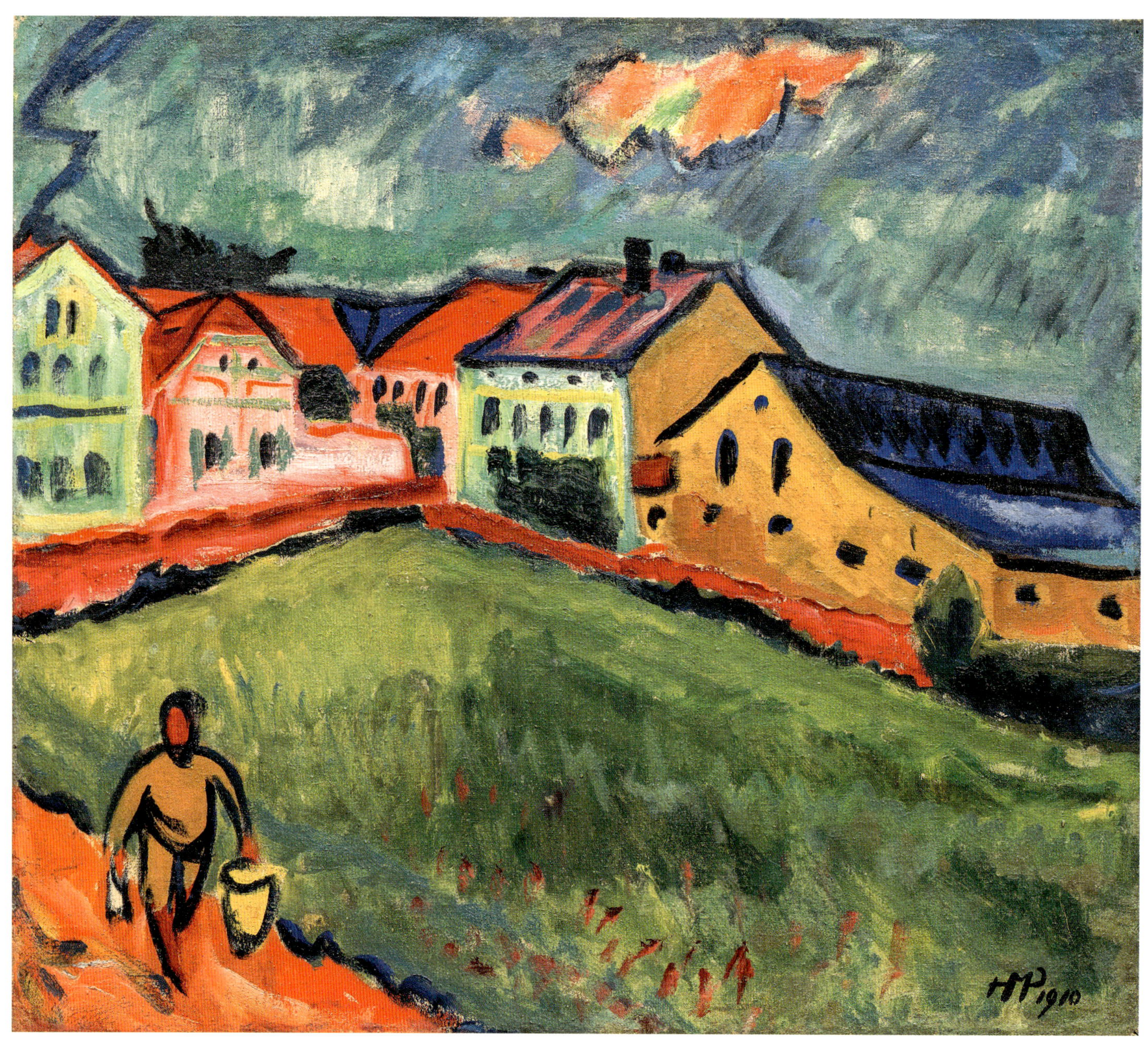

Max Pechstein
Wiesenrand, 1910

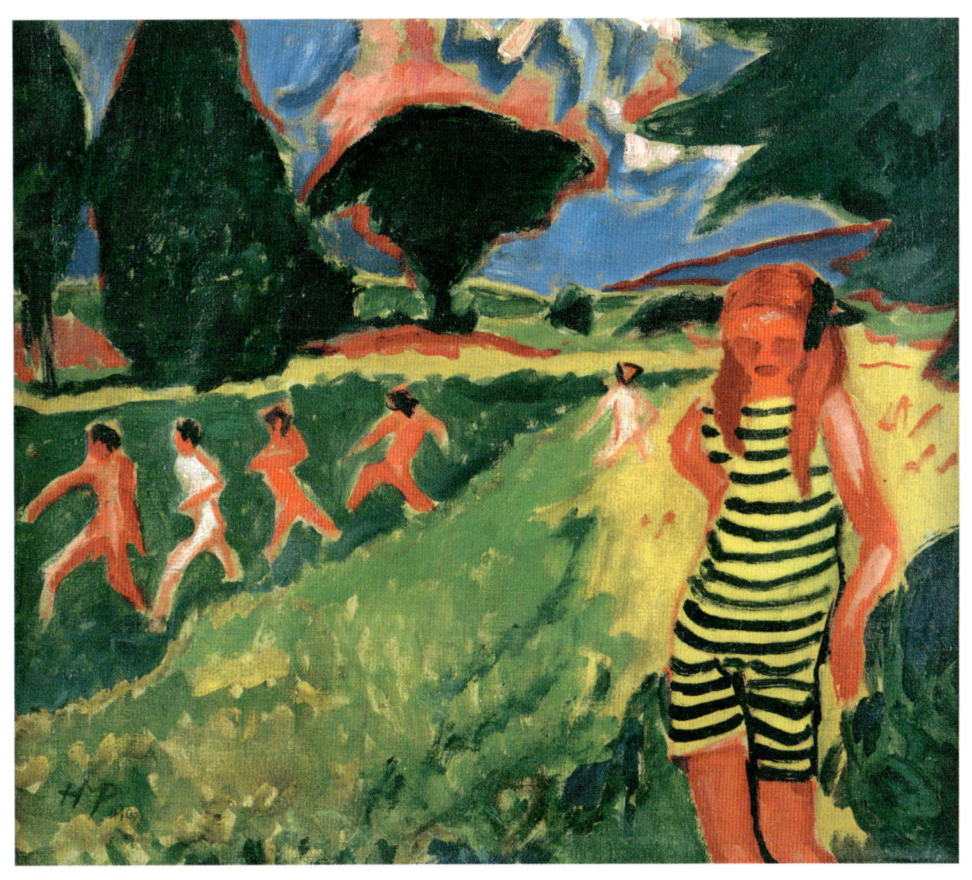

Max Pechstein
Das gelbschwarze Trikot, 1910

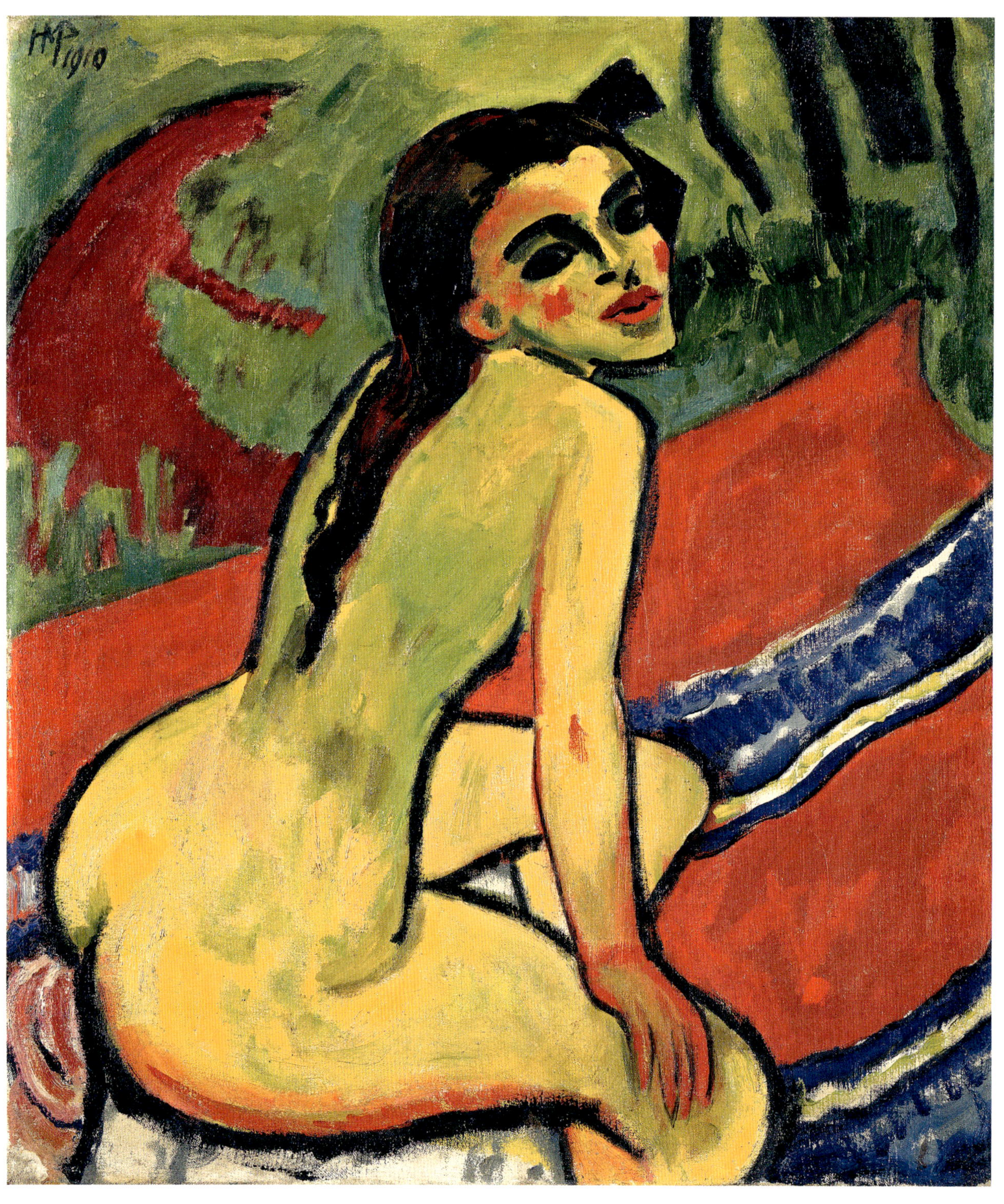

Max Pechstein
Sitzendes Mädchen, 1910

Max Pechstein
Im Wald bei Moritzburg, 1910

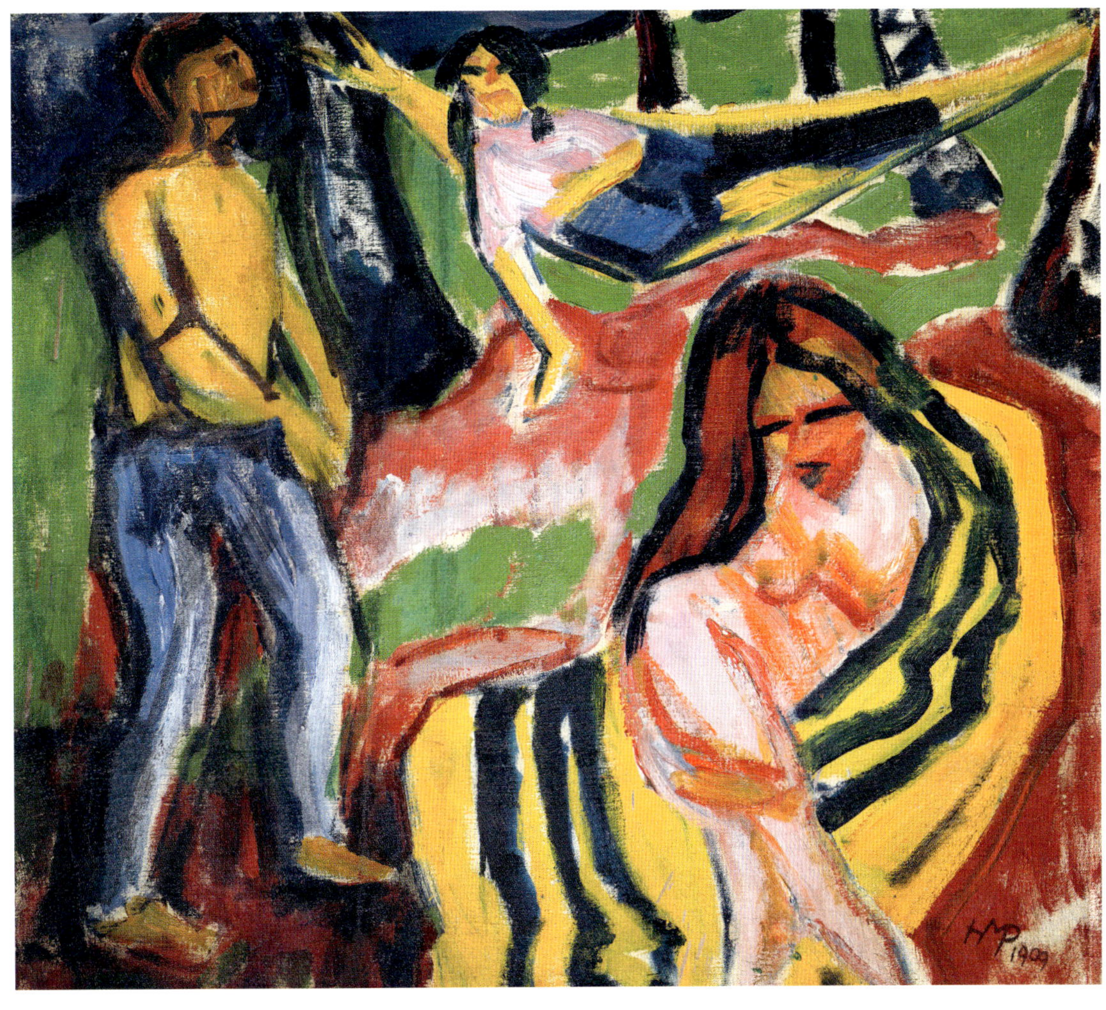

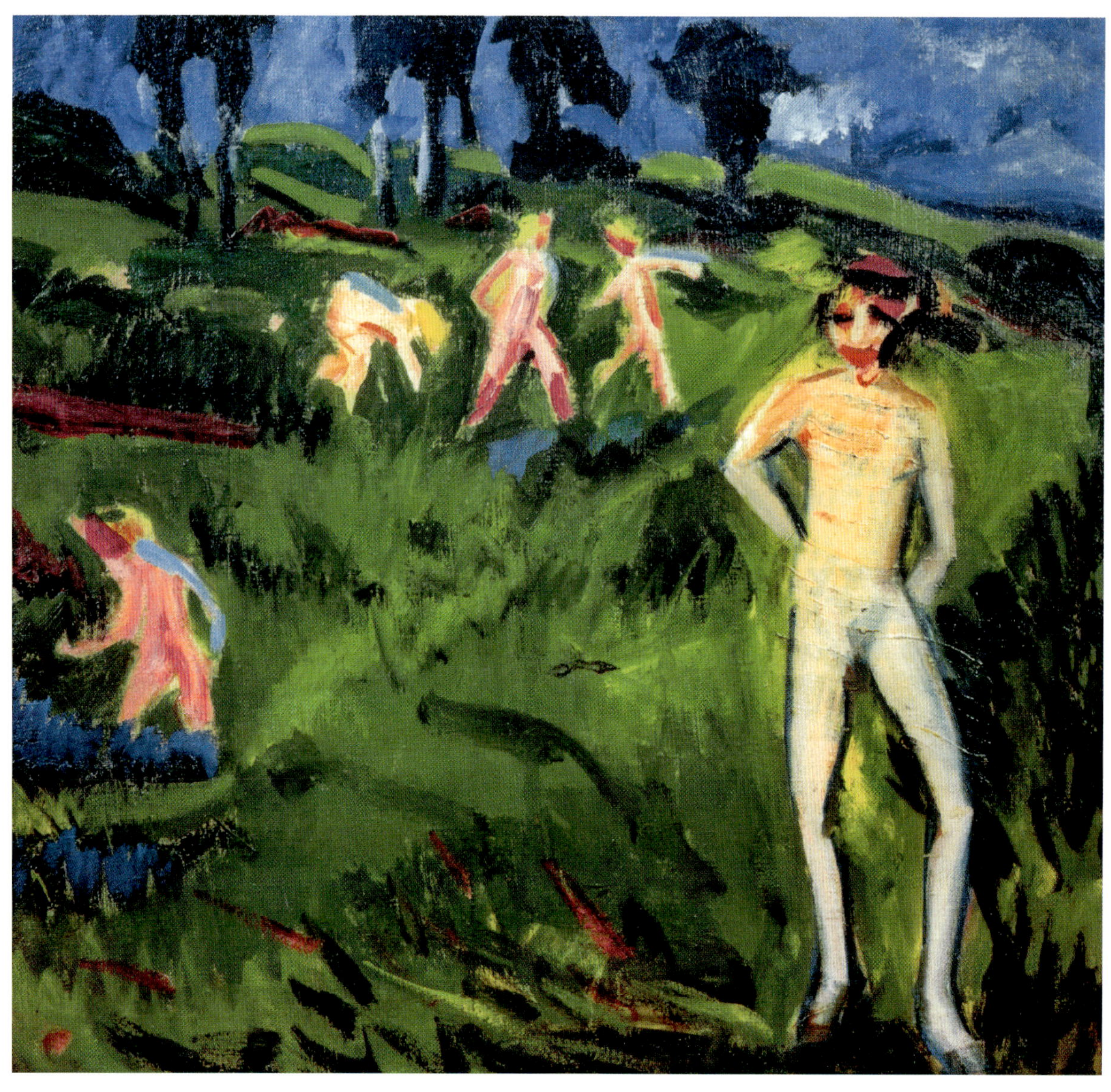

Erich Heckel
Kinder im Freien, 1910

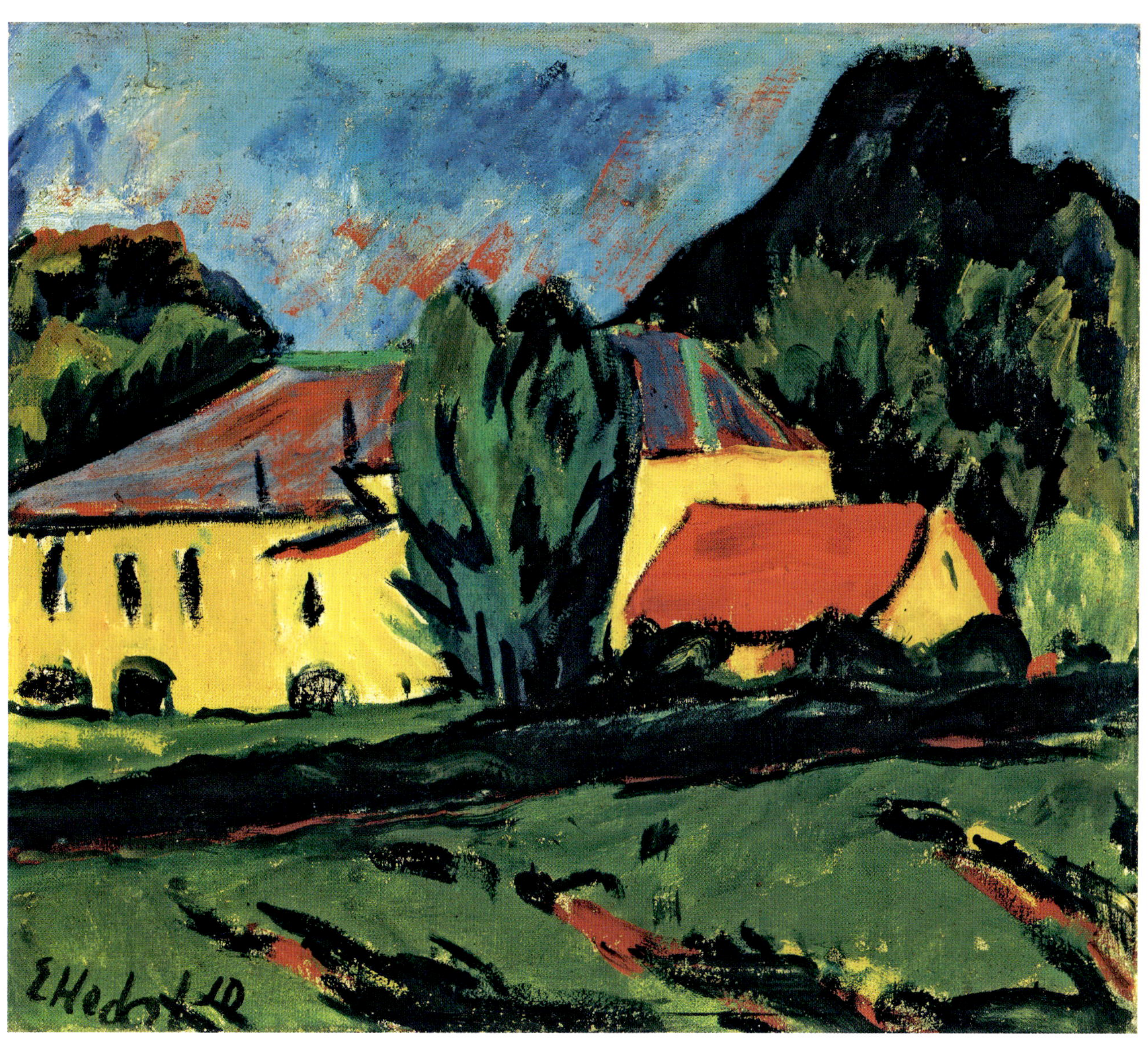

Erich Heckel
Aus Moritzburg, 1910

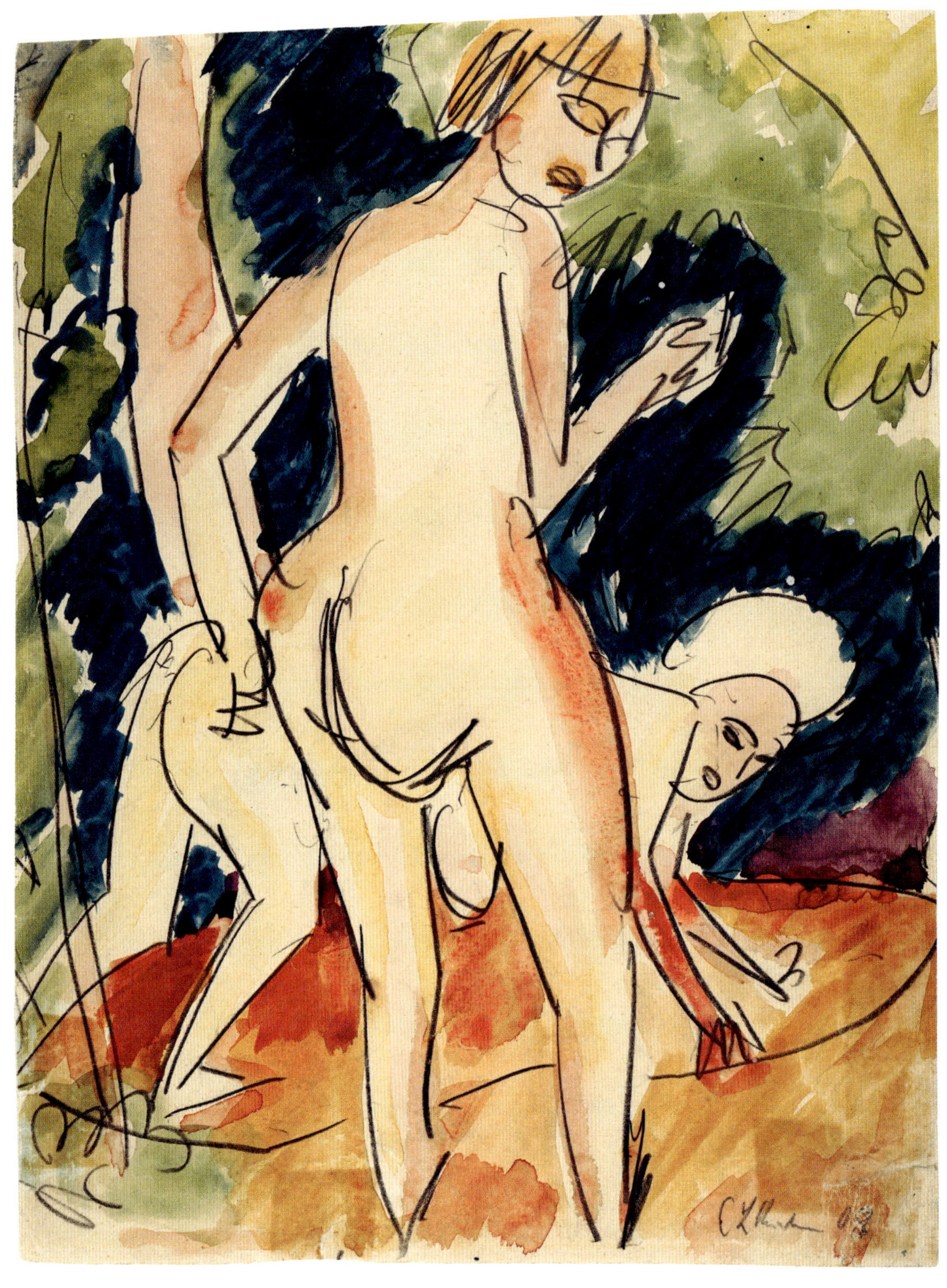

Ernst Ludwig Kirchner
Zwei badende Mädchen, 1911

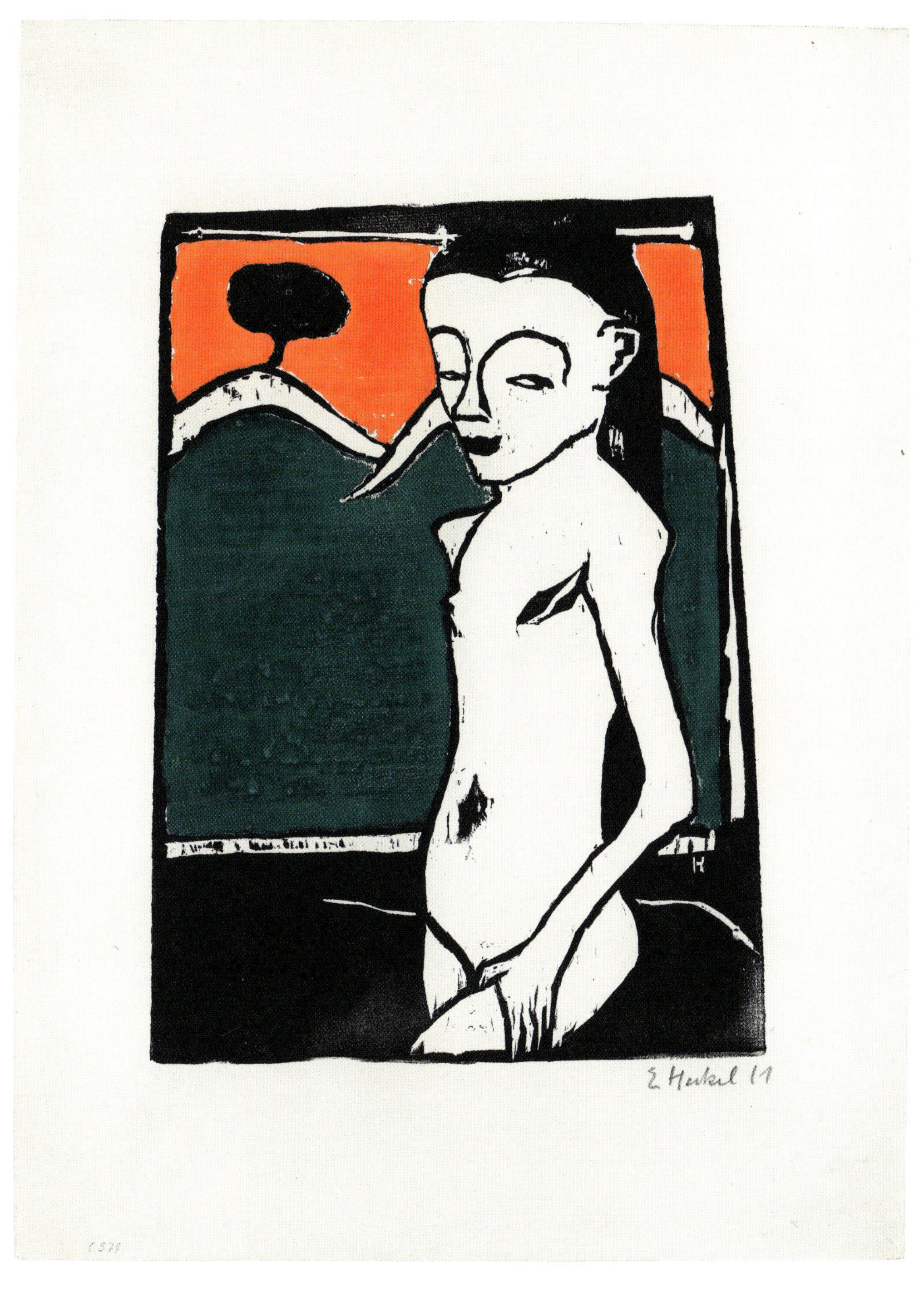

Erich Heckel
Stehendes Kind, Fränzi, 1911 (1910)

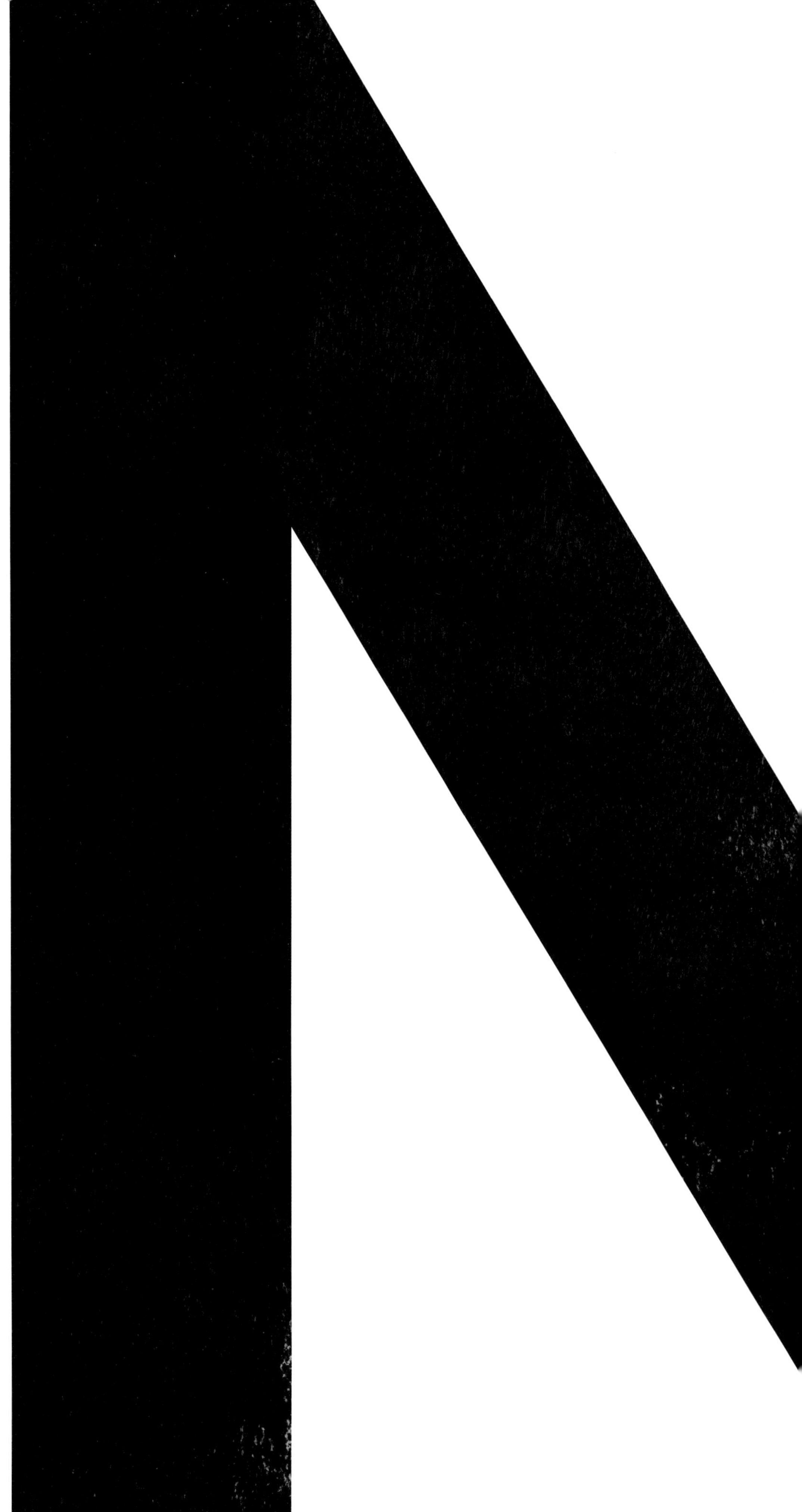

Feriengäste – Noldes Stil nach der „Brücke“

Nach der Trennung von der „Brücke“ setzte sich Nolde zunächst weiter mit van Gogh auseinander und lotete dessen Stilmittel auf seine Weise aus. Schließlich gelangte er jedoch zu einer ganz eigenen Bildsprache, die sich ganz vom Nachimpressionismus löste. Das im Sommer 1911 entstandene Bild der *Feriengäste* zeigt Noldes neue Ausdrucksweise ganz exemplarisch. Es entstand auf der Ostseeinsel Alsen, wo Ada und Emil Nolde seit Mai 1903 ein Friesenhaus bewohnten und wo Nolde in den Sommermonaten in der Abgeschiedenheit der Natur ungestört malen konnte. Zu sehen ist eine Figurengruppe im Garten des Alsener Hauses. Der ganz auf seine Arbeit konzentrierte Nolde wurde dabei durch unerwartete Gäste gestört; diese Unterbrechung seiner Arbeit war wohl so außergewöhnlich – ebenso wie das künstlerische Ergebnis –, dass er dazu in seiner Autobiographie festhielt: „... und dann kam Besuch, böse Menschen, ich hatte hierfür keine Zeit, ein stadtmüder Sänger mit brauner Haut, mit lila Strümpfen und weißer Jacke. Zwei Gruppenbilder nach jungen Frauen und ihm, meine Ada mitten dazwischen, zeichnete ich auf Leinen hin und malte sie später, als die Gäste längst wieder fortgereist waren – als ich mit den Farben allein war.“[1] Dargestellt ist außer dem Sänger, von dem Nolde auch ein Einzelbild schuf (Stiftung Seebüll Ada

und Emil Nolde), auf der linken Seite seine Begleiterin, daneben rechts Frau Sauerlandt, in der Mitte Ada Nolde. Max Sauerlandt, zum damaligen Zeitpunkt Direktor des Städtischen Museums für Kunst und Kunstgewerbe in Halle, für das er bis 1919 eine einzigartige Sammlung moderner Kunst ankaufte, und besonderer Förderer von Nolde, erwarb das Bild *Feriengäste* für sich privat.
Das Gemälde besitzt eine fest gebaute, fast statisch zu nennende Komposition. Ganz in der Fläche angelegt, ohne jede Tiefenwirkung werden Bildkompartimente und Farben fast ornamental ausgestaltet. Die dargestellten Personen sind vor der einheitlich grünen Fläche der Wiese angeordnet und dicht an den vorderen Bildrand geholt. Jede Figur besetzt formal eine Diagonale. Diese Diagonalen, die in jeweils verschiedene Richtungen weisen, erhalten ihren Halt durch die Waagerechte des blauen Zauns am oberen Bildrand. Obwohl das Bildmotiv ideal für eine pleinairistische Gestaltungsweise gewesen wäre, arbeitete Nolde bewusst mit scharf voneinander abgegrenzten Farbflächen, die der Zweidimensionalität verhaftet bleiben: Die emotionale Wirkung der Farbe und nicht ihre Auflösung durch das Licht ist sein Thema. *Feriengäste* leitet eine neue Phase in seinem Schaffen ein.

---

1 Emil Nolde, Jahre der Kämpfe, 5. Aufl. Köln 1985, S. 200.

Emil Nolde
Feriengäste, 1911

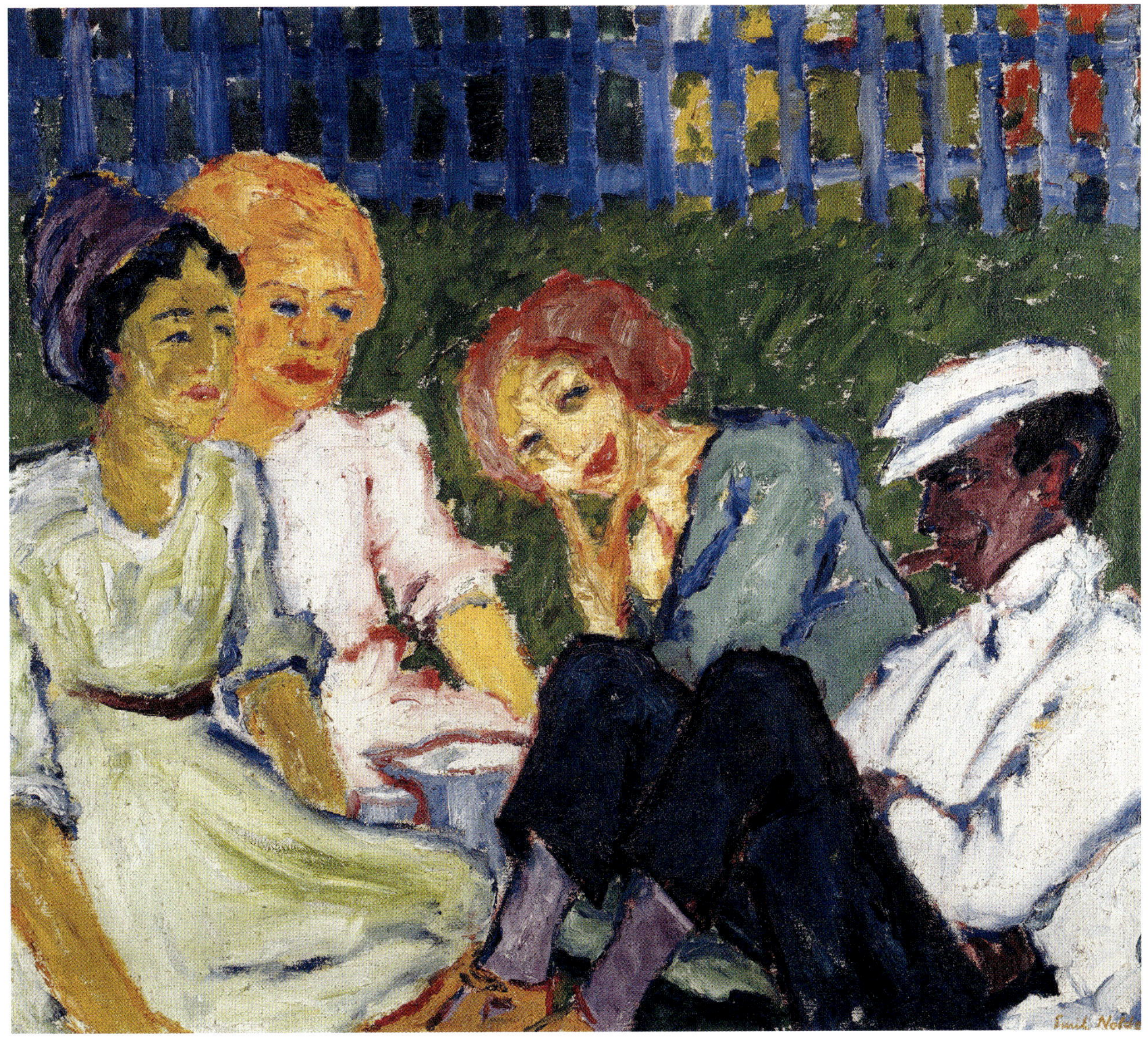

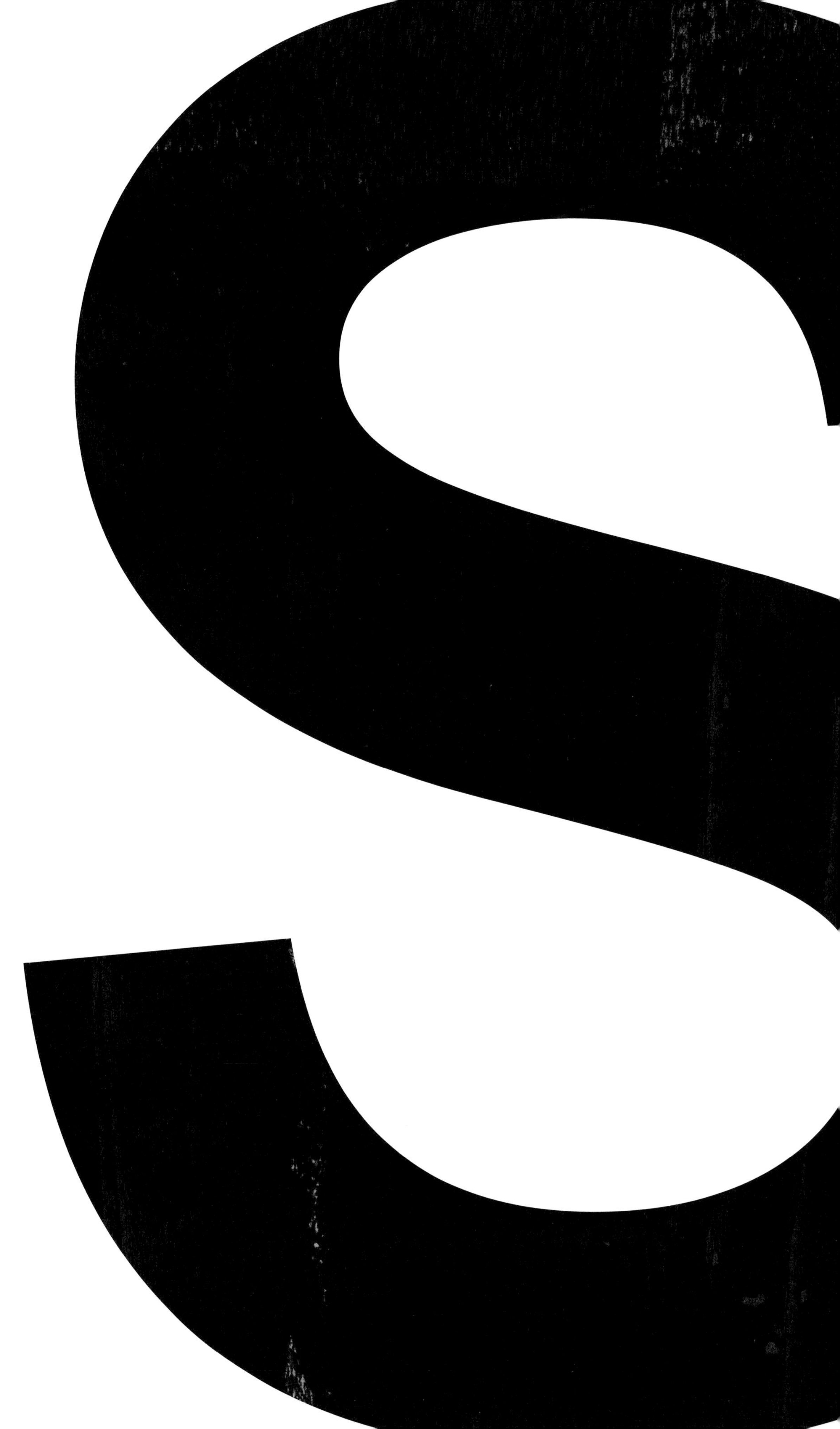

Stammeskunst

Seit 1910 ist bei der Brücke eine Auseinandersetzung mit außereuropäischer Kunst zu beobachten. Ab März 1910 hatte das Dresdener Völkerkundemuseum, nachdem große Teile der Sammlung, wozu auch die Bereiche Afrika, Asien und Amerika gehörten, nicht zugänglich waren, wieder geöffnet. In einem Brief vom 31. März schreibt Kirchner an Pechstein und Heckel nach Berlin: „Hier ist das Völkerkundemuseum wieder auf, nur ein kleiner Teil, aber doch eine Erholung und ein Genuß die famosen Bronzen aus Benin, einige Sachen der Pueblos aus Mexiko sind noch ausgestellt und einige Negerplastiken."[1] Und am 20. Juni 1910 heißt es auf einer Postkarte an Heckel nach Dangast, dass „der Balken wirklich wunderbar" sei.[2] Gemeint war der Balken eines Männerhauses von den Palau-Inseln, einer der nach Dresden gelangten Schätze der von Karl Semper 1859 bis 1864 durchgeführten Südsee-Expedition. Die in den Balken geschnitzten und farbig gefassten Figuren besitzen kantige, flächige Formen. Von allen Zeugnissen außereuropäischer Kunst sollte gerade der Palau-Balken mit seinem unverwechselbaren Stil die Kunst von Kirchner und Heckel sowie bedingt auch von Pechstein in der Folgezeit am stärksten beeindrucken. Auf der Rückseite seiner Postkarte hat Kirchner ein Motiv des Balkens nachgezeichnet. Ein Interesse an Stammeskunst und der Kunst der Naturvölker muss bei den „Brücke"-Künstlern schon vorher latent vorhanden gewesen sein. Kirchner schreibt sogar in seinem Schweizer Tagebuch, dass er schon 1903 das Dresdener Völkerkundemuseum besucht hat und von dem Palau-Balken fasziniert war.[3] Aber auch durch das Fach Kunstgeschichte, das zum Studium der Architektur gehörte, sind die „Brücke"-Künstler wohl mit außereuropäischer Kunst bekannt gemacht worden. Außerdem müssen ihnen wesentliche Buchpublikationen der damaligen Zeit bekannt gewesen sein.

Eine der wichtigsten Veröffentlichungen der damaligen Zeit war die von Karl Woermann, dem Direktor der Dresdener Gemäldegalerie, verfasste, 1900 erschienene dreibändige *Geschichte der Kunst aller Zeiten und Völker*. In einem 60-seitigen Kapitel des ersten Bandes wird speziell die Kunst der Ur- und Naturvölker behandelt. Die Plastik spielt in Woermanns Buch allerdings eine untergeordnete Rolle; seine Betrachtung außereuropäischer Kunst konzentriert sich vorrangig auf Zeichnung und Malerei. Folglich bildete er eine große Anzahl von Palau-Reliefs – ein Beispiel sogar farbig –, wie Bambusritzungen, Buschmannzeichnungen, Reliefplatten der Benin, Maya-Reliefs sowie zahlreiche Belege der angewandten Kunst wie Masken und Schnitzereien ab. An wichtigen Publikationen sind weiter zu nennen das Buch von Karl Semper über die Palau-Inseln, 1873 erschienen, sowie das reich illustrierte Buch *Südseekunst* von Emil Stephan, 1907 erschienen. Dass die „Brücke" auf die Kunst außereuropäischer Völker so stark reagierte, verwundert nicht, ist doch auch hier der Vitalismus, das Ausdrucksverlangen und die Intuition entscheidender Bestandteil des Kunstwerks. Das Ursprüngliche und Unverbrauchte, das die „Brücke" in ihrer Kunst anstrebte, fand sie in den Bildwerken der Naturvölker vorformuliert und auf gültige Weise gelöst vor.

Die Bildsprache der „Brücke" ändert sich durch die Beschäftigung mit dem Palau-Stil und dem Stil afrikanischer Plastiken. Nach den weichen, fließenden Formen der Fauvismus-Phase von 1909 wird die Ausdrucksweise 1910 härter und schroffer. Bis 1911 sind diese Stilmittel anzutreffen. Eckige und kantig angelegte Formen bestimmen nun die Figurendarstellungen. Klar in der Komposition, flächig in der Anlage ist Heckels Deckfarbenblatt *Sitzendes Kind* Seiten — 172/173. Verschieden gebaute Flächenelemente fügen sich zu einer Einheit zusammen; die farbige Füllung der Flächen betont zusätzlich die strenge Konsequenz der Komposition. Bemerkenswert ist auch die Bleistiftzeichnung *Kind* Seiten — 182/183 mit einer extremen Sprödigkeit des Ausdrucks. Leer gelassenene

Teile des Blattes und offen unterbrochene Konturen übernehmen eine aktive Rolle. Dargestellt ist das Mädchen Fränzi, das ab Anfang 1910 von den Künstlern immer wieder dargestellt wurde. Die Auffassung des kindlichen Körpers rückt in die Nähe afrikanischer Plastiken. Rechts in der Zeichnung gibt Heckel zudem einen Hocker aus dem Kameruner Grasland wieder, ein klarer Hinweis auf seine Rezeption afrikanischer Plastik. Auch die Zeichnung *Im Atelier* von 1911 Seite — 185 zeigt die Modelle mit dünnen, eckigen Körperformen. Einen Höhepunkt in Heckels druckgraphischen Schaffen bedeutet der Holzschnitt *Fränzi liegend* Seiten — 170/171, der in seiner Reduzierung des Formalen und in seiner Steigerung des Ausdrucks kaum noch zu übertreffen ist. Eine gewisse Sprödigkeit ist auch vielen Aktdarstellungen Kirchners eigen. Deformierungen und Verschiebungen der Proportion nimmt Kirchner zugunsten des Gesamteindrucks vor. Ein strenger, eckiger Duktus und eine Reduzierung der Gesichter auf die Dreiecksform, wie sie das Aquarell *Fränzi mit Bogen und Akt* Seite — 152 zeigt, bestimmen seinen Stil bis zum Winter 1910/11, um dann von seiner Begeisterung für die indischen Adjanta-Malereien wieder durch gerundete Formelemente abgelöst zu werden.

Bei Schmidt-Rottluff, der getrennt von den anderen Mitgliedern der „Brücke“ in Dangast arbeitete, verlief die Rezeption außereuropäischer Kunst zeitlich versetzt. Erst 1913 während seines Aufenthalts in Nidden auf der Kurischen Nehrung entstanden bei ihm große Zeichnungen und Gemälde mit wuchtigen Akten, deren Formensprache analog zu afrikanischen Plastiken monumental gesteigert ist Seite — 175. 1913 entstand außerdem eine Stillleben-Serie, in der er Objekte wie Kalebassen, Trommeln oder kleine Figuren aus seiner eigenen Afrika-Sammlung darstellt. 1909 hatte er begonnen, solche Plastiken und Gebrauchsgegenstände zu erwerben, meist von Händlern in Hamburg, wo er seit 1910 eine Wohnung besaß.

---

1 Altonaer Museum, Hamburg.
2 Altonaer Museum, Hamburg.
3 Lothar Grisebach (Hrsg.), E. L. Kirchners Davoser Tagebuch, Köln 1968, Neuausg. durchges. v. Lucius Grisebach, Köln 1997, S. 76.

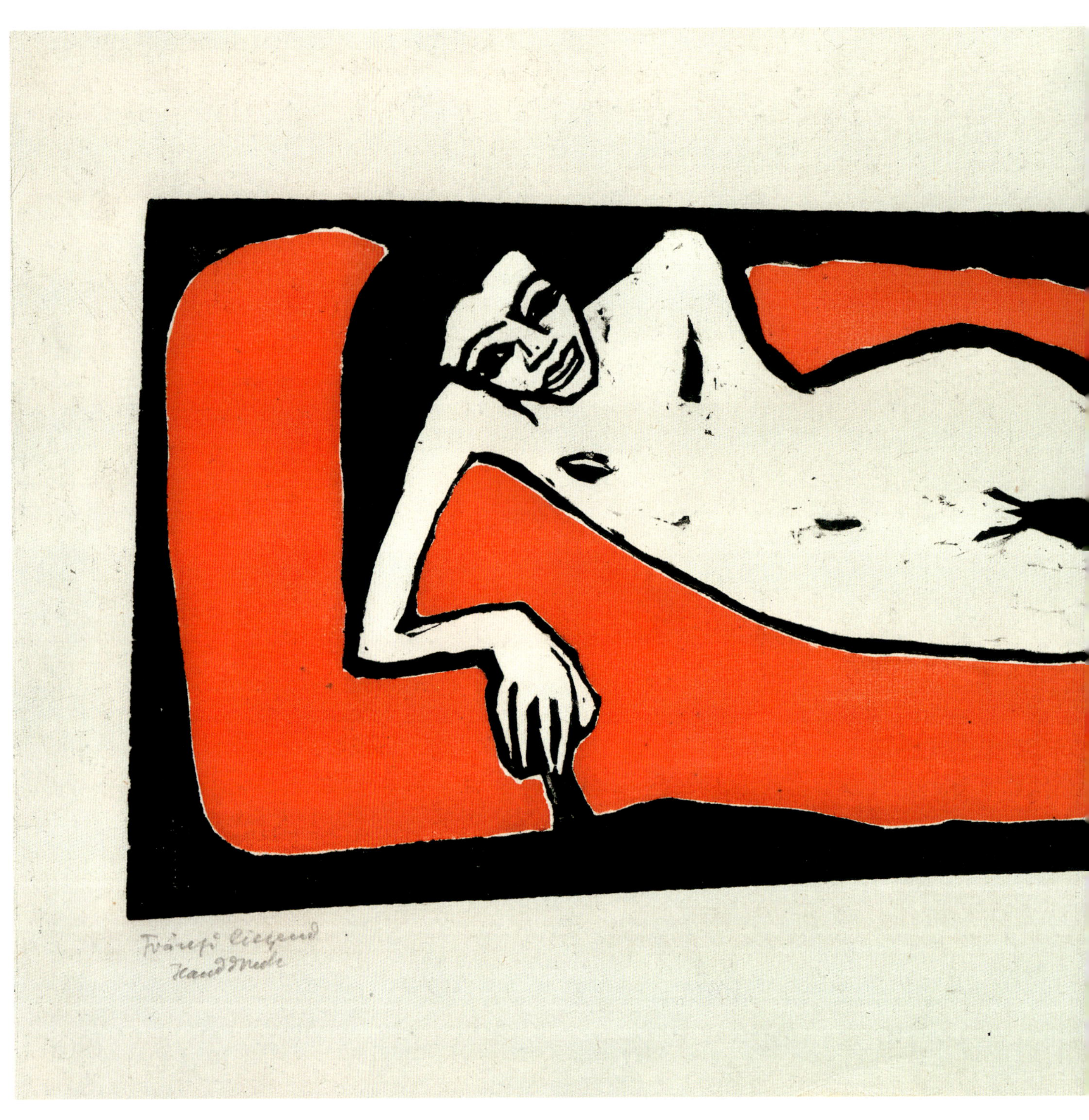
Fränzi liegend
Handdruck

Erich Heckel
Fränzi liegend, 1910

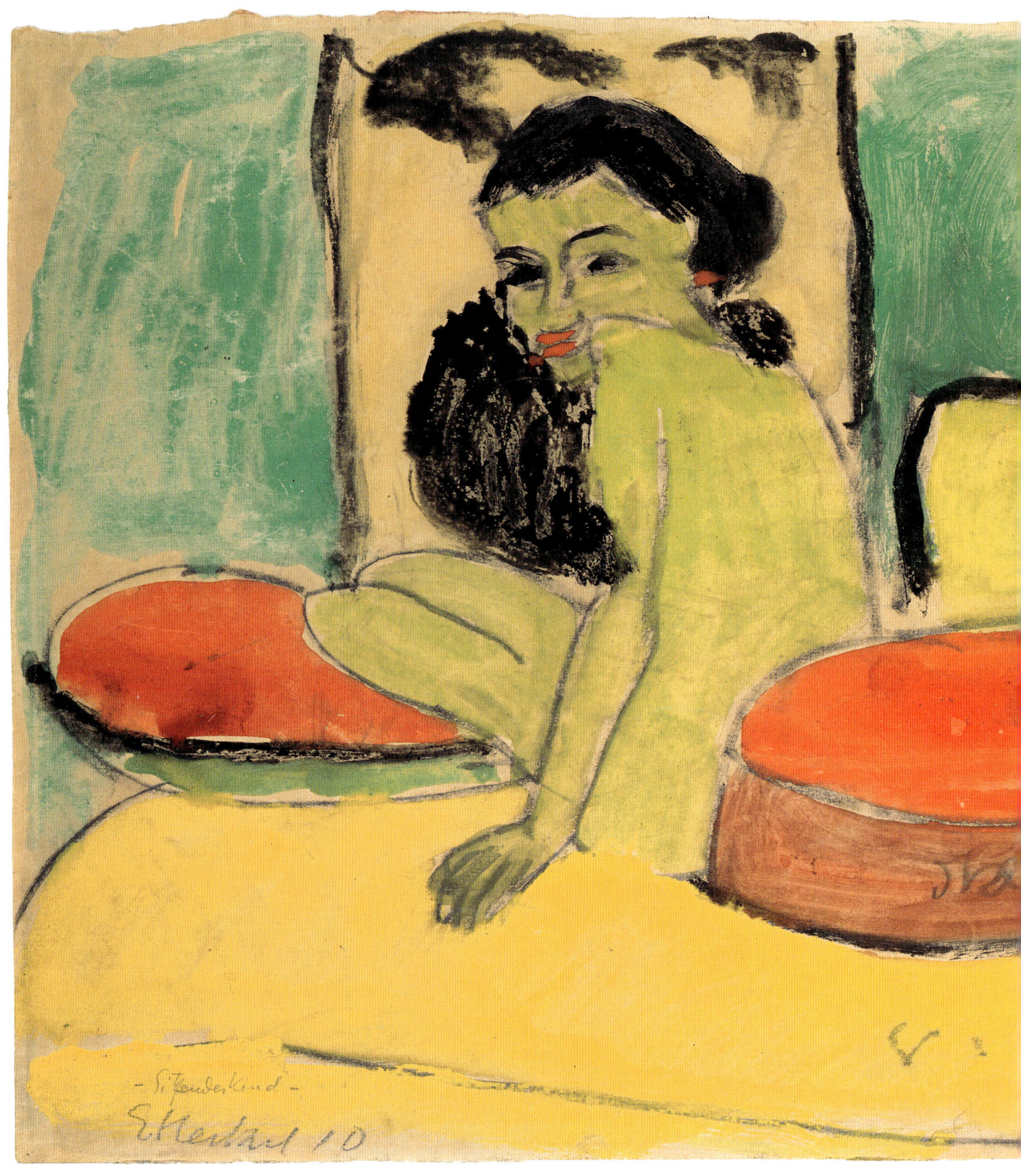

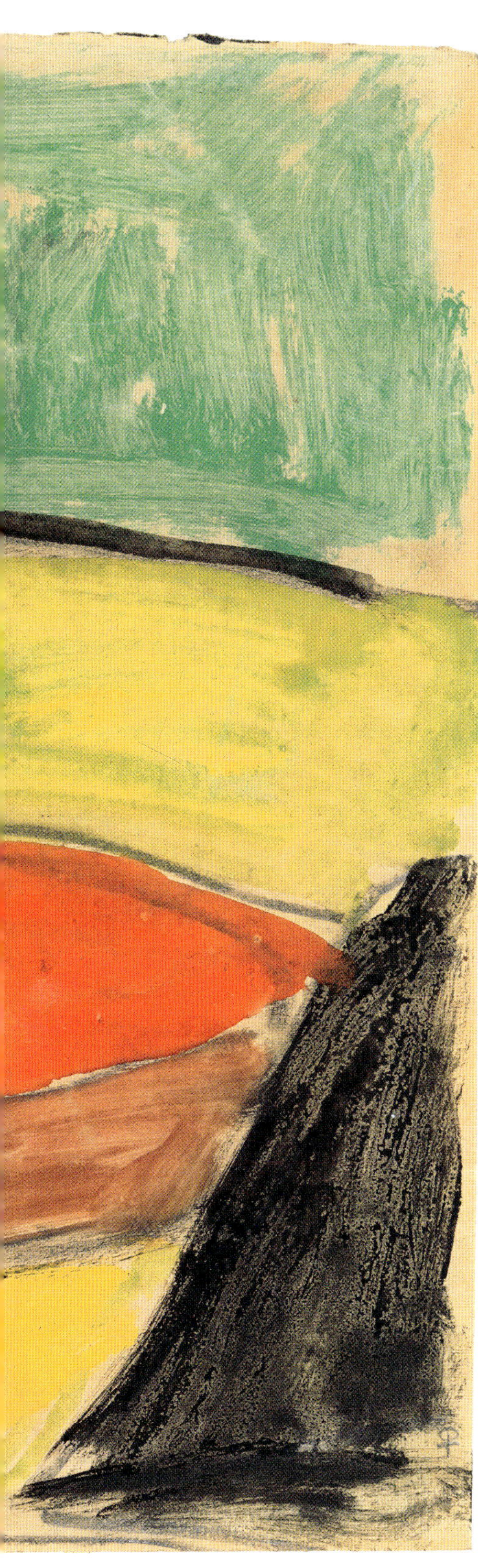

Erich Heckel
Sitzendes Kind, 1910

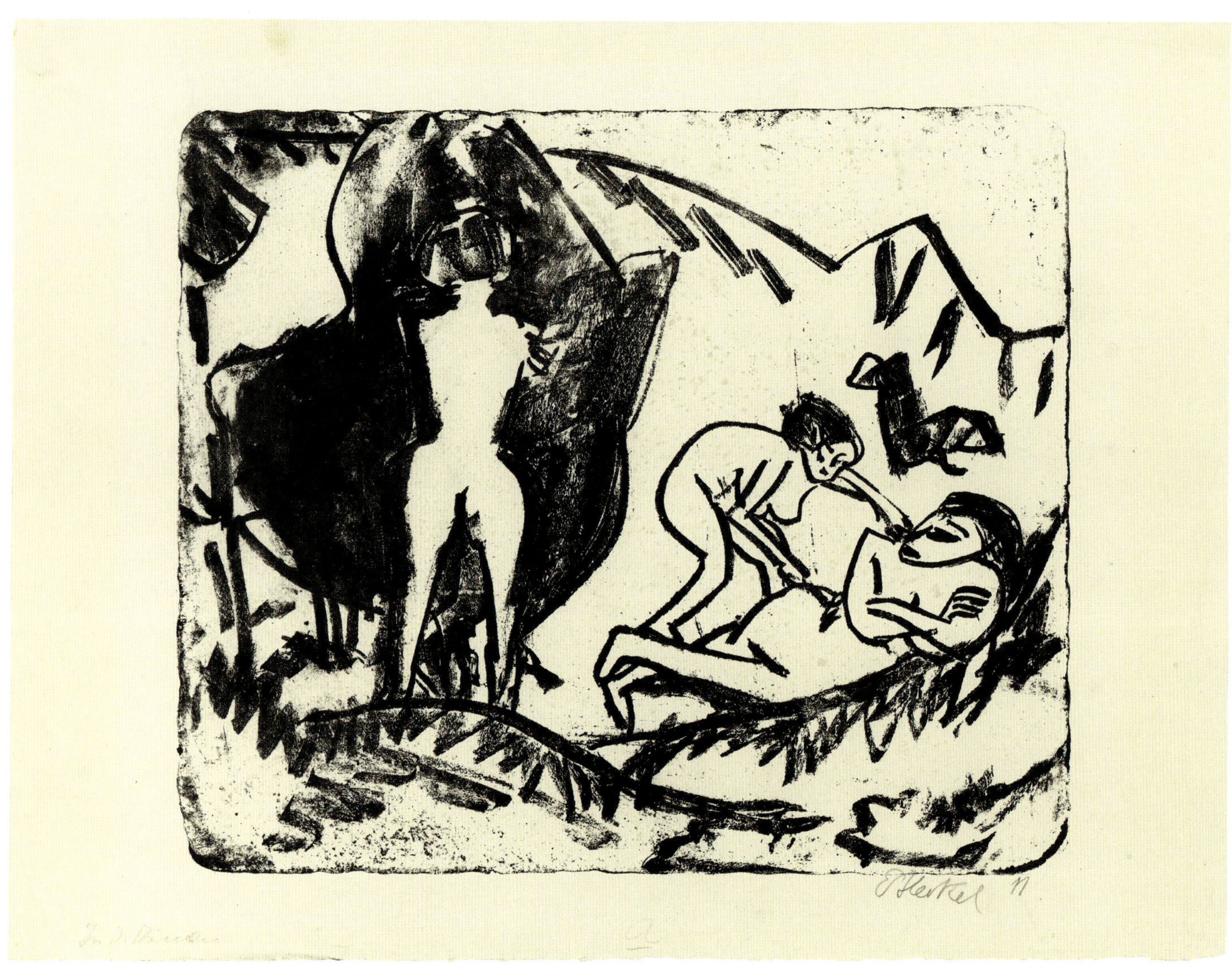

Erich Heckel
In den Dünen, 1911

Karl Schmidt-Rottluff
Liegender weiblicher Akt, 1914

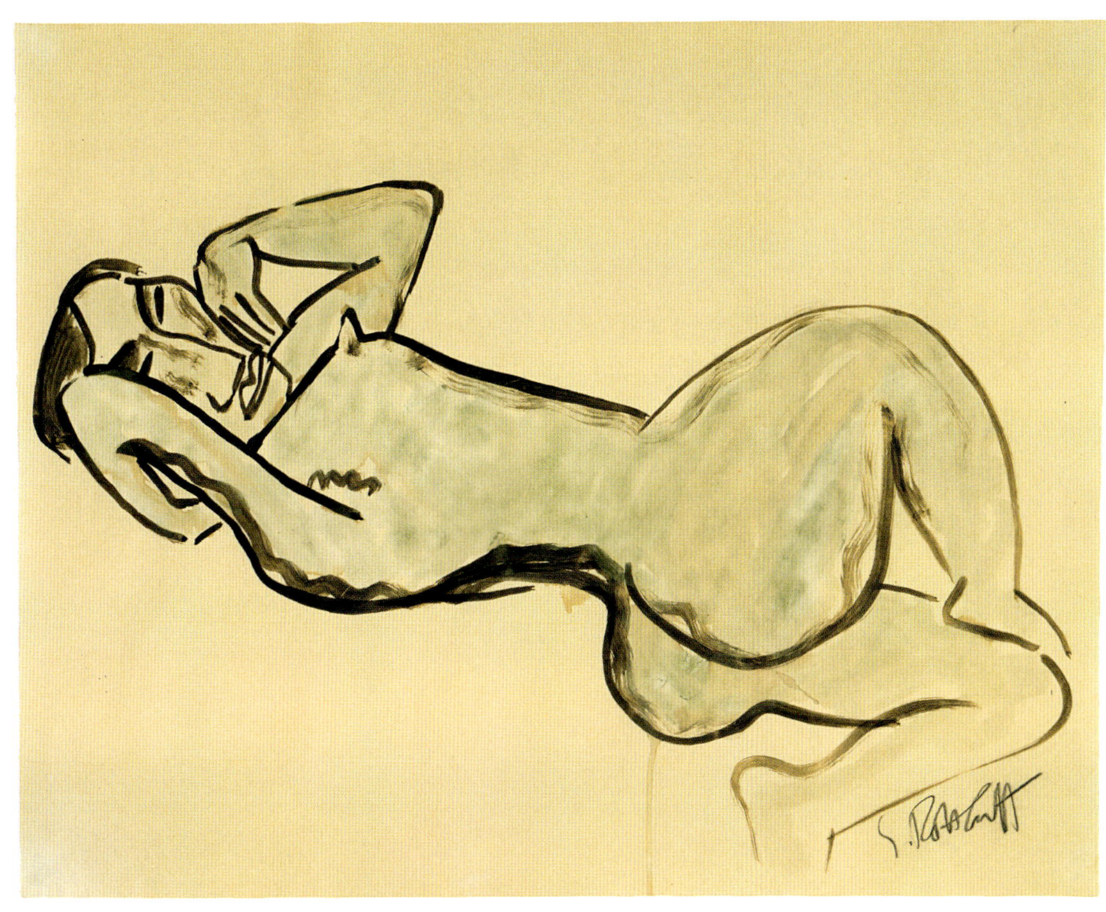

Ateliers

Das Atelier spielte für die „Brücke"-Künstler, insbesondere für Kirchner und Heckel, eine wichtige Rolle. Beide Künstler haben ihre Ateliers individuell gestaltet, sich ein Refugium geschaffen, das sie einerseits inspirierte, andererseits auch ein Rückzugsort war, wo sie ungestört experimentieren konnten. Für Kirchner und Heckel war das Atelier, das sie selbst ausgestattet haben mit selbst geschnitzten Möbeln und gebatikten Stoffen und Vorhängen, Ausdruck ihrer unbürgerlich-provokanten Lebenseinstellung. Im November 1909 war Kirchner von der Berliner Straße 60 Abb. — 1, einem ehemaligen Schlachterladen, in ein neues Atelier, ein Ladenlokal in der Berliner Straße 80 in Dresden, umgezogen. Die Auseinandersetzung mit außereuropäischer Kunst, die im Frühjahr 1910 intensiv einsetzte, schlug sich in der Ausstattung der Räume nieder. Im Dezember 1910 besuchte der Hamburger Sammler Gustav Schiefler Kirchner und berichtete davon sehr aufschlussreich: „Er hatte sich in einer Vorstadt-Straße Dresdens, der Not gehorchend, ein seltsames Atelier gemietet: einen engen Krämerladen, der sich mit einer großen Scheibe nach der Straße öffnete und neben dem ein kleines Gemach als Schlafraum diente. Diese Räume waren phantastisch ausgestattet mit bunten Stoffen, die er selbst in Batiktechnik gemustert hatte, mit allerlei exotischem Gerät und mit Holzschnitzereien seiner eigenen Hand: eine primitive, aus der Not geborene, aber doch von stark ausgeprägtem eigenem Geschmack getragene Umgebung. Er hauste hier in einer nach bürgerlichen Begriffen ungeregelten Lebensweise, materiell einfach, aber in seinem künstlerischen Empfinden anspruchsvoll."[1] Auf zahlreichen Zeichnungen ist Kirchners Atelierdekoration zu sehen, meist als Hintergrund seiner im Atelier entstandenen Aktmotive. Auch das 1910 von Heckel geschaffene Gemälde *Mädchen mit Ananas* Abb. — 2 zeigt Kirchners Atelier mit dem Batikvorhang. Im Vordergrund sieht man überdies einen Hocker aus dem Kameruner Grasland, der zu Kirchners Sammlung afrikanischer Objekte und Plastiken gehörte. In ähnlicher Weise wie Kirchner hat auch Heckel sein Atelier ausgestattet. Er war im Oktober 1907 in einen Mansardenraum in der Berliner Straße 65 gezogen und von dort im November 1910 in ein neues Atelier an der Falkenbrücke 2a. Die hier wohl Anfang 1911 entstandene Zeichnung *Im Atelier* Seite — 185 zeigt im Hintergrund einen gebatikten Vorhang als Raumteiler und im Vordergrund einen Paravent mit eigenem Bildschmuck. Sein Gemälde *Atelierszene* Abb. — 3 gibt dieselbe Szene noch einmal variiert und farbig wieder. Auch bei Heckel sind es die im Atelier geschaffenen Aktdarstellungen, die seine Ausstattung dokumentieren. So zeigt das Gemälde *Zwei Akte auf blauem Sofa* von 1910 Abb. — 4 einen von Heckel angefertigten Wandbehang mit einem umlaufenden Gazellenfries. Das Lieblingsmotiv der „Brücke", der weibliche Akt, verbindet sich in Bildern wie diesem mit dem exotischen Ambiente, sodass ihm eine ursprüngliche Kreatürlichkeit zu eigen wird.

Auch nach der Übersiedlung nach Berlin werden die Ateliers ähnlich wie in Dresden ausgestattet. Eine Reihe von Zeichnungen und Aquarellen von Heckel zeigen sein Dachatelier in der Mommsenstraße 60, der heutigen Markelstraße in Steglitz, das er von Otto Mueller übernommen hatte. *Akt im Raum*, 1912 entstanden Seite — 187, gibt im Vordergrund einen mit Akten geschmückten Vorhang wieder, im hinteren Raum erkennt man einen Wandbehang, gleichfalls mit einem Aktmotiv. Und ebenfalls das 1913 geschaffene Aquarell *Innenraum* Abb. — 5 gibt Aufschluss über die Ausstattung. Auf einem Sockel ist hier eine von Heckel 1911 aus Lindenholz geschnitzte Figur mit seitlich an den Kopf gelegten Händen und torsierten Beinen zu erkennen. Der Kunsthistoriker Walter Kaesbach, der in Berlin zu Heckels engsten Vertrauten und Förderern gehörte, erinnerte sich später: „Alle Wände und der Boden waren mit Sackleinen bespannt, das Heckel bemalt hatte. Auch die aus Brettern selbst gezimmerten Möbel – Tisch, Stühle, Bett – waren mit einem schönen blauen Sackleinen überzogen."[2]

1

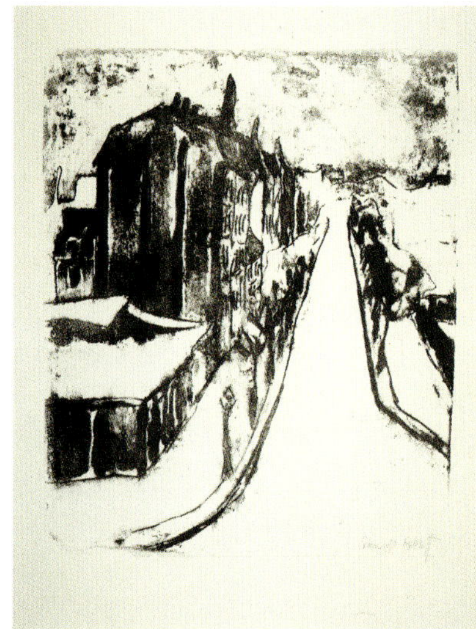

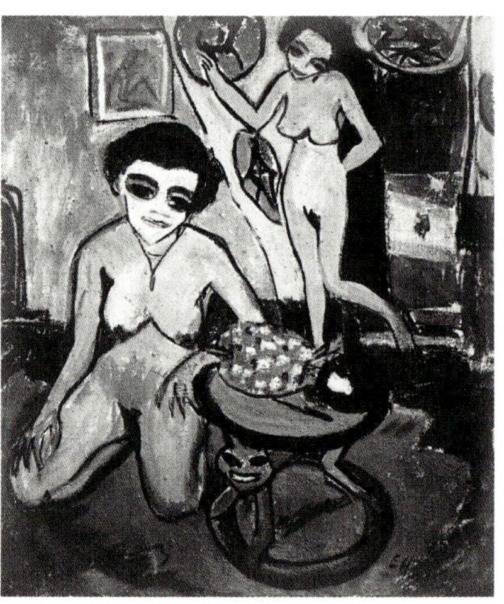

2

1 Gustav Schiefler in: Gerhard Schack, Postkarten an Gustav Schiefler, Hamburg 1976, S. 80.

2 Roman Norbert Ketterer, Dialoge, Stuttgart 1988, S. 16.

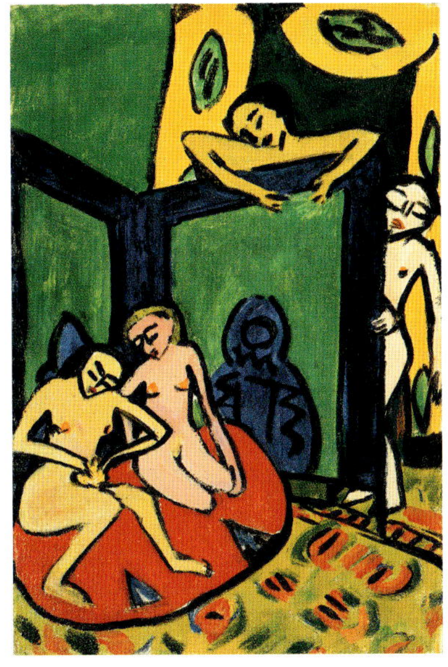

3

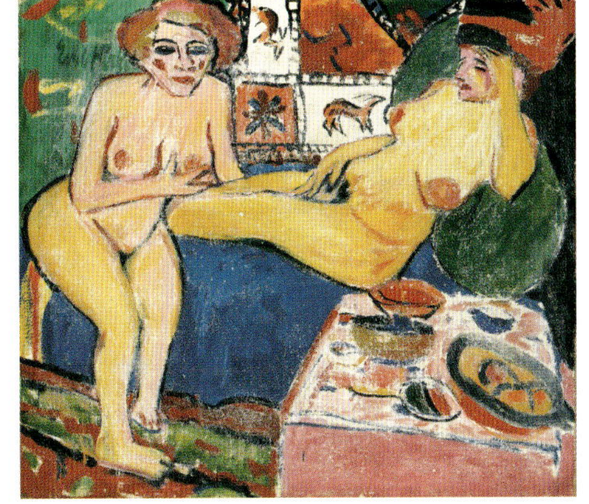

4

Abb. 1
Karl Schmidt-Rottluff
Berliner Straße in Dresden, 1909
Kirchners Atelier befand sich in
der linken Häuserzeile

Abb. 2
Erich Heckel
Mädchen mit Ananas, 1910

Abb. 3
Erich Heckel
Atelierszene, 1911

Abb. 4
Erich Heckel
Zwei Akte auf blauem Sofa, 1910

Abb. 5
Erich Heckel
Innenraum, 1913

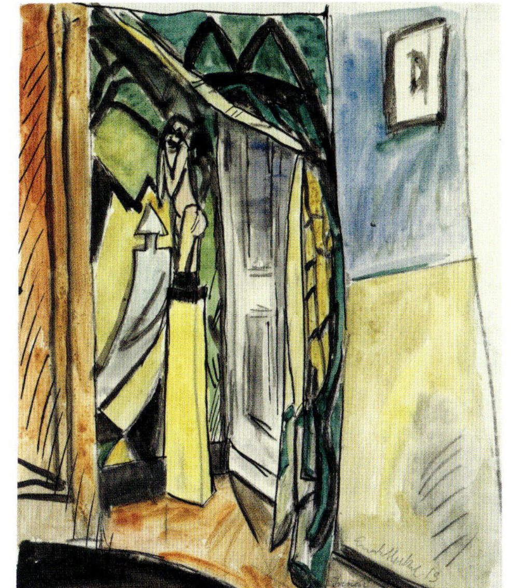

5

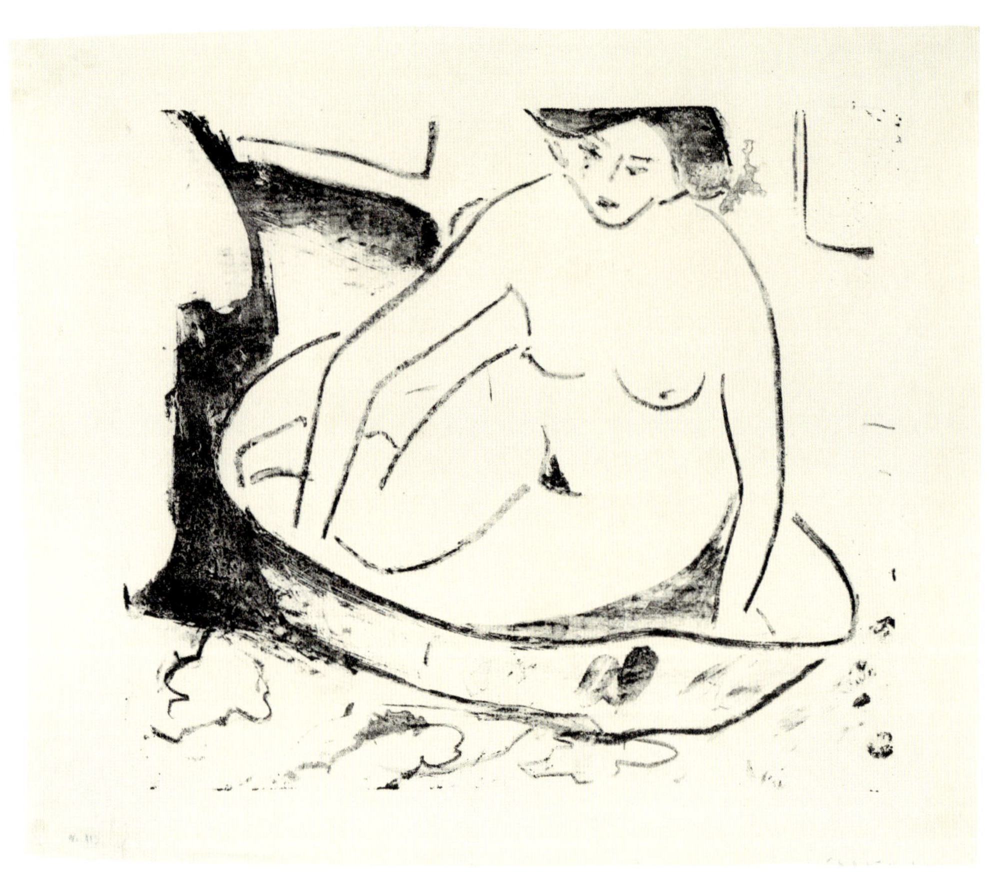

Ernst Ludwig Kirchner
Mädchen im Badetub, 1908

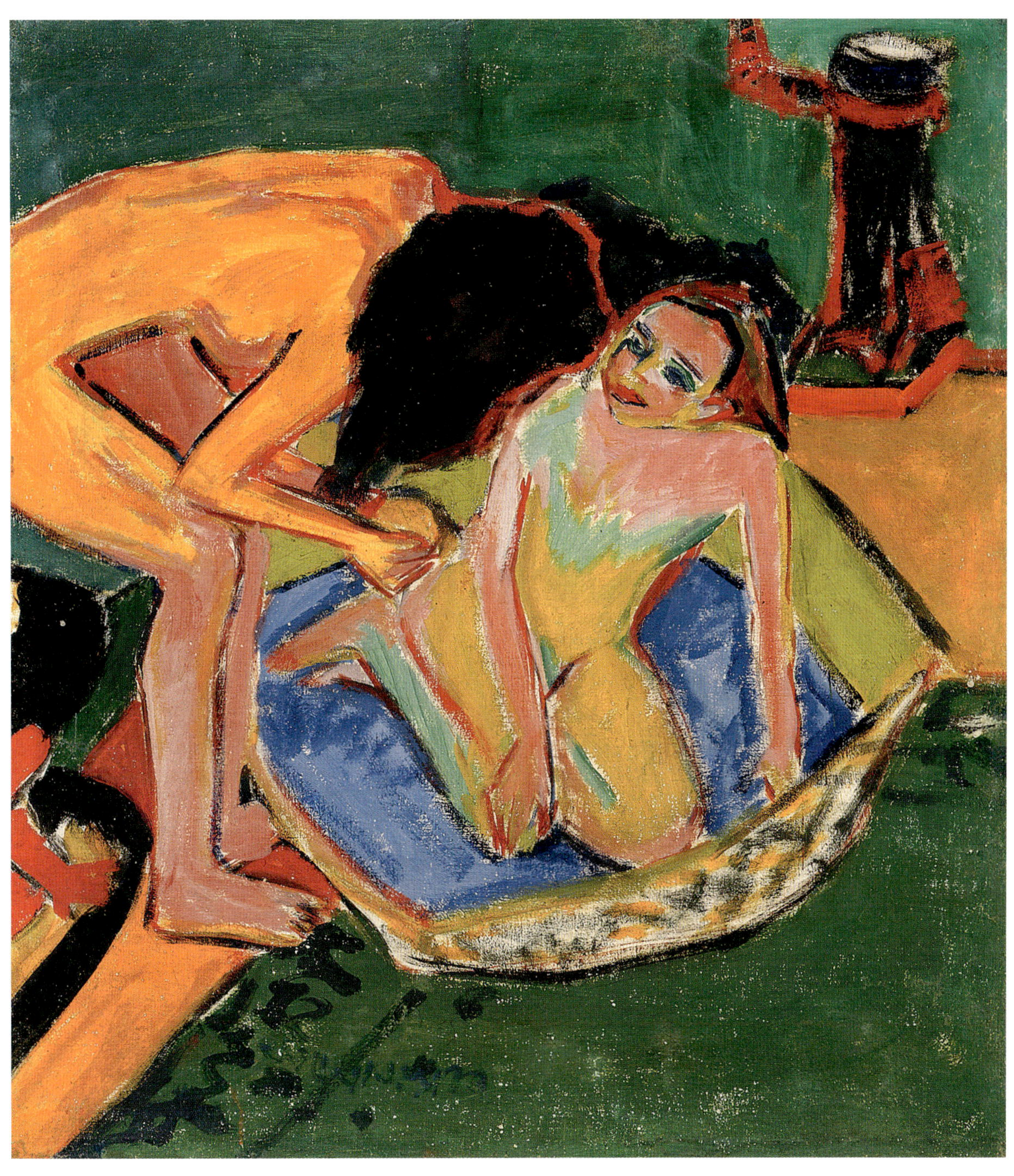

Ernst Ludwig Kirchner
Zwei Akte mit Badetub und Ofen, 1911
(recto zu *Pfortensteg Chemnitz*, 1910)

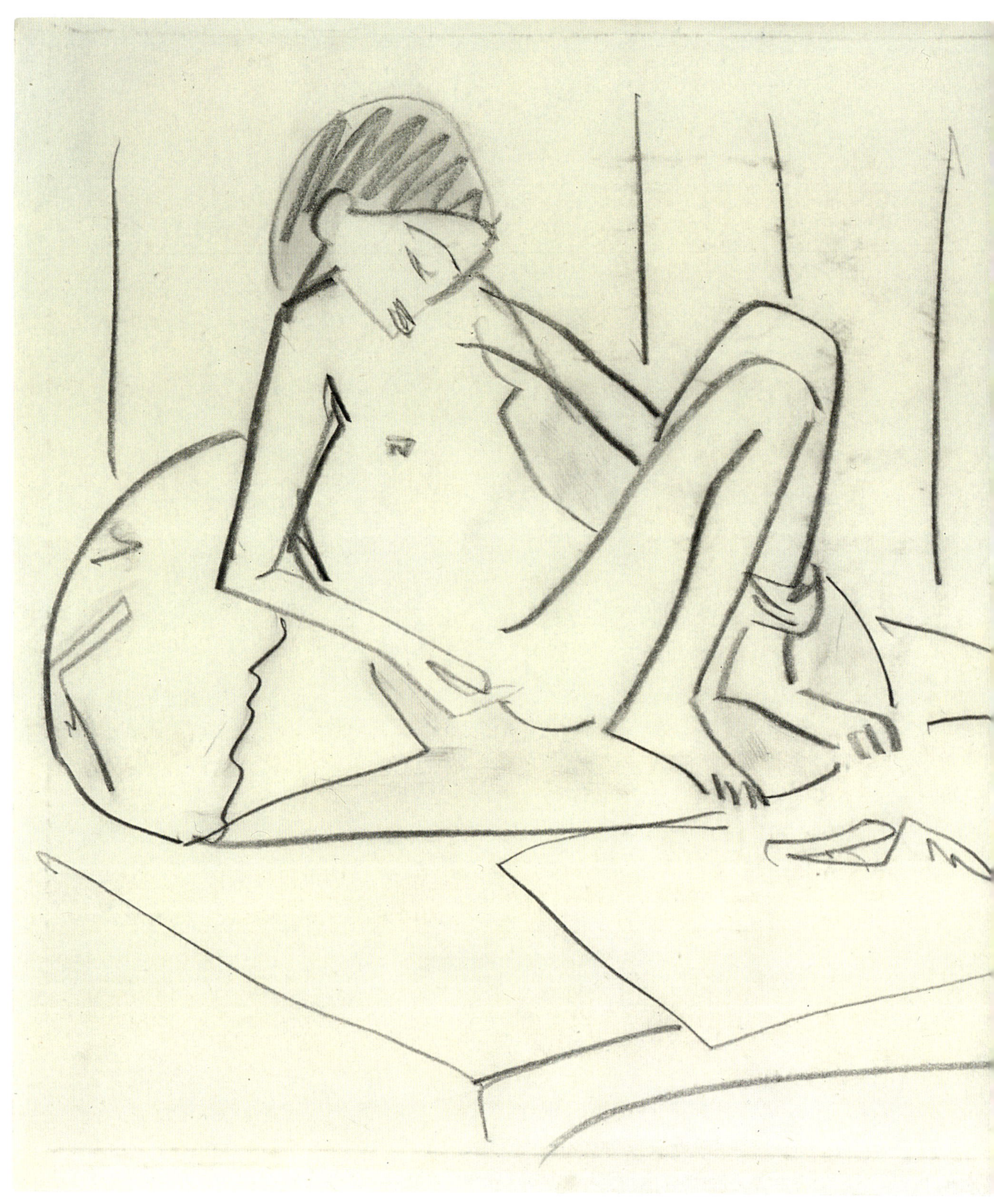

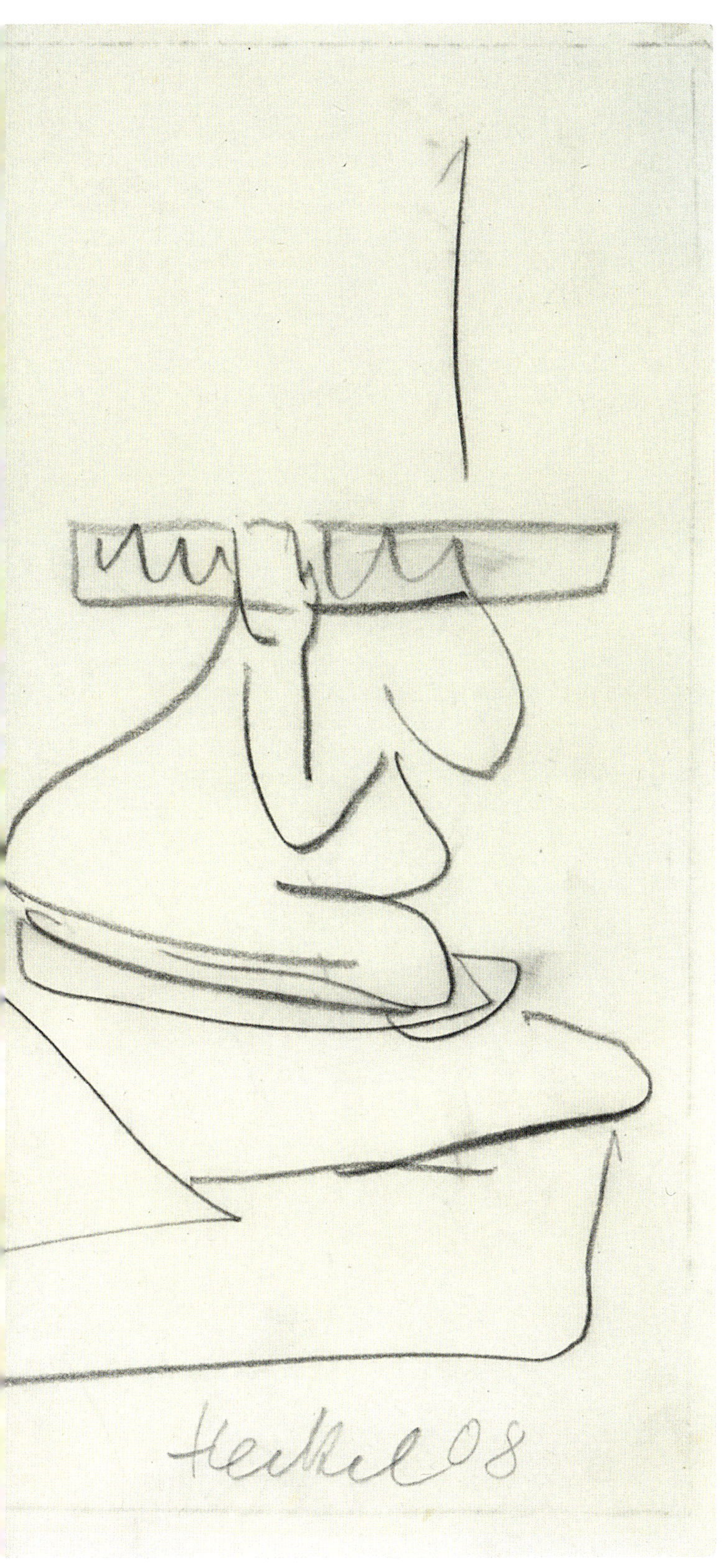

Erich Heckel
Kind, 1910
(Vom Künstler auf 1908 datiert)

Erich Heckel
Zwei Mädchen im Atelier, 1910

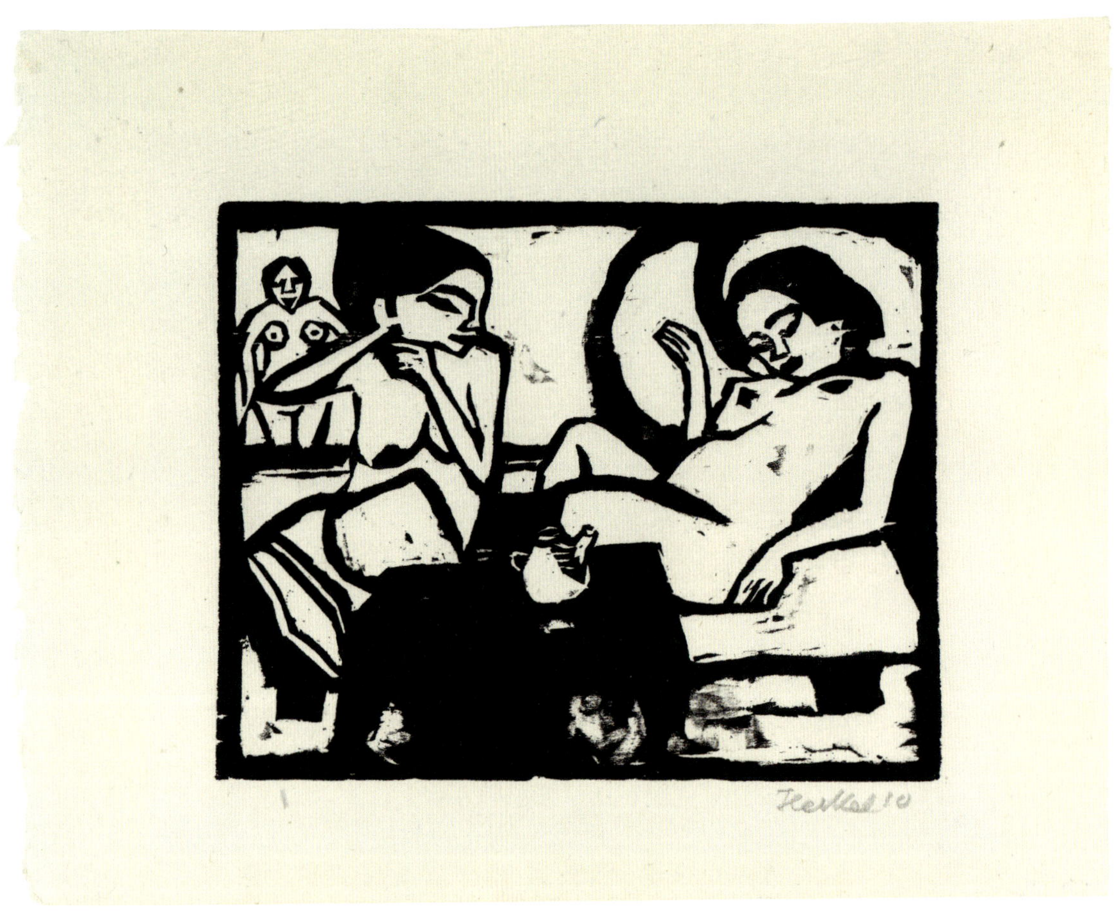

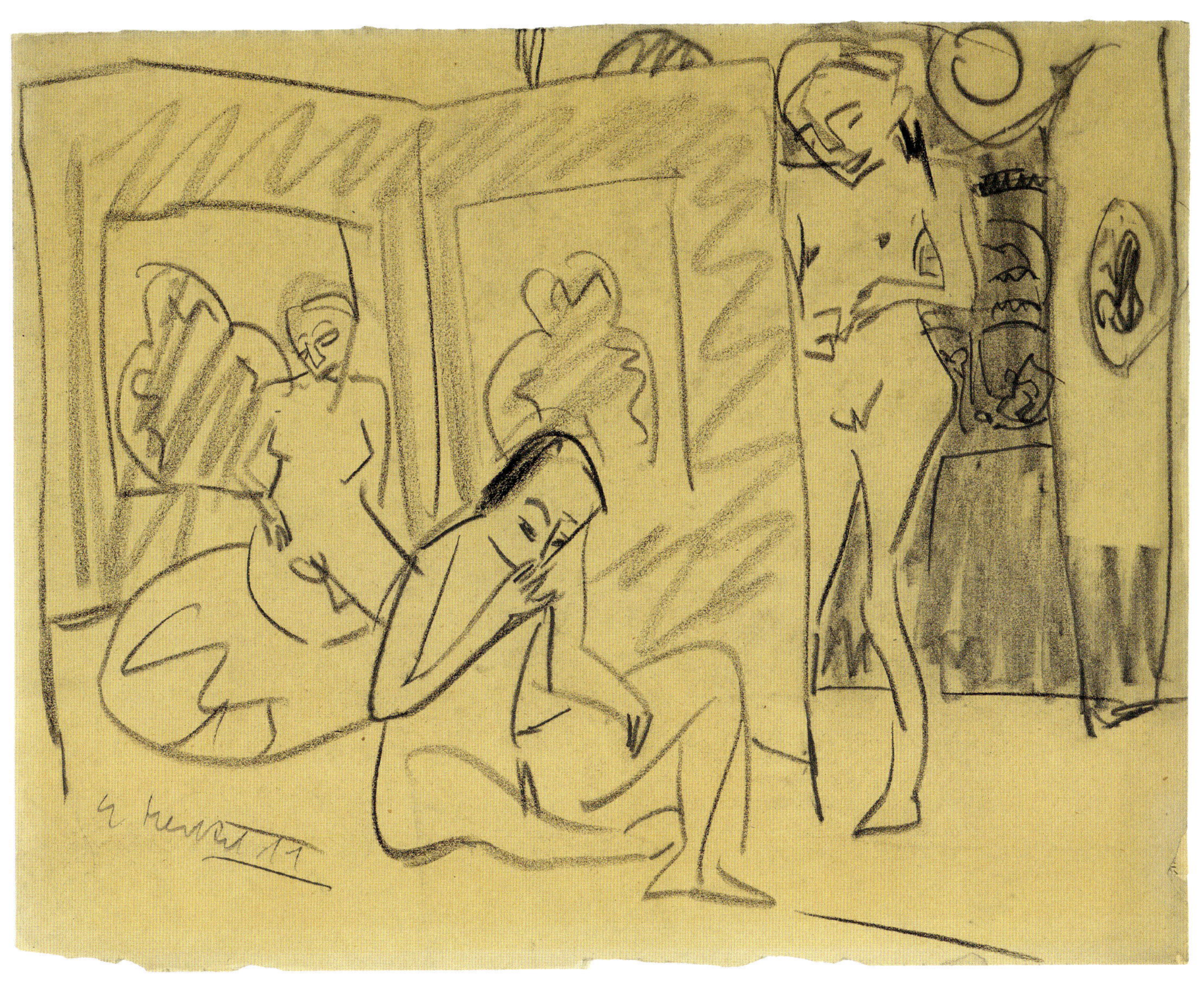

Erich Heckel
Im Atelier, 1911

Erich Heckel
Akt im Raum, 1912

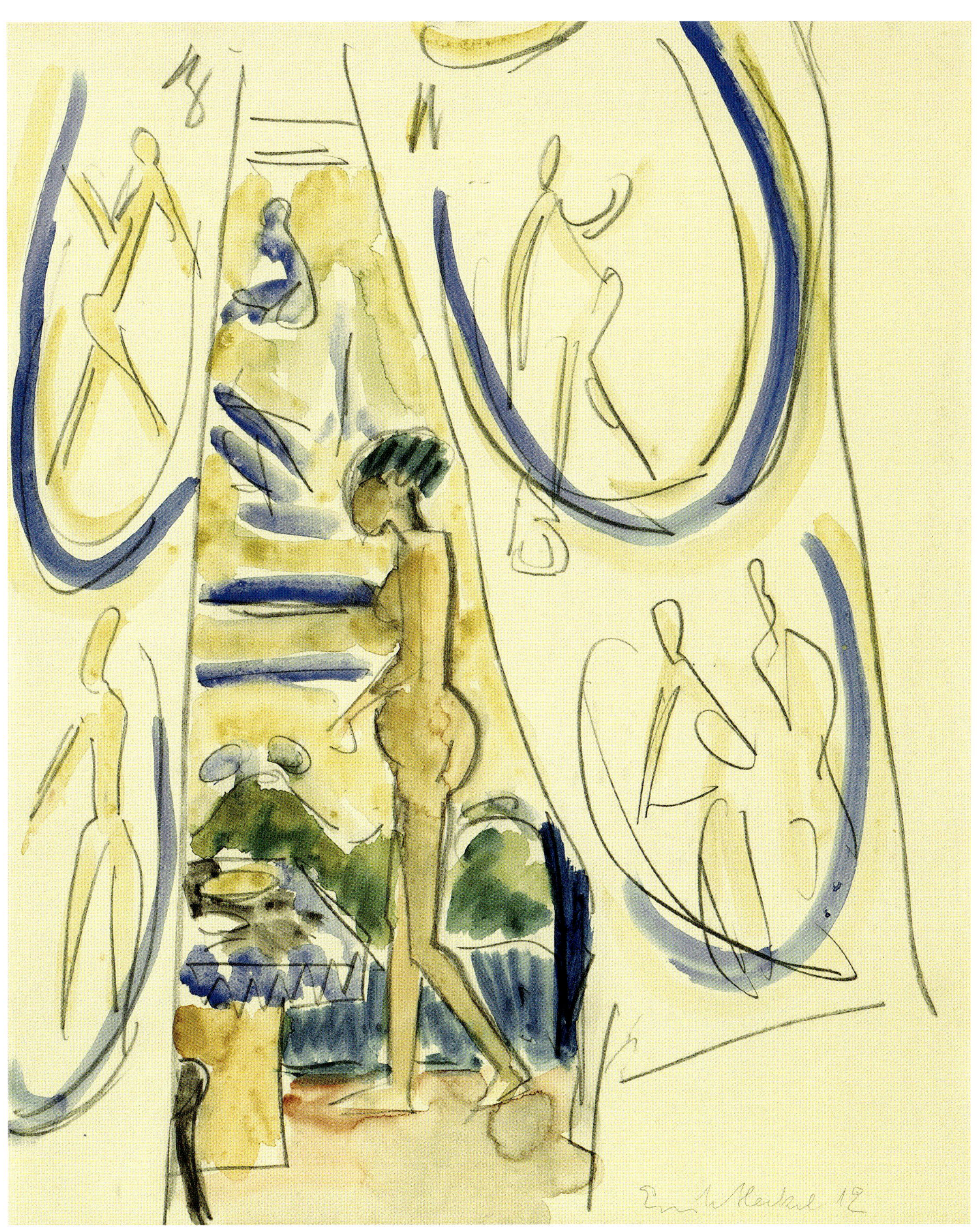

Tanz, Varieté und Artisten

Tanz und Varieté waren von Anfang an Themen der „Brücke"-Kunst. Auch hier ging es darum, rasche Bewegungen im Bild festzuhalten und in eine künstlerische Aussage zu übersetzen. Außerdem entsprach die Welt des Theaters, der Cabarets, Musikcafés und des Zirkus ihrer selbstgewählten Rolle als Bohemiens, die sich mit ihrer Lebensweise außerhalb bürgerlicher Konventionen bewegten. 1909 traten die Motive aus der Vergnügungswelt bei Pechstein, Kirchner und Heckel verstärkt hervor. Schon Max Pechstein hatte sich während seines Parisaufenthalts 1908 diesen Motiven mit Vorliebe zugewandt. Nach seiner Rückkehr im Herbst 1908 nahm er sich ein Atelier in Berlin am Kurfürstendamm. In der rasant expandierenden Großstadt Berlin hatte sich damals ein reges Nachtleben entwickelt, mit zahlreichen Cafés, Varietés und über 80 Musikrestaurants sowie Theatern und Lichtspielhäusern. Berlin war damals die deutsche Hauptstadt des Vergnügens und bot in dieser Hinsicht eine riesige Auswahl. 1909 ist das großformatige Gemälde *Tanz* Seiten — 194/195 entstanden, dem eine große Anzahl von Studienzeichnungen in Tuschfeder vorausgegangen war, die die beiden Tänzerinnen in immer anderen Positionen zeigen. Auch Heckel hat dieselben Tänzerinnen dargestellt.[1] Heckel, aber vor allem Kirchner, besuchten Pechstein häufig in Berlin, wo sie gemeinsam das rege Nachtleben genossen. Auch Emil Nolde, der eine Wohnung in der Tauentzienstraße besaß und zu dem Pechsteins Kontakt damals enger war, schloß sich den gemeinsamen Besuchen nächtlicher Etablissements an. Im Winter 1909/10 schuf Nolde eine große Anzahl von Darstellungen des Berliner Nachtlebens, die das Theater ebenso einschließen wie verlorene Paare in einfachen Cafés oder Restaurantszenen. Heckel und Kirchner fanden aber auch in Dresden genügend Tanz- und

1

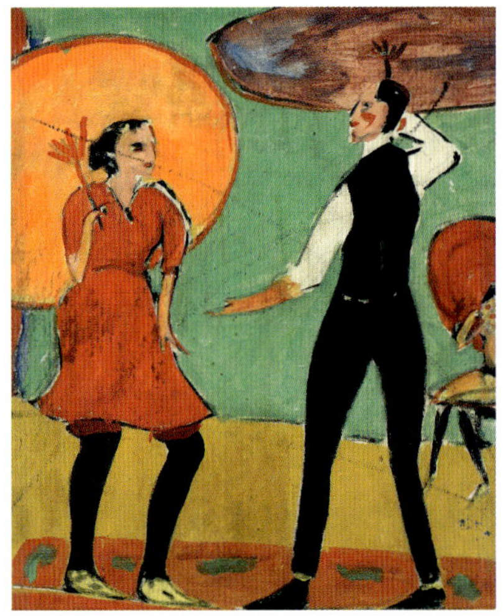

2

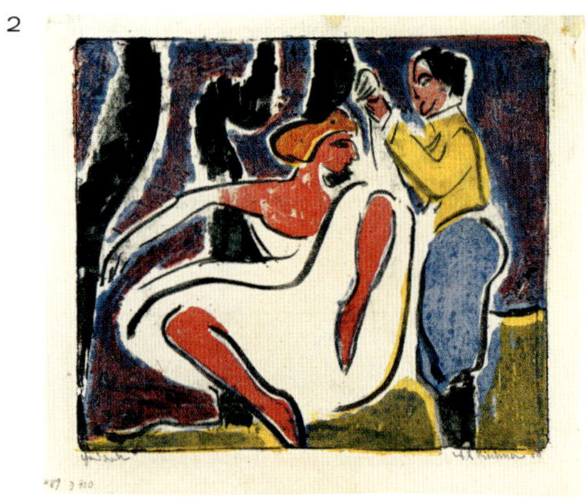

Varieté-Motive, die sie in Zeichnungen, Druckgraphiken und Gemälden umsetzten. So besuchten sie regelmäßig den „Wintergarten", wo Heckel im Sommer die Drahtseilartisten skizzierte und dann in einem Gemälde umsetzte Abb. — 1, das Flora-Varieté im Stadtteil Striesen, das El Dorado, wo 1911 eine Gruppe Shungusen auftrat, die Heckel in einer großen Serie von Skizzen festhielt, oder den Victoria-Salon und das Central Theater in der Waisenhausstraße. Den Auftritt der Primaballerina des Sankt Petersburger Hoftheaters Olga Preobrajenska und ihres Partners Georges Kiatschk hielt Kirchner in mehreren Zeichnungen, einem Gemälde und einer Lithographie fest.[2] Diese Darstellungen gehören zu seinen herausragenden Werken des Jahres 1909 Abb. — 2 und insgesamt zu den Höhepunkten seines Fauve-Expressionismus.

Für das Jahr 1910 finden sich zahlreiche weitere Werke mit Tänzern und Artisten sowohl bei Kirchner als auch bei Heckel. Eine große Anzahl der Postkarten, die sich die Künstler untereinander und auch an Freunde schrieben, zeigen auf der Rückseite entsprechende Motive, wie die 1910 von Pechstein an die Fotografin Minya

Abb. 1
Erich Heckel
Drahtseilartisten (Tanzendes Paar),
1910

Abb. 2
Ernst Ludwig Kirchner
Russisches Tänzerpaar, 1909

Abb. 3
Ernst Ludwig Kirchner
Musikrestaurant, 1914

Diez-Dührkoop verschickte Grußkarte Seite — 197. Im Oktober 1910 reisten Kirchner und Heckel zunächst nach Berlin, dann weiter nach Hamburg, um ihren Förderer, den Sammler Gustav Schiefler, zu treffen. Hier wie schon in Berlin begeisterten sie sich für das Nachtleben, auch besuchten sie das Hamburger Hippodrom. Die Akrobaten und ihre Pferde wurden von Heckel in kleinen Zeichnungen und einem heute verschollenen Gemälde wiedergegeben. Kirchner dagegen konzentrierte sich mehr auf Darstellungen mit Tänzerinnen. Später in Dresden ergaben sich auch freundschaftliche Beziehungen zwischen den „Brücke"-Künstlern und Artisten, die als Modelle zur Verfügung standen und auch mit an die Moritzburger Teiche fuhren. Vom Zirkus Schumann waren es Nelly und Milly sowie Sam, die häufig dargestellt sind und auch auf Kirchners im Atelier aufgenommenen Fotografien auftauchen.

Die Freundinnen von Heckel und Kirchner kamen denn auch aus dem Unterhaltungsmilieu. Bereits Ende 1910 hatte Heckel die Tänzerin Sidi Riha kennengelernt, die häufiger in Berlin als in Dresden gastierte. Nach der Übersiedlung der „Brücke" nach Berlin traf Kirchner auf Erna Schilling, die gemeinsam mit Sidi Riha auftrat und die ebenfalls Tänzerin war. In Berlin war es vor allem Kirchner, bei dem das Nachtleben der Großstadt zu einem Hauptthema werden sollte. Durch seine Kontakte zu dem Kreis der expressionistischen Dichter, vor allem zu Alfred Döblin, fand das Motiv der Kokotte, wie die Prostituierten in Berlin genannt wurden, Eingang in sein Schaffen. Zunächst in Innenräumen abgebildet, wo sie etwa auf Freier warteten Seite — 277, wurden sie kurze Zeit später auch auf Straßen flanierend gezeigt. Das nächtliche Spektakel ihres Auf- und Abgehens ist seit Herbst 1913 Gegenstand zahlreicher Zeichnungen und Gemälde Seiten — 281, 283.

Im Umfeld dieser Darstellungen ist eine Serie großformatiger Lithographien auf gelbem Papier entstanden, zu denen auch das Blatt *Musikrestaurant* Abb. — 3 gehört, die das Nachtleben in einem nervösen, detailreichen Stil schildern. Mit solchen Werken

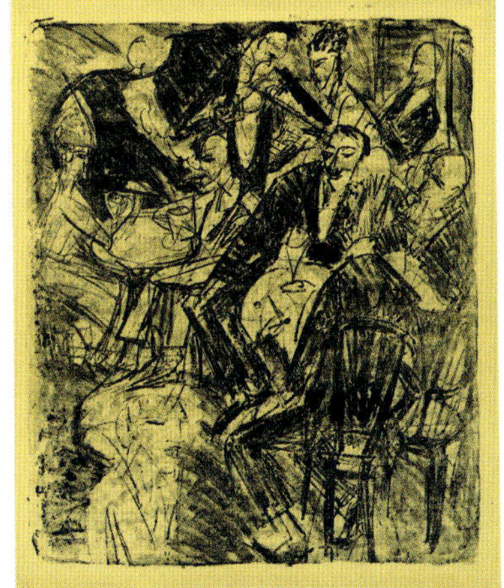

3

4

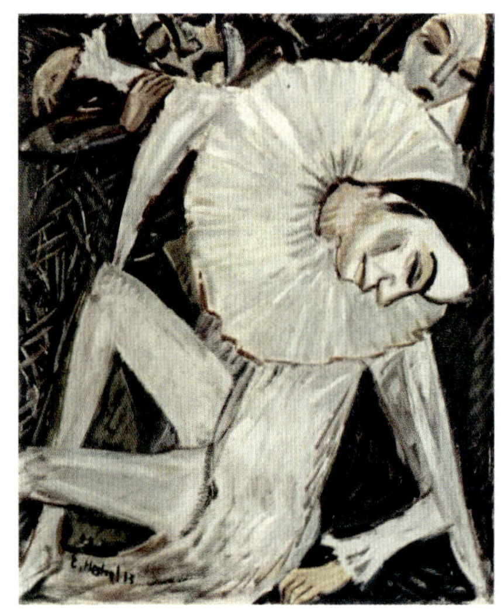

Abb. 4
Erich Heckel
Sterbender Pierrot, 1913

schuf Kirchner den Stil des Großstadt-Expressionismus, mit dem er hochsensibel auf seine Umwelt reagierte. In Heckels Berliner Schaffensphase tauchen Darstellungen von Artisten nur noch selten auf. Sie erhalten nun dieselbe melancholische Grundnote, die allen seinen Figurenbildern dieser Zeit eigen ist Abb. — 4. Pechstein hat noch einmal 1912 eine Lithographie mit tanzenden Figuren ausgeführt Seite — 221, die sich von Heckels und Kirchners Stil stark unterscheidet und die eine Unbeschwertheit und Lebensfreude zum Ausdruck bringt und die charakteristisch ist für seine auf Harmonie von Form und Farbe aufgebaute Ausdrucksweise und künstlerische Grundhaltung.

---

1 Vgl. Expressionistische Grüße. Künstlerpostkarten der „Brücke" und des „Blauen Reiter", hrsg. von Magdalena M. Moeller, Ausst.-Kat. Brücke-Museum Berlin, Stuttgart 1991, S. 224, Kat. Nr. 73.

2 Vgl. Bernd Hünlich, Ernst Ludwig Kirchners „Russisches Tanzpaar" und seine Entstehung, in: Dresdner Kunstblätter, 27. Jg., 1983, S. 21–26.

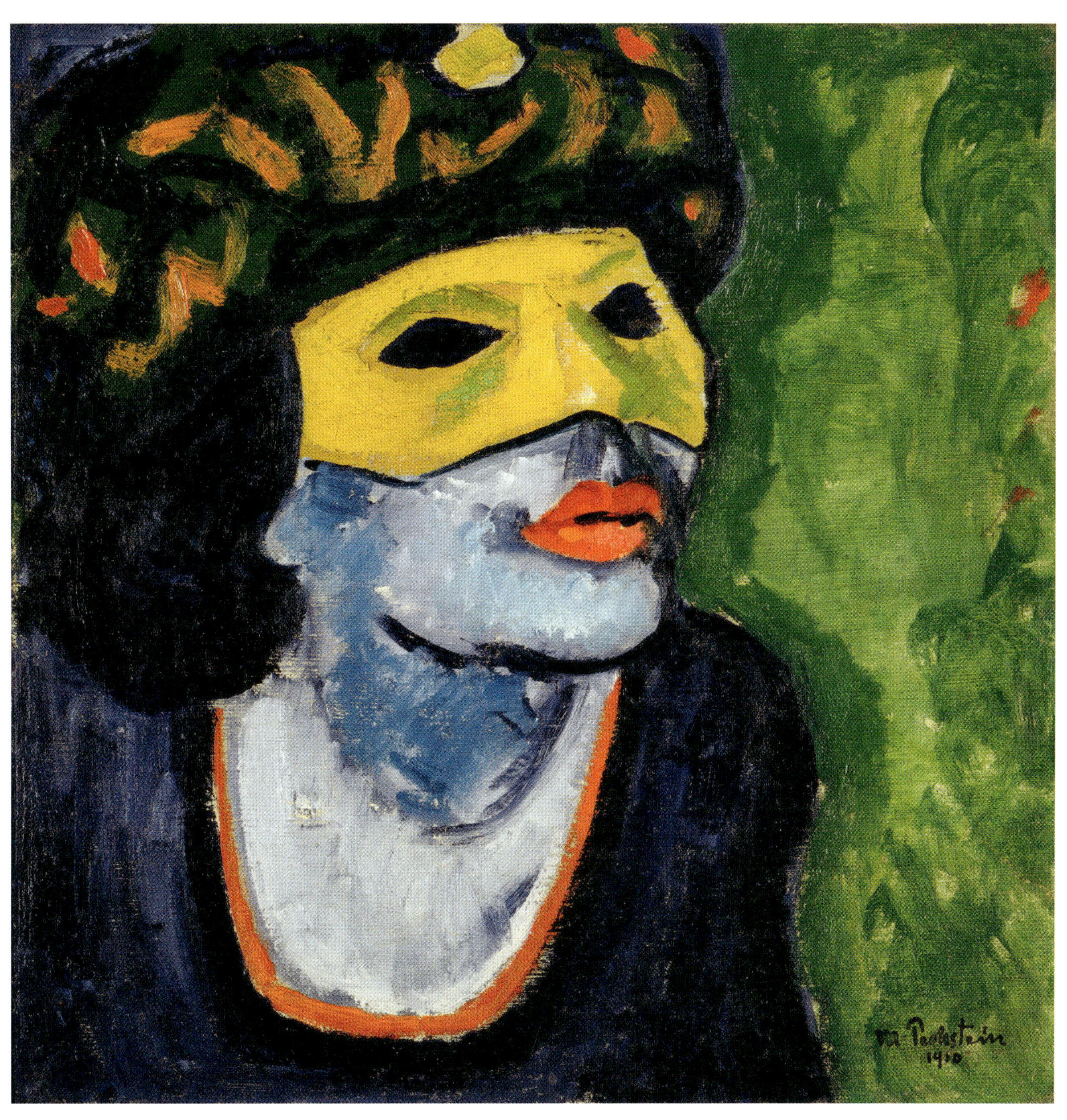

Max Pechstein
Die gelbe Maske, 1910
(recto zu *Mädchen mit großem Federhut*, 1909)

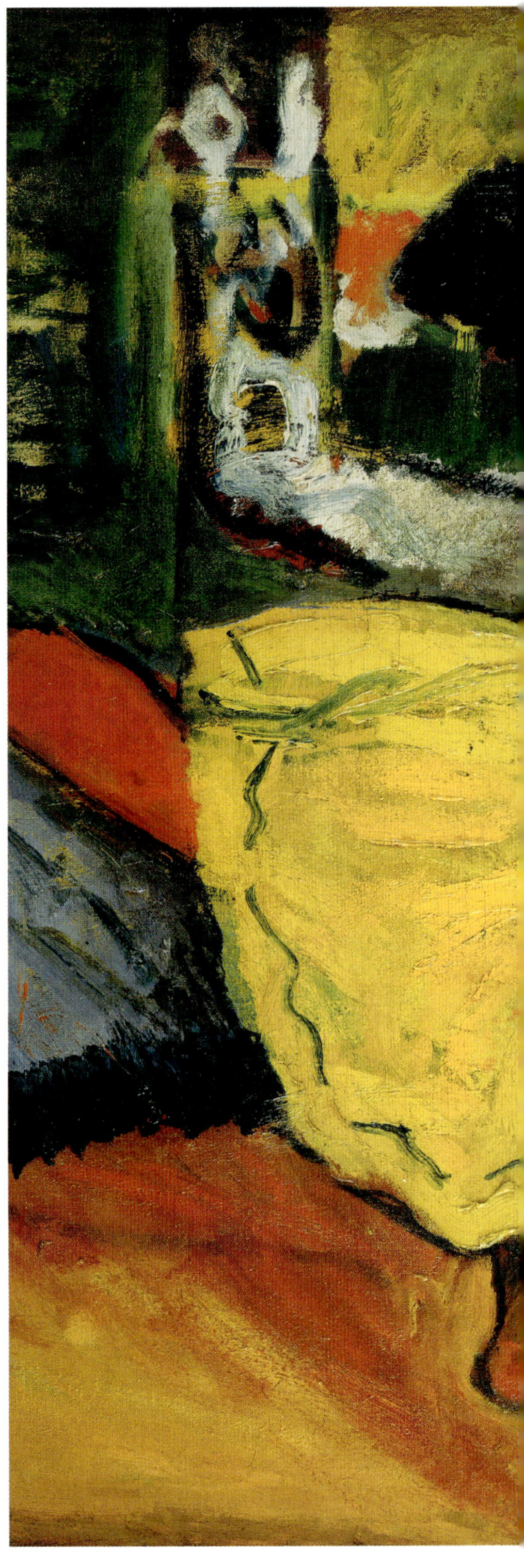

Max Pechstein
Tanz, 1909

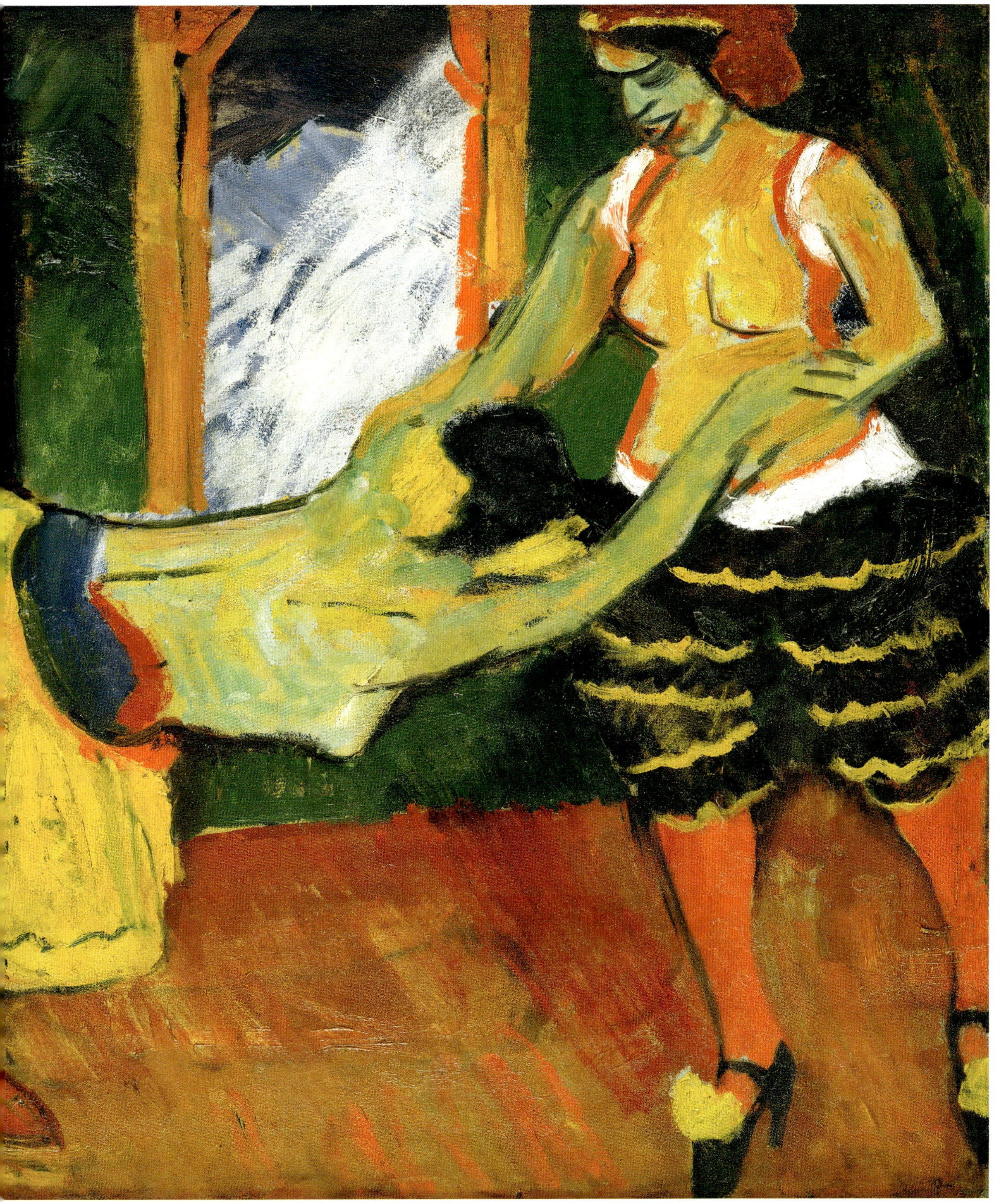

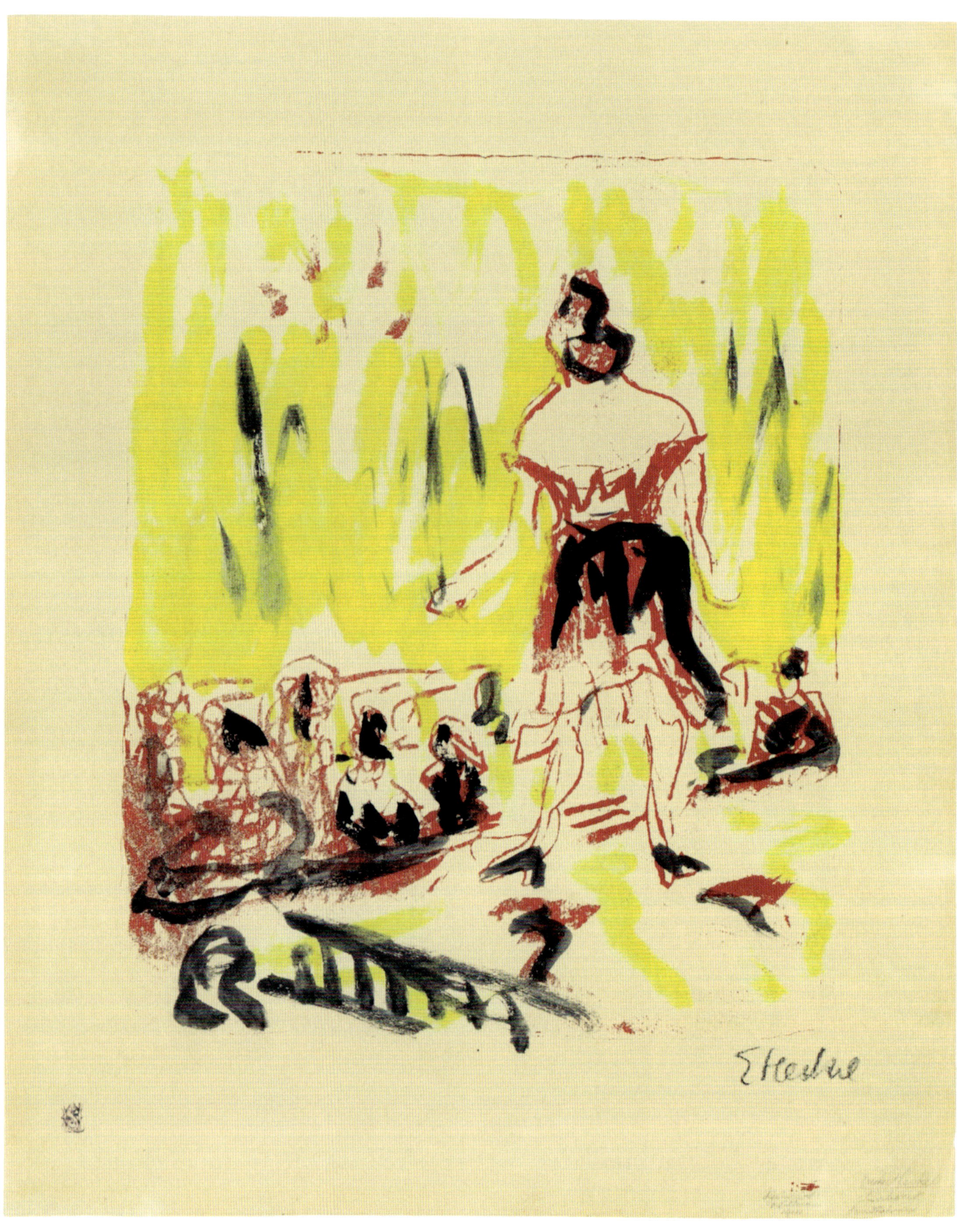

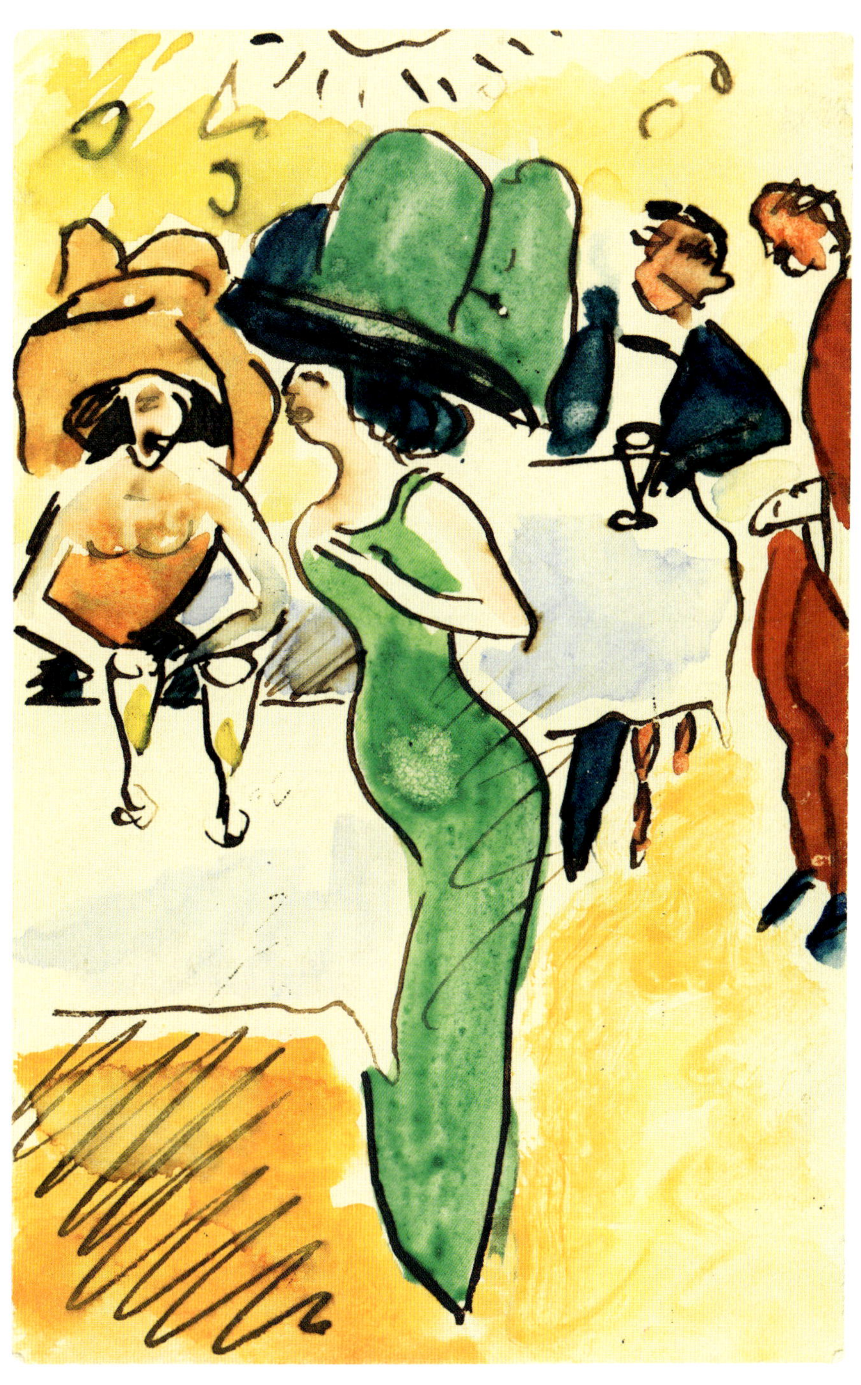

Max Pechstein
Im Café, 1910

Erich Heckel
Kabarettsängerin, 1907

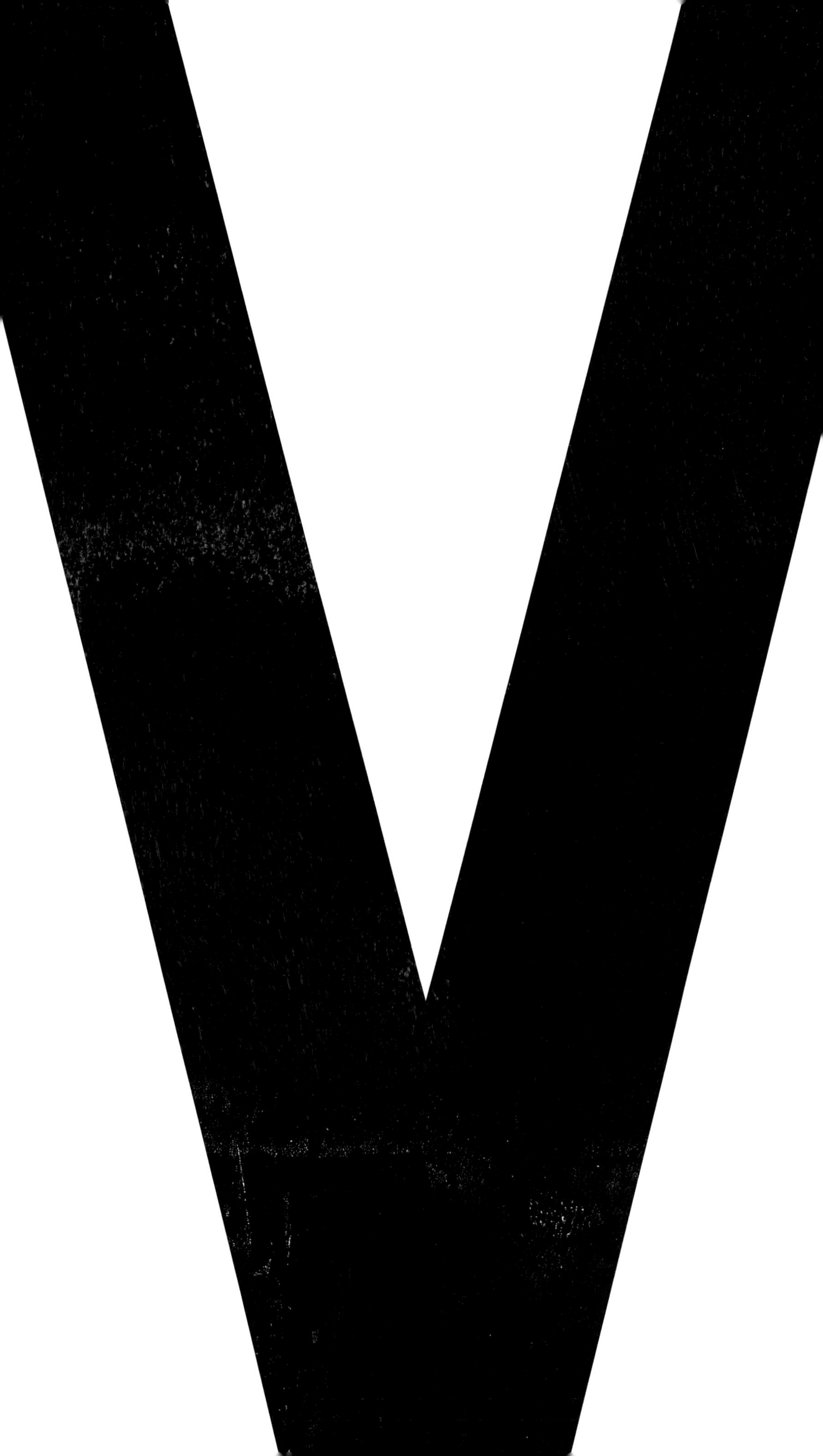
V

Berlin: Vom Kollektivstil zum Individualstil

Mit der Übersiedlung der „Brücke“ nach Berlin beginnt ein neuer Abschnitt in der Kunst des Expressionismus. Pechstein war bereits 1908 unmittelbar nach seiner Rückkehr aus Paris nach Berlin gezogen. Vielleicht durch ihn ermutigt, verließen auch die anderen „Brücke“-Künstler 1911 die Residenzstadt Dresden. Im Oktober verlegte Kirchner seinen Wohnsitz in die Reichshauptstadt. Heckel und Schmidt-Rottluff folgten gegen Jahresende. Berlin hatte sich seit 1871 zu einer gewaltigen Metropole entwickelt. Im aufblühenden Zentrum von Handel und Gewerbe, dem Standort von Maschinenbau und Elektroindustrie, war der Bevölkerungszuwachs, der allerdings auch gravierende soziale Probleme mit sich brachte, immens gewesen. Gleichzeitig begann Berlin, sich zu einem kulturellen Zentrum zu entwickeln. Progressive Theater führten Stücke von Ibsen, Strindberg oder Hauptmann auf. Zahlreiche Schriftsteller und Dichter ließen sich in Berlin nieder und bereicherten das kulturelle Klima. Die 1900 gegründete Berliner Secession hatte unter ihrem Präsidenten Max Liebermann dem Impressionismus zum Sieg über die akademische Kunst und die Geschmacksdiktatur des Kaisers verholfen. Galerien wie die von Paul Cassirer und Fritz Gurlitt stellten sich hinter die Avantgarde und förderten sie durch Ausstellungen. Berlin genoss den Rang einer aufstrebenden Kunststadt, in der man der Moderne aufgeschlossen gegenüberstand. Die „Brücke“-Künstler erhofften sich somit von dem Wechsel nach Berlin mehr Anerkennung ihres künstlerischen Schaffens und eine verstärkte Aufmerksamkeit. Verkäufe an Sammler und Händler sollten ihnen darüber hinaus eine bessere Existenzgrundlage ermöglichen.

Als die Künstler Dresden verließen, war die Entwicklung ihres expressionistischen Stils bereits abgeschlossen, eines Stils, der seine Ausprägung aus der Abkehr von der Zivilisation heraus gefunden hatte, aus der Hinwendung zu einem ursprünglichen

Lebensgefühl und der Auseinandersetzung mit der Kunst der Naturvölker. Der Umzug nach Berlin steht somit in krassem Widerspruch zu dem eigentlichen Inhalt und dem ursprünglichen Ziel der „Brücke"-Kunst. Eberhard Roters hat das dementsprechend treffend formuliert: „Die Begegnung des ‚Brücke'-Expressionismus mit der Großstadt gleicht daher einer aufbrausenden Reaktion, in dessen Ergebnis der Expressionismus seine Unschuld verloren hat."[1] In Berlin verband sich der Stil der „Brücke" mit dem Rhythmus, der Dynamik und der Hektik der Großstadt. Den Künstlern begegnete eine andere Art von Dasein und Lebensgefühl. Auch die Berührung mit expressionistischer Dichtung spielte eine Rolle; neue Motive fanden Eingang in das Repertoire der „Brücke". Die Farbgebung wurde düsterer, die Formen spitzwinklig und nervös. Schönheit und Hässlichkeit erhielten eine neue Definition. Auch die Konfrontation mit avantgardistischen Richtungen wirkte sich auf den Stil aus. Eine starke Brechung der bisherigen „Brücke"-Stilmittel war die Folge. Obwohl die Ateliers der einzelnen Mitglieder nicht allzu weit auseinanderlagen und so einen regen Kontakt ermöglichten, war die Zeit der kollektiven Stilbildung vorüber. Jedes Mitglied setzte die neuen Eindrücke auf andere Weise um. Jeder fand seine eigenen Sammler und Händler, seine eigenen Freunde. Das Auseinanderbrechen der „Brücke" war also mit dem Wechsel nach Berlin vorhersehbar. Die Großstadt als unmittelbares Thema fand sich nur im Schaffen von Kirchner in intensiver Weise. Hinzu kamen Themen wie Varieté, Cafés, Stadtlandschaften und Straßenszenen mit den Berliner Kokotten. Die Sommeraufenthalte auf dem Land wurden weiter fortgesetzt, jedoch nicht mehr gemeinsam, stattdessen suchte sich jeder ein eigenes Ziel. Kirchner war 1912, 1913 und 1914 auf Fehmarn. Heckel fand ein Refugium an der Flensburger Förde, Schmidt-Rottluff war 1912 allein in Dangast, 1913 in Nidden und 1914 in Hohwacht an der Lübecker Bucht. Pechstein, der die Gruppe bereits 1912 verlassen hatte, hielt sich 1913 in Italien auf und reiste 1914 nach Palau in die Südsee.

---

1 Eberhard Roters, Berlin 1910–1933. Die visuellen Künste, Fribourg/Berlin 1983, S. 64.

Karl Schmidt-Rottluff
Mann und Weib, 1912

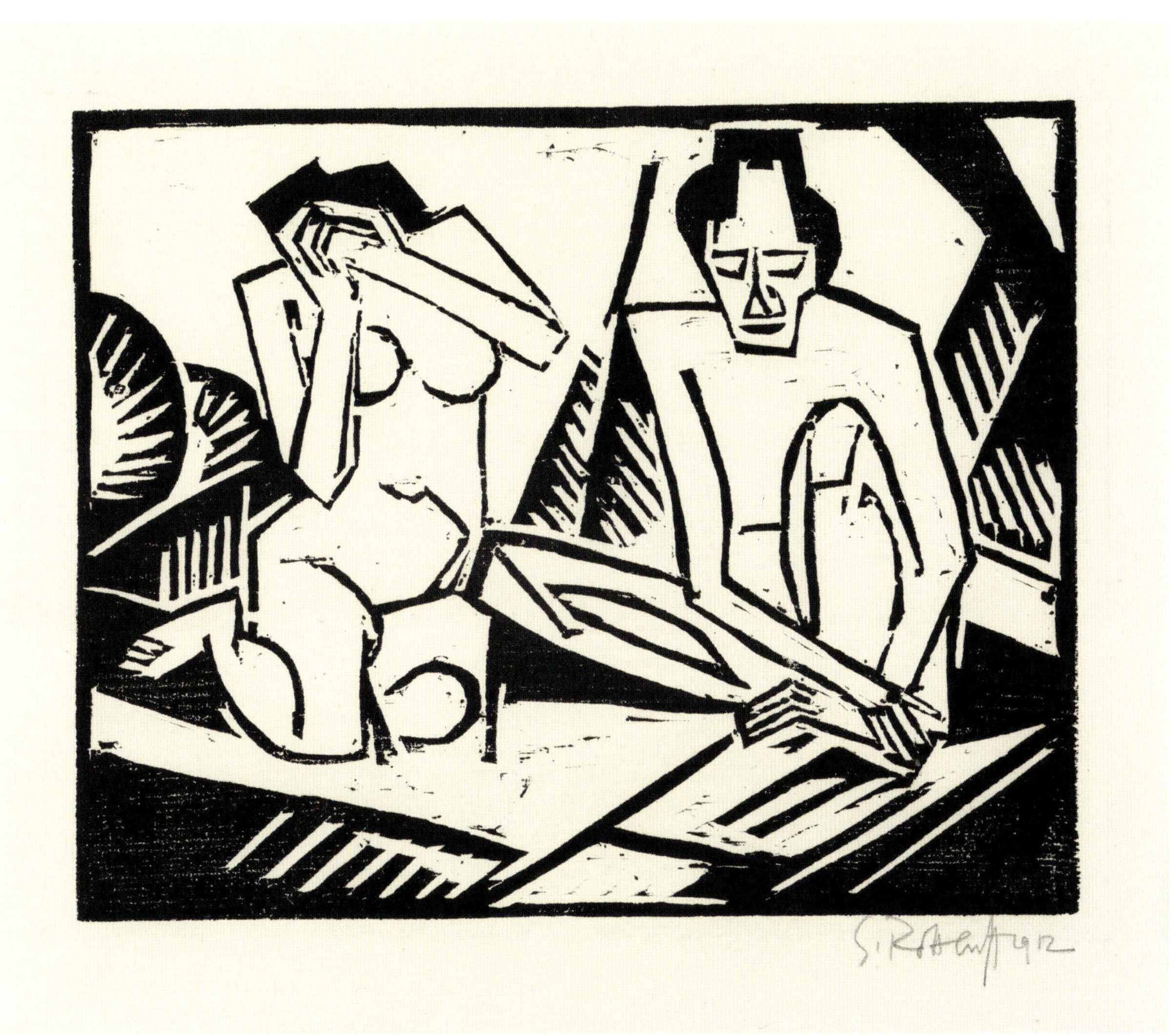

Karl Schmidt-Rottluff
Mädchen bei der Toilette, 1912

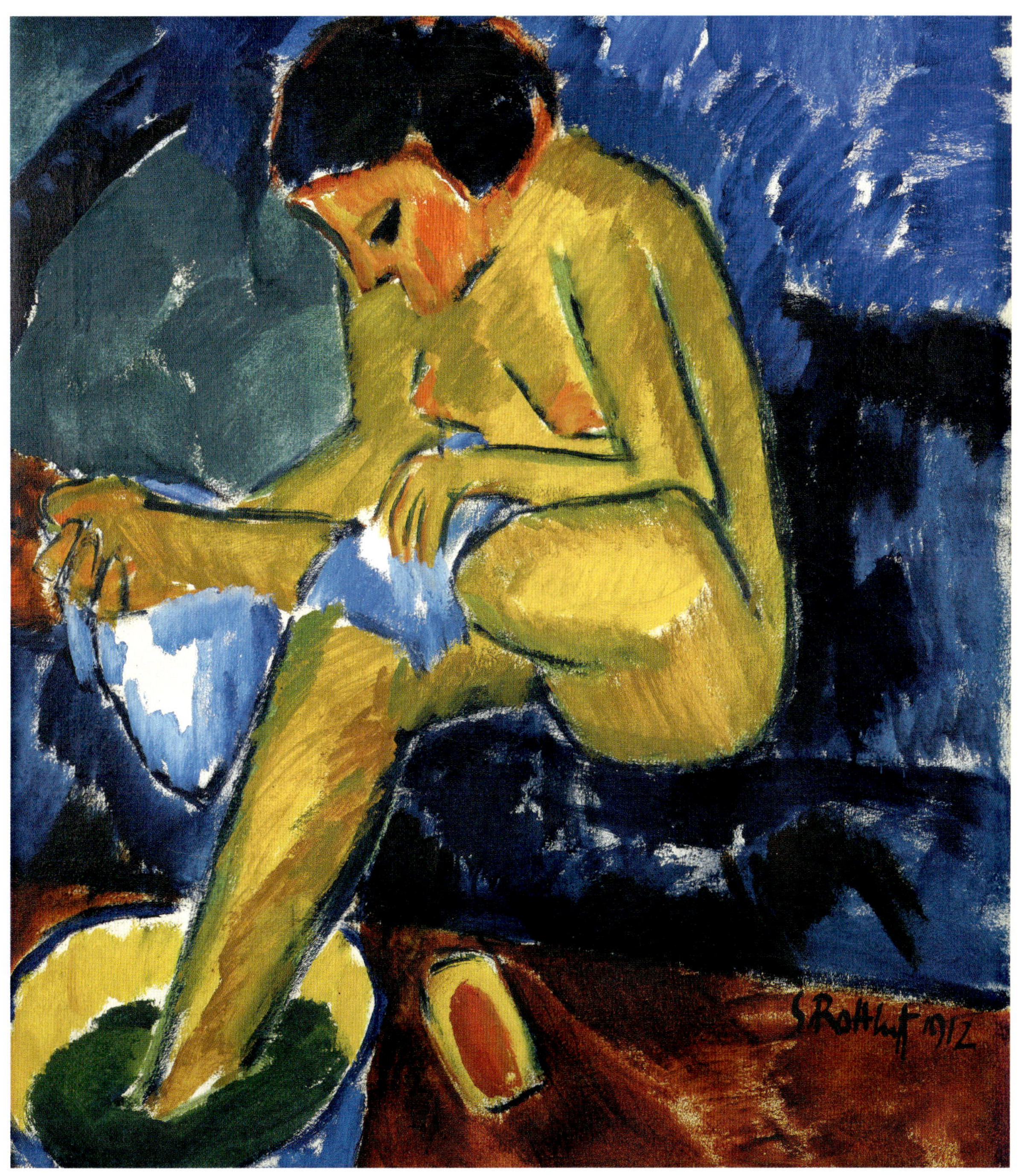

Karl Schmidt-Rottluff
Sinnende Frau, 1912

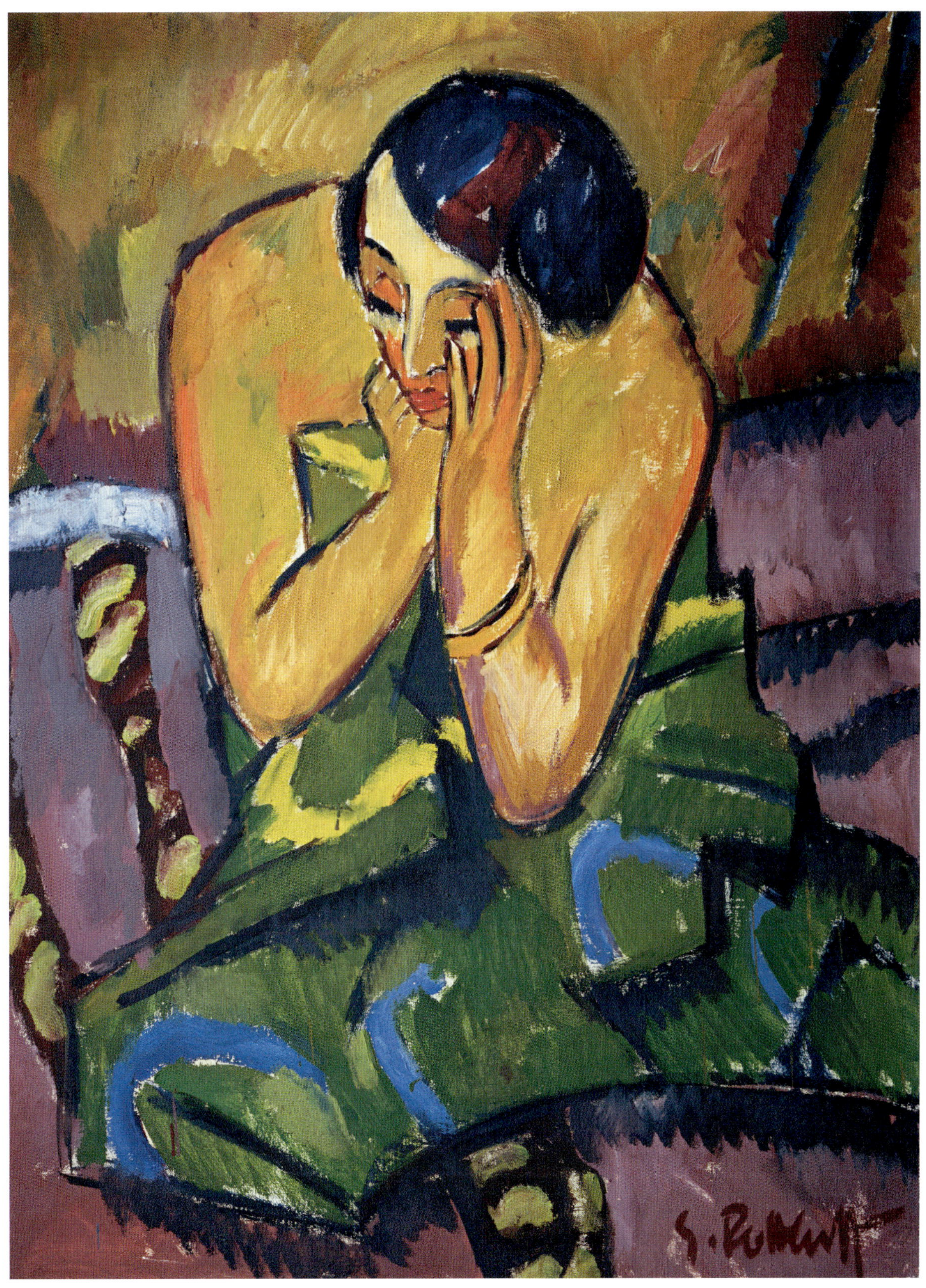

Max Pechstein
Lokomotivenpfiff, 1913

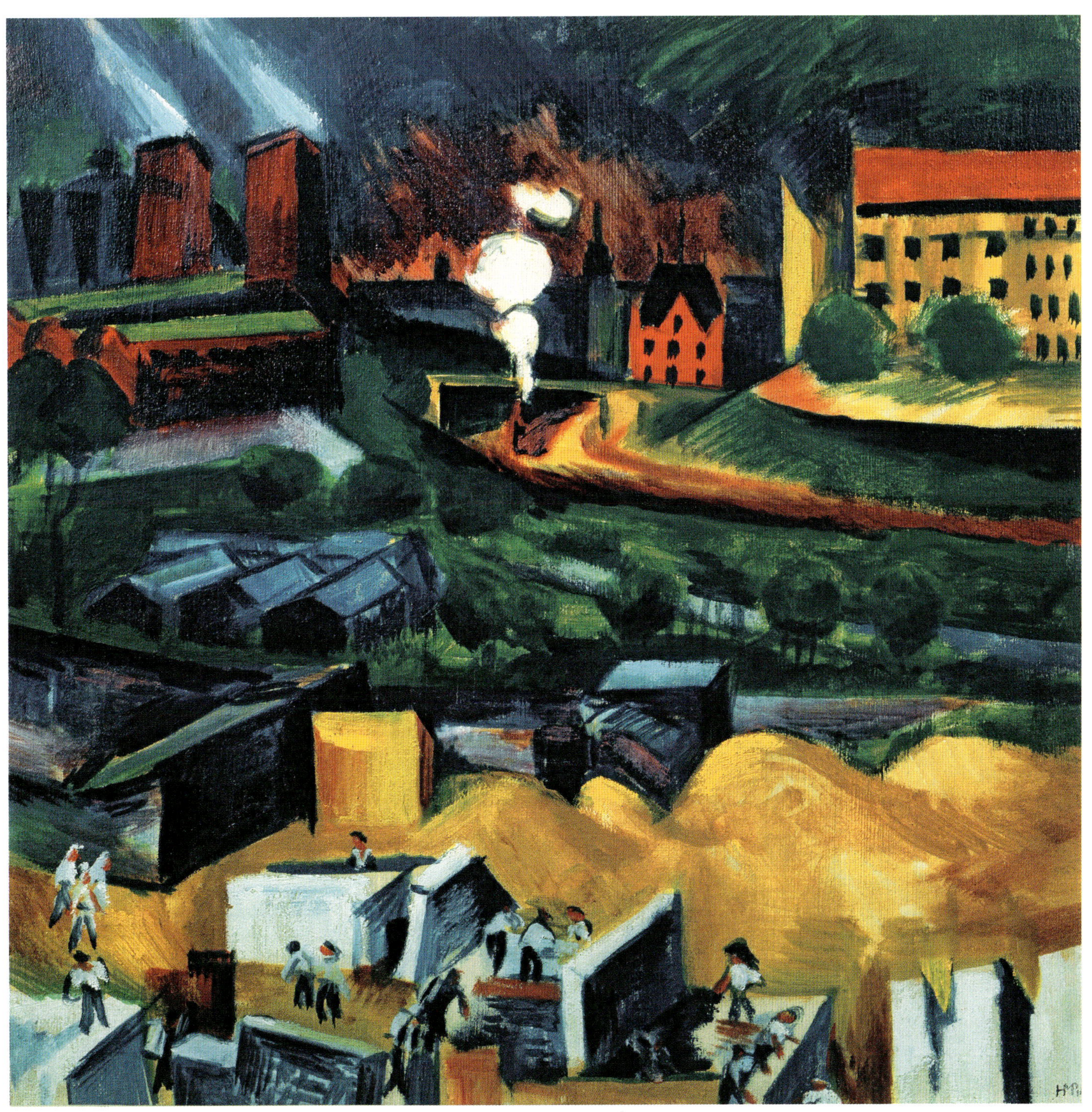

Radikale Holzschnitte

Ein neuer expressionistischer Stil hat sich 1913 bei der „Brücke" herausgebildet. Nicht mehr die Einheit von Mensch und Natur, das Einfühlen in die Natur war das Thema, sondern die Natur erfuhr eine Wandlung und Verfremdung, indem die Künstler ihr eine dem Großstadtleben entnommene Stimmung auferlegten. Eine gebannte Anspannung spricht nun aus nervösen, mitunter kleinteiligen Bildgestaltungen. So zeigt zum Beispiel Kirchners Holzschnitt *Steilküste mit runder Bucht, Fehmarn (Dünenabhang mit runder Bucht)* Seite — 215 die unruhige Formenvielfalt, die durch eine feste Schnittführung definiert wird. Außerdem versetzen heftige Schraffuren die Natur in Erregung, verleihen ihr etwas Sinnliches und bringen ihre elementare Kraft zum Ausdruck. Kleinteilige, schwarze und weiße Flächenelemente überziehen die Komposition gleichmäßig. Kirchner gibt den Blick von der Steilküste hinunter auf die Bucht mit den Schaumkronen der herannahenden Wellen sowie dem stark gekrümmten Horizont, eine stilistische Eigenart, die er in seinen Fehmarn-Bildern entwickelt hat und die er gleichfalls für seine Berliner Stadtlandschaften einsetzt.

Die eher vergeistigte Ausdrucksweise Heckels in den Jahren 1912 bis 1914 lässt ihn die Natur in übersteigerter, mitunter sogar bedrohlicher Atmosphäre wiedergeben. Der unwirkliche Stimmungscharakter seiner Berliner Bilder prägte auch die Arbeiten der Sommermonate. Auch bei ihm ist es nicht mehr das Sich-eins-Fühlen mit der Natur, sondern die Sehnsucht nach einer unerreichbaren, transzendenten, verklärten Natur, der Heckel nun Gestalt gibt. Seine Holzschnitte haben nun ein größeres Format, und häufig wird von der Form des Rechtecks abgewichen zugunsten eines unregelmäßigen Umrisses. Zu den bemerkenswerten Arbeiten gehört insbesondere der Holzschnitt *Sitzende am Wasser* von 1913 Seite — 212, während des Sommers in Osterholz an der Flensburger Förde entstanden. Die Auffassung der Natur wird schroffer, der Einsatz von Schraffuren nimmt zu, der Mensch ist nicht mehr geborgen in der Natur, sondern wirkt in der unwirtlichen Umgebung wie fremd und verloren. Ein gewisses Leiden am Dasein, das Heckels Portraitdarstellungen eigen ist, findet sich auch hier. Eine Steigerung der schroffen Ausdrucksweise bedeutet der Holzschnitt von 1914 *Park in Dilborn* Seite — 213, der während eines Besuchs bei dem Künstlerkollegen Heinrich Nauen auf dem Wasserschloss Dilborn am Niederrhein entstanden ist. Heckel gestaltet hier eine dramatisch anmutende Landschaft mit zahlreichen spitzen, aggressiven und harten Formen. Ein bedrohlicher Unterton klingt an. Das Bedrängende und Beunruhigende, das Heckel sonst in seinen zeitgleichen Figurenbildern zum Ausdruck bringt, projiziert er hier auf die Natur, die quasi zum Beleg für seinen Seelenzustand kurz vor Ausbruch des Krieges wird.

Während bei Pechstein keine vergleichbare stilistische Entwicklung festzumachen ist, er vielmehr nach der Trennung von der „Brücke" seinen eigenen Weg ging, wurde Schmidt-Rottluffs druckgraphisches Schaffen ab 1913 noch hermetischer. Es gelang dem Künstler, seinen 1911 in Dangast entwickelten, auf das Wesentliche konzentrierten Stil noch einmal zu steigern beziehungsweise zum Abschluss zu bringen. Auch wenn der kollektive „Brücke"-Stil seit der Übersiedlung nach Berlin nicht mehr existierte, so ist in den Holzschnitten der Jahre 1913 und 1914 bei Kirchner, Heckel und Schmidt-Rottluff dennoch die Verwandtschaft ihrer künstlerischen Intentionen erkennbar: Formverknappung, Monumentalisierung der Aussage und Direktheit des Ausdrucks sind für die

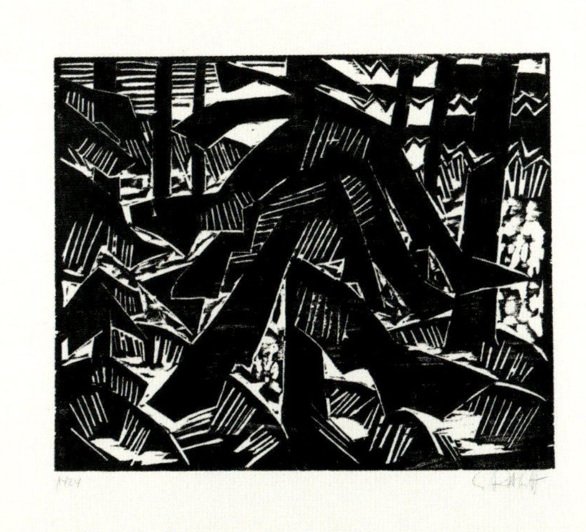

2

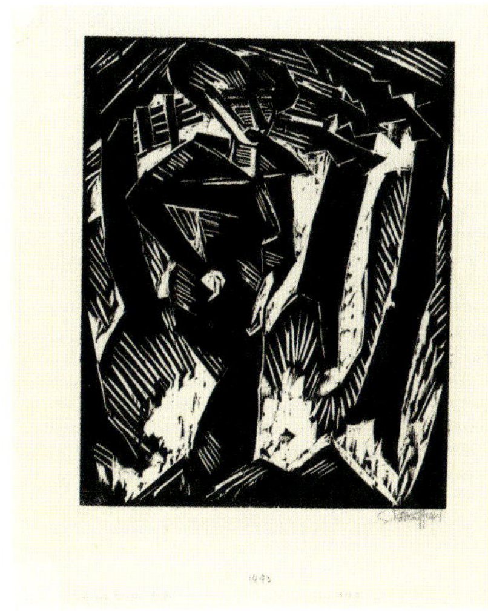

1

Abb. 1
Karl Schmidt-Rottluff
Frau unter Bäumen, 1914

Abb. 2
Karl Schmidt-Rottluff
Tanne, 1914

Arbeiten der drei Künstler stilbestimmend. Kammartige Schnitte tauchen auch bei Schmidt-Rottluff auf und wurden zu einem wichtigen Gestaltungsmittel der 1914 und 1915 geschaffenen Holzschnitte, die in Schmidt-Rottluffs Schaffen einen Höhepunkt darstellen. Vor dem Hintergrund kubistischer und afrikanischer Kunst dringt er zu einer stereometrischen Gestaltungsweise vor. Die Kunst des Reduzierens und gleichzeitigen Steigerns des Ausdrucks fand hier eine vollkommene Lösung. Es dominiert der tektonische Aufbau, sowohl bei seinen Figurendarstellungen [Abb. — 1] als auch bei Holzschnitten wie der *Tanne* [Abb. — 2]: Die hart ausgeschnittenen Formelemente sind fest miteinander verklammert, der Gegensatz von schwarzen und weißen Flächen ist deutlich betont. Entsprechend der Wuchtigkeit des Ausdrucks und der Monumentalität der Aussage wählte Schmidt-Rottluff für seine Holzschnitte dieser Schaffensphase ein ungewöhnlich großes Bildformat.

Erich Heckel
Sitzende am Wasser, 1913

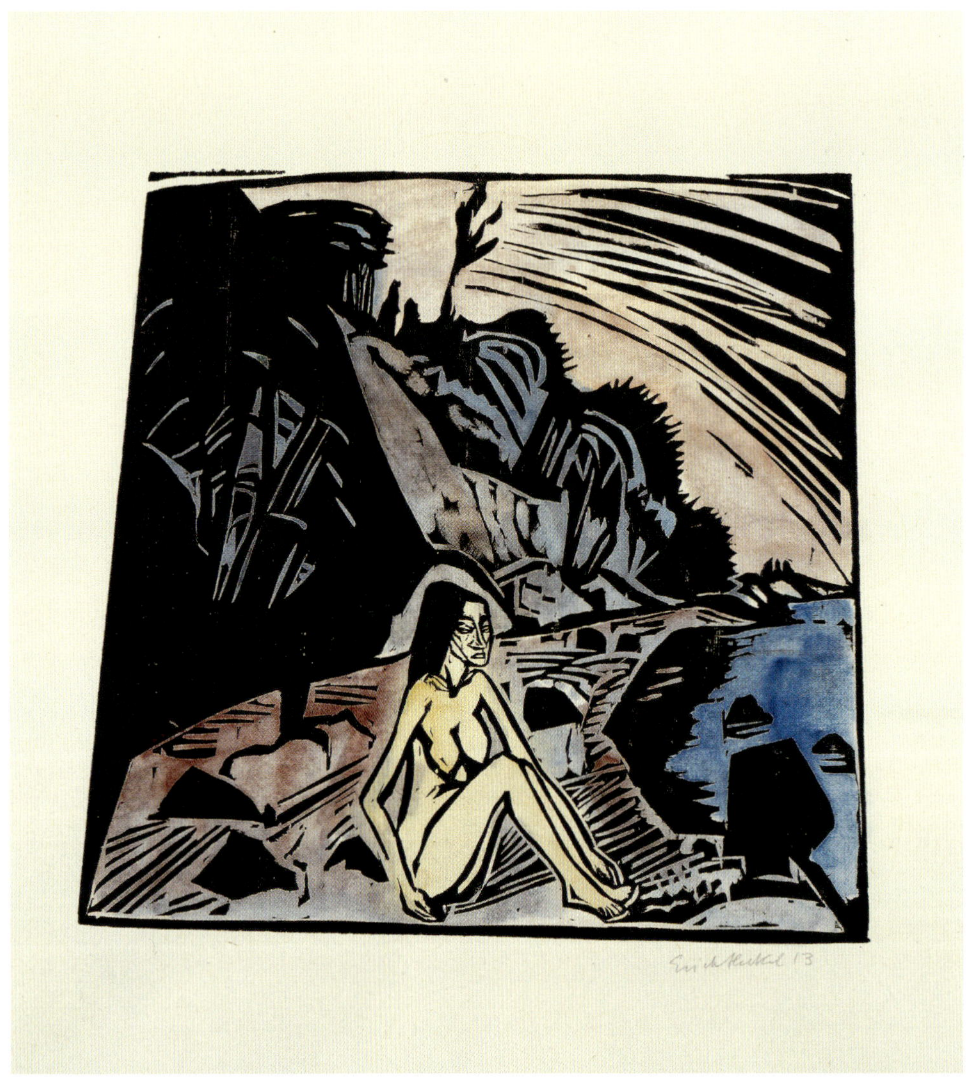

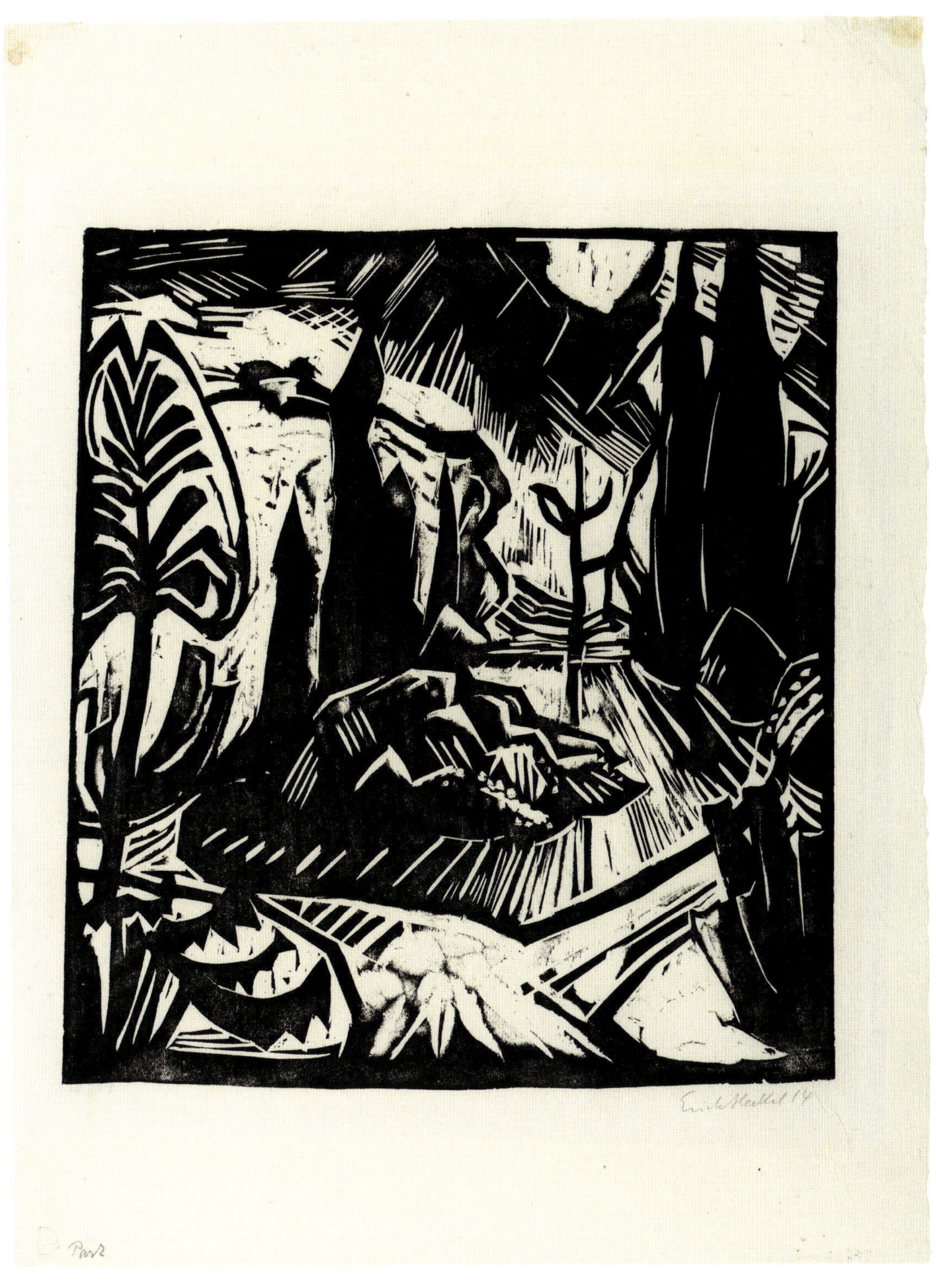

Erich Heckel
Park in Dilborn, 1914

Ernst Ludwig Kirchner
Steilküste mit Runder Bucht, Fehmarn
(Dünenabhang mit runder Bucht), 1913

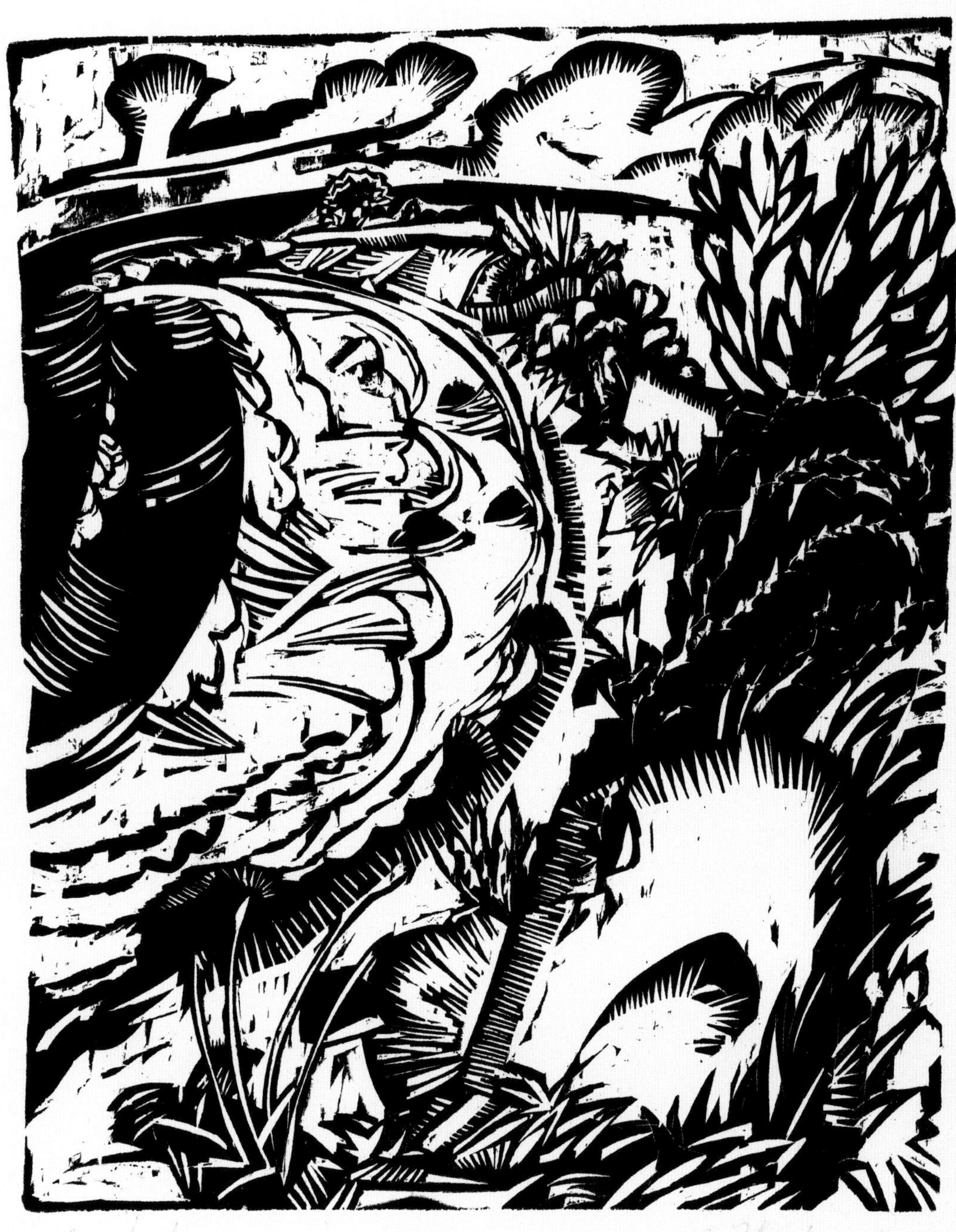

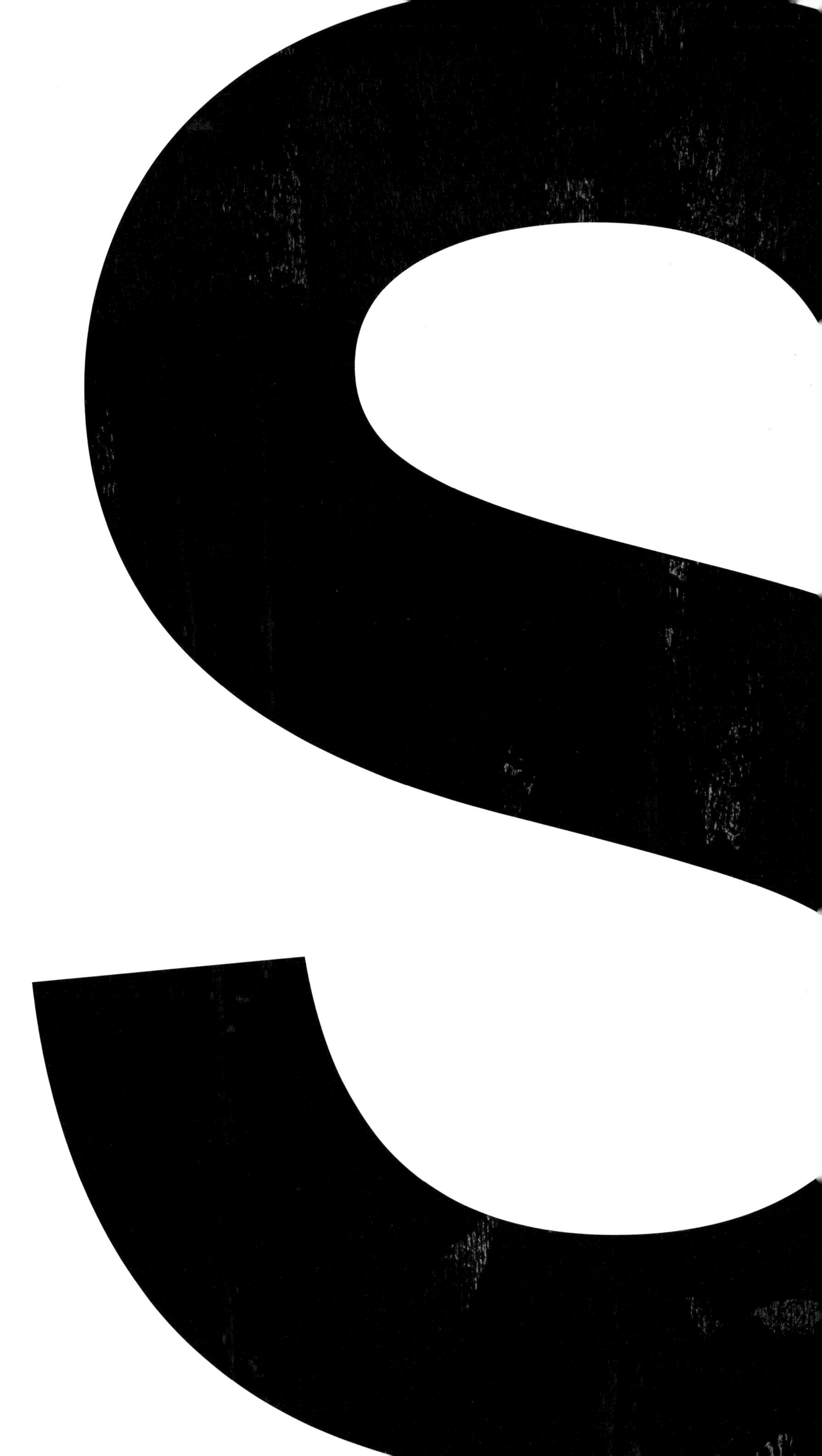

Pechsteins Jahresmappe der „Brücke“ 1912

Schon kurz nach der Gründung der „Brücke“ bemühten sich die Künstler um Kontakte zur Öffentlichkeit. Der Anstoß, Nicht-Künstler als Unterstützer zu werben, kam von Emil Nolde, der auf Initiative von Schmidt-Rottluff im Mai 1906 der Gruppe beigetreten war. Schon Anfang März 1906 hatte er die Idee einer festen, finanziell verpflichtenden Einbindung von Sammlern und Kunstfreunden aufgebracht, um die wirtschaftliche Situation der „Brücke“ zu verbessern und auch um geplante Ausstellungstourneen zu finanzieren. Als Gegengabe für ihren Jahresbeitrag von 12 Mark – 1912 wurde er auf 25 Mark angehoben – erhielten die passiven Mitglieder eine Mitgliedskarte in Form einer Originalgraphik, außerdem einen Jahresbericht, der meist ebenfalls eine Graphik enthielt, sowie eine Jahresmappe.

Diese Jahresmappen gehören heute zu den wichtigsten Dokumenten des deutschen Expressionismus. Sie geben einen Querschnitt durch das graphische Schaffen der „Brücke“ und sind ein Spiegel der rasanten Stilentwicklung vom Jugendstil zum Expressionismus. Die Auflagenhöhe der Mappen richtete sich nach der Anzahl der passiven Mitglieder. 1907 gehörten der Gruppe bereits 29 passive Mitglieder an, darunter der Hamburger Sammler Gustav Schiefler sowie Pechsteins Lehrer an der Akademie, Otto Gussmann. Im Mitgliederverzeichnis von 1909 sind 19 neue Mitglieder verzeichnet, unter ihnen die Hamburger Kunsthistorikerin Rosa Schapire und der Sammler und ehemalige Weimarer Museumsdirektor Harry Graf Kessler, die beide rückhaltlos für die Moderne eintraten und zu den prominentesten Mitgliedern gehörten.

Im Katalog zur Ausstellung der „Brücke“ in der Galerie Arnold in Dresden 1910 werden 68 Mitglieder aufgeführt. Die Jahresmappen

der Jahre 1906 bis 1908 besitzen noch kein Titelblatt und setzen sich aus drei bis vier Graphiken verschiedener Künstler zusammen. Die vier Jahresmappen von 1909 bis 1912, die jeweils drei Graphiken enthielten, haben dagegen einen Umschlag beziehungsweise eine Titelseite und sind jeweils einem Künstler gewidmet, wobei das Titelblatt jeweils von einem Künstlerkollegen gestaltet ist. Die Jahresmappen wurden immer im Frühjahr des betreffenden Jahres an die Mitglieder verschickt. Nach Schmidt-Rottluff, Kirchner und Erich Heckel war die Mappe von 1912 Max Pechstein gewidmet. Wie üblich hatte auch Pechstein drei Graphiken unterschiedlicher Technik geschaffen – eine Radierung, einen Holzschnitt und eine Lithographie –, die er, wie für die „Brücke" typisch, alle selbst gedruckt hat. Mit ganz unterschiedlichen Motiven wollte er zudem einen Überblick über seine stilistische Entwicklung geben.
Fischerkopf VII Seite — 219 ist im Sommer 1911 in Nidden entstanden, als Teil einer Holzschnittserie mit insgesamt elf Köpfen von Fischern. Formstreng, mit den für die „Brücke"-Technik radikalen Schnitten evoziert er eine Ausdruckskraft von stärkster Wirkung, eine markante Darstellung, die heute zu den Inkunabeln der Holzschnittkunst der „Brücke" gehört.
Die in Blau und Grün handkolorierte Lithographie *Der Tanz – Tanzende und Badende am Waldteich* von 1912 Seite — 221 zeigt dagegen die Eleganz und Leichtigkeit des Ausdrucks, die für den an französischer Kunst geschulten Stil Pechsteins verbindlich ist. Alles ist dekorativ angelegt, mit übereinandergestaffelten Figuren, flächig und ohne Raumtiefe. Am 15. Mai 1912 schließlich wurde Pechstein aus der „Brücke" ausgeschlossen, weil er im Alleingang in der Berliner Secession ausgestellt hatte, in der „Brücke" aber die Regel galt, dass alle immer gemeinsam ausstellen. Wegen dieses Ausschlusses sollte die Jahresmappe ursprünglich nicht verteilt werden, aber aufgrund des Protests der passiven Mitglieder wurde die von Pechstein bereits hergestellte Auflage dann doch versandt.

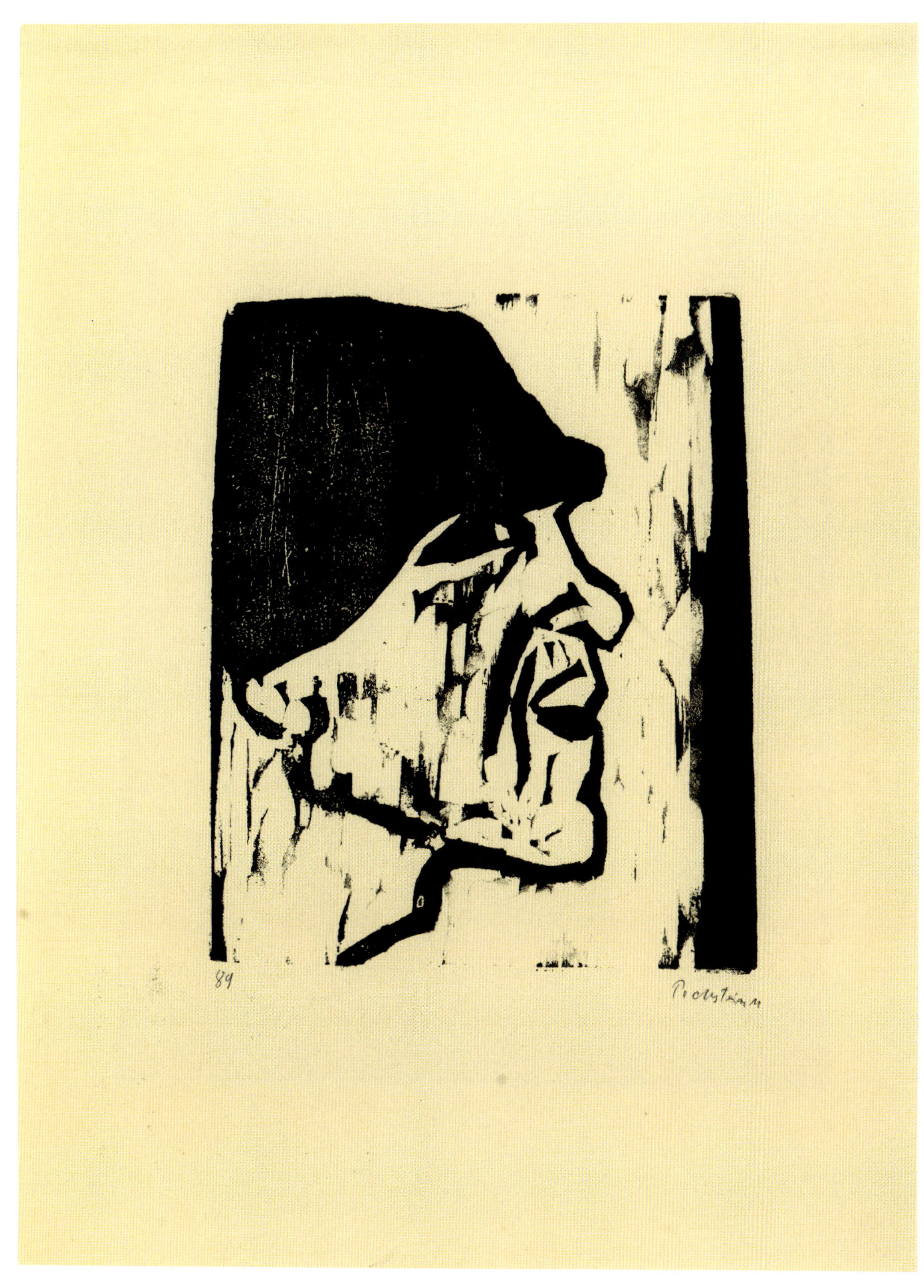

Max Pechstein
Fischerkopf VII, 1911

Max Pechstein
Der Tanz (Tanzende und Badende am Waldteich), 1912

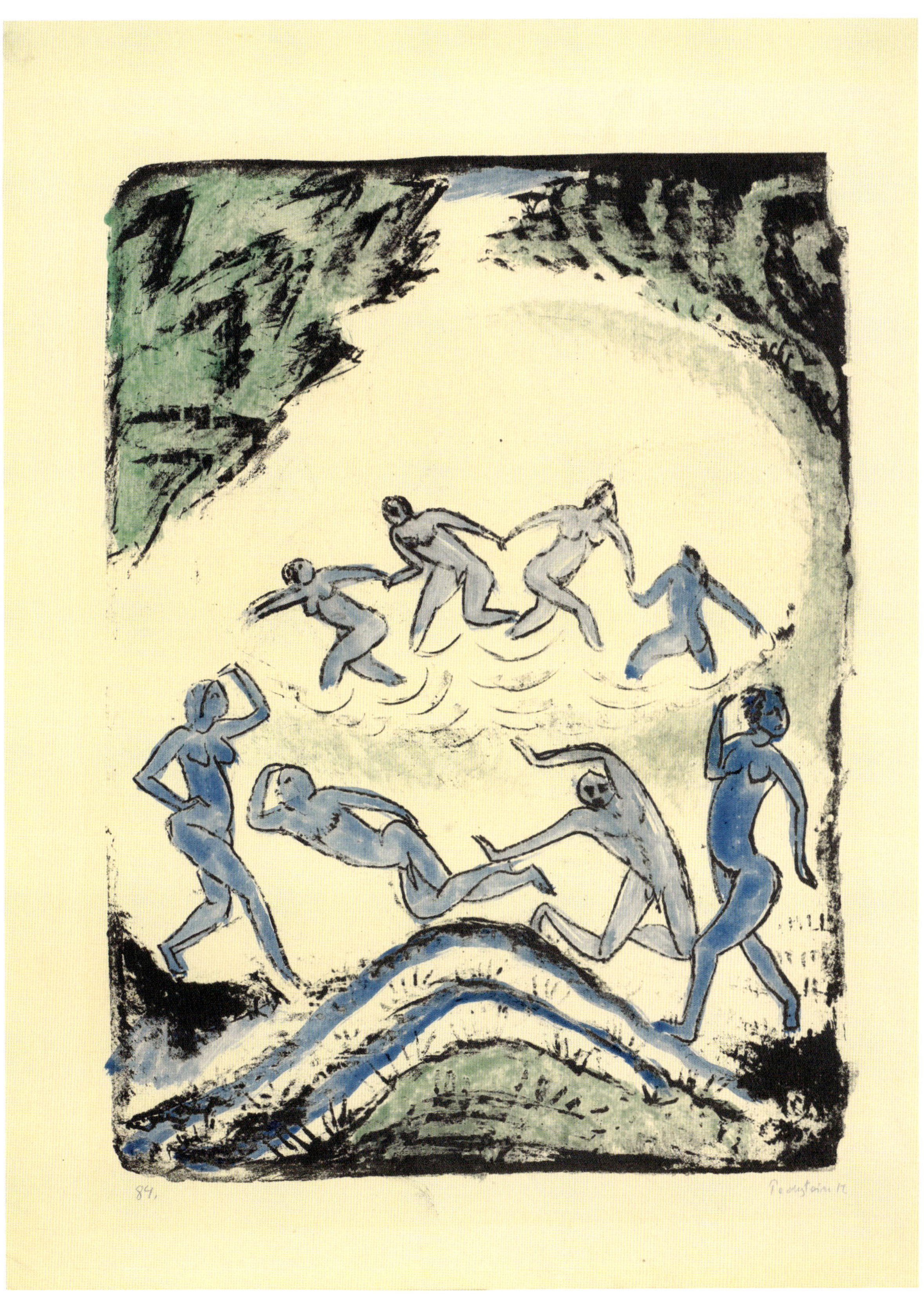

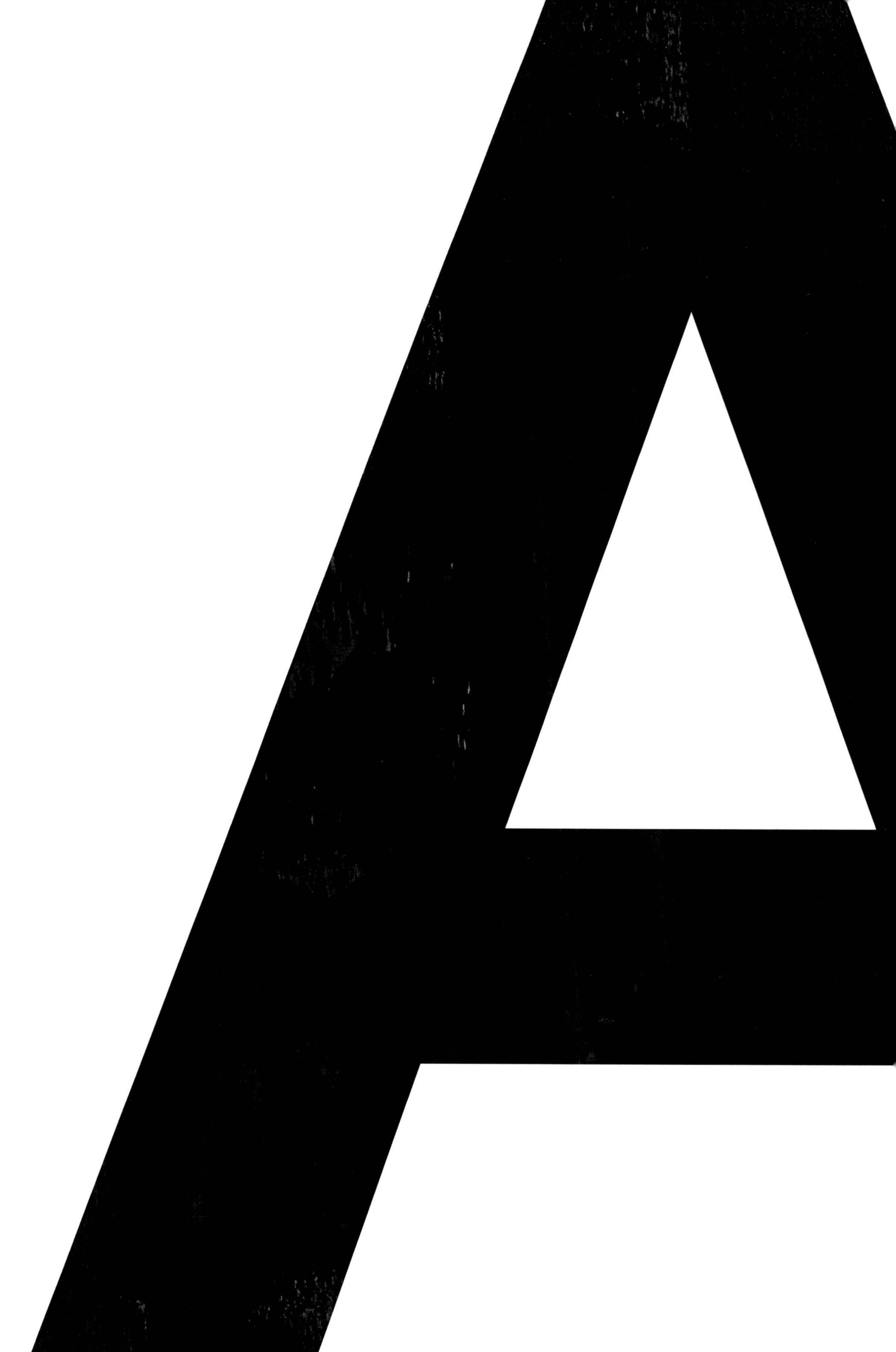

Kirchner und Erna Schilling

Anfang 1912 begegnete Kirchner in Berlin den Schwestern Erna und Gerda Schilling. So wie früher Dodo, Kirchners Freundin der Dresdener Jahre, seine sinnliche Figurendarstellung geprägt hat, so ist nun Erna Schilling mit ihrem herberen, schlanken Typus das Modell, das dem strengeren Stil der Berliner Schaffenszeit entspricht. Nach einer kurzen Liaison mit Gerda wurde Erna Kirchners Freundin und Lebensgefährtin, die ihm auch in die Schweiz folgen sollte. In seinem Schweizer Tagebuch schildert Kirchner das Zusammentreffen: „Wir [Kirchner und Heckel] wollten nach Fehmarn zusammen und suchten nach einem Mädchen, das wir außer der Sidi mitnehmen wollten. Ich fand die kleine Tänzerin, die im selben Lokal wie Sidi auftrat […]. Ich fand das Mädchen nett und bestellte sie zu mir, um zu sehen, ob sie sich eignete, resp. ihr Körper. Sie war nett, gut gebaut, nur sehr elend und traurig. Wir hatten Sympathie füreinander, und sie ging mit und lebte bis zur Abreise ganz bei mir."[1] Der schlanke Körper seines neuen Modells prägte nunmehr Kirchners Darstellungsweise des Aktes. Im Davoser Tagebuch heißt es dazu: „Die Gestaltung des Menschen wurde durch meine dritte Frau [Erna], eine Berlinerin, die von nun an mein Leben teilte, und deren Schwester stark beeinflusst. Die schönen architektonisch aufgebauten, strengförmigen Körper dieser beiden Mädchen lösten die weichen sächsischen Körper ab. In tausenden von Zeichnungen, Graphiken und Bildern (erziehen) diese Körper mein Schönheitsempfinden zur Gestaltung der körperlich schönen Frau unserer Zeit."[2] Die großformatige Kohlezeichnung *Sitzendes nacktes Mädchen* von 1912/13 Seite — 225, die Erna Schilling in Kirchners Atelier vor einem unfertigen Gemälde und neben einem gebatikten Stofftuch zeigt, gibt den Körper anatomisch genau wieder. Kirchner modelliert sorgfältig die einzelnen Körperteile, das Gesicht ist individuell erfasst. Erna hat den Blick melancholisch nach unten gesenkt, und auch die Körperhaltung hat etwas Stilles, Resigniertes. Eine neue Grundstimmung taucht in Kirchners Schaffen auf: Seine Ausdrucksweise wird in Berlin zunehmend psychologisierend, sie verliert das Heitere und Unbeschwerte, das die Darstellungen Dodos ausgezeichnet hatte. Ein Leiden an der Welt, am Dasein ist bei Kirchner analog zur damaligen expressionistischen Literatur latent greifbar, resultierend aus der Konfrontation mit den Schattenseiten der Großstadt wie wohl auch seiner wirtschaftlich ungesicherten Existenz als Künstler.

Erna Schilling diente Kirchner auch als Prototyp seiner Kokottendarstellungen von 1913 bis 1915, die er zunächst in Innenräumen darstellte Seiten — 284, 285, dann auf der Friedrichstraße Seite — 283 und dem Potsdamer Platz Seite — 290, Abb. 2.

---

1 Lothar Grisebach (Hrsg.), E. L. Kirchners Davoser Tagebuch, Köln 1968, Neuausg. durchges. v. Lucius Grisebach, Köln 1997, S. 248.

2 Ebd.

Ernst Ludwig Kirchner
Sitzendes nacktes Mädchen, 1912/13

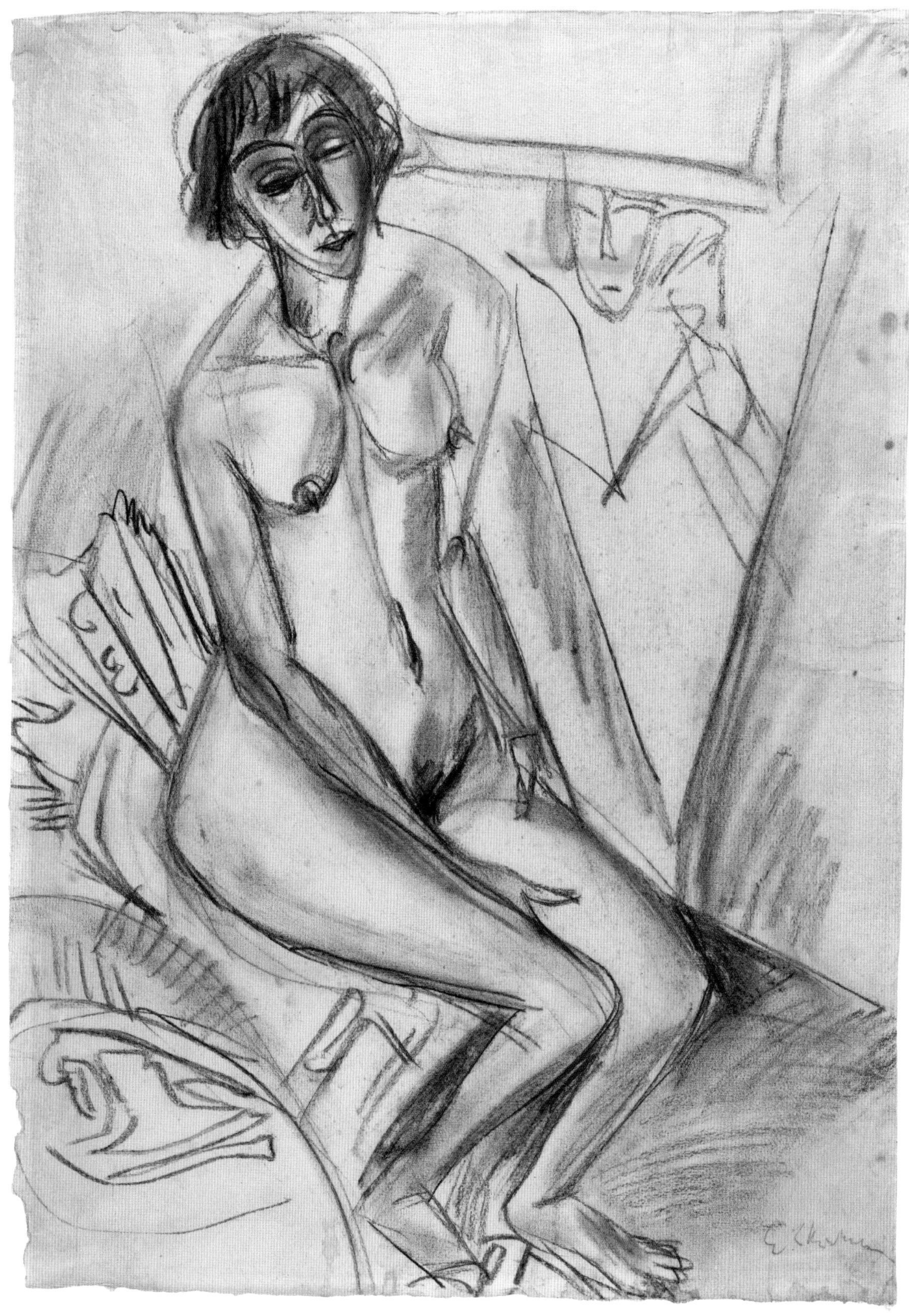

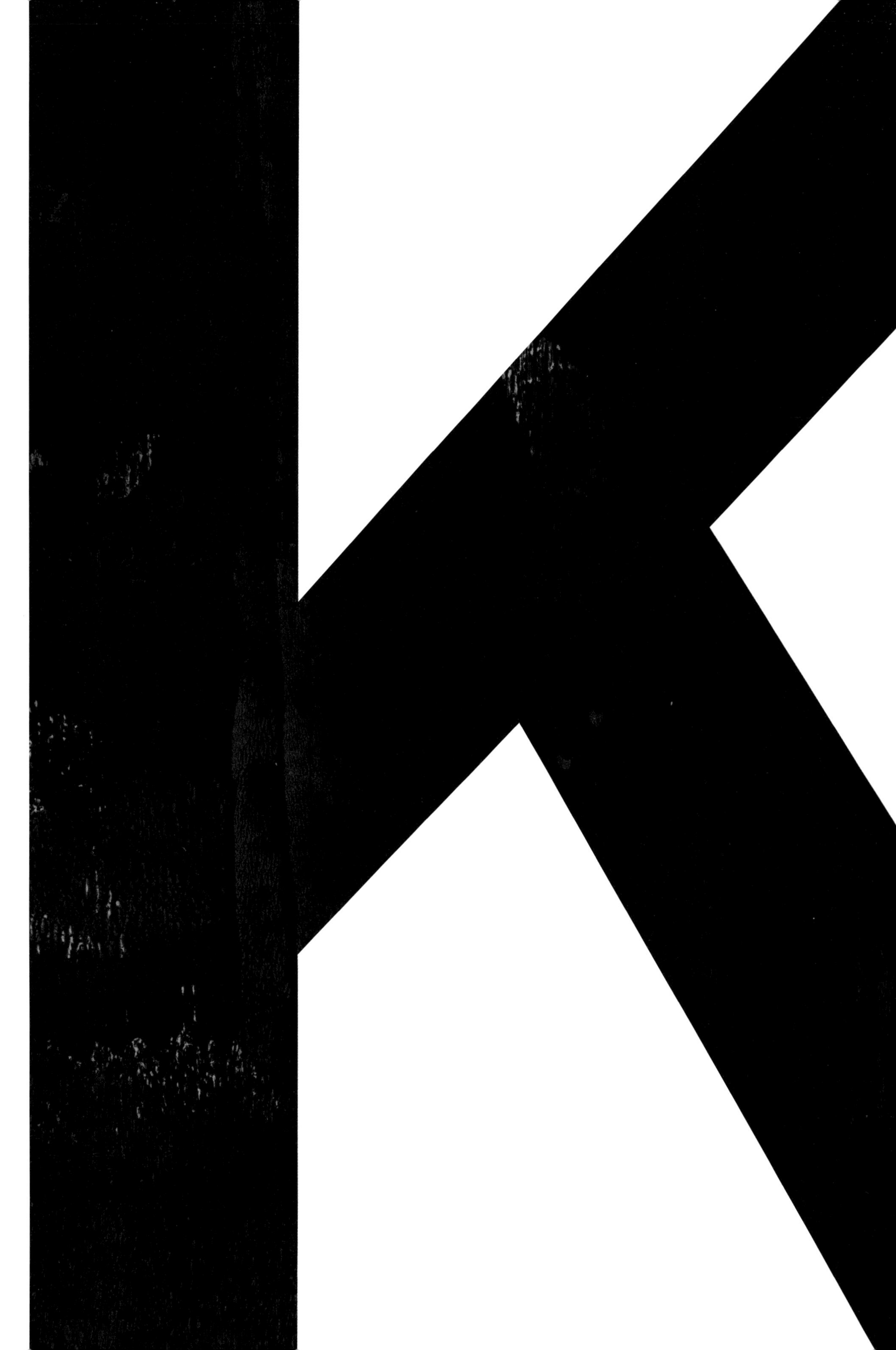

Kirchner auf Fehmarn

Kirchner verbrachte den Sommer 1912 erstmals seit 1908 wieder auf der Ostseeinsel Fehmarn. Diesmal mietete er sich bei dem Leuchtturmwärter Lüthmann in Staberhuk an der äußersten Südostspitze der Insel ein. Diese abgelegene Stelle, an der der 1904 in Betrieb genommene Leuchtturm und die dazugehörigen Nebengebäude standen, kam seinem Wunsch nach ungestörtem Arbeiten sehr entgegen. Außerdem fand er hier einen der interessantesten Küstenstreifen der Insel mit einer lehmigen Steilküste und einem steinigen Strand, der bis ins Wasser hinein von großen Findlingen durchsetzt war. Eine Vegetation, die aus Bäumen und bis zum Wasser reichenden Sträuchern bestand, verlieh dem Küstenstreifen einen wilden, urwüchsigen Charakter. Der Blick reichte uneingeschränkt auf die im Sommer blaue Ostsee und den weiten norddeutschen Himmel. Begleitet wurde Kirchner von seiner neuen Berliner Freundin Erna Schilling; zeitweilig war Erich Heckel mit seiner Freundin, der Tänzerin Sidi Riha, zu Besuch.

Während bei Kirchners erstem Aufenthalt 1908, als er ein Quartier in dem Städtchen Burg inmitten der Insel hatte, die Wiedergabe der Landschaft und der Bauernhäuser im Vordergrund stand, so ist jetzt der nackte Mensch in der Natur das vorrangige Thema. Das paradiesische, freie Leben, die Einheit von Mensch und Natur darzustellen, war der große Gewinn und die Entdeckung der von 1909 bis 1911 an den Moritzburger Teichen verbrachten Sommer gewesen. Nach der Übersiedlung nach Berlin sollte nun Fehmarn den Ausgleich zum großstädtischen Leben bieten. Auch in den Jahren 1913 und 1914 war Kirchner auf Fehmarn. Seine Palette ändert sich hier: Das Grün der Pflanzen, das Blau des Wassers und die ockerfarbenen Körper der Badenden dominierten die nun entstehenden Gemälde und Aquarelle. Die auf Fehmarn geschaffenen

Werke machen etwa die Hälfte von Kirchners künstlerischer Produktion dieser Jahre aus. Über den Aufenthalt 1912 schreibt Kirchner am 31. Dezember an den Hamburger Sammler Gustav Schiefler: „Wie Sie wohl wissen, war ich diesen Sommer nach 5 jähriger Pause wieder in Fehmarn. Ich will auch nächstes Jahr wieder hin, der ganz starke Eindruck des ersten Dortseins hat sich vertieft, und ich habe dort Bilder gemalt von absoluter Reife, soweit ich das selbst beurteilen kann. Ocker, blau und grün sind die Farben von Fehmarn, wundervolle Küstenbildung manchmal von Südseereichtum, tolle Blumen mit fleischigen Stilen und dazu eine durch Inzucht ziemlich degenerierte Bevölkerung. Wenn es ginge, würde ich mich freuen, wenn Sie im nächsten Jahr einmal herauf kämen, um sich das anzusehen.“[1] Neben Gemälden, Zeichnungen und Aquarellen geht auch eine größere Anzahl von Druckgraphiken auf die Fehmarn-Aufenthalte zurück. In dem 1912 geschaffenen Farbholzschnitt *Badende Frauen zwischen weißen Steinen, Fehmarn* Seite —— 132, Abb. 3 sind Erna Schilling und wahrscheinlich Sidi Riha als Modelle zu sehen. Kirchner verbindet hier die von den indischen Ajanta-Malereien abgeleitete Eleganz der Form mit der Herbheit der Insellandschaft. Die Akte sind zwischen die großen Strandsteine und die Vegetation, die sich bis in die Strandzone vorschiebt, platziert.

1913 dann wurden Kirchners Holzschnitte radikaler. Durch die Berliner Einflüsse änderten sich nicht nur sein Stil, sondern auch die stilistischen Ausdrucksmittel seiner künstlerischen Aussagen: die Formen werden vereinfacht und ein starker Schwarz-Weiß-Kontrast dominiert mit nervösen Schraffurenschnitten. Treffende Beispiele hierfür sind *Fehmarnmädchen* Seite —— 230 mit der Darstellung der Töchter des Leuchtturmwärters und *Steilküste mit runder Bucht, Fehmarn (Dünenabhang mit runder Bucht)* Seite —— 215.

---

1 Ernst Ludwig Kirchner, Gustav Schiefler. Briefwechsel 1910–1935/1938, bearb. von Wolfgang Henze in Verbindung mit Annemarie Dube-Heynig und Magdalena Kraemer-Noble, Stuttgart/Zürich 1990, S. 61.

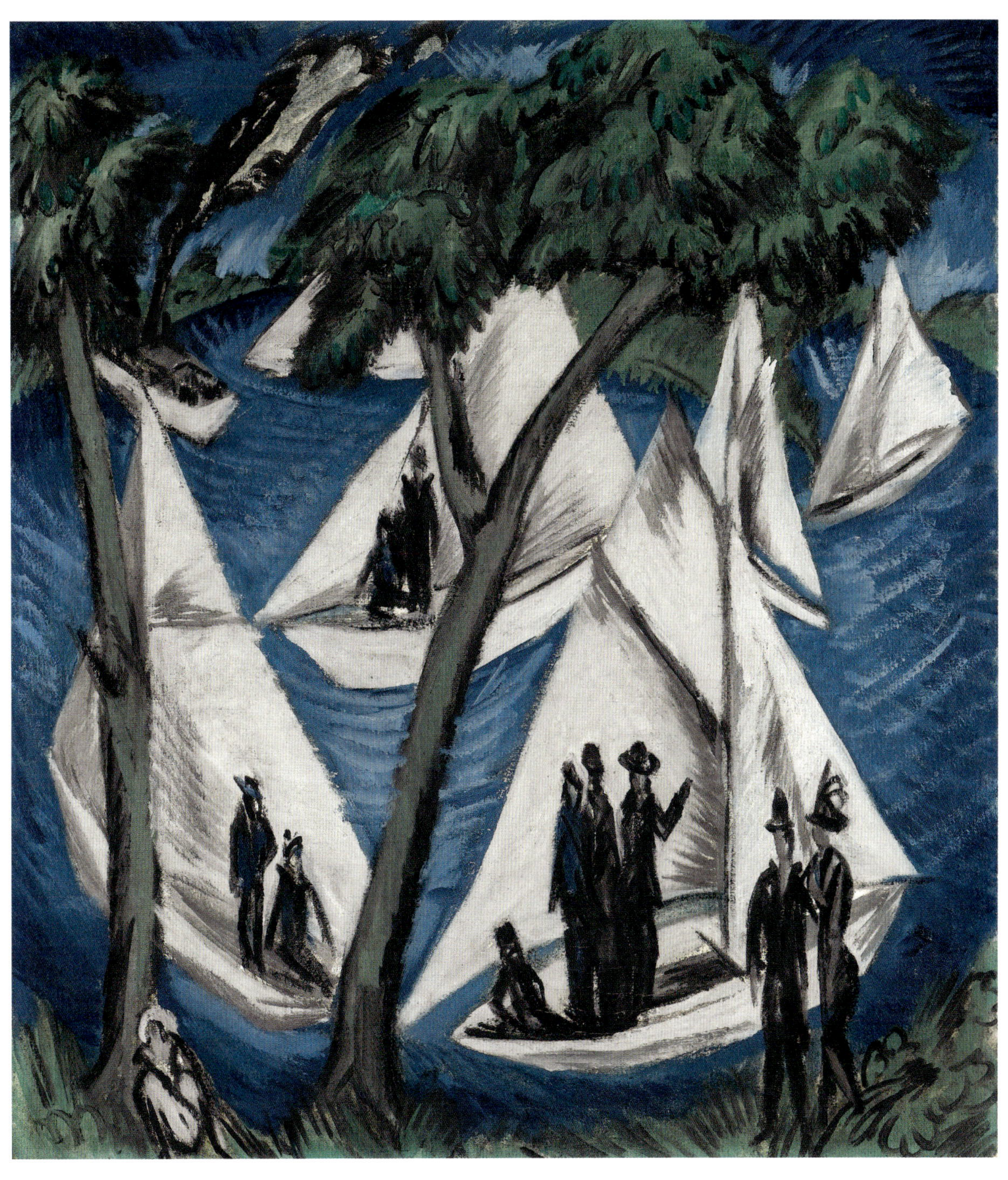

Ernst Ludwig Kirchner
Segelboote bei Grünau, 1914

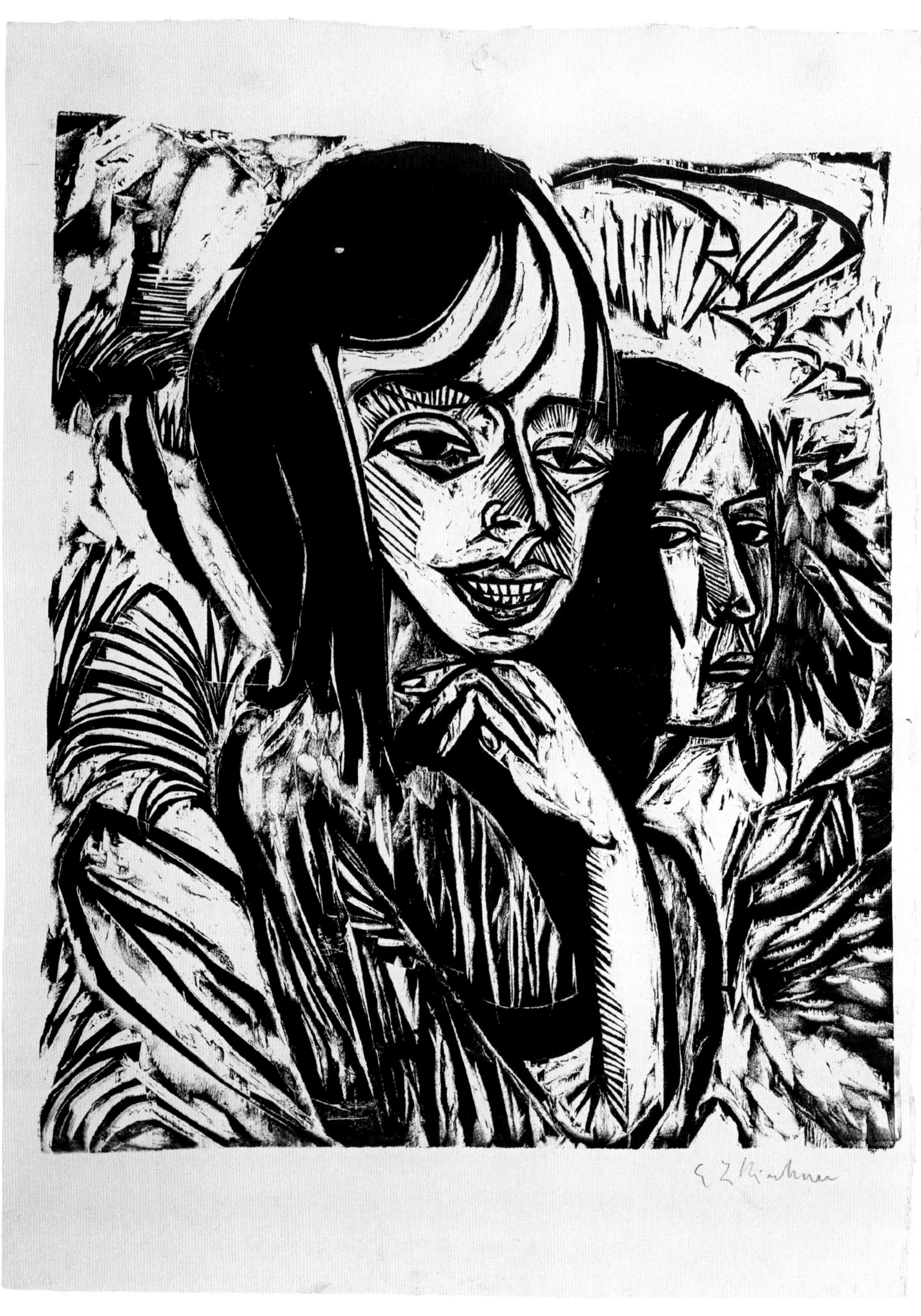

Ernst Ludwig Kirchner
Fehmarnmädchen, 1913

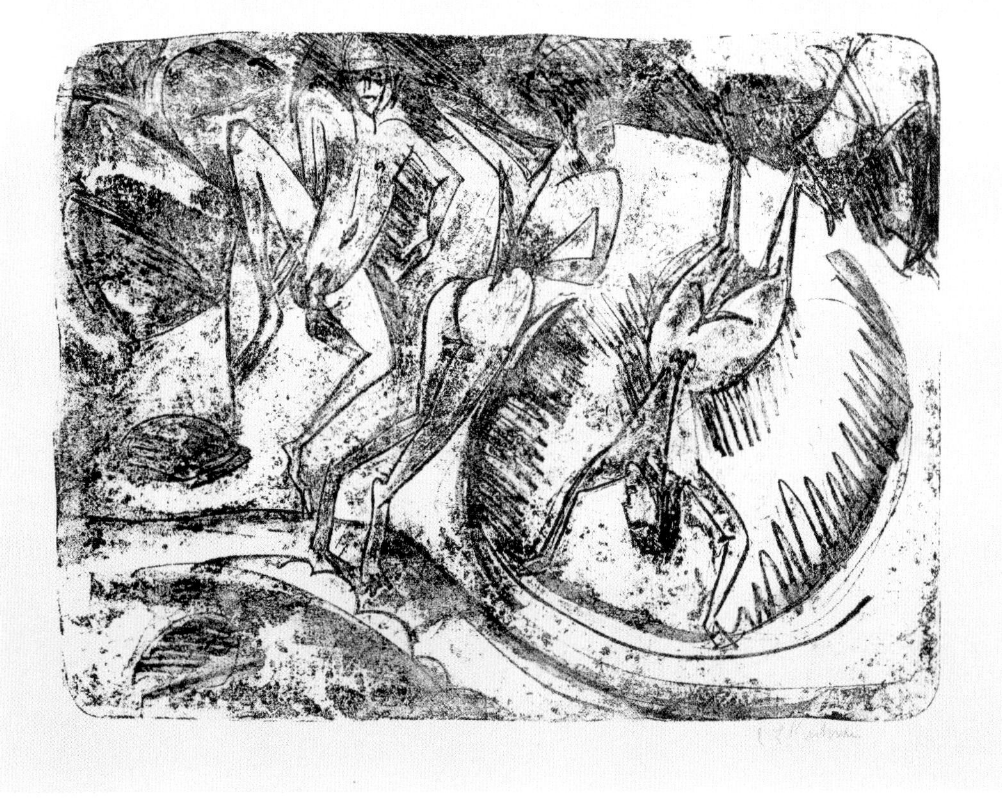

Ernst Ludwig Kirchner
Liegende Akte am Meer, 1913

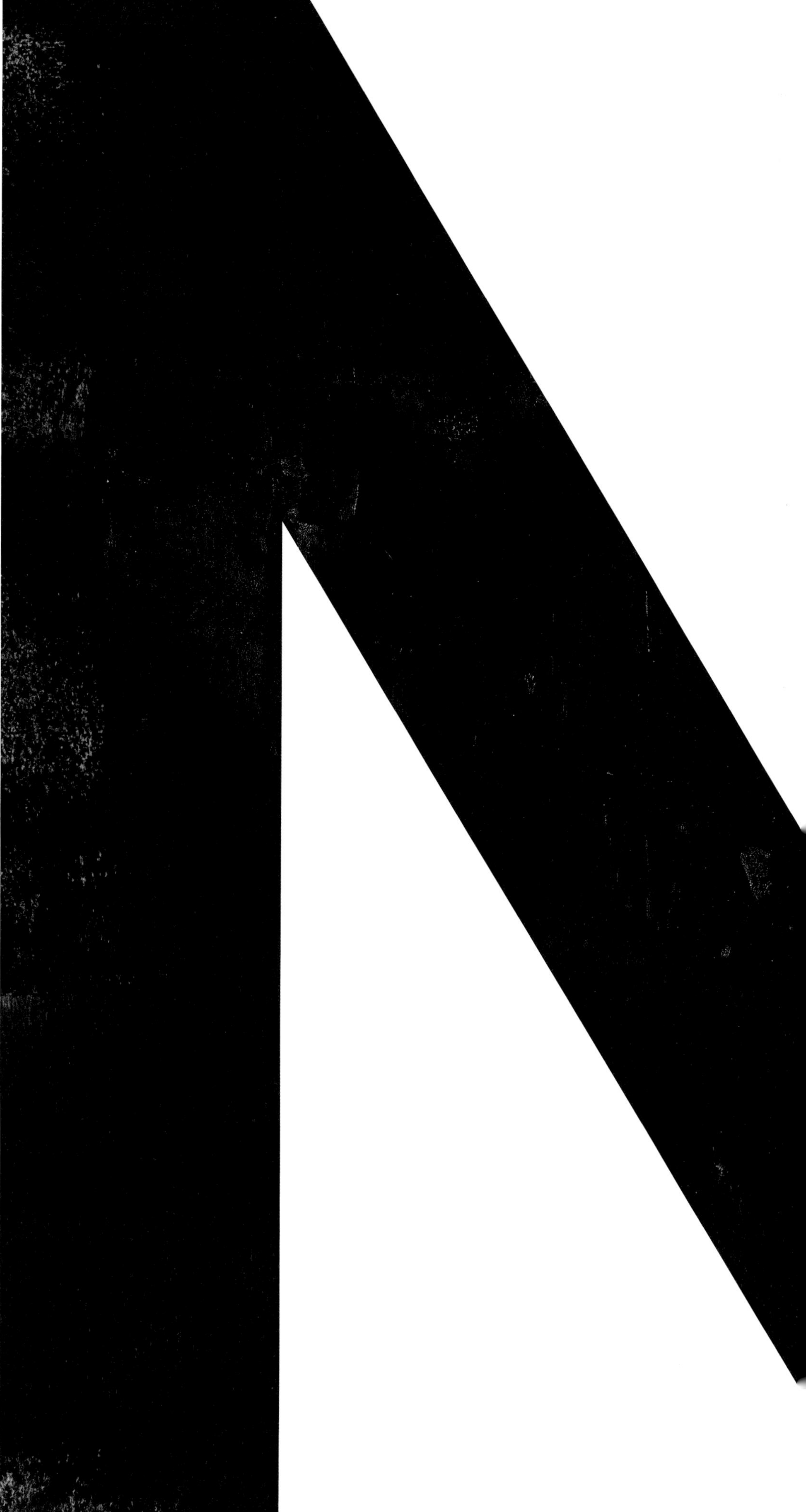

Schmidt-Rottluff in Nidden 1913

Nach der Auflösung der „Brücke" im Mai 1913 reiste Schmidt-Rottluff nach Nidden auf die Kurische Nehrung, jenen von Kiefern- und Birkenwäldern und riesigen Wanderdünen umgebenen Ort, den Pechstein 1909 entdeckt hatte. Schmidt-Rottluff wohnte wie Pechstein in einer Hütte am Strand, die dem Fischer Martin Sakuth gehörte. Hier konnte er fern von jeglicher Zivilisation ungestört arbeiten. Die für ihn neue Umgebung sollte ihn zu einer außergewöhnlichen Steigerung seiner Kunst führen. Den Niddener Bildern vorausgegangen war ein zunehmend intensives Sich-Vertiefen in das Verständnis afrikanischer Plastik. In den Völkerkundemuseen in Dresden, Leipzig und Berlin sowie von 1912 an auch in Hamburg konnte er die Eigenarten afrikanischer Kunst grundlegend studieren. Außerdem sammelte er selbst seit 1908/09 afrikanische Masken, Plastiken und Gebrauchsgegenstände.

Afrikanische Plastiken unterscheiden sich in ihrer Auffassungsweise völlig von europäischer Plastik. Sie stellen Analogien menschlicher Körper dar und setzen die Natur in einer knappen Form um, die jedoch ihre Wesensart konzentriert erfasst und in ihrer Funktion als Kultobjekte oder kultische Gebrauchsgegenstände eine geheime Wirksamkeit entfaltet. Afrikanische Plastik manifestiert generell eine Gestaltung von gewaltiger innerer Kraft.

Schmidt-Rottluff hat als einziger Künstler der „Brücke“ das besondere Wesen afrikanischer Kunst mit damals noch selten anzutreffendem innerem Verständnis erfasst. Analog zur afrikanischen Plastik suchte er auch in seiner eigenen Bildsprache nach radikaler Form, die mit dem Ausdrucksgehalt identisch sein sollte. Der Begriff der „inneren Kraft“ war bei ihm gleichfalls von entscheidender Bedeutung. Es war vor allem die Stammeskunst der Elfenbeinküste, die ihn faszinierte und deren besondere Suggestivkraft und formale Ausprägungen er seinem eigenen Schaffen zugänglich macht. Die Gemälde, die in Nidden entstanden, trugen zum ersten Mal in seinem Schaffen das Thema des Aktes in der Landschaft vor.

Wie aus einem Guss scheinen alle diese Werke zu sein. Schmidt-Rottluff hat in Nidden zu neuer künstlerischer Selbstständigkeit gefunden und produzierte aus einem einzigartigen Kreativitätsschub heraus. Er gestaltete seine Akte monumental, gab sie entweder stehend oder liegend zwischen Dünen, Bäumen und Sträuchern wieder. Sie sind ebenso rudimentär erfasst wie ihre Umgebung. Alles wird von Schmidt-Rottluff in klare, knappe Formen umgewandelt. Oft nehmen die Akte die ganze Höhe der Leinwand ein; sie beherrschen monumental die Komposition. Kräftige Konturen versetzen die Formen in Schwingung, Bewegung antwortet auf Gegenbewegung. Das Inkarnat glüht in kräftigem Rot-Orange. Lebensfreude und Sinnlichkeit kommen zum Ausdruck. Die Akte wirken wie kreatürliche Wesen, wie Bestandteile der sie umgebenden Natur.

Parallel zu den Ölbildern schuf Schmidt-Rottluff in Nidden auch eine Serie großformatiger Tuschpinselzeichnungen mit Akten Seite — 235. Die Köpfe sind mitunter überdimensional, die weiblichen Körperformen extrem herausgearbeitet, so als solle das Wesenhafte des Weiblichen schlechthin erfasst werden. So werden die Akte zu Symbolen, zu Metaphern für Fruchtbarkeit und gesteigerte Erotik.

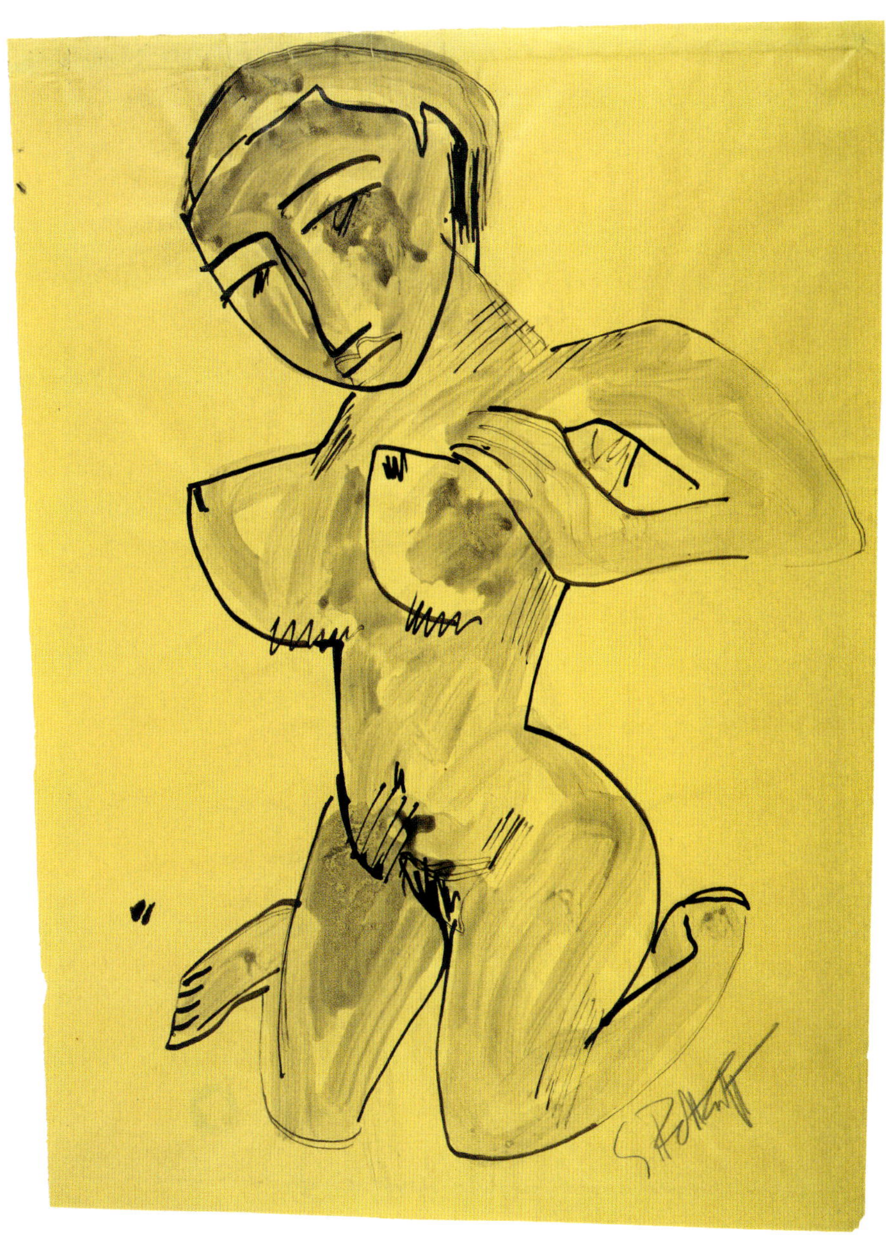

Karl Schmidt-Rottluff
Kniender weiblicher Akt, 1913

Karl Schmidt-Rottluff
Drei Akte (Dünenbild aus Nidden), 1913

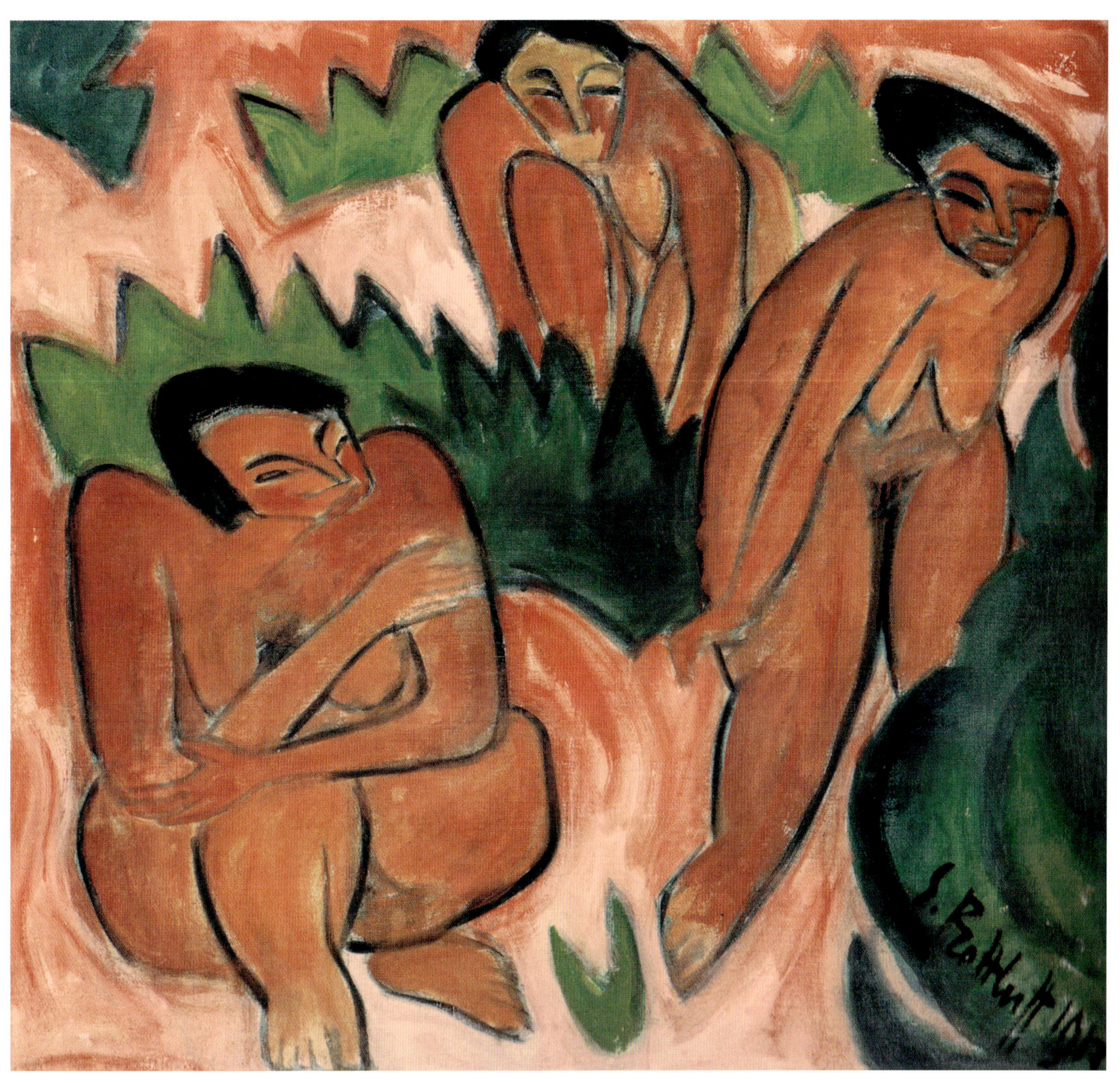

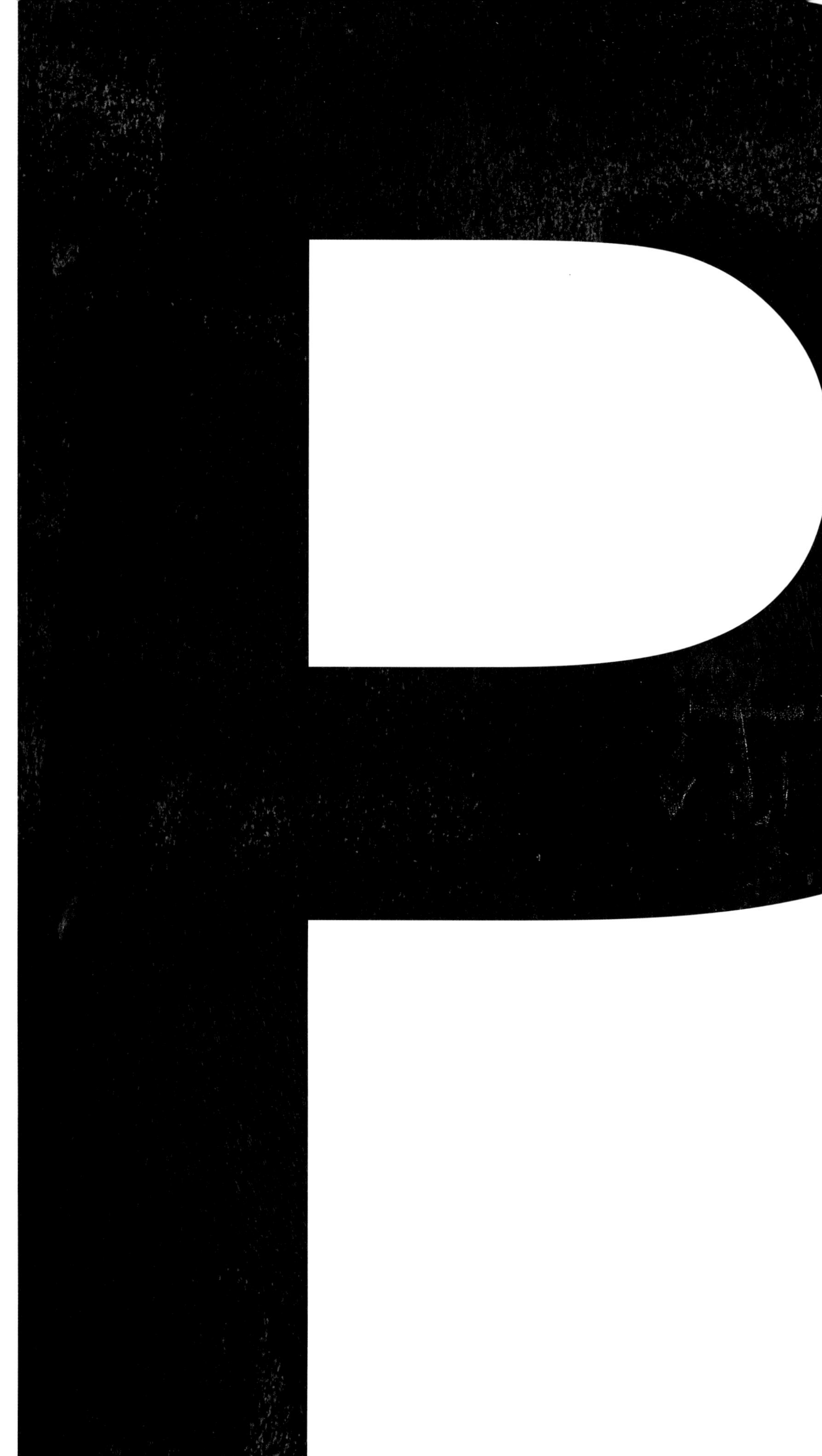

Max Pechstein, *Fischerboot*, 1913

Pechstein hielt sich im Sommer 1913 bei seinem Freund, dem Maler Alexander Gerbig, der den Villa-Romana-Preis erhalten hatte, in Florenz auf. Beide unternahmen Ausflüge in die Umgebung, um zu malen und zu zeichnen. Anfang September reisten sie an der ligurischen Küste entlang und stießen auf Monterosso al Mare, den größten der Orte der Cinque Terre. Pechstein war von der idyllischen Lage und der Verträumtheit des alten Fischerortes fasziniert, von der kleinen Bucht mit dem Sandstrand und den zu beiden Seiten ansteigenden Weinbergen. Er blieb hier vier Wochen und fand rasch den Kontakt zu den einheimischen Fischern. In mehreren Studien bereitete er die Komposition für das großformatige Gemälde *Fischerboot* Abb. — 1 vor, das er dann im Winter in Berlin ausführen sollte. „Daß wir mit den Fischern zum Fang hinausfuhren und mithalfen, brauche ich nicht besonders zu erwähnen. Das ganze Leben spielte sich bis auf die Mittagszeit im Freien ab. Der Stift ruhte nicht, um all dies vielfältige Leben festzuhalten. Hinzu kamen die neuen Probleme der ineinandergeschachtelten, den Berg hinaufstrebenden Häusergruppen, die mich zwangen, Flächengliederungen zu finden. Von allem ist mir noch das rauschhafte Erfühlen der Sonnen gegenwärtig. An einem Mittag gelang es mir, ein wenn auch kleines, doch so erkenntnisreiches Werk zu

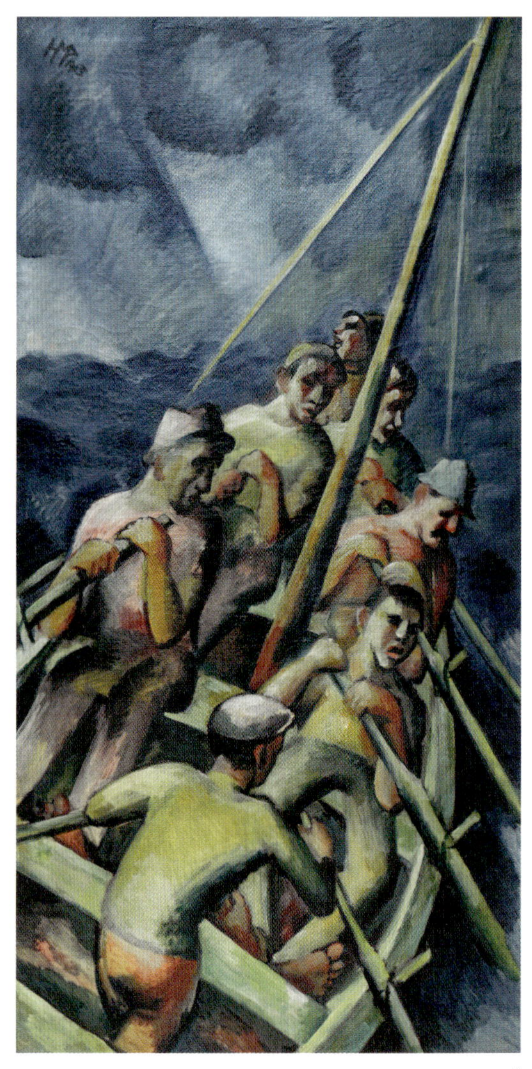

1

Abb. 1
Max Pechstein
Fischerboot, 1913

schaffen, von dem ausgehend ich dann aus dem vollen alle Natur um mich herum gestalten konnte. Damals habe ich mich mit den Fragen des Kubismus beschäftigt, mit den Gesetzen von Licht und Schatten, mit der Technik al fresco auf Papier und griff stark in die Plastik hinüber [...]. Aus den vielen Studien, fertigen Bildern und Entwürfen entstand im Laufe des Winters 1913 eine meiner wichtigsten Arbeiten, das ‚Fischerboot' im Hochformat."[1] Das in ungewöhnlich schmalem Hochformat angelegte Gemälde erfasst das mit unruhiger See kämpfende Boot in kühner Diagonalperspektive. Im Hintergrund schildert Pechstein den bedrohlichen, prismatisch aufgebrochenen wolkenverhangenen Himmel. Die heftig rudernden Fischer, deren Boot am unteren Bildrand abgeschnitten ist, um die Szene noch eindringlicher erscheinen zu lassen, gibt Pechstein in ausgeprägter Plastizität wieder, mit stark modellierendem Schwarz und Weiß. Pechsteins Stil nahm gegen Ende 1913 eine kompakte Struktur an, alles wirkt wie gebaut und wird dadurch monumentalisiert.

---

1 Max Pechstein, Erinnerungen, hrsg. von Leopold Reidemeister, Wiesbaden 1960, 2. Aufl. Stuttgart 1993, S. 54.

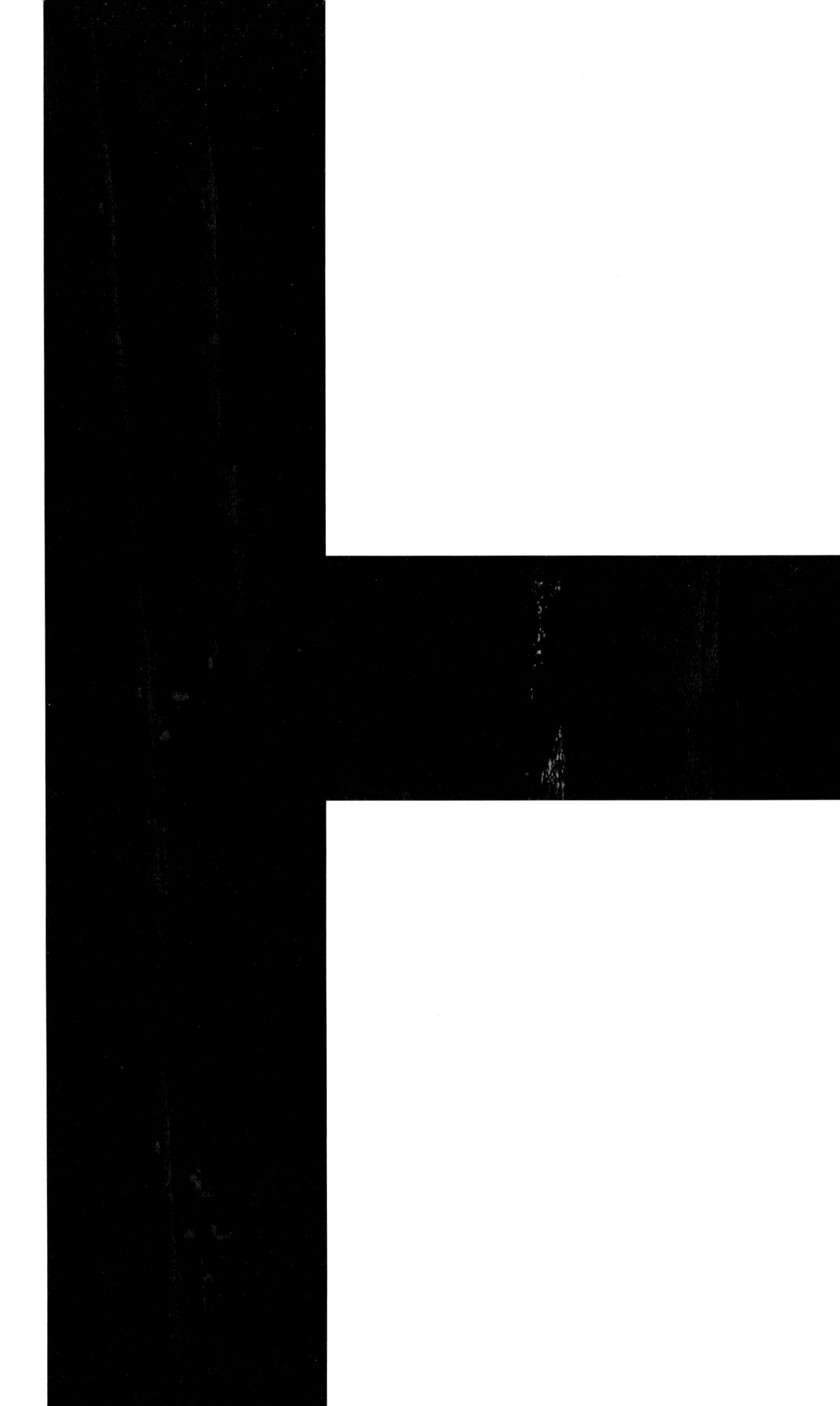

Heckel an der Flensburger Förde

Heckel reiste im Sommer 1913 von Mellingstedt aus, wo er seinen Förderer Gustav Schiefler besucht hatte, die schleswig-holsteinische Nordseeküste entlang bis nach Niebüll. Mit dem Zug erreichte er Flensburg. Von da aus unternahm er eine Schiffsfahrt über die Förde, die zur Entdeckung des kleinen Ortes Osterholz führte, den er vom Wasser aus gesehen hatte. Von der idyllischen Lage direkt an der Förde angetan, begab es sich auf dem Landweg dorthin, denn Heckel war auf der Suche nach einem neuen Ort für seine Sommeraufenthalte, nachdem er Dangast aufgegeben hatte. Die Nordseeküste kam nicht in Betracht, da alles zu sehr an Dangast erinnerte. Aber Angeln, wie die südlich und östlich von Flensburg gelegene Moränenlandschaft genannt wird, mit ihren sanften Hügeln und den sogenannten „Knicks", breiten Hecken, die die einzelnen Felder und Wiesen voneinander trennten, sagte ihm zu. Vor allem gefiel ihm der Blick auf die blaue Ostsee sowie die Steilküste mit dem schmalen, steinigen Uferstreifen. Am 7. Juli 1913 schrieb er in einem Brief aus Osterholz an den befreundeten Kunsthistoriker Walter Kaesbach: „Es ist ja immer so, dass ich eine Idealheimat habe und Stücke davon hier und da finde, da gehören Berge und welliges Gelände dazu, flache Ebene wie die Heide in Oldenburg, und Meeresküste, eine Flusslandschaft mit badenden Menschen. Wiesen mit weidenden Pferden, arbeitende, mühende Menschen." Heckel mietete sich 1913 bei dem Bootsbauer Peter Hansen ein. 1919 kauften Sidi und er ein eigenes Haus, das direkt an der Steilküste lag und einen eigenen Strand hatte. Bis in die vierziger Jahre sollte Heckel hierherkommen und arbeiten. In unzähligen Bildern hält er immer wieder den schmalen Uferstreifen fest, oftmals mit badenden Figuren, für die Sidi als Modell diente.

Im ersten Jahr des Aufenthalts entstand das Gemälde *Oluf Samsonsgang in Flensburg* Seite —— 245. Es zeigt die kleine Gasse in der nördlichen Altstadt mit ihren malerischen Fischerhäuschen, die als direkter Durchgang zum Hafen genutzt wurde. Namensgeber war der dänische Kaufmann Oluf Samson, der im 16. Jahrhundert die Bebauung der Gasse veranlasst hatte. Im Hintergrund ist der Turm der hochgelegenen St.-Jürgen-Kirche auf der anderen Seite des Hafenbeckens zu sehen. Zugunsten des Bildausdrucks nahm Heckel bestimmte Verfremdungen der vorgegebenen Realität vor: Er verzichtet auf Perspektive zugunsten einer extrem flächigen, gerafften Darstellungsweise. Dabei spannt er die Gasse bogenartig im Bildvordergrund, sodass sich die Häuser, vor allem auf der rechten Seite, zur Mitte hin orientieren. Die mit sehr trockenem Pinsel aufgetragene Farbe vernachlässigt mit dem gelb wiedergegebenem Himmel, den blauen Fensteröffnungen sowie vor allem der blau ausgeführten Gasse ebenfalls die Realität. Die kleinen Fischerhäuser sind nach Heckels Begegnung mit dem Kubismus stereometrisch erfasst, ein Stilmerkmal, das sich auch bei Schmidt-Rottluff findet und 1912 und 1913 besonders ausgeprägt ist.

Auf Heckels ersten Aufenthalt an der Flensburger Förde geht auch das Gemälde *Gelbe Segel* Seite —— 247 zurück, das Segelboote auf der Schlei bei Schleswig zeigt, im Hintergrund ein Fabrikgebäude. Auch hier wird die Realität verfremdet durch eine extreme Flächigkeit in der Komposition. Der Pinselduktus ist nervös, der Farbauftrag dünn und spröde. Heckel setzte hier gleichfalls die intensiven schwarzen Konturlinien ein, wodurch die Darstellung noch mehr in der Fläche verspannt wird und etwas Unwirkliches, Bedrohliches erhält. Nach seiner Rückkehr nach Berlin sind weitere Gemälde entstanden wie auch eine Anzahl von Holzschnitten, für die die zahlreichen Aquarelle und Zeichnungen, meist mit Badenden an dem schmalen Steinstrand, als Vorlage dienten Seite —— 246.

Erich Heckel
Oluf Samsonsgang in Flensburg, 1913

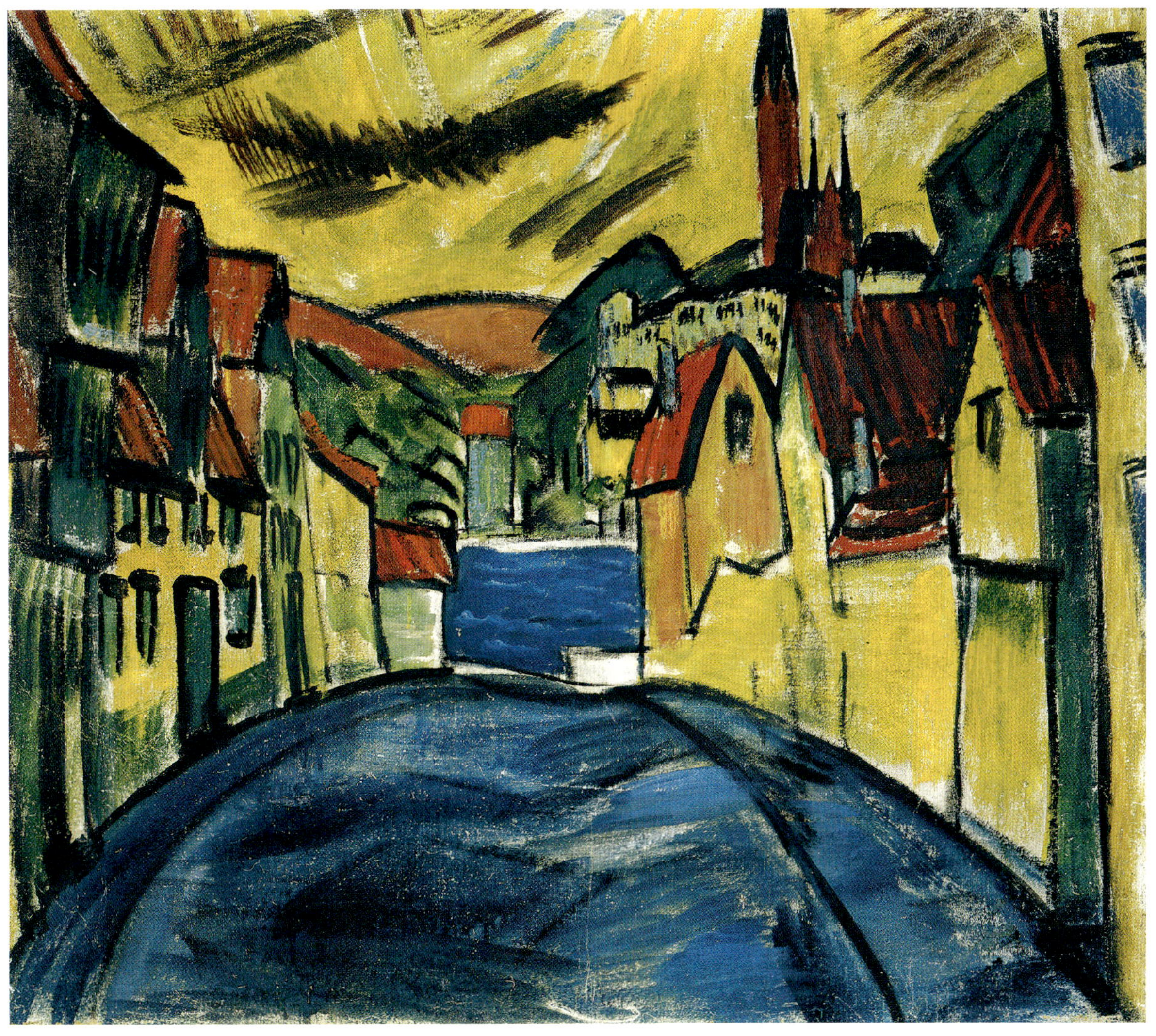

Erich Heckel
Zwei sitzende Frauen, 1912

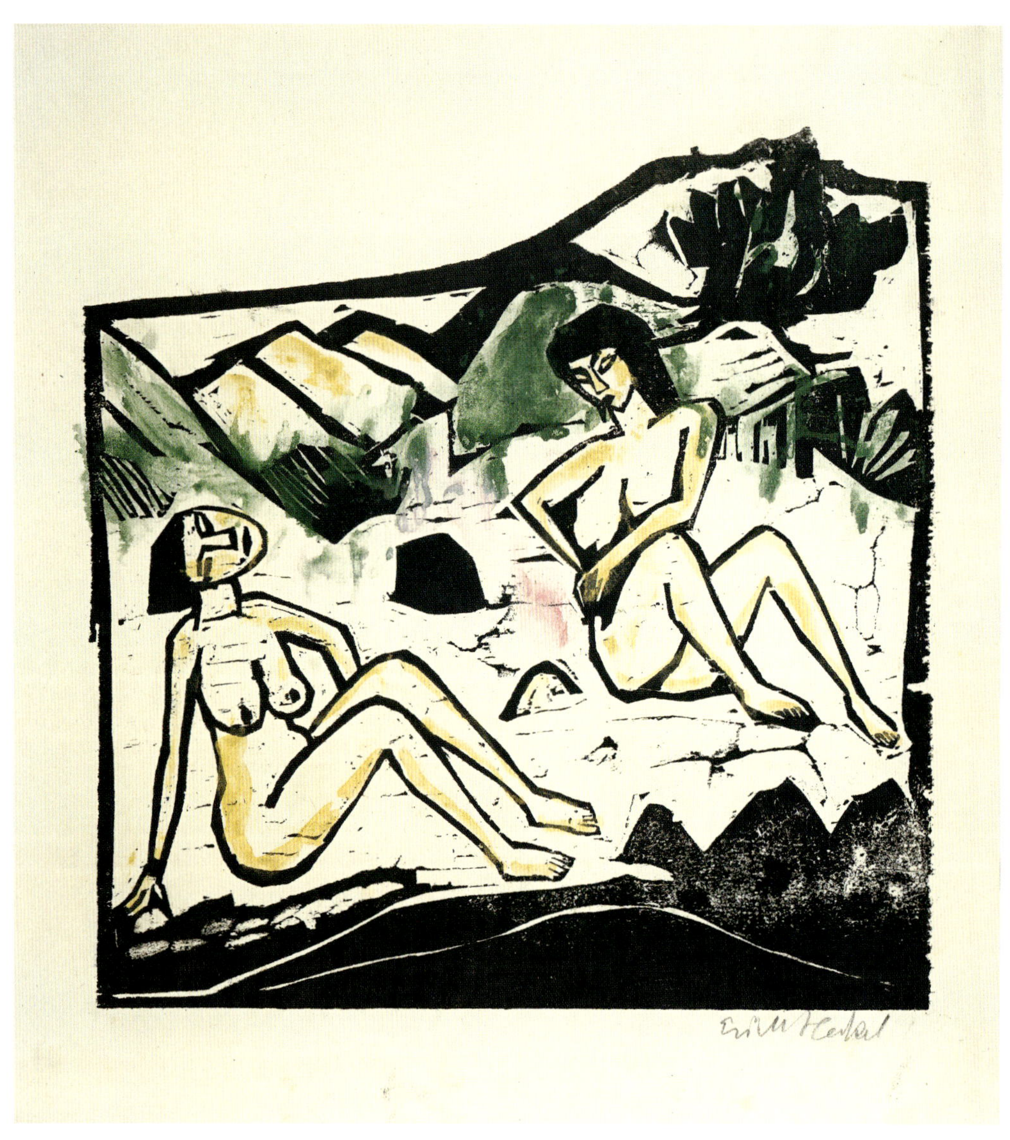

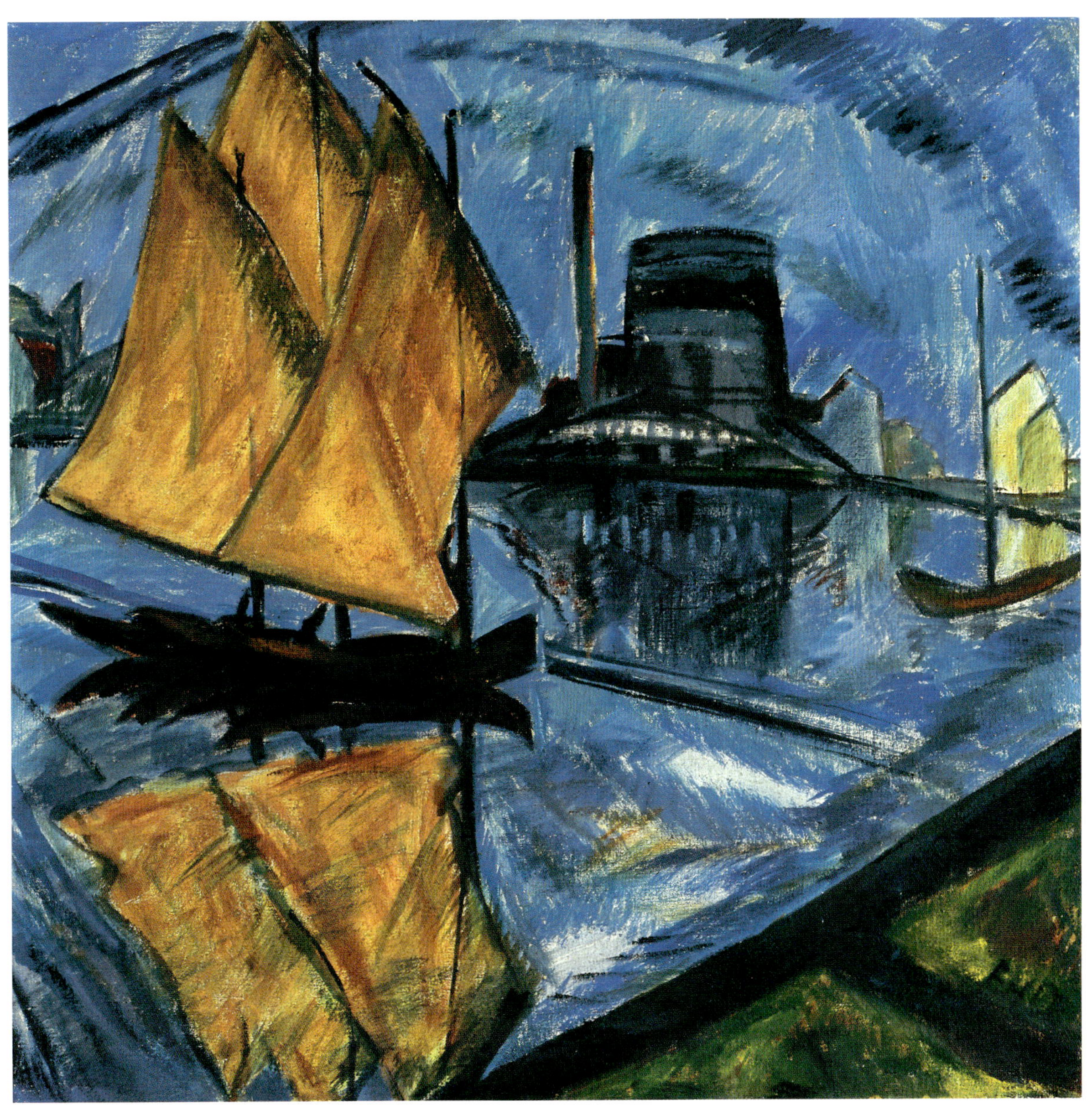

Erich Heckel
Gelbe Segel, 1913

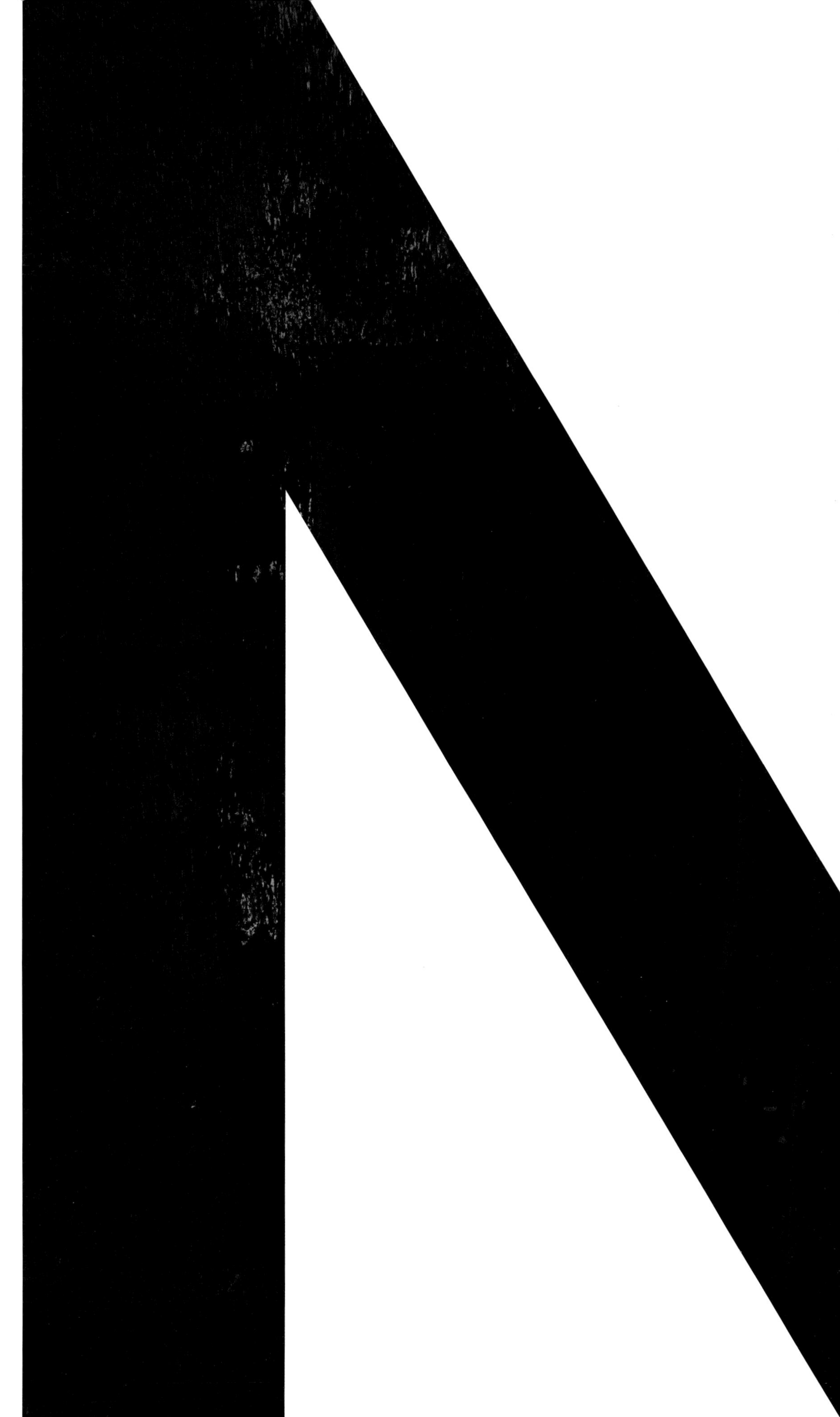

Heckels kristalliner Stil

Nicht nur durch das Leben in der Großstadt Berlin, sondern auch durch Heckels neue Kontakte und Freundschaften änderten sich sein Stil wie auch seine innere Befindlichkeit. Im März 1912 hielt sich Franz Marc in Berlin auf, um Werke der „Brücke“ für die zweite Ausstellung des „Blauen Reiters“ auszusuchen. Im Herbst desselben Jahres lernte er Lyonel Feininger kennen. Zu beiden Künstlern entstand ein näherer Kontakt, aus dem sich eine Freundschaft entwickelte. Künstlerische Probleme wurden diskutiert.
Im Sommer 1912 sah Heckel auf der „Sonderbund“-Ausstellung in Köln zum ersten Mal Werke des Kubismus von Picasso und Braque im Original. Bereits im April war in der „Sturm“-Galerie von Herwarth Walden in Berlin die aufsehenerregende Ausstellung der italienischen Futuristen gezeigt worden. Heckel begann seine Bilder formal strenger aufzubauen, die Formen wurden einerseits kompakter, andererseits erhielten sie durch einen fedrigen, mitunter nervös-spitzwinkligen, lasierenden Farbauftrag auch eine gewisse Transparenz. Diagonal verlaufende Kraftlinien sind oft zu beobachten, auch begann er mit kristallinen Aussplitterungen zu arbeiten. Ähnlich wie Kirchner mit seinen nervösen Schraffuren reagierte auch Heckel auf den psychischen Druck, der von der Großstadt Berlin ausging.
Der Stilisierungsprozess nahm 1913 sogar zu. Im Juli verweilte er für einige Zeit im Ferienhaus von Gustav Schiefler in Mellingstedt im Norden Hamburgs, in dessen Nähe sich die Mellingburger Alsterschleuse befand. Das Gemälde *Die Mellingburger Alsterschleuse* Seite — 252 entstand während dieses Aufenthalts und verblieb anschließend in Schieflers Besitz. Heckel hat hier bereits zu seiner vergeistigten Bildsprache gefunden, die 1914 ihren Höhepunkt erreichte. Das Spiegelungsmotiv, das 1912 erstmals in

seinen Zeichnungen auftauchte, steigerte den Ausdruck des Bildes merklich. Die glatte, völlig ruhige Oberfläche des Wassers reflektiert detailreich das Schleusentor, den Himmel und die vegetative Randbewachsung sowie die Bäume. Weitere Gemälde und Zeichnungen entstanden im Juli 1913. Spiegelungen und das Einfangen des prismatisch gebrochenen Lichts bildeten eines der Hauptcharakteristika der Werke, die in den darauffolgenden Wochen in Osterholz an der Flensburger Förde entstanden. Als Hauptwerk der kristallinen Phase gilt das Gemälde *Gläserner Tag* Abb. — 1, das die Steilküste und einige der großen, dort im Wasser liegenden Findlinge zeigt. Lichtdurchtränkte kubistische Formen und die Spiegelung eines blauen Himmels und weißer Wolken bestimmen den geradezu metaphysischen Charakter des Bildes. Alles scheint sich zwischen Wirklichkeit und Utopie zu bewegen, und die schroffe Maltechnik intensiviert diese Entrücktheit der Darstellung.

Auch in Heckels Portraitbildern der Berliner Jahre rückt eine seelische Befindlichkeit in den Mittelpunkt, das Psychologische spielte nun eine wichtige Rolle. Nicht zuletzt sein intensiver Kontakt zu den Berliner Dichterkreisen fand damit seinen Niederschlag in seinem Schaffen. Oft sind es Kranke oder Genesende oder seine engen Freunde, die Heckel in nachdenklicher, melancholischer Stimmung einfing. Sein Menschenbild erweiterte und vertiefte sich. Anfang 1913 entstand das Gemälde *Laute spielendes Mädchen* Abb. — 2, das die kranke Sidi Riha in Heckels Dachatelier zeigt. Sie spielt ein Instrument, das Heckels Bruder Manfred aus Afrika mitgebracht hatte. In der Erfassung von Gesicht und Haar sind die kubistischen Tendenzen bereits greifbar, während die gesamte Komposition in großen Flächen und strengen Diagonallinien angelegt ist. Ganz anders erscheint dagegen das 1914 geschaffene Portrait Sidis, *Leidendes Mädchen* Seite — 259. Hier ist die Bildfläche aufgebrochen und in unterschiedliche Segmente unterteilt. Das Licht scheint von einer unbekannten Quelle herzurühren.

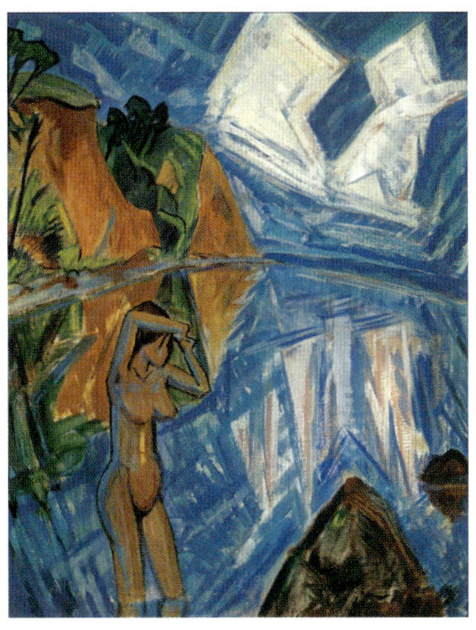

1

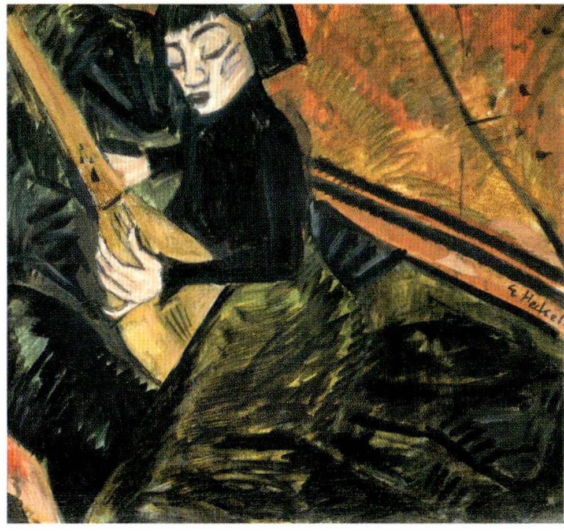

2

Abb. 1
Erich Heckel
Gläserner Tag, 1913

Abb. 2
Erich Heckel
Laute spielendes Mädchen, 1913

Alles ist auf den gedeckten Klang aus Blau, Gelb, Schwarz aufgebaut. Frontalansicht und Aufsicht werden miteinander kombiniert, sodass ein irreales Bildgefüge entsteht. Eine stark psychologische Ausdrucksweise mit melancholischem Grundzug dominiert. Typisch für die Gestaltung von Heckels Menschenbild ist jetzt die langgezogene Kopfform mit der hohen Stirn zur Kennzeichnung der Durchgeistigung des Menschen sowie die unbewegte Haltung der Dargestellten, als verharre sie, um einer inneren Stimme zu lauschen. Wie bei den prismatisch aufgebrochenen Landschaften liegt ein Entrücktsein von der Wirklichkeit vor.

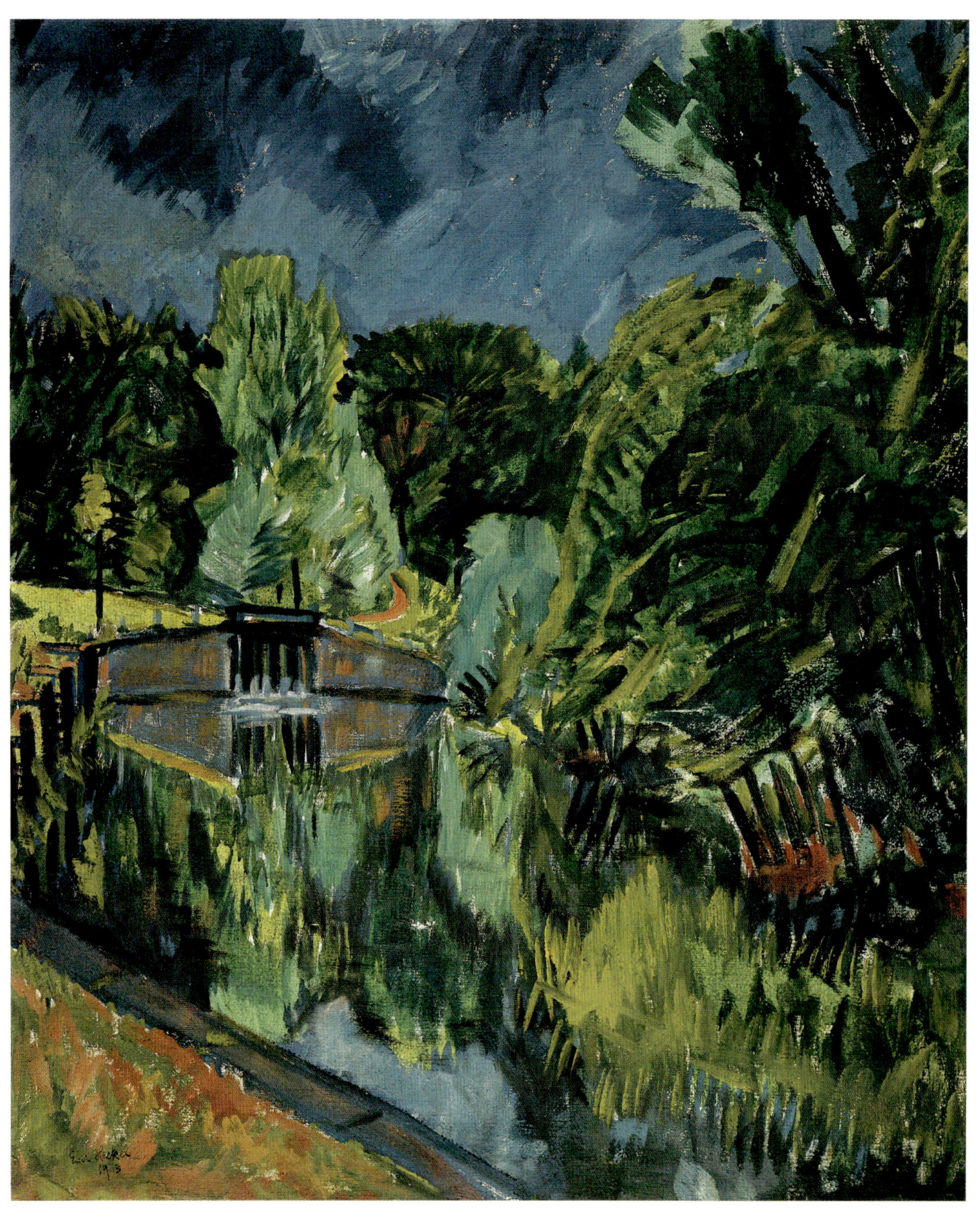

Erich Heckel
Die Mellingburger Alsterschleuse, 1913

Erich Heckel
Parksee, 1914

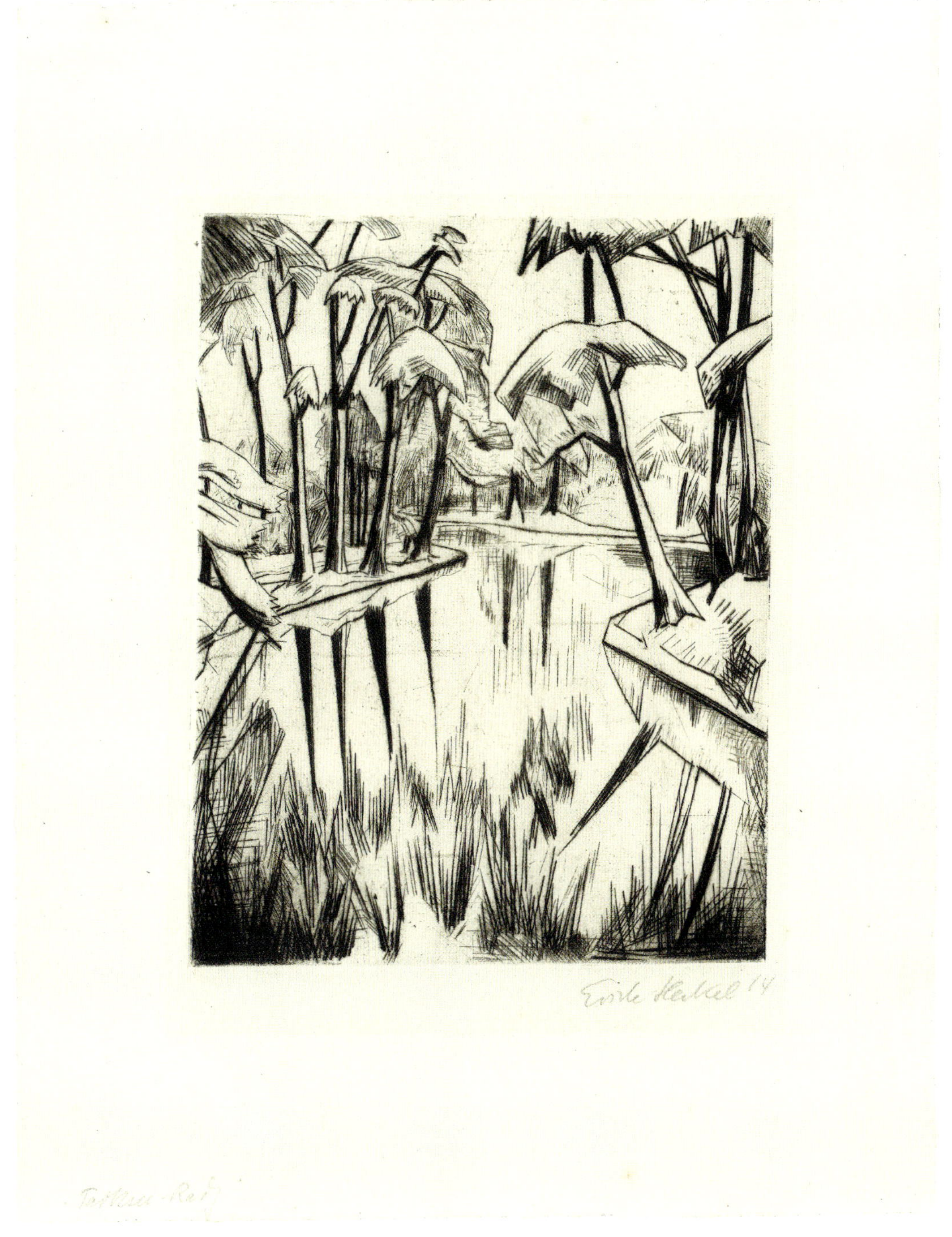

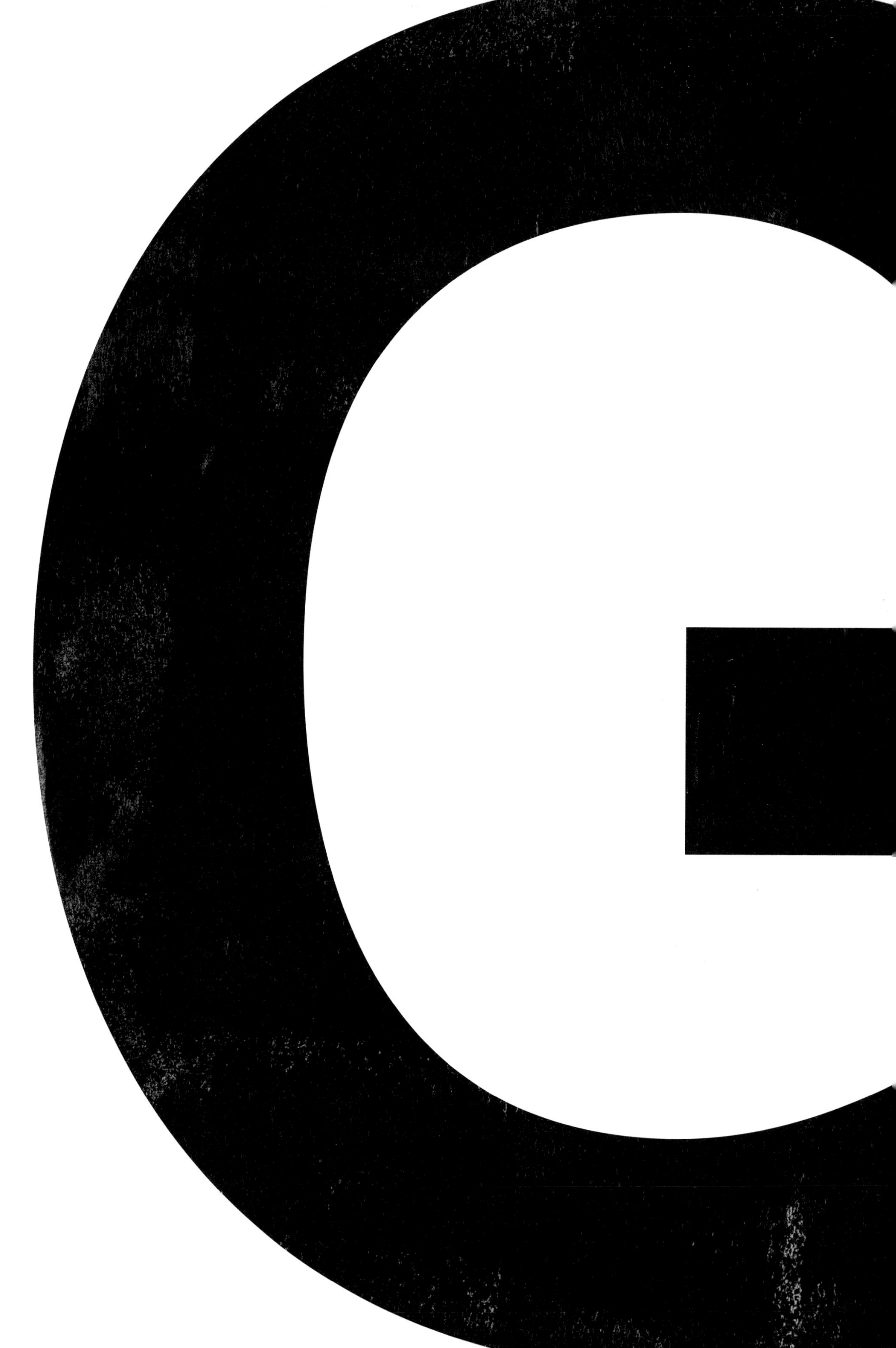

Heckels Freundin Sidi Riha

Gegen Ende 1910 lernten Kirchner und Heckel in Dresden die 19-jährige Tänzerin Sidi Riha kennen. Sie stammte aus dem Ort Mutzschwitz nahe Dresden und hieß mit bürgerlichem Namen Milda Frieda Georgi. Anfangs gehörte sie zu dem Kreis der Modelle, die den „Brücke"-Künstlern zur Verfügung standen. Am 19. Dezember 1910 vermerkte Kirchner auf einer Postkarte an Otto Mueller: „Eine kleine Tänzerin besuchte uns."[1] Die Rückseite der Postkarte zeigt einen mit Feder und Farbstiften von Heckel festgehaltenen Akt auf einem Sofa. Dass es sich dabei um eine Darstellung Sidis handelt, lässt sich vermuten, ebenso wie Sidi auch auf dem im Dezember 1910 entstandenen Gemälde *Akt* mit geschminktem Gesicht zu sehen ist Abb. — 1. Parallel hat auch Kirchner Sidi in genau derselben Pose in seinem heute verschollenen Gemälde *Akt mit geschminktem Gesicht* festgehalten. Zwei Fotografien von Kirchner zeigen Sidi und das Modell Nelly vom Zirkus Schumann tanzend im Atelier Abb. — 2. Seit 1911 war Sidi immer wieder in Heckels Gemälden, Zeichnungen und Druckgraphiken vertreten, auch war sie bei den Aufenthalten an den Moritzburger Teichen dabei. Im Juli 1911 war sie mit Heckel in Prerow und diente als Modell für die dort geschaffenen Bilder, die Akte am Strand zeigen. Auch Portraits entstanden, was ihre immer persönlicher werdende Beziehung belegt. Als Heckel im Herbst 1911 nach Berlin übersiedelte, ziehen er und Sidi gemeinsam in das Atelier in der Mommsenstraße. 1915 schließlich heirateten sie. In den Jahren 1911 und 1912 hatte Sidi Engagements als Tänzerin in Berlin, so in einer „Pantomime von WS Guttmann", wofür Heckel den Programmtitel in Holz schnitt Abb. — 3, oder sie trat als „The merry Puck" auf, was ein Plakatholzschnitt von Heckel aus dem Jahr 1912 belegt. Sicherlich halfen Sidis Kontakte,

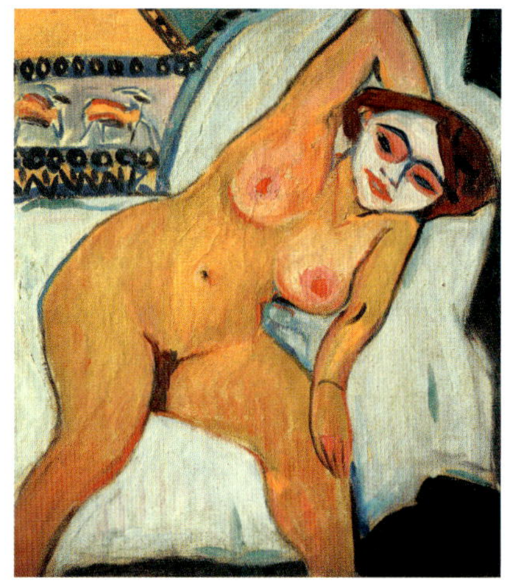

1

Abb. 1
Erich Heckel
Akt, 1910

Abb. 2
Ernst Ludwig Kirchner
Nelly und Sidi Heckel (Riha), tanzend im Atelier von Erich Heckel, 1910/11

Abb. 3
Erich Heckel
Pantomime von WS Guttmann, 1912

Abb. 4
Erich Heckel
Genesende (Triptychon), 1913

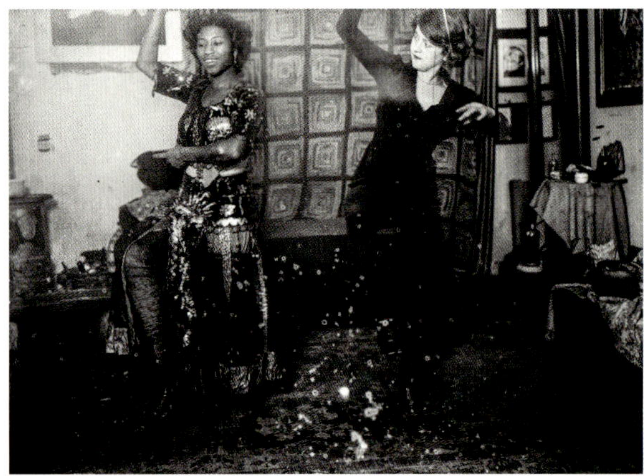

2

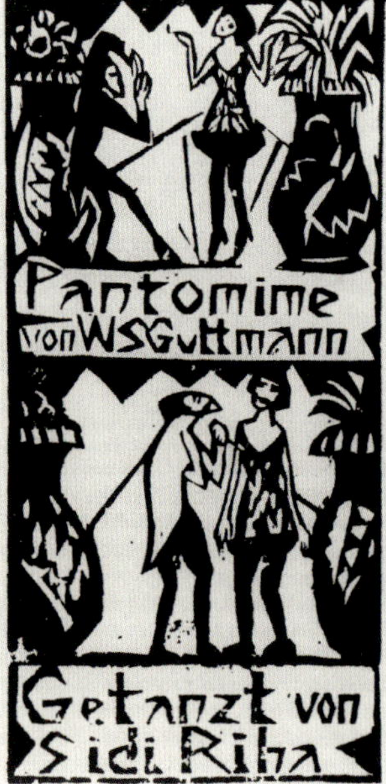

3

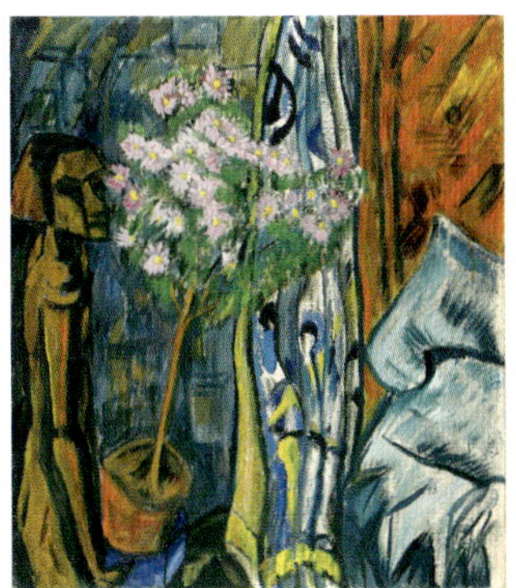
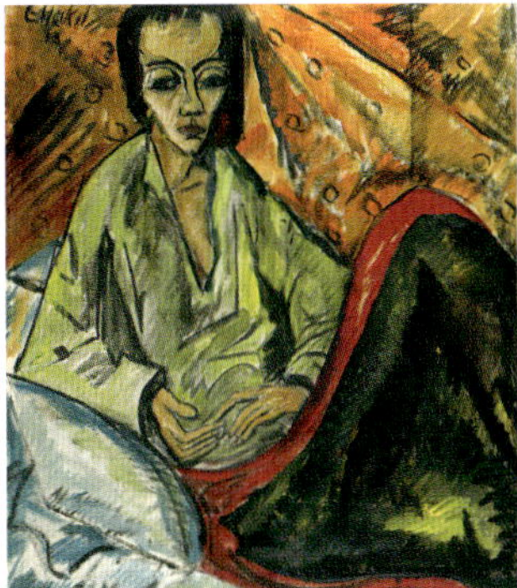
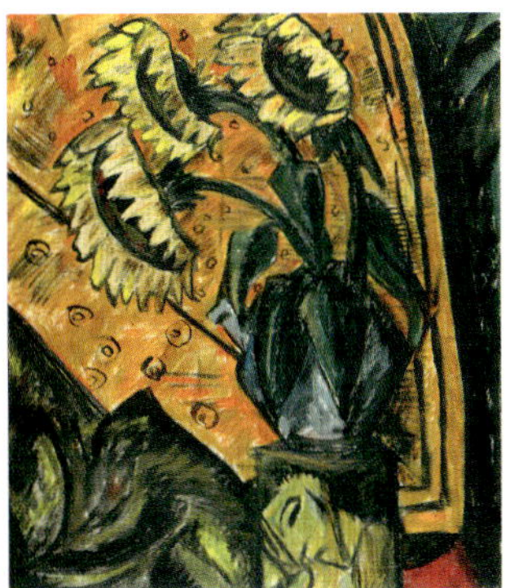

4

den „Brücke"-Künstlern den Zugang zu den expressionistischen Dichtern und Literaten des „Neuen Clubs", wie Simon Guttmann, Jacob van Hoddis, Georg Heym oder Else Lasker-Schüler, zu finden, die in ihrem „Neopathetischen Cabaret" ihre Veranstaltungen und Vorführungen stattfinden ließen. 1913 erging es Sidi gesundheitlich zeitweilig sehr schlecht, sodass sie nicht mehr aufgetreten ist. Es entstanden nun zahlreiche Portraits und Darstellungen, die sie als Kranke zeigen, wobei die Bildtitel nie konkret, sondern immer allgemein gehalten sind, wie *Lesende* Seite — 258, *Laute spielendes Mädchen* Seite — 251, Abb. 2 oder *Leidendes Mädchen* Seite — 259. Ein Hauptwerk ist das große Triptychon von 1913, *Genesende (Triptychon)* Abb. — 4.
Spätestens mit dem Umzug nach Berlin wurde Sidi zu Heckels einzigem Modell. Auch wenn auf den Bildern vom Strand in Osterholz mehrere Akte zu sehen sind, so ist es jedes Mal Sidi, die Modell stand Seite — 246. Sicherlich hat auch ihr Gesundheitszustand dazu beigetragen, dass Heckels Berliner Bilder einen melancholischen Zug enthalten sowie generell eine starke Psychologisierung des Menschenbildes. Diese geänderte Geisteshaltung ist einerseits auf das harte Leben in der Großstadt und auf die Berührung mit einer Weltuntergangsstimmung in ihren expressionistischen Dichterkreisen zurückzuführen, andererseits auf die Belastung durch Sidis Krankheit. Form- und Farbgebung der Jahre vor Ausbruch des Ersten Weltkriegs spiegeln dieses schmerzliche Lebensgefühl wider.

---

1 Altonaer Museum, Hamburg.

Erich Heckel
Leidendes Mädchen, 1914

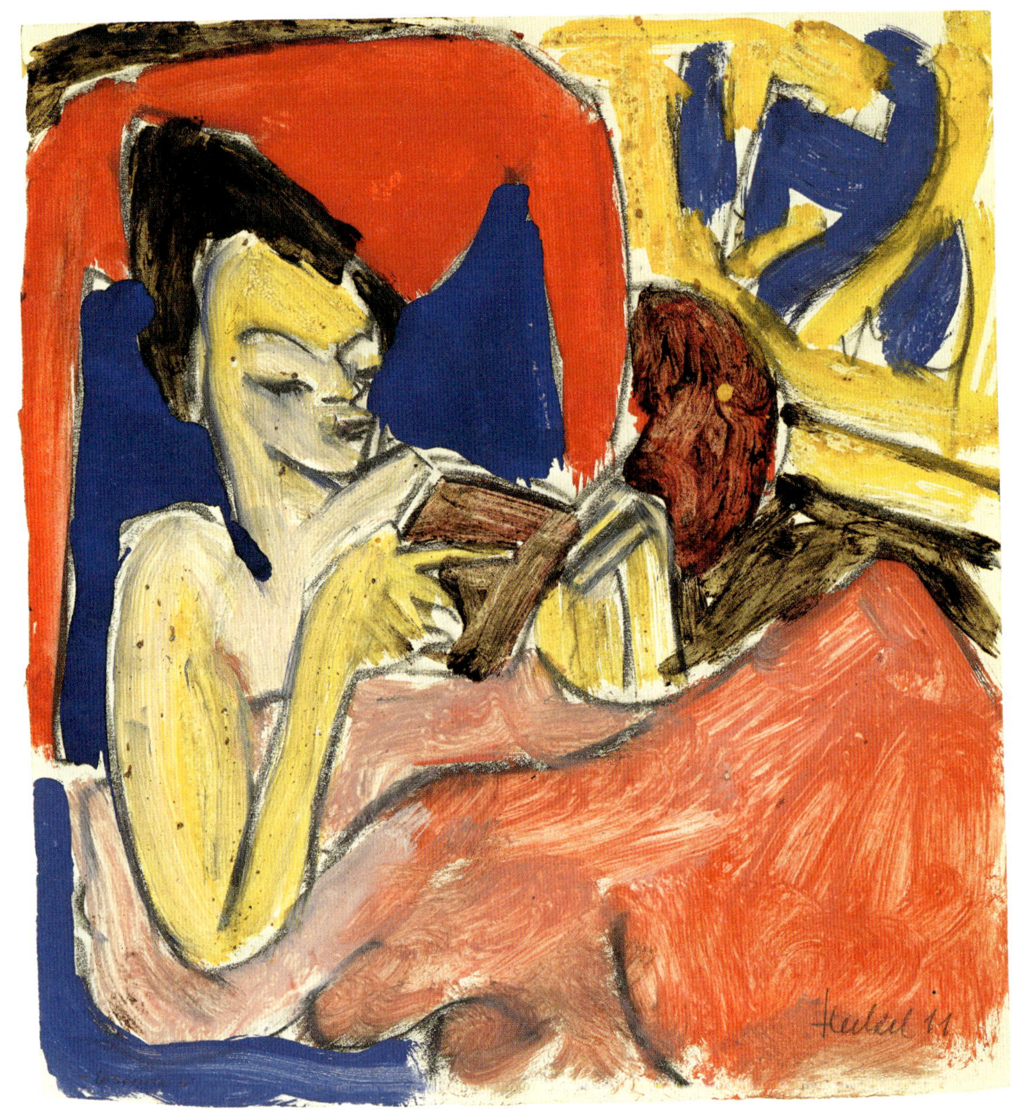

Erich Heckel
Lesende, 1911

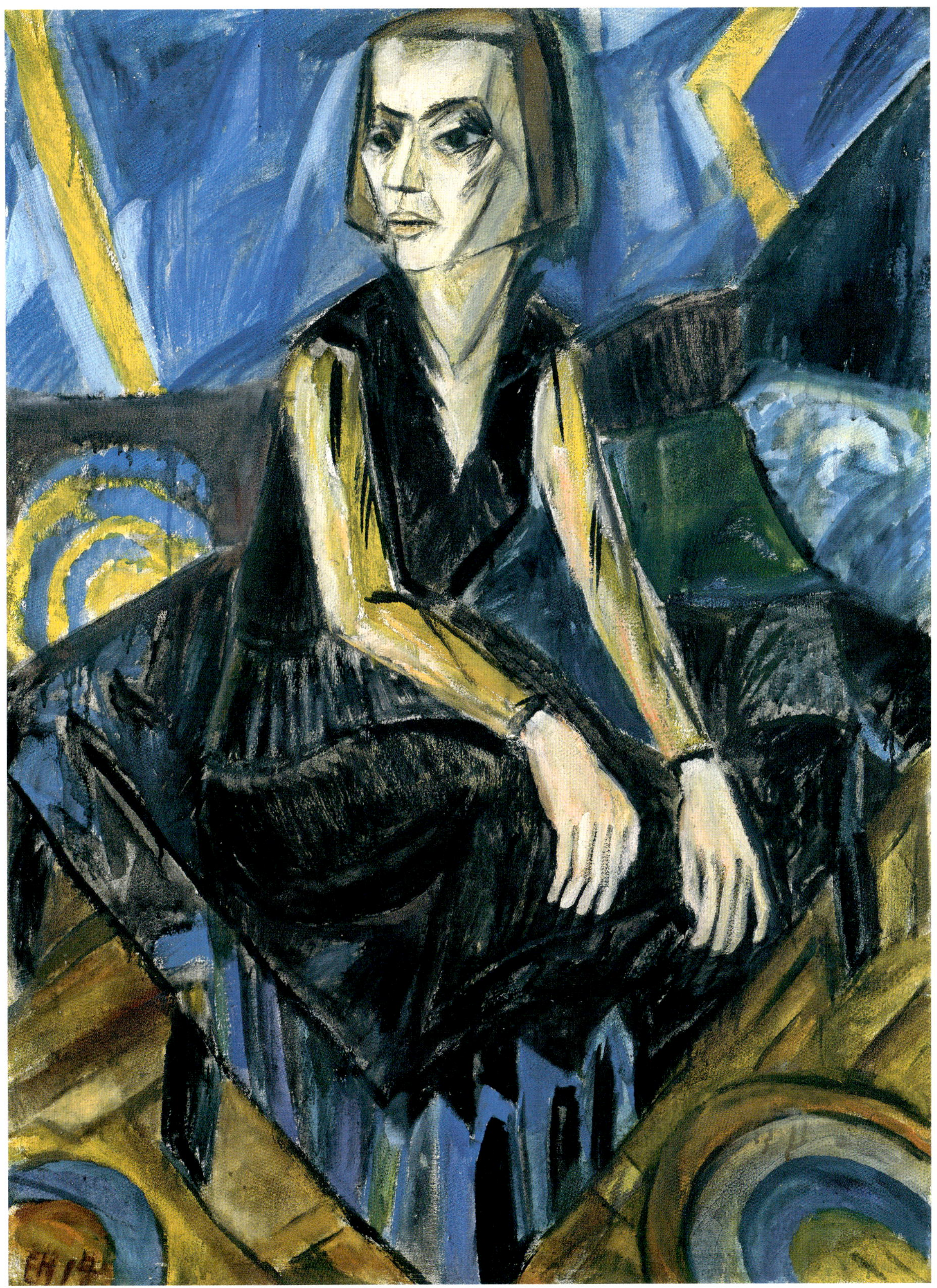

Aufösung der „Brücke“ 1913

Im Jahresbericht der „Brücke“ von 1912 wurde den Passivmitgliedern der Gruppe mitgeteilt: „Noch im Frühjahr wird eine Chronik von ‚Brücke‘ erscheinen“. Die Chronik sollte als Jahresgabe 1913 überreicht werden. Kirchner übernahm die Aufgabe der Gestaltung und verfasste auch den Text [Abb. — 1, 2]. Allerdings fanden seine Formulierungen nicht die Zustimmung der anderen Mitglieder, sodass es zum Streit und schließlich zur Auflösung der Gruppe kam. Heckel erklärte dazu später: „Für 1913 planten wir die Herausgabe einer Chronik, die von jedem von uns Handdrucke und Photos nach Bildern (letztere von Kirchner aufgenommen) enthalten sollte und zu der Kirchner den Text verfaßte. Dieser entsprach weder Schmidt-Rottluffs noch Otto Muellers und meiner Sicht der Tatsachen und unserer, das Programmatische ablehnenden Auffassung, so dass wir beschlossen, die Chronik nicht herauszugeben. Jeder erhielt seine Drucke und seinen Teil des Textes. Kirchner hat dann später in der Schweiz das Titelblatt mit den vier Bildnissen noch geschnitten und einige Exemplare zusammengestellt“.[1] Am 27. Mai 1913 wurden die Passivmitglieder der „Brücke“ offiziell über die Auflösung informiert. In einer kurzen Mitteilung hieß es: „Wir teilen Ihnen hierdurch mit, dass die Unterzeichneten beschlossen, Künstlergruppe ‚Brücke‘ als Organisation aufzulösen. Mitglieder

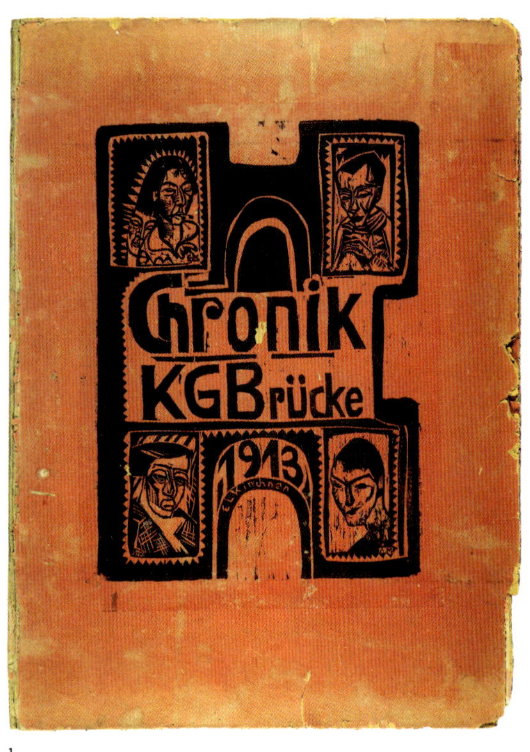

1

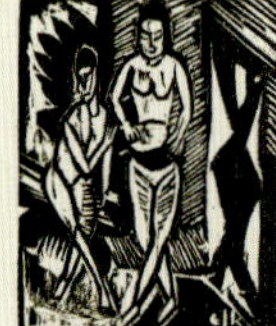

Im Jahre 1902 lernten sich die Maler Bleyl und Kirchner in Dresden kennen. Durch seinen Bruder, einen Freund von Kirchner, kam Heckel hinzu. Heckel brachte Schmidt-Rottluff mit, den er von Chemnitz her kannte. In Kirchners Atelier kam man zum Arbeiten zusammen. Man hatte hier die Möglichkeit, den Akt, die Grundlage aller bildenden Kunst, in freier Natürlichkeit zu studieren. Aus dem Zeichnen auf dieser Grundlage ergab sich das allen gemeinsame Gefühl, aus dem Leben die Anregung zum Schaffen zu nehmen und sich dem Erlebnis unterzuordnen. In einem Buch "Odi profanum" zeichneten und schrieben die einzelnen nebeneinander ihre Ideen nieder und verglichen dadurch ihre Eigenart. So wuchsen sie ganz von selbst zu einer Gruppe zusammen, die den Namen "Brücke" erhielt. Einer regte den andern an. Kirchner brachte den Holzschnitt aus Süddeutschland mit, den er, durch die alten Schnitte in Nürnberg angeregt, wieder aufgenommen hatte. Heckel schnitzte wieder Holzfiguren; Kirchner bereicherte diese Technik in den seinen durch die Bemalung und suchte in Stein und Zinnguss den Rhythmus der geschlossenen Form. Schmidt-Rottluff machte die ersten Lithos auf dem Stein. Die erste Ausstellung der Gruppe fand in eigenen Räumen in Dresden statt; sie fand keine Anerkennung. Dresden gab aber durch die landschaftlichen Reize und seine alte Kultur viele Anregung. Hier fand "Brücke" auch die ersten kunstgeschichtlichen Stützpunkte in Cranach, Beham und andern deutschen Meistern des Mittelalters. Bei Gelegenheit einer Ausstellung von Amiet in Dresden wurde dieser

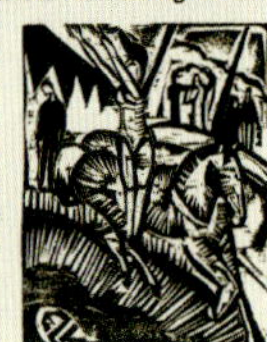

2

Abb. 1
Ernst Ludwig Kirchner
Chronik der „Brücke", Titel

Abb. 2
Ernst Ludwig Kirchner
Chronik der „Brücke", Textseite

waren Cuno Amiet, Erich Heckel, E. L. Kirchner, Otto Mueller, Schmidt-Rottluff." Unter diesem Brief fehlte Kirchners Unterschrift bereits. Die Chronik war nur äußerer Anlass für den Bruch, der sich seit der Übersiedlung nach Berlin innerlich schon längst vollzogen hatte. Das, was die „Brücke" sich 1905 als Ziel gesetzt hatte, nämlich eine neue Kunst zu erschaffen, war bereits erreicht: Mit dem Expressionismus hatte die deutsche Kunst den Anschluss an die internationale Avantgarde gefunden, und er war weiter wegweisend für die Entwicklung der deutschen Kunst nach 1918. Die 1912 und 1913 geschaffenen Holzschnitte der Innenseiten der Chronik zeigen den für die „Brücke" damals typischen, auf starke Schwarz-Weiß-Wirkung ausgerichteten Stil mit parallel geführter Schnitttechnik, die den nervösen Schraffuren im zeichnerischen Schaffen entsprechen.

---

1 Hans Kinkel, Erich Heckel, in: Das Kunstwerk XII, 1958/59, Heft 3, S. 35.

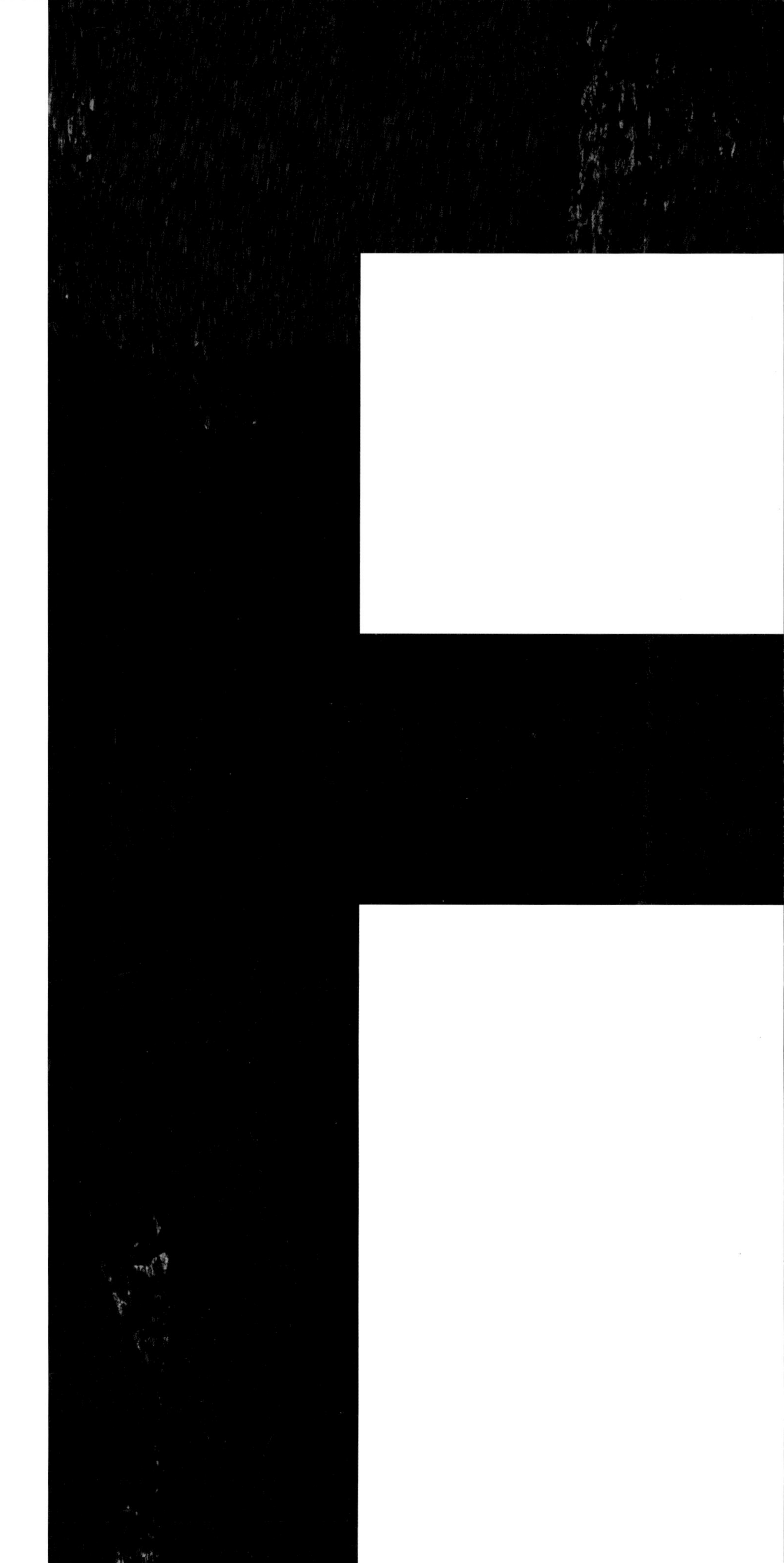

Noldes Reise in die Südsee 1913/14

Für Nolde ergab sich 1913/14 dank der Fürsprache des Augen- und Tropenarztes Professor Alfred Leber die Möglichkeit zur Teilnahme an einer vom Reichskolonialamt ausgerichteten Südsee-Expedition. Aufgabe dieser „Medizinisch-demographischen Deutsch-Neuguinea-Expedition Leber/Külz“ war die wissenschaftliche Erforschung der Lebensbedingungen der einheimischen Bevölkerung in der deutschen Kolonie. Nolde und seine Frau reisten allerdings nicht als offizielle Mitglieder der Expedition, und so mussten sämtliche Kosten von ihnen selbst getragen werden. Am 2. Oktober 1913 erfolgte die Abreise vom Bahnhof Zoo in Berlin. Die Route führte über Moskau durch Sibirien, die Mandschurei, Korea, Japan, China, Manila und die Palau-Inseln nach Neuguinea. Am 13. Dezember erreichte man Rabaul im deutschen Schutzgebiet Neu-Pommern.

Anfang Mai 1914 trat das Ehepaar Nolde vorzeitig die Rückreise an, nachdem Nolde eine schwere Infektionskrankheit überstanden hatte. Während des Aufenthaltes in den deutschen Kolonialgebieten hatte Nolde eine überraschend große Anzahl von Werken geschaffen: 19 Gemälde, zahlreiche Pastell- und Bleistiftstudien sowie über 200 Aquarelle. Uneingeschränkt von offiziellen Aufgabenstellungen und amtlichen Richtlinien stellen all diese Werke die künstlerische Substanz von Noldes Südseereise dar.

Es war das Studium und das Dokumentieren von ursprünglichen Menschen; unterschiedlichste Typen verschiedenster Stämme hielt er dabei fest. „Als ich später in fremden Ländern reiste und bei den Urvölkern der Südsee war, war es mein besonderes Verlangen, einige ganz von jeder Zivilisation unberührte Erstheiten der Natur und Menschen kennenzulernen“, äußerte sich Nolde rückblickend.[1]

Für die Naturvölker und ihre Kunstäußerungen hatte sich Nolde schon früh interessiert. Im Winter 1911/12 zeichnete er daher sehr intensiv im Berliner Völkerkundemuseum nach ozeanischen, asiatischen sowie südamerikanischen Ethnographica. Die wuchtigen, klaren Formen und ihre scheinbar intuitive Gestaltung faszinierten ihn. Die Zeichnungen dienten als Vorlagen für eine Anzahl von Gemälden, die im Anschluss an die Studien entstanden. Und es ist sehr gut vorstellbar, dass der Wunsch, diese „Urvolkskultur“[2] an den Originalorten zu sehen, schon damals in ihm vorhanden war. So macht das Gemälde *Exotische Figuren. Mann und Frau* Seite — 269 seine Suche nach der absoluten Ursprünglichkeit besonders deutlich. Nolde versuchte in den fremden Kunstäußerungen das Unmittelbare und Ursprüngliche aufzuspüren, das es so in der Zivilisation nicht mehr gab. *Exotische Figuren. Mann und Frau* zeigt zwei Idole vor neutralem Hintergrund. Sie scheinen voller Magie und geheimer Zauberkraft zu sein. Die klare Tektonik der Holzfiguren verbindet sich mit einer Durchgeistigung der Formensprache. Das Gemälde *Holzfigur* Seite — 267, ebenfalls 1912 entstanden, zeigt als Besonderheit nur eine Figur, die auf einem kubischen Sockel steht und die eine blaue Kopfbedeckung und ein grün-gelbes Gewand trägt. Bemerkenswert an diesen beiden Gemälden wie auch an den in der Südsee geschaffenen Werken ist, dass Nolde alles in seiner eigenen künstlerischen Ausdrucksweise darstellt, seinen Stil nicht verändert und nicht wie Kirchner, Heckel und Schmidt-Rottluff die Bildsprache durch das Aufgreifen der außereuropäischen Stilmittel erweitert und somit dem Fremden anpasst. Nolde äußerte sich dazu selbst: „Meine vielen Farbenzeichnungen und die Bilder, welche ich auf den Südseeinseln malte, entstanden künstlerisch unbeeinflusst von exotischer Art zu bilden, ja, meine kleinen Holzplastiken, ‚mit dem Material in der Hand‘ mitten zwischen Inseln und Stämmen der Urbevölkerung entstanden, blieben in Empfindung und Darstellung so heimatlich nordisch deutsch, wie alte deutsche Plastiken es sind – und ich selbst es bin.“[3]

---

1 Emil Nolde, Jahre der Kämpfe, 5. Aufl. Köln 1985, S. 197.
2 Ebd., S. 196.
3 Ebd., S. 197.

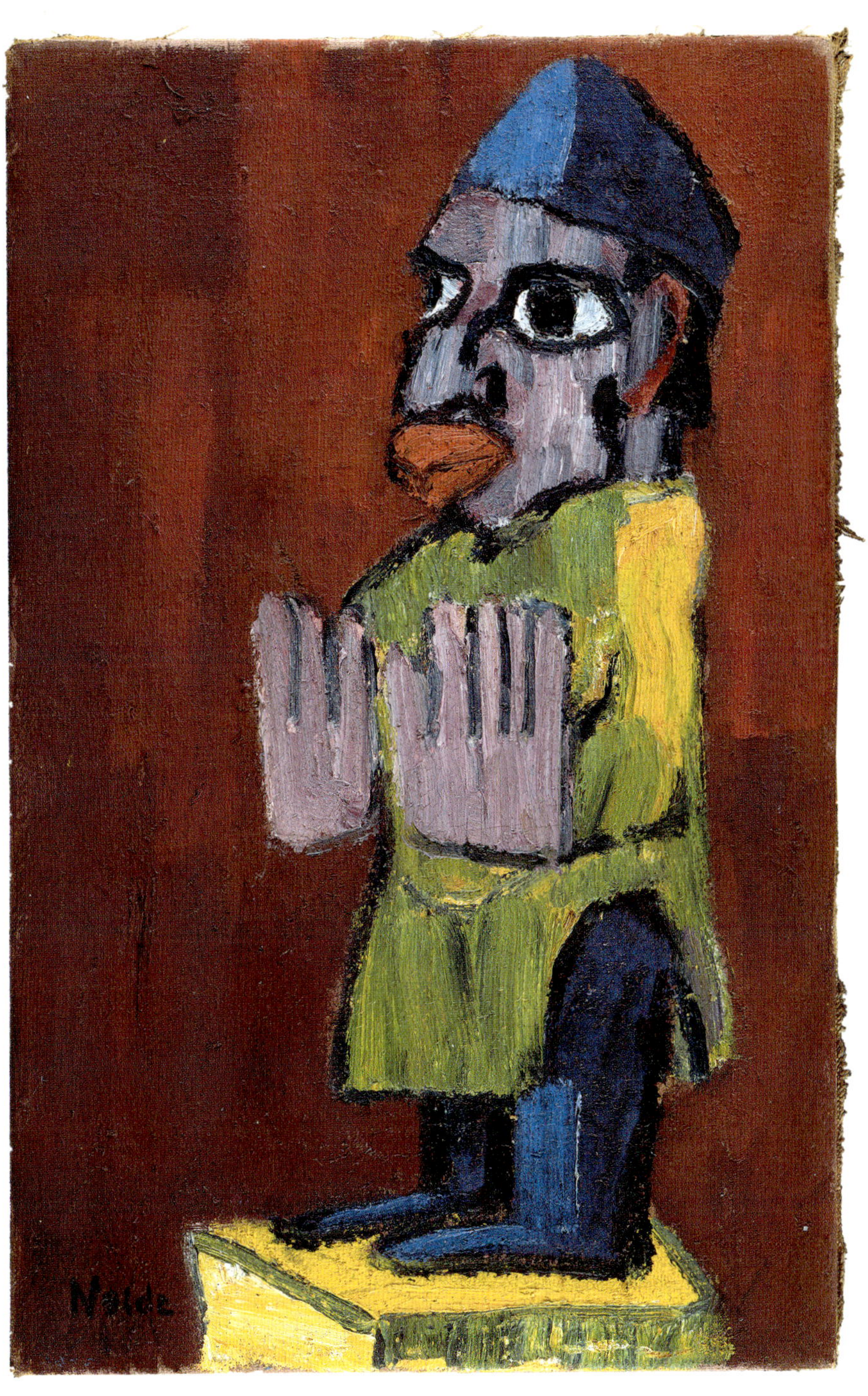

Emil Nolde
Holzfigur, 1912

Emil Nolde
Exotische Figuren. Mann und Frau, 1912

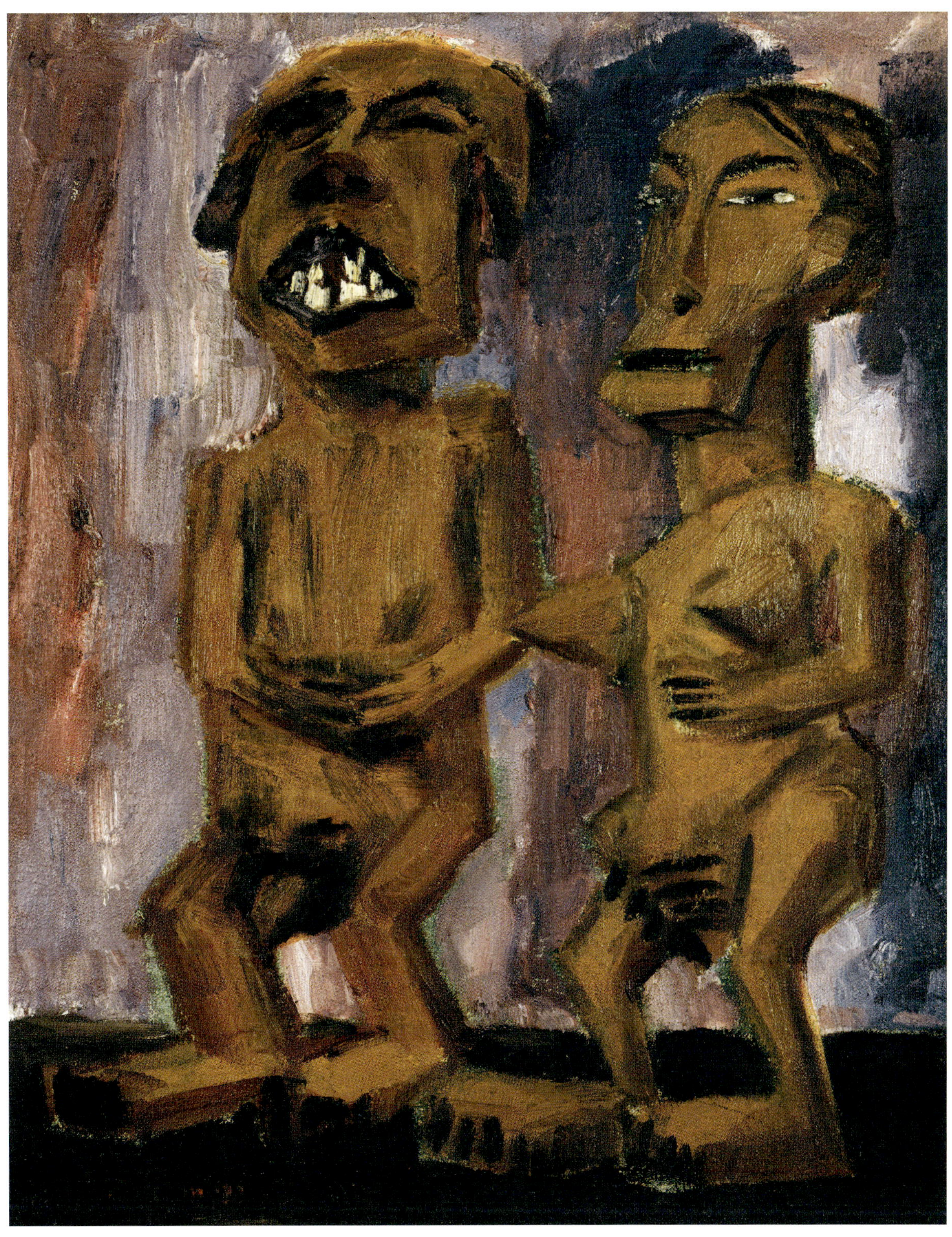

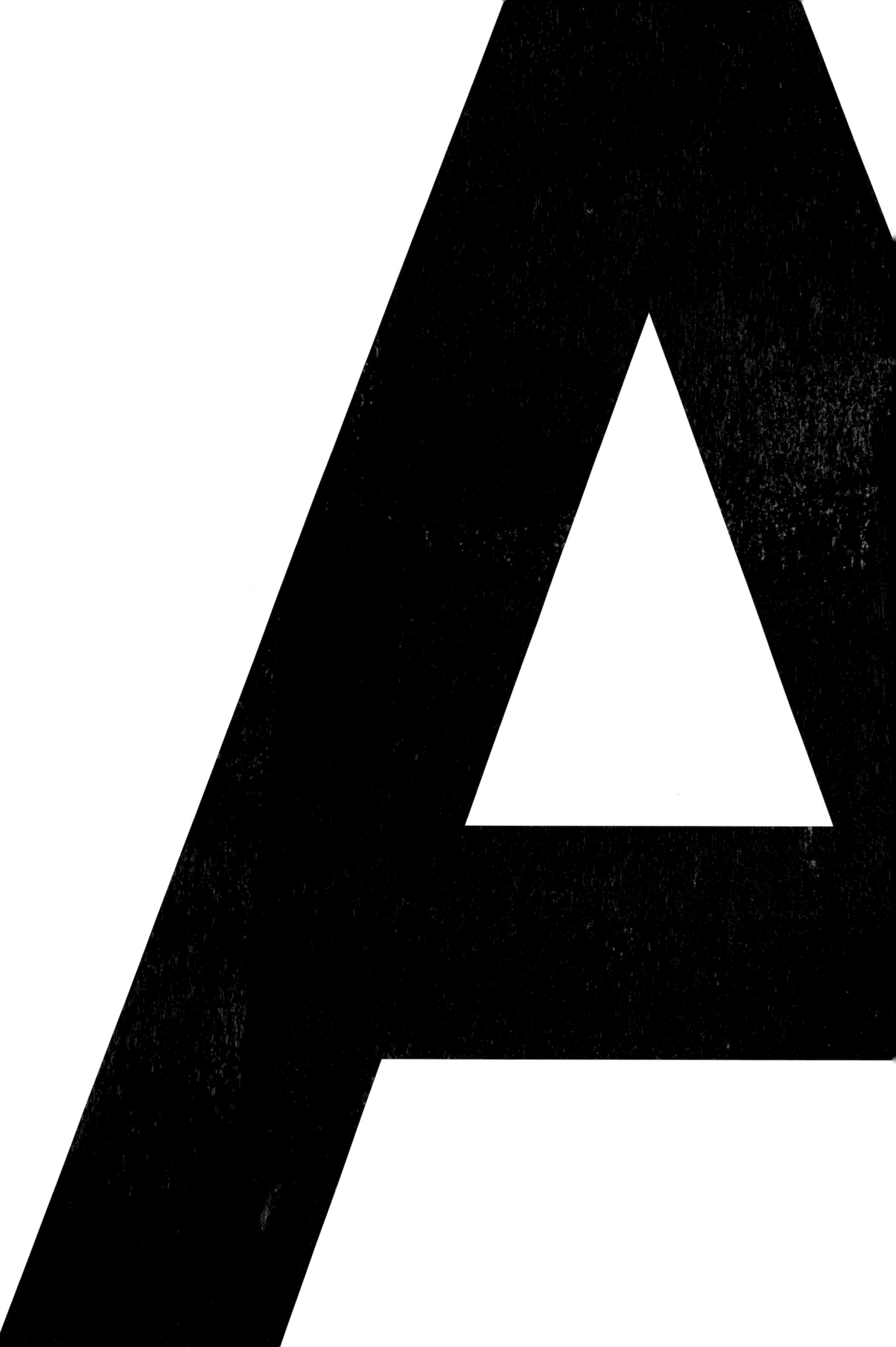

Pechstein in Palau

Am 9. Mai 1914 verließen Pechstein und seine Frau Lotte Berlin und gingen am 11. Mai in Genua an Bord des Ozeandampfers „Defflinger". Ziel waren die Palau-Inseln, nördlich von Neu-Guinea im Pazifik gelegen und seit 1899 zu den Südsee-Kolonien des Deutschen Reiches gehörend. Von Pechsteins Kunsthändler Gurlitt war die Reise vorfinanziert worden. Die Sehnsucht danach, in einem ‚wirklichen' Paradies zu leben und so der Zivilisation zu entrinnen, hatte Pechstein schon länger gepackt. Der Aufenthalt war für zwei Jahre geplant. Mit der Entdeckung außereuropäischer Artefakte durch europäische Künstler und mit der ständig präsenten Berichterstattung in der Presse sowie dem zunehmenden Handel und der ansteigenden wirtschaftlichen Bedeutung der Kolonien für das Deutsche Reich waren die sogenannten überseeischen „Schutzgebiete" in den Mittelpunkt des Interesses gerückt. Auch Nolde sowie zahlreiche heute nicht mehr namentlich bekannte Künstler machten sich auf den Weg in diese Tropenparadiese mit ihrem völlig anderen, von jeglichem Zwang befreiten Lebens- und Daseinsgefühl.

Diese ‚unbegrenzte' Freiheit, dieses Aufgehen der Kunst in der Natur, die Pechstein schon 1910 während des Moritzburger Aufenthaltes in sich als Wunsch verspürt hatte, wollte er nun in einem wirklichen Paradies erleben. Wie die wenigen

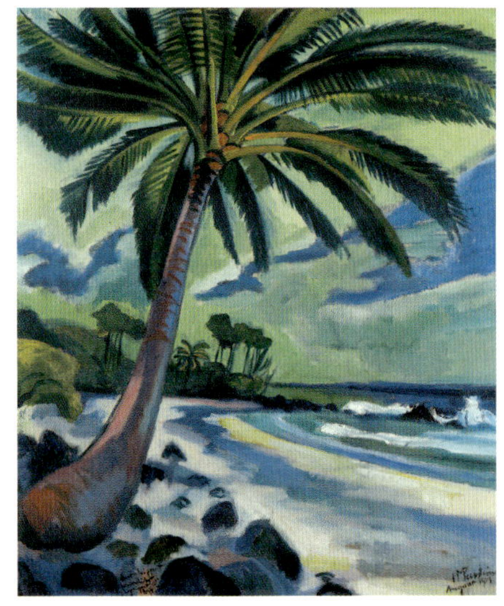
1

Abb. 1
Max Pechstein
Monsunstimmung in Palau, 1914

erhaltenen Zeichnungen und Aquarelle Seite — 273 zeigen, hat Pechstein immer wieder die Eingeborenen dargestellt, meist bei ihrer täglichen Arbeit und beim Fischfang mit dem Auslegerboot. Wie schon in Nidden und Monterosso fand er rasch Zugang zur einheimischen Bevölkerung und konnte ihre Lebensgewohnheiten studieren. Von dieser Reise hat sich ein einziges Gemälde erhalten, die *Monsunstimmung in Palau* Abb. — 1, das einen für die Pazifikinseln typischen Sandstrand mit Palmen wiedergibt. Wie bei den Zeichnungen ist der Darstellungsduktus spontan und flüssig und von einer realistischen Grundhaltung getragen; vom Expressionismus ist nur noch die rasche Art der Auffassung geblieben. Nach wenigen Wochen wurde Pechsteins Südseetraum durch den Ausbruch des Ersten Weltkriegs und die Besetzung der Insel durch die Japaner abrupt beendet. Nur wenige Werke konnte er retten, und auf abenteuerliche Weise gelangte er über New York zurück nach Deutschland.

Pechsteins Südsee-Reise bestätigt noch einmal mehr das Verlangen der „Brücke" nach Ursprünglichkeit, nach der Synthese von Kunst und Leben und nach einem unbeschreiblichen Gefühl von Freiheit – das Kirchner zur gleichen Zeit für sich auf der Ostsee-Insel Fehmarn fand.

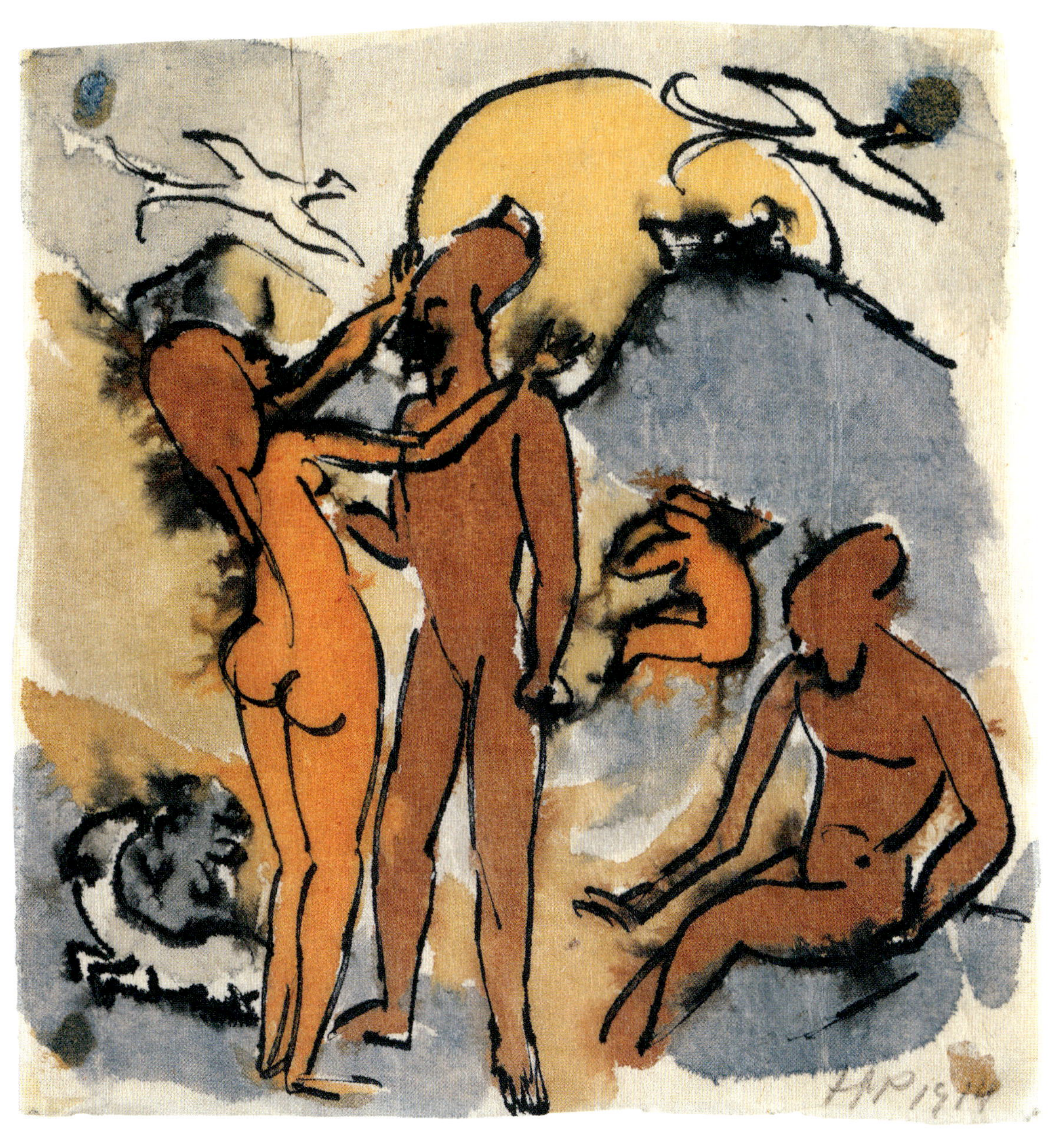

Max Pechstein
Badeszene mit Steuermannsvögeln, 1914

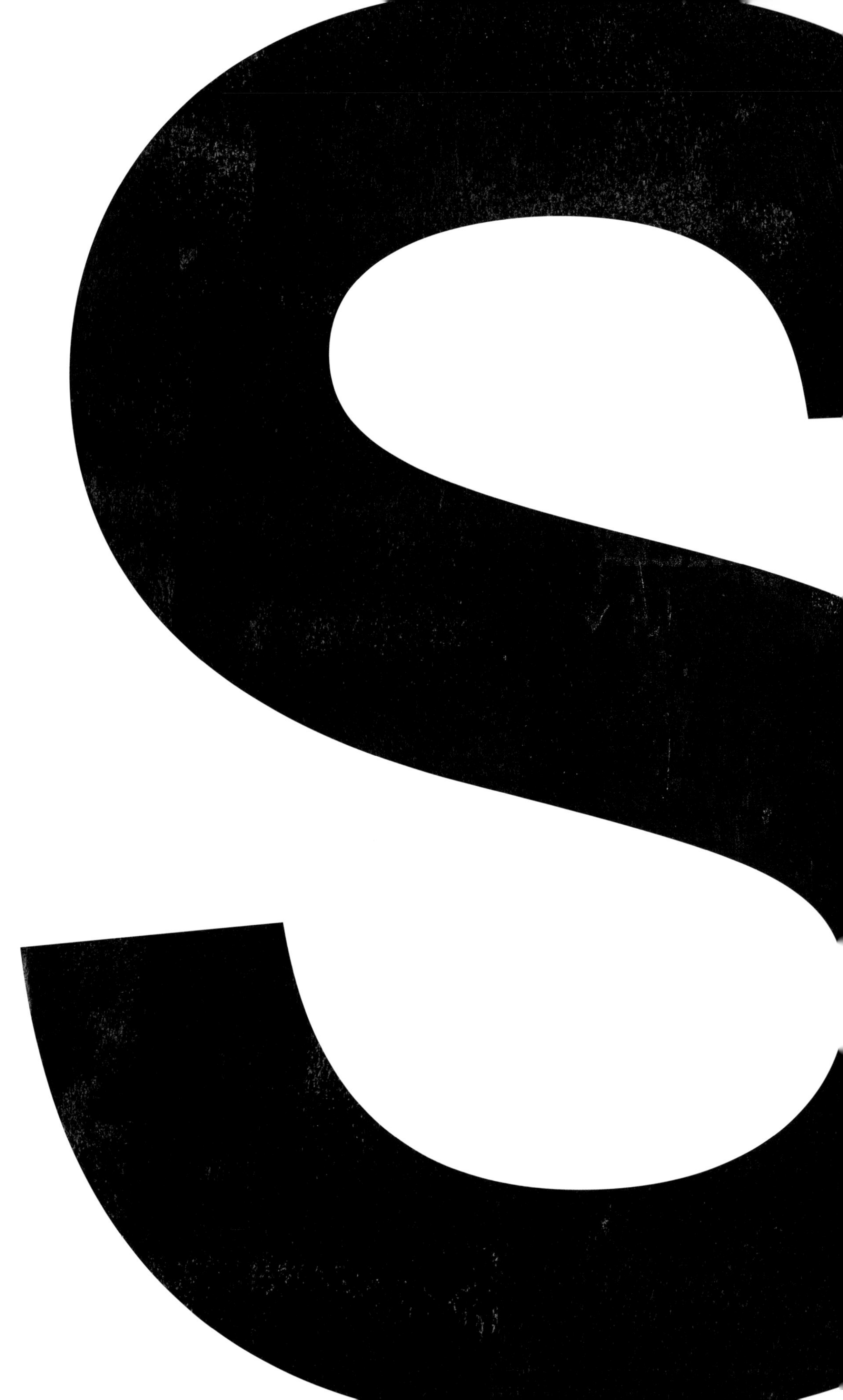

Kirchner und die expressionistische Dichtung

Schon sehr bald nach seiner Übersiedlung im Oktober 1911 nach Berlin fand Kirchner einen engen Kontakt zu den avantgardistischen Dichterkreisen, was schließlich zu einer Veränderung seiner Kunst führte, sowohl in ikonographischer als auch in stilistischer Hinsicht. Der expressionistische Kreis von Dichtern und Literaten, dem unter anderem Kurt Hiller, David Baumgarth, Ernst Blass, Arthur Drey, Simon Guttmann, Robert Jentzsch, Georg Heym, John Wolfsohn oder Jacob van Hoddis angehörten, setzten sich mit dem Phänomen der Großstadt auf eine völlig neue Art und Weise auseinander. Die neue Berliner Dichtung des Expressionismus war Großstadtdichtung. Ähnlich wie sich die „Brücke"-Künstler von allem Konventionellen lösen wollten, um eine neue Bildsprache zu finden, überwanden auch die jungen Dichter den literarischen Naturalismus. Es war eine Zeitenwende, die die bildende Kunst ebenso erfasste wie die Dichtung.[1] Inhaltlich und formal verschrieben sich die Dichter des Expressionismus einem extremen Antitraditionalismus. Zwar sind sie berauscht von der Großstadt, von ihrem Vitalismus, und erfassen die Intensität des Erlebten, erspüren die Lebenssteigerung, die Vielfalt und die Neuheiten, die die Großstadt bietet, doch entlädt sich diese Überfülle der Sinneseindrücke innerhalb einer erregten Formensprache von übersteigerten Bildern und Metaphern. Großstadtkunst wird für sie zur Nervenkunst. Der Drang zum Zerbrechen der tradierten Ausdrucksformen ist spürbar, zu einer Zertrümmerung der traditionellen Dichtersprache; stattdessen sollen Visionen evoziert werden.

Neben der Rezeption der neuen Großstadtdichtung war Kirchners Auseinandersetzung mit dem Werk und den Anschauungen des Nervenarztes und Dichters Alfred Döblin eine weitere wichtige

Voraussetzung für die Entstehung seiner Großstadtkunst mit den Kokotten und der Serie der *Straßenszenen* als Höhepunkt. In seinen Novellen der Jahre 1904 bis 1910 schuf Döblin einen neuen Erzählstil, der auf die einfühlende Psychologie des herkömmlichen Romans verzichtete und stattdessen mit stakkatoartigen Wortfolgen agierte. Tempo, Unmittelbarkeit, Härte sowie Eindrucks- und Faktenhäufung sowie eine filmnahe Hektik bestimmen Döblins Sprache. Was ihn von den meisten Dichtern unterschied, war sein extremer Vitalismus. Der mitunter negativ befrachteten Sehweise von Großstadt und Umwelt setzte er eine lebensbejahende Haltung entgegen. Nicht nur die evozierte Hektik seiner Sprache, auch die oftmals sehr erotischen Inhalte demonstrieren diese vitalistische Tendenz in seinem Werk. Kirchners Kontakt zu Döblin war sehr eng; sowohl die zahlreichen Portraitzeichnungen als auch das Ölgemälde von 1912 belegen dies. Außerdem illustrierte Kirchner zwei Werke Döblins. So entstanden 1912 die Holzschnitte zu der Novelle *Das Stiftsfräulein und der Tod*, und Ende 1913 drei erotische Holzschnitte zu *Comtess Mizzi*. Somit wurde Kirchner nicht nur mit Berlins nächtlichem Amüsierbetrieb inklusive Prostitution konfrontiert, sondern auch mit den Novellen Döblins und den Dirnengedichten der neuen Berliner Literaten. Das Thema Prostitution fand in zahlreichen Zeichnungen, in seiner Druckgraphik, vor allem in den beiden pornographischen Lithographiefolgen sowie in mehreren Gemälden seinen Niederschlag Abb. — 1. Analog zur stakkatoartigen Sprache der expressionistischen Dichtung entwickelte er einen spitzwinkligen, heftigen nervösen Pinselduktus beziehungsweise eine insgesamt schraffurartige Malweise, die auch seiner eigenen Befindlichkeit und seiner eigenen unruhigen Lebensweise entsprach.

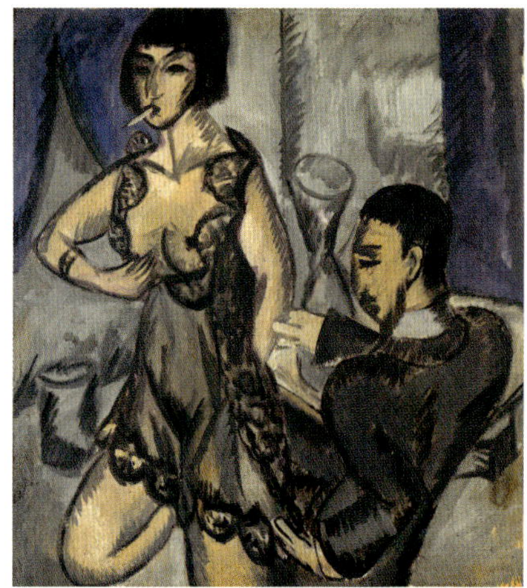

1

Abb. 1
Ernst Ludwig Kirchner
Paar im Zimmer, 1912

---

1 Zur expressionistischen Dichtung siehe ausführlich: Magdalena M. Moeller, Jürgen Baumgarten, Zeitenende – Zeitenwende. Expressionistische Lyrik und die Künstler der Brücke, Heidelberg/Berlin 2014.

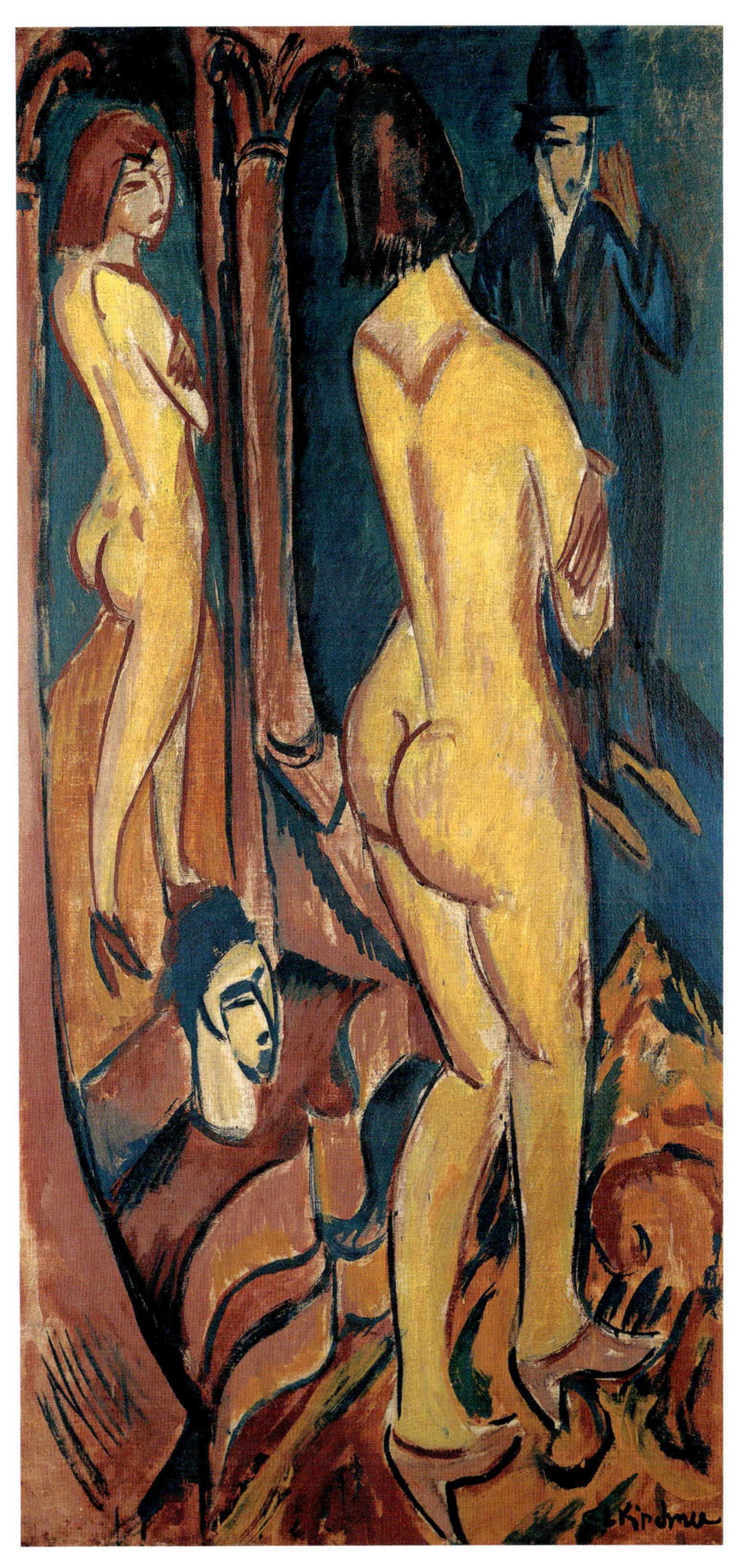

Ernst Ludwig Kirchner
Rückenakt mit Spiegel und Mann, 1912

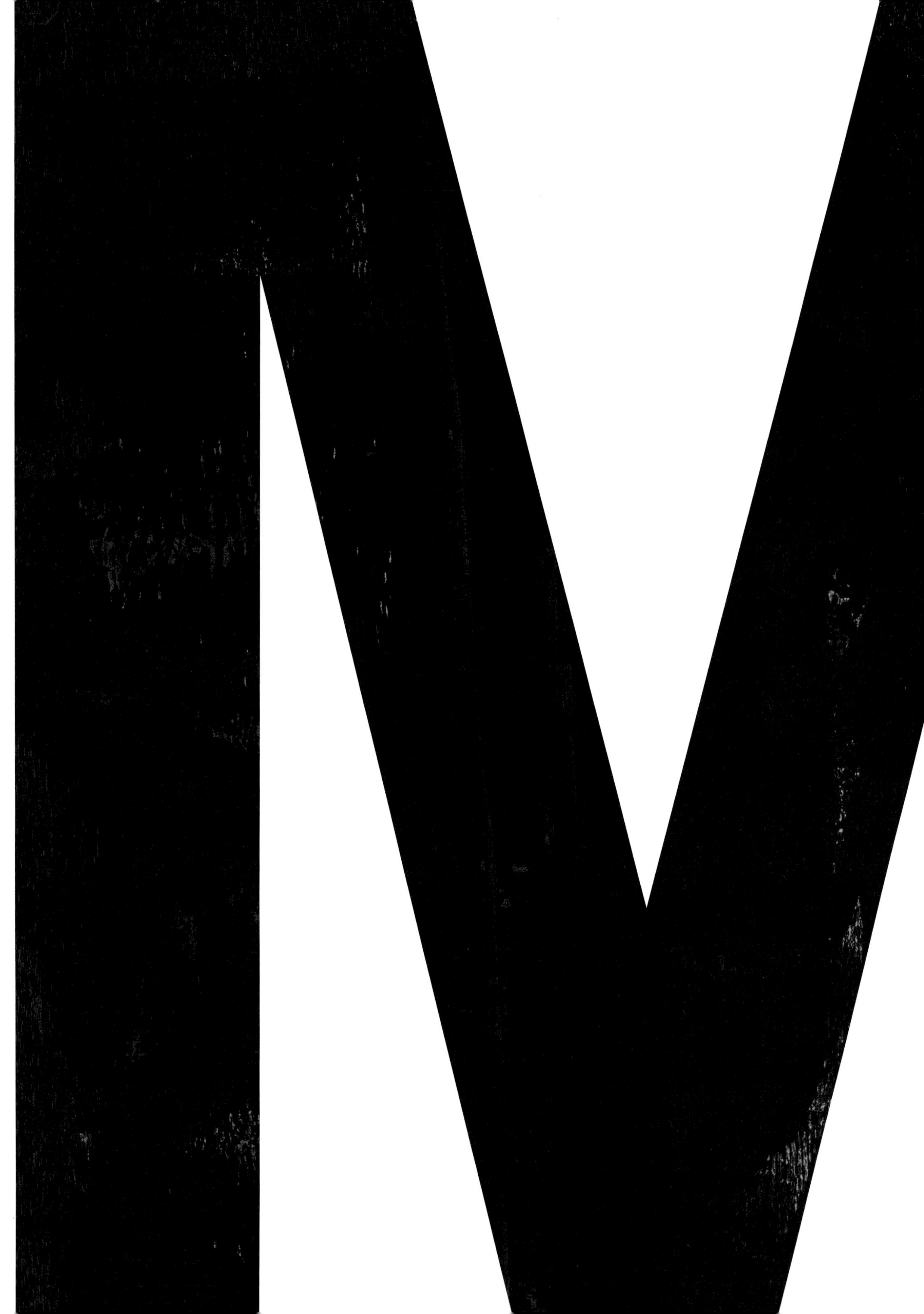

Berliner Kokotten

Mit seinen Bildern der Berliner Prostituierten, den sogenannten Kokotten, reflektierte Kirchner das Lebensgefühl einer ganzen Epoche. Das auffällige Äußere der Kokotten hat ihn zu künstlerischer Gestaltung inspiriert. Insgesamt sind in den Jahren 1913 bis 1915 elf Gemälde, die sogenannten Berliner Straßenszenen, entstanden sowie in deren Umkreis zahlreiche Skizzen, Zeichnungen, Pastelle und Druckgraphiken.[1] Um auf sich aufmerksam zu machen, trugen die Kokotten auffällige Kleidung, wie große Federhüte und mit Federkragen aufgeputzte Mäntel. Da in Berlin seit der Mitte des 19. Jahrhunderts Bordelle offiziell verboten waren, sahen sich die Prostituierten gezwungen, ihre Freier auf der Straße zu suchen. Am Tage, hauptsächlich aber in der Nacht waren unzählige Kokotten vor allem in der Friedrichstraße und der Leipziger Straße mit ihren Querstraßen sowie rund um den Potsdamer Platz unterwegs. Es war dies der Bezirk, in dem sich auch zahlreiche Cafés, Bars, Kabaretts, Nachtlokale und Lichtspielhäuser befanden. Auch Kirchner, der in den Jahren vor Ausbruch des Krieges ein bohemehaftes Leben führte und sein Atelier oft nur in der Nacht verließ, verkehrte hier. Die Kokotten gehörten zu den Attraktionen des Berliner Nachtlebens, sogar die Fremdenwerbung bediente sich ihrer, um Besucher in die Stadt zu locken.

Ohne Zweifel stellen die Gemälde den Höhepunkt von Kirchners *Straßenszenen*-Serie dar Abb. — 1, aber im Gegensatz dazu tragen gerade die Zeichnungen und Pastelle vieles spontan vor und geben so Einblick in Kirchners Herangehensweise und künstlerische Absicht. Sie zeigen am deutlichsten sein Anliegen, das großstädtische Treiben durch dynamisierte Gestaltungsmittel, Kraftlinien und Reihung der Figuren einzufangen. Stilelemente des italienischen Futurismus und Ausdrucksmittel des Stummfilms weiß Kirchner sich nützlich zu machen. Später hat er sich in seinem Davoser Tagebuch dazu so geäußert: „Kirchner fand, dass das Gefühl, was über einer Stadt liegt, sich darstellt in der Art von Kraftlinien. In der Art, wie sich die Menschen im Gedränge komponieren, ja in den Bahnen, wie sie liefen, fand er die Mittel, jeweils das Erlebte zu fassen. Es giebt Bilder und Graphiken von ihm, wo er ein reines Liniengerüst mit fast schematischen Figuren doch aufs lebendigste Strassenleben darstellt."[2] Die beiden Pastelle *Straßenszene* Seite — 283 und *Straßenszene mit grüner Dame* Abb. — 2 belegen diese Aussage. Von kühner Gestaltungskraft sind auch die entsprechenden Druckgraphiken. Die Radierung *Sich anbietende Kokotte* Abb. — 3 zeigt die Stilprinzipien ebenfalls in reinster Ausprägung. Kirchner entwickelte sämtliche Formen aus der Schraffur. In der Lithographie *Leipziger Straße, Kreuzung* Seite — 287 verdichtet sich die Szene durch verschiedene Strichlagen; Pferdedroschke, Automobil und Passanten überlagern sich zu einem scheinbar synästhetischen Erlebnis.

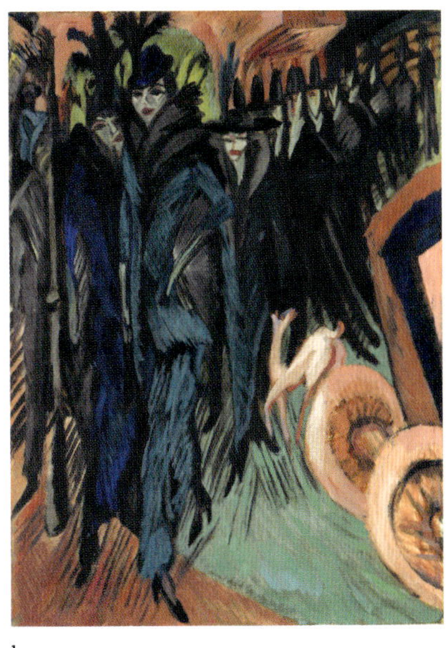

1

2

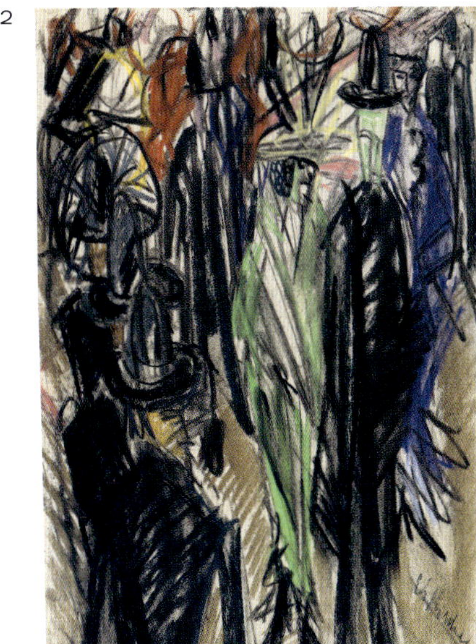

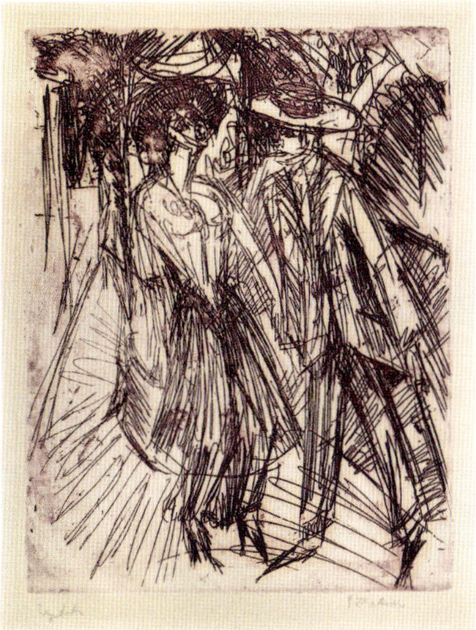

3

Abb. 1
Ernst Ludwig Kirchner
Friedrichstraße Berlin, 1914

Abb. 2
Ernst Ludwig Kirchner
Straßenszene mit grüner Dame, 1914

Abb. 3
Ernst Ludwig Kirchner
Sich anbietende Kokotte, 1914

Da es sich bei den Kokotten um eine Randgruppe der Gesellschaft handelte, wurden die Straßenszenen Kirchners oft als Darstellungen sozialer Anklage oder als Ausdruck einer Weltuntergangsstimmung in den Vorkriegsjahren gesehen. Oftmals galten sie auch als Metaphern für Angst und Einsamkeit des modernen Menschen wie für die Isolierung des Einzelnen in der Großstadt. Ein Grund für diese Interpretation liegt sicher in der Kirchner eigenen Wiedergabe der Kokotten, die isoliert, ohne Blickkontakt zu den übrigen Passanten dargestellt werden. Diese Auffassung der Kokotten stammte jedoch nicht von Kirchner selbst, vielmehr entsprach sie der Prostitutionspraxis in Berlin: „Die Berliner Polizei beabsichtigte, eine Prostitution spazieren zu lassen, die sich ebenso manierlich benahm wie anständige Frauen. Darum durften die als käuflich bekannten Weiber in der Friedrichstraße [...] unter keinen Umständen zurückblicken, oder an ein Schaufenster treten, oder mit einem Herrn stehen bleiben, oder gar einen anreden. Sie sollten ‚ladylike' dahinschweben und wandelten wie von Bajonetten umgeben. Denn bei der geringsten Übertretung war und ist heute noch, wie aus dem Boden gewachsen, bald irgendein Detektiv der Sittenpolizei zur Stelle, schreibt die Betroffene auf, und sie kommt ins Gefängnis."[3]

---

1 Siehe hierzu ausführlich: Magdalena M. Moeller, Ernst Ludwig Kirchner. Die Straßenszenen 1913–1915, München 1993.

2 Lothar Grisebach, E. L. Kirchners Davoser Tagebuch, Köln 1968, Neuaufl. bearb. von Lucius Grisebach, Stuttgart 1997, S. 78.

3 Robert Hessen, Die Prostitution in Deutschland, München 1910, S. 116/117.

Ernst Ludwig Kirchner
Straßenszene, 1913/14

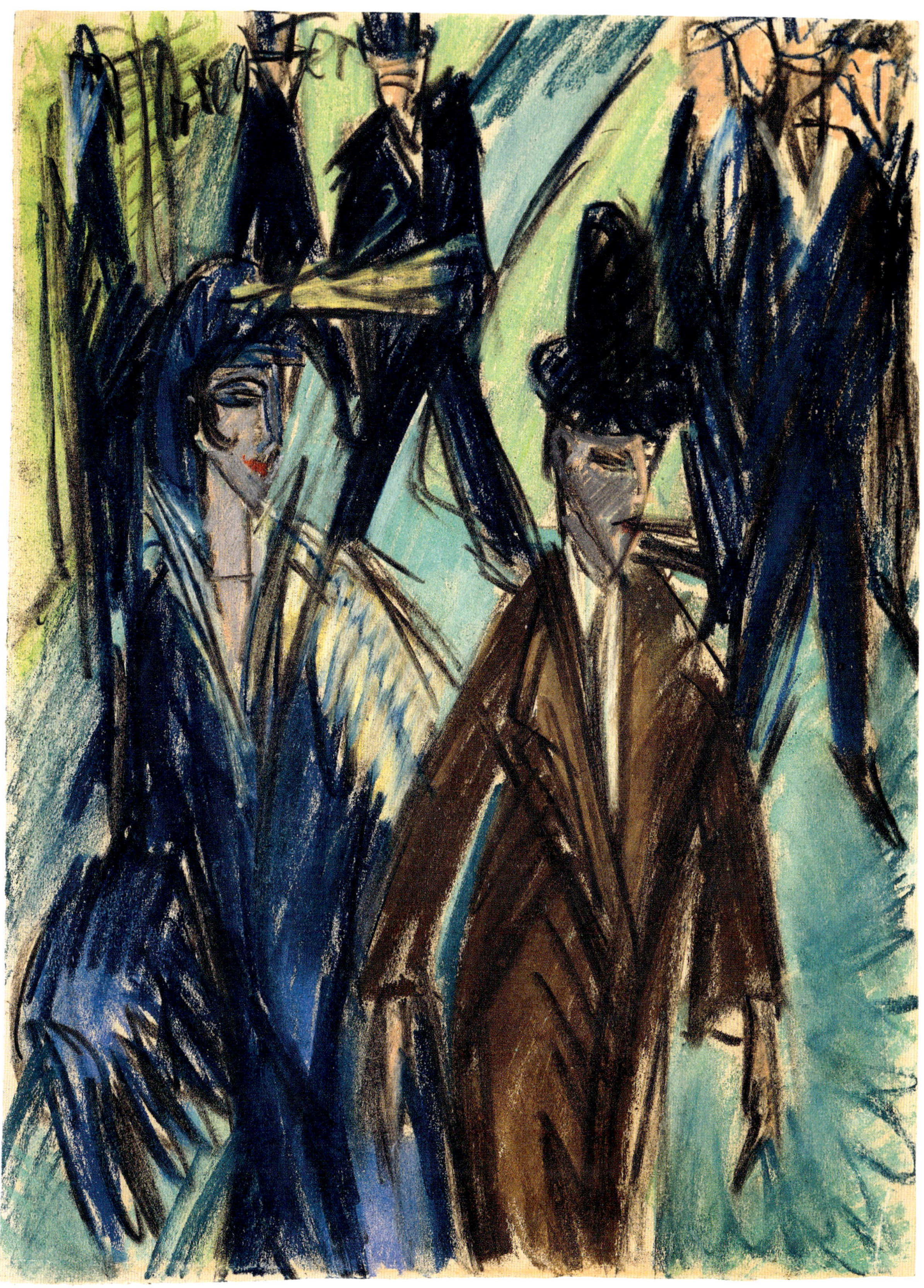

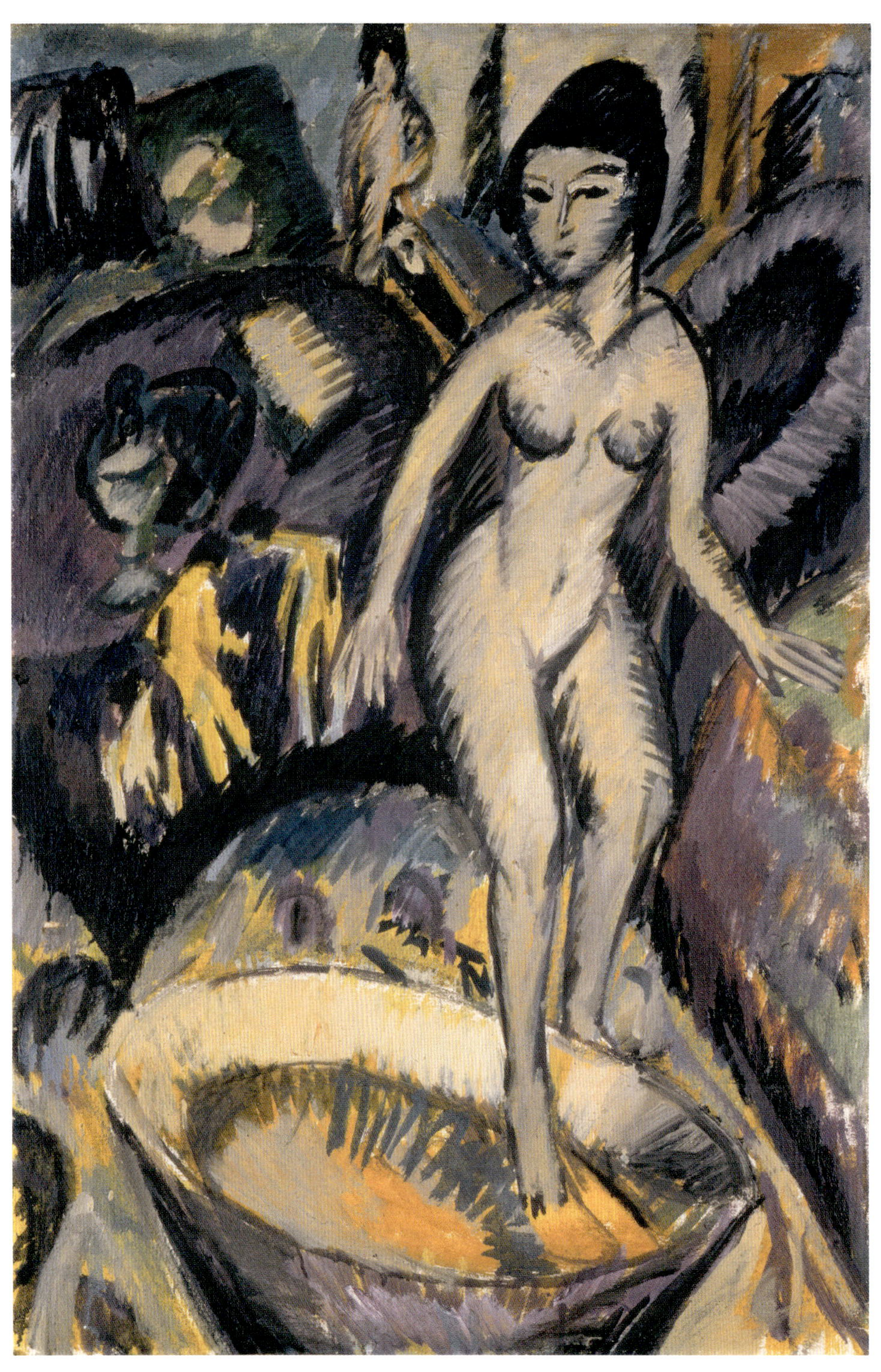

Ernst Ludwig Kirchner
Weiblicher Akt mit Badezuber, 1912
(recto zu *Weiblicher Akt lesend*, 1909)

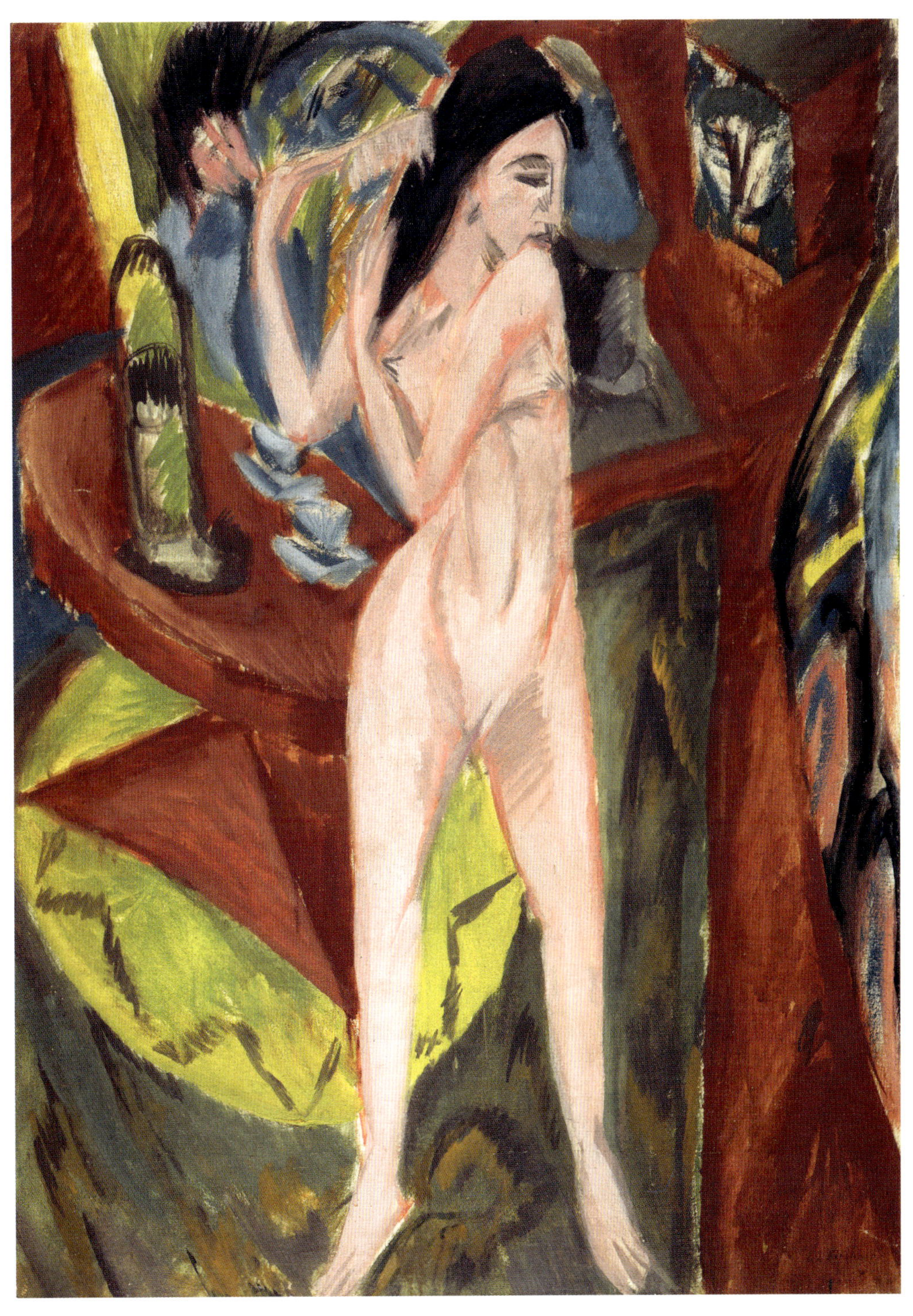

Ernst Ludwig Kirchner
Sich kämmender Akt, 1913

Ernst Ludwig Kirchner
Leipziger Straße, Kreuzung, 1914

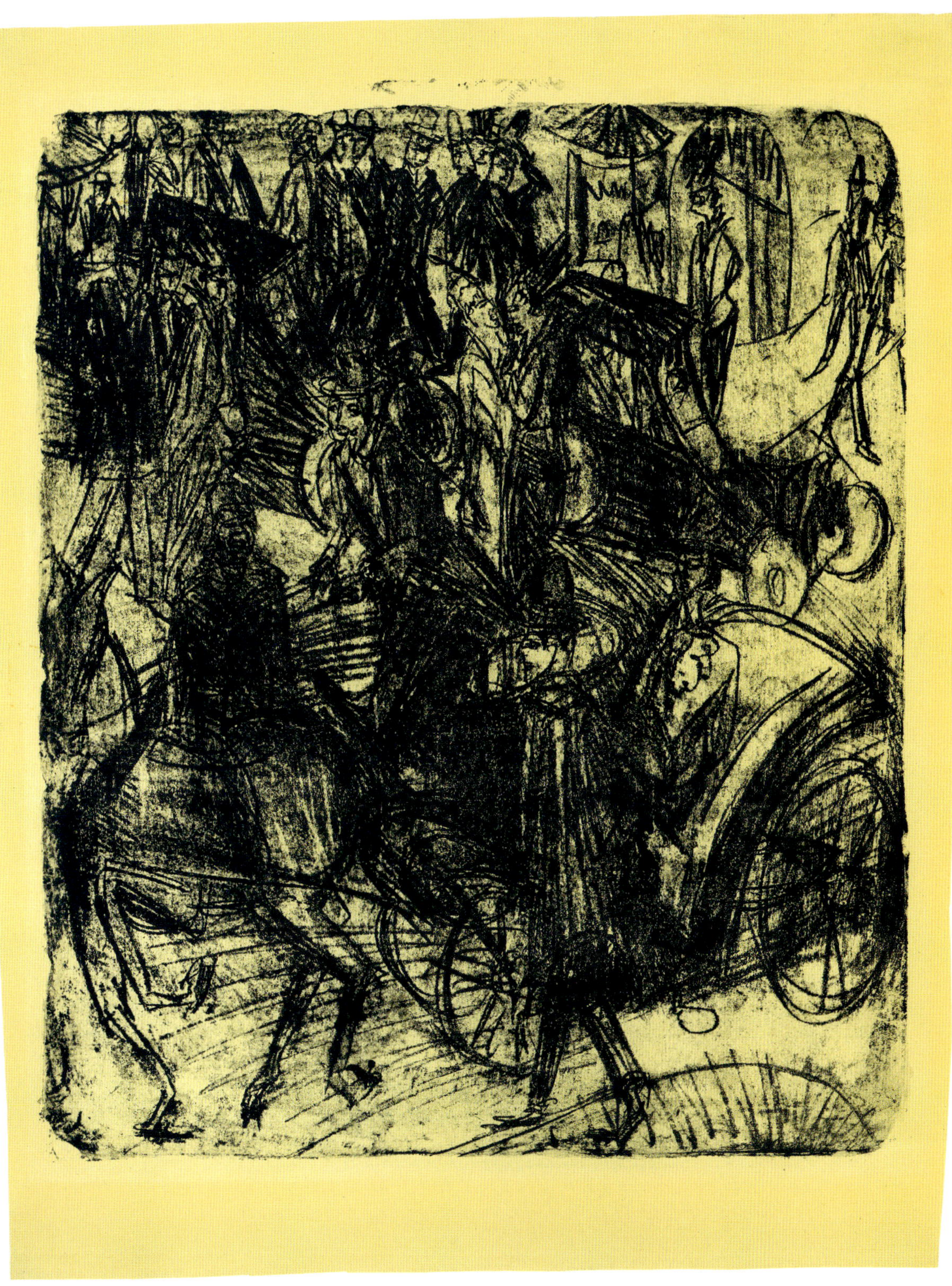

Kirchners „Hieroglyphen"

Die in den Jahren 1913 bis 1915 geschaffenen Straßenszenen Kirchners entsprechen mit ihrem Tempo, ihrer Beschleunigung des Strichs, ihrem starken Rhythmus und dem inneren Verlorensein der dargestellten Figuren am ausgeprägtesten dem damaligen Zeitgeist und dem unmittelbaren Ausdruckswollen der Avantgarde, insbesondere wie er vom Futurismus formuliert wurde Abb. — 1. Eine neue Disziplin von Form, Linie und Inhalt gelang Kirchner in diesen Bildern. Eine gleiche Energie, eine gleiche Bewegungskraft des Geistigen besitzen auch zahlreiche der 1913 und 1914 geschaffenen Fehmarn-Darstellungen, in denen Kirchner die Natur in das Elementare seiner Zeichensprache wandelte. Die Wirklichkeit erhält hier eine bedrohliche Mächtigkeit, die Naturformen werden übersteigert. Diese erregte Darstellung und neue Deutung der vorgegebenen Wirklichkeit konnte Kirchner nur erreichen durch den Einsatz seiner „Hieroglyphen", wie er die spontanen, abkürzenden Formzeichen später genannt hat. Gerade in der Zeichnung, in der die Handbewegung frei und ungehemmt ist und der persönliche Impuls unmittelbar umgesetzt werden kann, tritt die Hieroglyphe am ausgeprägtesten hervor. Sie ist der Schlüssel zum Verständnis von Kirchners Kunst dieser Jahre. Der Sinngehalt der Hieroglyphe ergibt sich allein aus dem Zusammenhang

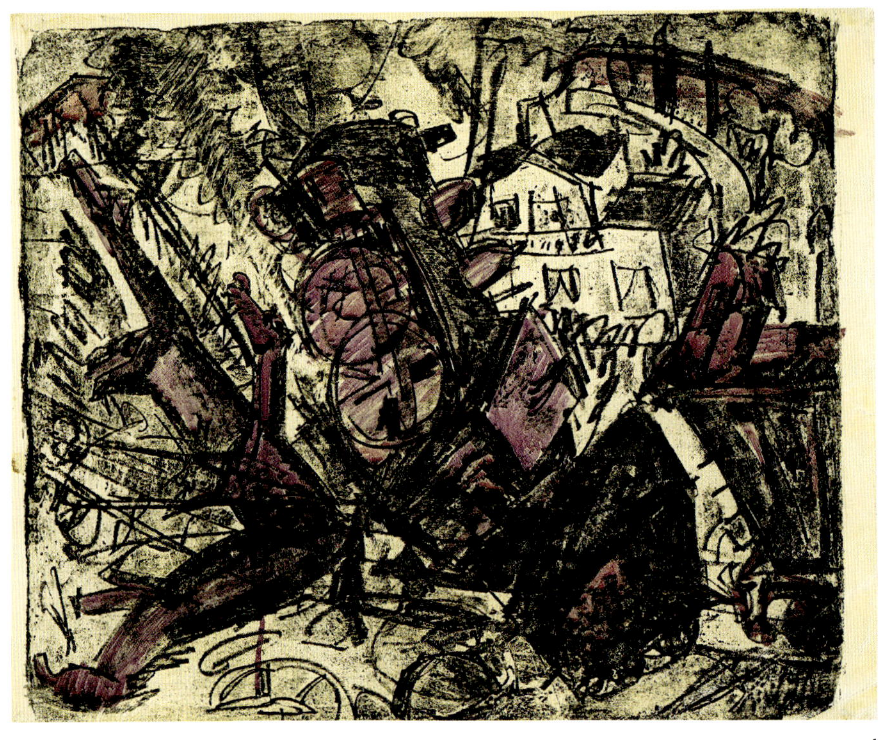

1

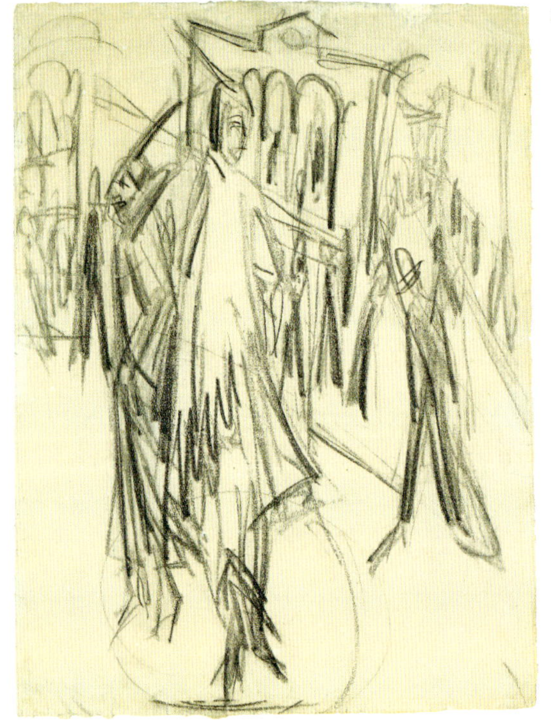

2

Abb. 1
Ernst Ludwig Kirchner
Das Eisenbahnunglück, 1914

Abb. 2
Ernst Ludwig Kirchner
Potsdamer Platz, 1914

der Gesamtdarstellung – für sich allein betrachtet bleibt sie ein unverständliches Fragment. Die Hieroglyphe schaltet sich somit zwischen Gegenstand und Wiedergabe. Der Gegenstand wird nicht mehr konkret abgebildet, sondern wird abkürzend skizziert. Damit schaffte Kirchner die Umwandlung einer konkret-stofflichen Wiedergabe hin zur rein abstrakt-immateriellen. Die Hieroglyphe muss als Endergebnis seines schnellen Zeichenstils gesehen werden, der ihn von der Formverknappung zur Formabkürzung und schließlich zur vorstellungsimmanenten naturadäquaten Formneubildung geführt hat. Von allen Künstlern des Expressionismus hat Kirchner die Genialität seiner Zeichensprache am weitesten getrieben [Abb. — 2].

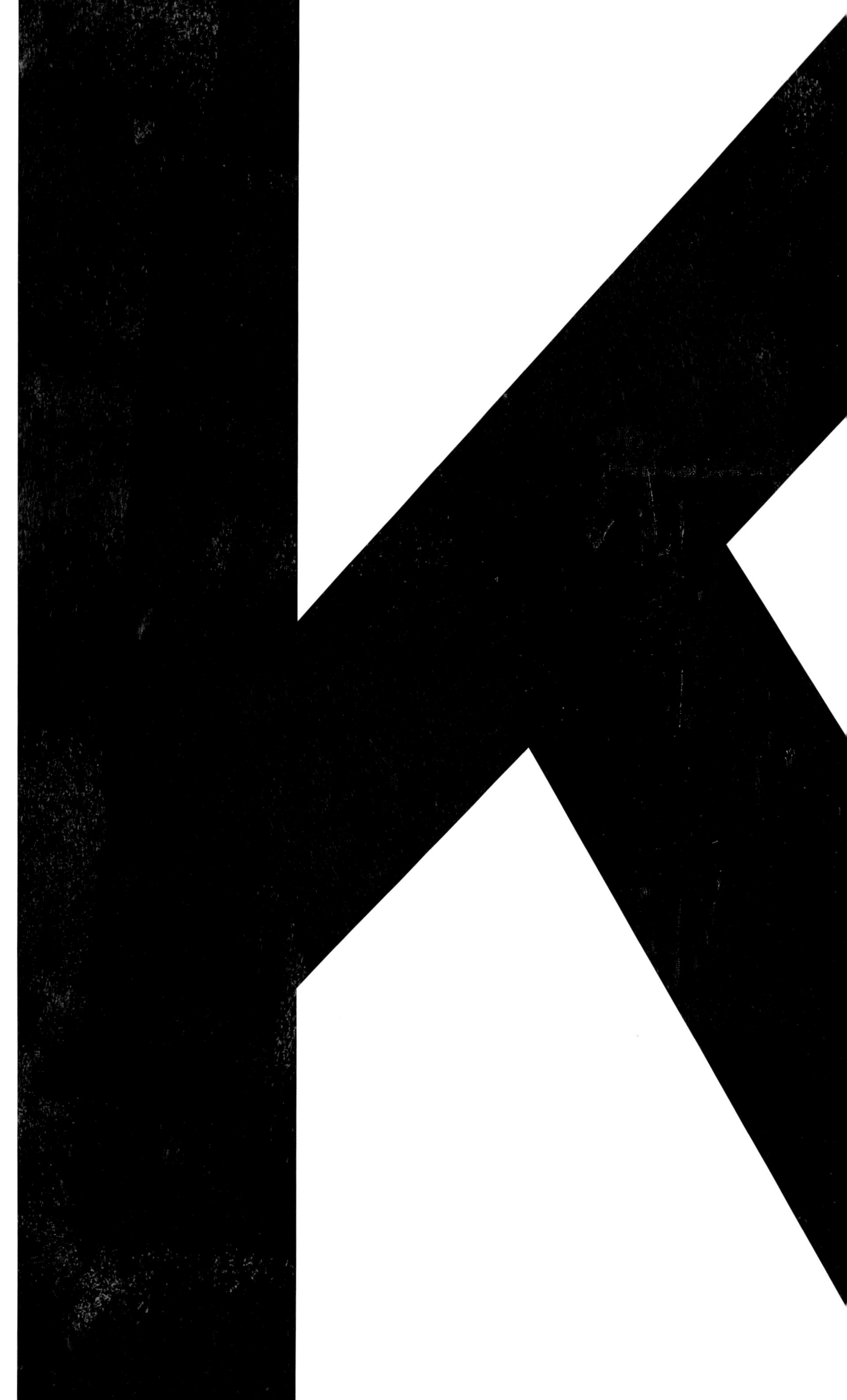

Kirchners Krise 1916

Kirchners Stil des Jahres 1916 folgt im Wesentlichen den 1913/14 entwickelten Regeln. Das rasche, fast intuitive Erfassen bleibt weiterhin für ihn verbindlich. Der Ausbruch des Ersten Weltkriegs bedeutete für ihn jedoch eine Wende in seinem Leben, und die drohende Einberufung zum Kriegsdienst belastete ihn schwer. Er meldete sich „unfreiwillig freiwillig" zum Militär, in der Hoffnung, die Waffengattung selbst wählen zu können. Von Juli bis zu seiner vorläufigen Freistellung Anfang November 1915 war er Rekrut in der Ersatzabteilung des berittenen Mansfelder Feldartillerieregiments 75 in Halle an der Saale.
Und Kirchners existenzielle Angst steigerte sich noch: Alkohol und Medikamentenmissbrauch ließen seine Krankheit zum Ausbruch kommen, führten zum psychischen und physischen Zusammenbruch. Seine Entlassung vom Militärdienst war mit der Auflage verbunden, sich in einem Sanatorium behandeln zu lassen. Nach dem 15. Dezember 1915 erfolgte der erste Aufenthalt im Sanatorium Dr. Kohnstamm in Königstein im Taunus, dem sich 1916 zwei weitere Aufenthalte anschlossen, vom 23. März bis zum 18. April und von Anfang Juni bis zum 15. Juli. Im Dezember 1916 wurde Kirchner im Nervensanatorium von Dr. Edel in Berlin-Charlottenburg behandelt. Im Januar 1917 reiste er erstmals in die Schweiz, nach Davos.

Die existenzielle Krise ist ab Herbst 1915 in Kirchners Arbeiten spürbar ausgeprägt, seine eigene Befindlichkeit wird zum Hauptthema seiner Kunst. Kirchners bedeutende Radierung *Selbstbildnis, zeichnend* Seite — 296 entstand im April 1916 entweder noch in Königstein oder nach seiner Rückkehr nach Berlin, „in einer Nacht [...], wo sich das Bewusstsein halb aufgelöst hatte", wie Kirchner selbst sagte.[1] Feine, jedoch scharf gezogene Linien und die Flächenätzungen, die den Eindruck einer leichten Vibration der Oberfläche hervorrufen, erfassen Kirchners inneren, seelischen Zustand. Das Selbstbildnis ist eine Darstellung voller Transparenz und erschütternder Unmittelbarkeit. An seinen Förderer Gustav Schiefler schreibt er am 12. November 1916 aufschlussreich: „Schwerer als alles andere lastet der Druck des Krieges und die überhandnehmende Oberflächlichkeit. Ich habe immer den Eindruck eines blutigen Karnevals. Wie soll das alles enden? Man fühlt, dass die Entscheidung in der Luft liegt, und alles geht drunter und drüber. Aufgedunsen schwankt man, um zu arbeiten, wo doch jede Arbeit vergeblich [ist] und der Ansturm des Mittelmäßigen alles umreißt. Wie die Kokotten, die ich malte, ist man jetzt selbst. Hingewischt, beim nächsten Male weg. Trotzdem versuche ich immer noch Ordnung in meine Gedanken zu bringen und aus dem Verworrenen ein Bild der Zeit zu schaffen, was ja meine Aufgabe ist."[2] Der Arzt Dr. Kohnstamm beschreibt am 23. April 1916 Kirchners Zustand in einem Brief an Karl Ernst Osthaus, den Begründer des Folkwang-Museums in Hagen: „Bei Herrn Kirchner handelt es sich abgesehen von einer allgemeinen Schwäche seiner Konstitution, um einen nervösen Erregungszustand, bei dem Schlaflosigkeit und Missbrauch von Schlafmitteln im Vordergrund stehen. Seine Erregung wird ständig unterhalten durch die Erinnerung an seine Militärzeit und was damit zusammenhängt. Er hat die Absicht, im Juni zu uns zurückzukehren, was für ihn das Beste sein würde. Er ist, soweit es die krankhafte Anlage zulässt, heilbar, jedenfalls sehr zu bessern."[3] Und die Tochter Kohnstamms erinnert sich später an den Patienten ihres Vaters: „Kirchner schien von Zigaretten und Veronal zu leben. Der Alpdruck des Krieges und der Gedanke an die Front schienen ihn schier zu verzehren."[4] Der Dichter Karl Theodor Bluth, der damals auch von Kirchner portraitiert wurde und von der Genialität des Künstlers stark beeindruckt war, äußerte sich in seinen autobiographischen Aufzeichnungen dazu: „Die Begegnung mit Kirchner geschah 1916 und 1917 im Krieg, als Bluth vom Militär wegen Lungentuberkulose entlassen war. Kirchner hatte ebenfalls nach dem Kriegsdienst eine zeitweilige Entlassung; aber das Erlebnis des Krieges nahm ihn fürchterlich mit. Er verlor den Halt unter den Füßen, war ataktisch und mit funktionellen Lähmungen behaftet. Aber sein Genie entfaltete sich in der Not und Krankheit, so dass er über die Beschränkung der aufgelösten ‚Brücke' hinauswuchs."[5]

---

1 Zit. nach Annemarie Dube-Heynig, E. L. Kirchner. Graphik, München 1962, S. 62.

2 Ernst Ludwig Kirchner, Gustav Schiefler. Briefwechsel, bearb. von Wolfgang Henze in Verbindung mit Annemarie Dube-Heynig und Magdalena Kraemer-Noble, Stuttgart/Zürich 1990, S. 83.

3 Zit. nach Eberhard W. Kornfeld, Ernst Ludwig Kirchner. Nachzeichnung seines Lebens, Bern 1979, S. 65/66.

4 Ebd., S. 63.

5 Zit. nach Volker Wahl, Ernst Ludwig Kirchner und Jena, in: Forschungen und Berichte, Band 20/21, Staatliche Museen zu Berlin/DDR, 1980, S. 489.

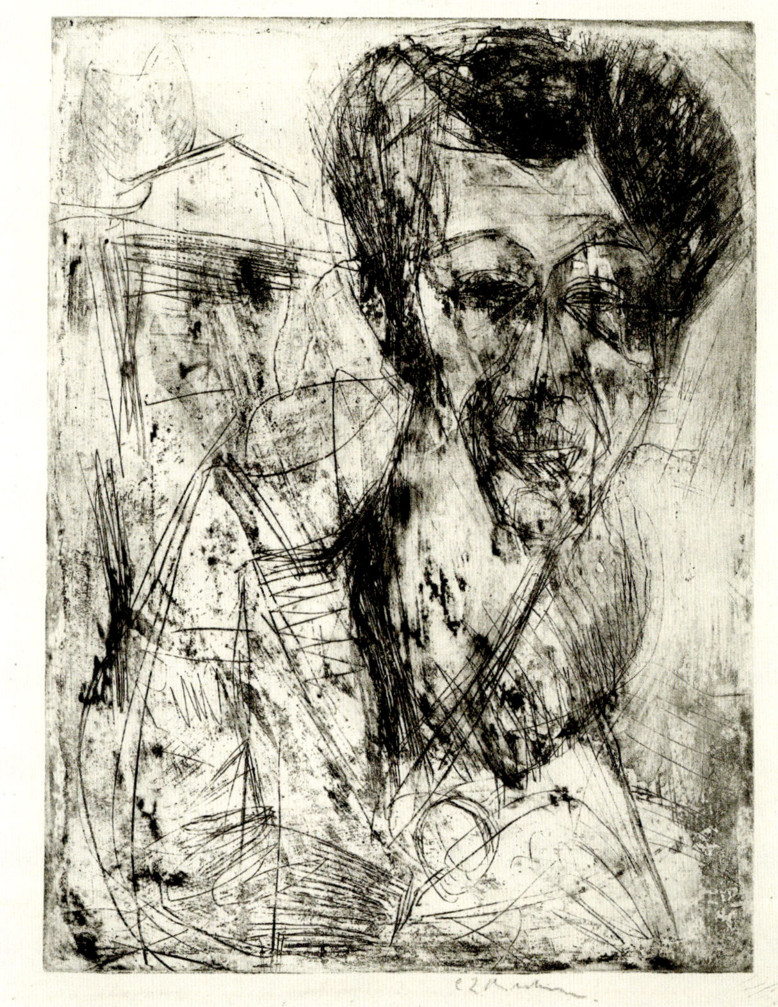

Ernst Ludwig Kirchner
Selbstbildnis, zeichnend, April 1916

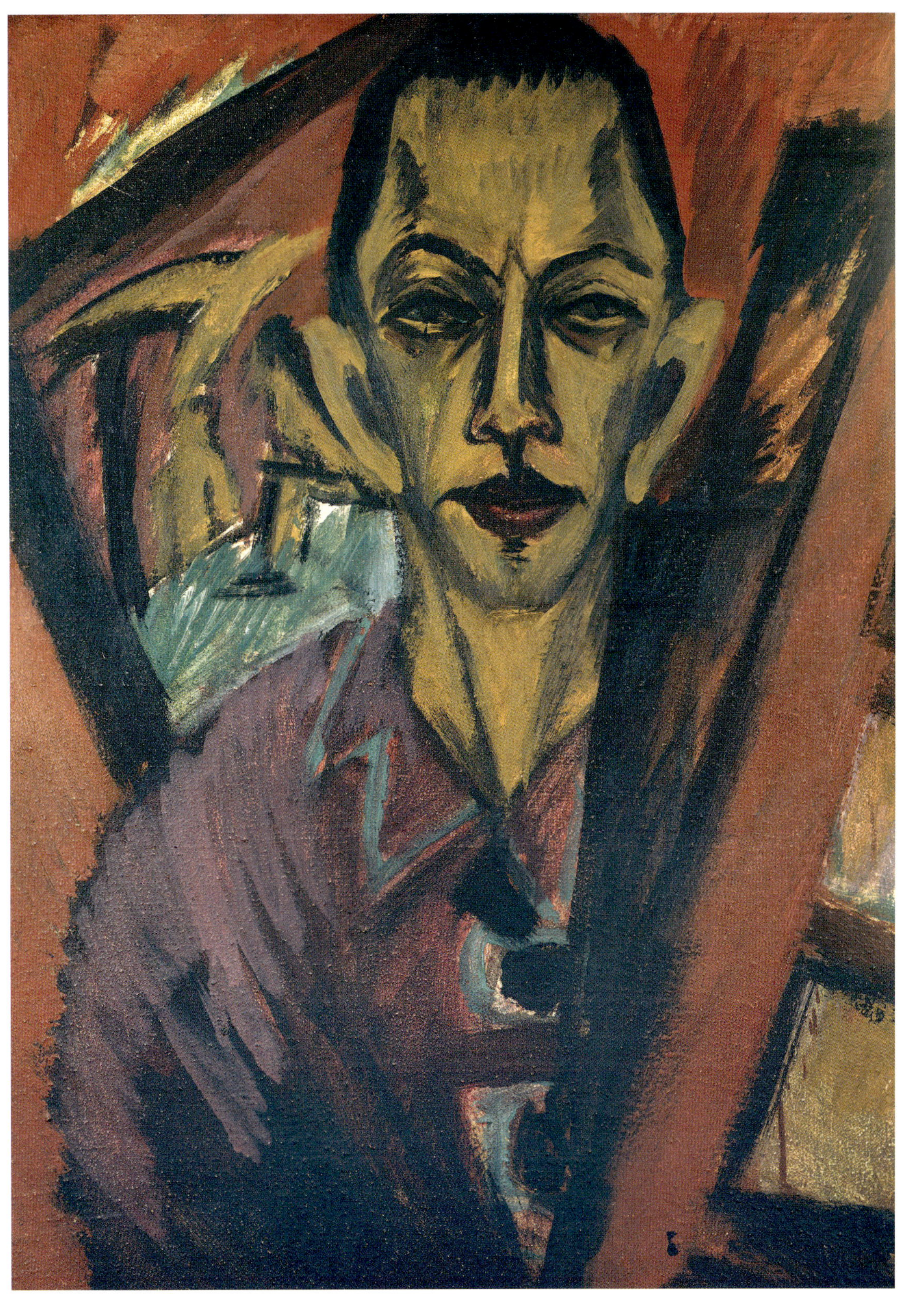

Ernst Ludwig Kirchner
Selbstbildnis, 1914

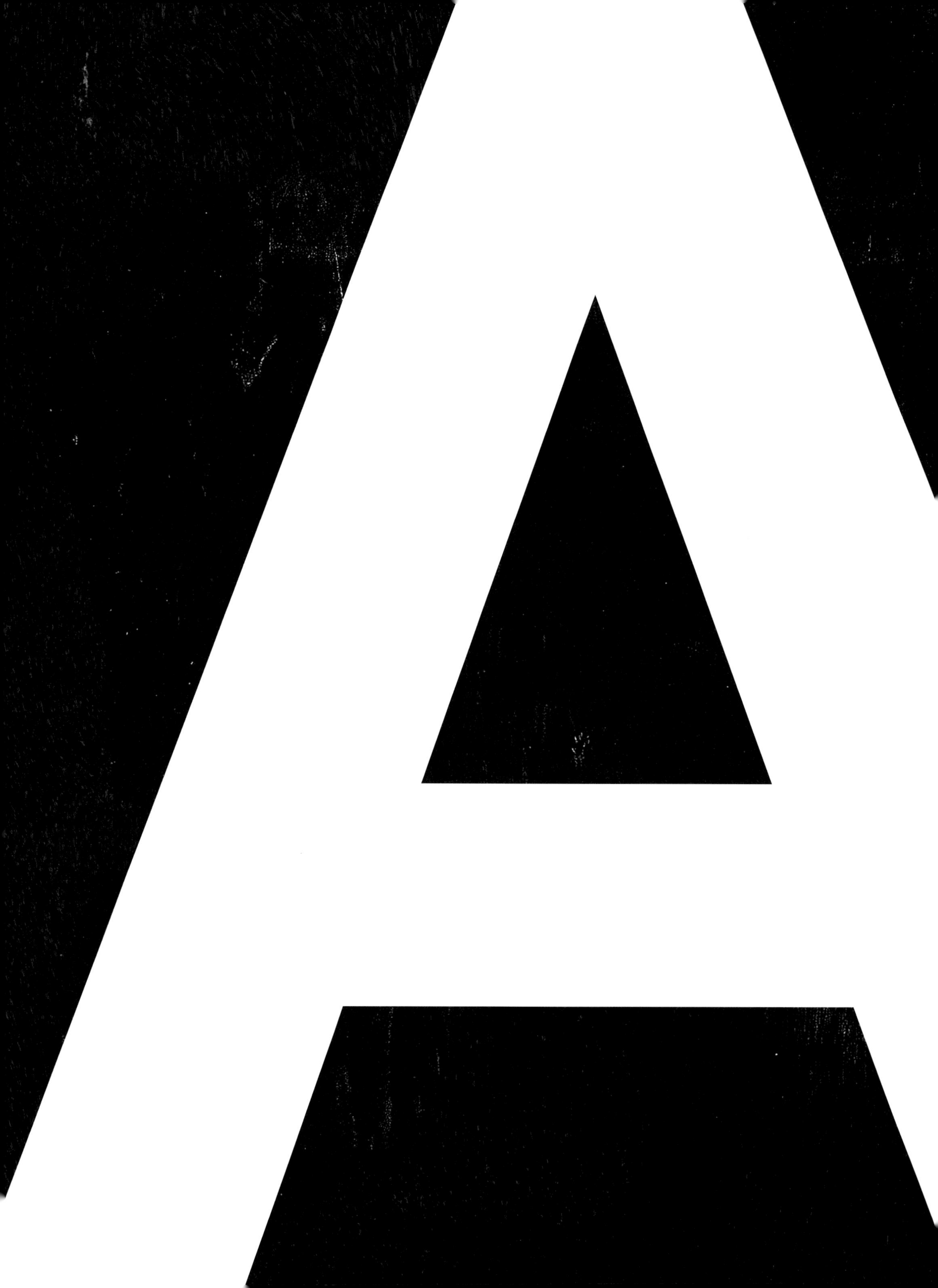

Anhang

Künstlerbiographien

Erich Heckel

Geboren 1883 in Döbeln, Sachsen. 1901 Freundschaft mit Karl Schmidt (später Schmidt-Rottluff). 1904 Architekturstudium an der Technischen Hochschule Dresden. Freundschaft mit Ernst Ludwig Kirchner und Fritz Bleyl. 1905 Gründungsmitglied der „Brücke". 1907, 1909 und 1910 Aufenthalte in Dangast/Oldenburg mit Schmidt-Rottluff. 1909 Italienreise. Die Sommer 1909–1911 gemeinsam mit Kirchner an den Moritzburger Teichen. 1910 Bekanntschaft mit Otto Mueller. 1911 Übersiedlung nach Berlin. 1912 Begegnung mit Franz Marc, August Macke und Lyonel Feininger. Sommer in Stralsund, auf Hiddensee und bei Kirchner auf Fehmarn. 1913 entdeckt er Osterholz an der Flensburger Förde. 1915–1918 Soldat in Flandern, Begegnung mit Max Beckmann und James Ensor. 1918 Rückkehr nach Berlin. 1919 Reisen in Deutschland, Flandern, Frankreich, England, Dänemark, Schweden und Italien. 1937 Diffamierung als „entarteter Künstler", Beschlagnahme seiner Werke aus deutschem Museumsbesitz. 1944 Vernichtung seines Berliner Ateliers durch Bombenangriff. Übersiedlung nach Hemmenhofen/Bodensee. 1949–1955 Lehrtätigkeit an der Hochschule für Bildende Künste in Karlsruhe. Erneute Reisen in Deutschland und den Niederlanden. Gestorben 1970 in Radolfzell/Bodensee.

Ernst Ludwig Kirchner

Geboren 1880 in Aschaffenburg. 1901 Beginn des Studiums der Architektur an der Technischen Hochschule Dresden. Begegnung mit Fritz Bleyl. 1903–1904 Studium an der Technischen Hochschule München. Fortsetzung des Studiums in Dresden. 1904 Bekanntschaft mit Erich Heckel. 1905 Begegnung mit Karl Schmidt-Rottluff. Gründungsmitglied der „Brücke". 1907–1911 Sommeraufenthalte mit den Künstlern der „Brücke" in Goppeln, auf Fehmarn und an den Moritzburger Teichen. 1911 Übersiedlung nach Berlin. 1912–1914 Sommeraufenthalte auf Fehmarn. 1915–1916 Soldat in Halle/Sachsen, körperlicher und seelischer Zusammenbruch, Aufenthalt im Sanatorium. 1918 Übersiedlung nach Davos. 1923 Umzug nach Frauenkirch-Wildboden. 1925/26 Reise nach Deutschland. 1937 Diffamierung als „entarteter Künstler", Beschlagnahme seiner Werke aus deutschem Museumsbesitz. 1938 Freitod in Frauenkirch-Wildboden.

Emil Nolde

Geboren 1867 in Nolde/Schleswig als Emil Hansen. 1884–1889 Lehre als Holzbildhauer und Zeichner in Möbelfabriken in Flensburg, München und Karlsruhe. 1889 Übersiedlung nach Berlin. 1892–1897 Lehrer für ornamentales Zeichnen und Modellieren am Industrie- und Gewerbemuseum in St. Gallen. 1898 Besuch der Malschule Friedrich Fehr, München, und der Hölzel-Schule, Dachau. 1899/1900 Aufenthalt in Paris, Besuch der Académie Julian. 1901–1902 in Lildstrand/Jütland. Atelier in Berlin. 1903–1913 Sommeraufenthalte auf Alsen, Wintermonate in Berlin. 1904–1905 in Italien. 1906–1907 Mitgliedschaft in der „Brücke" und in der Berliner Secession. Begegnung mit Edvard Munch. 1910 in Hamburg. 1911 Mitglied der Neuen Secession. Reise nach Ostende, Begegnung mit James Ensor. 1913–1914 Südsee-Reise. 1916 Übersiedlung nach Utenwarf. 1921 Aufenthalte in Frankreich, England, Spanien und der Schweiz. 1924 Reisen nach Italien und Österreich. 1926 Übersiedlung nach Seebüll. 1931 Mitglied der Preußischen Akademie der Künste. 1933 Diffamierung als »entarteter Künstler«, Beschlagnahme seiner Werke aus deutschem Museumsbesitz. 1941 Malverbot. Gestorben 1956 in Seebüll.

Max Pechstein

Geboren 1881 in Zwickau. Malerlehre in Zwickau als Hermann Max Pechstein. 1900 Übersiedlung nach Dresden. Besuch der Kunstgewerbeschule und Akademie Dresden. 1906 Begegnung mit Heckel und Kirchner, Eintritt in die Künstlergruppe „Brücke". 1907 Sommer zusammen mit Kirchner in Goppeln/Dresden. Reisen nach Rom und Paris. 1908 Übersiedlung nach Berlin. 1909 Mitglied der „Berliner Secession". Sommer in Nidden. 1909–1910 Sommer an den Moritzburger Teichen gemeinsam mit Heckel und Kirchner. 1910 Mitbegründer der „Neuen Secession", Berlin. Sommer mit Heckel und Schmidt-Rottluff in Dangast. 1911 Zweite Italienreise. Sommer 1911–1912 in Nidden. 1912 Trennung von der „Brücke". 1913–1914 Reisen durch Europa und zu den Palau-Inseln in der Südsee. 1915 Rückkehr nach Berlin. 1916–1917 Militärdienst. 1918 Mitbegründer der „Novembergruppe". 1919–1922 Reisen durch Deutschland und Europa. 1922 Mitglied der Preußischen Akademie der Künste Berlin. Ernennung zum Professor. 1923–1933 erneute Reisen. 1933 Berufs- und Ausstellungsverbot, Ausschluss aus der Preußischen Akademie der Künste. Beschlagnahme seiner Werke aus deutschem Museumsbesitz. Zurückgezogenes Leben in Pommern. 1945–1955 Professur an der Hochschule für Bildende Künste Berlin. Gestorben 1955 in Berlin.

Karl Schmidt-Rottluff

Geboren 1884 in Rottluff bei Chemnitz als Karl Schmidt. 1905 Architekturstudium an der Technischen Hochschule Dresden gemeinsam mit Erich Heckel. Begegnung mit Ernst Ludwig Kirchner und Fritz Bleyl, Mitbegründer der „Brücke". 1906 Sommeraufenthalt auf Alsen bei Emil Nolde. Anschließend in Hamburg, Begegnung mit Rosa Schapire und Gustav Schiefler. 1907–1910 Sommer in Dangast mit Erich Heckel. 1911 Übersiedlung nach Berlin. Reise nach Norwegen. 1912 Teilnahme an der Sonderbund-Ausstellung Köln. Mit Heckel und Kirchner auf Fehmarn. 1912–1914 Aufenthalte in Berlin, Hamburg und Nidden. 1915–1918 Militärdienst. Rückkehr nach Berlin. 1920–1931 Sommer an der Ostsee. 1923 Italienreise mit Georg Kolbe und Richard Scheibe. 1924 mit Kolbe in Paris. 1925 Frühjahr in Dalmatien. 1927–1929 Aufenthalte in Ascona/Tessin. 1930 als Gast der Villa Massimo in Rom. 1931 Mitglied der Preußischen Akademie der Künste. 1933 Diffamierung als „entarteter Künstler". Ausschluss aus der Akademie, Beschlagnahme seiner Werke aus deutschem Museumsbesitz. 1936 Ausstellungsverbot. 1941 Malverbot. 1943–1946 Aufenthalt in Rottluff und Chemnitz. 1947 Professur an der Hochschule für Bildende Künste Berlin. Gestorben 1976 in Berlin.

Ausgestellte Werke

Seite — 19

Max Pechstein
Unter der Brücke, 1906
Holzschnitt, 20,8 × 21,2 cm
Brücke-Museum Berlin

Seite — 23

Ernst Ludwig Kirchner
Heckel und Modell im Atelier, 1905
Öl auf Pappe, 50 × 33,6 cm
Brücke-Museum Berlin

Seite — 28

Ernst Ludwig Kirchner
Selbstbildnis mit Pfeife, 1905
Holzschnitt,
Bildmaß: 9,5 × 18,9 cm; Blattmaß: 16,8 × 24,9 cm
Brücke-Museum Berlin

Seite — 29

Erich Heckel
Mann in jungen Jahren, 1906
Öl auf Leinwand, 47,5 × 36 cm
Brücke-Museum Berlin

Seite — 34

Max Pechstein
Bildnis Erich Heckel I, 1908
Lithographie,
Bildmaß: 43 × 32,9 cm; Blattmaß: 58 × 42,5 cm
Brücke-Museum Berlin

Seite — 35

Max Pechstein
Bildnis Schmidt-Rottluff, 1908
Lithographie,
Bildmaß: 38,5 × 34,5 cm; Blattmaß: 46,5 × 38 cm
Brücke-Museum Berlin

Seite — 37

Karl Schmidt-Rottluff
Bildnis H (Erich Heckel), 1909
Aquarell, 66 × 50 cm
Brücke-Museum Berlin

Seite — 43

Emil Nolde
Akt, 1906
Aus der 2. Jahresmappe der „Brücke“, 1907
Radierung,
Bildmaß: 19,4 × 14,8 cm; Blattmaß: 54,2 × 38,1 cm
Brücke-Museum Berlin,
Karl und Emy Schmidt-Rottluff Stiftung

Seite — 44/45

Ernst Ludwig Kirchner
Ruhendes Mädchen mit Kopfschmerzen, 1906
Farbholzschnitt,
Bildmaß: 19 × 22,5 cm; Blattmaß: 22 × 27cm
Brücke-Museum Berlin

Seite — 49

Max Pechstein
Selbstbildnis mit Zigarre, 1909
Tusche, 8 × 6,8 cm
Brücke-Museum Berlin

Seite — 51

Emil Nolde
E.N. (Selbstbildnis), 1908
Radierung und Ätzung,
Bildmaß: 30,5 × 23,8 cm; Blattmaß: 39,3 × 31,2 cm
Brücke-Museum Berlin,
Karl und Emy Schmidt-Rottluff Stiftung

Seite — 59

Ernst Ludwig Kirchner
Frauenkopf vor Sonnenblumen, 1906
Öl auf Karton, 70,5 × 50,7 cm
Museum Frieder Burda

Seite — 60

Karl Schmidt-Rottluff
Am Meer (Steilküste), 1906
Öl auf Pappe, 71 × 71 cm
Brücke-Museum Berlin

Seite — 61

Karl Schmidt-Rottluff
Am Pleißebach, 1906
Öl auf Pappe, 60 × 71 cm
Brücke-Museum Berlin

Seite — 62/63

Max Pechstein
Eliasfriedhof in Dresden, 1906
Öl auf Leinwand, 44 × 61 cm
Brücke-Museum Berlin

Seite — 64

Erich Heckel
Dangaster Landschaft, 1907
Farbkreide, 30,3 × 44,3 cm
Brücke-Museum Berlin

Seite — 65

Emil Nolde
Dorf Cospeda, 1908
Öl auf Leinwand, 67 × 77,5 cm
Brücke-Museum Berlin,
Dauerleihgabe aus Privatbesitz

Seite — 66

Emil Nolde
Weiße Stämme, 1908
Öl auf Leinwand, 67,5 × 77,5 cm
Brücke-Museum Berlin

Seite — 67

Emil Nolde
Friesenhäuser I, 1910
Öl auf Leinwand, 64 × 84 cm
Brücke-Museum Berlin,
Karl und Emy Schmidt-Rottluff Stiftung

Seite — 71

Emil Nolde
Jägers Haus (auf Alsen), 1909
Öl auf Leinwand, 73 × 91 cm
Brücke-Museum Berlin

Seite — 78

Ernst Ludwig Kirchner
Paar, 1908
Farbkreiden, 88,5 × 68,5 cm
Brücke-Museum Berlin

Seite — 79

Ernst Ludwig Kirchner
Weibliches Modell, 1909
Kreide und Farbkreide, 33 × 22 cm
Brücke-Museum Berlin

Seite —— 84/85

Erich Heckel
Marschland (Dangast), 1907
Öl auf Leinwand, 48 × 77 cm
Brücke-Museum Berlin

Seite —— 86

Karl Schmidt-Rottluff
Dorfecke, 1910
Öl auf Leinwand, 87 × 95 cm
Brücke-Museum Berlin,
Karl und Emy Schmidt-Rottluff Stiftung

Seite —— 87

Karl Schmidt-Rottluff
Deichdurchbruch, 1910
Öl auf Leinwand, 76 × 84 cm
Brücke-Museum Berlin

Seite —— 88

Karl Schmidt-Rottluff
Strandkörbe, 1909
Holzschnitt,
Bildmaß: 31,5 × 32,9 cm; Blattmaß: 35 × 46 cm
Brücke-Museum Berlin,
Karl und Emy Schmidt-Rottluff Stiftung

Seite —— 89

Max Pechstein
Haus am Strand, 1910
Aquarell und schwarze Kreide, 17,8 × 22,7 cm
Brücke-Museum Berlin,
Karl und Emy Schmidt-Rottluff Stiftung

Seite —— 90

Karl Schmidt-Rottluff
Fabrik, 1910
Holzschnitt auf Papier (elfenbeinfarben)
Bildmaß: 24,2 × 35,2 cm; Blattmaß: 34,5 × 44,8 cm
Staatsgalerie Stuttgart, Graphische Sammlung,
Vermächtnis 1955 Rosa Schapire

Seite —— 91

Karl Schmidt-Rottluff
Durchblick, 1911
Holzschnitt,
Bildmaß: 39,9 × 50 cm; Blattmaß: 45,5 × 55 cm
Brücke-Museum Berlin,
Karl und Emy Schmidt-Rottluff Stiftung

Seite —— 92

Karl Schmidt-Rottluff
Dangast Dorf, 1911
Holzschnitt auf Papier,
Bildmaß: 39,1 × 50 cm; Blattmass: 58 × 78,3 cm
Staatsgalerie Stuttgart, Graphische Sammlung,
erworben 1946

Seite —— 93

Karl Schmidt-Rottluff
Roter Giebel, 1911
Öl auf Leinwand, 75 × 70 cm
Brücke-Museum Berlin

Seite —— 94/95

Karl Schmidt-Rottluff
Bauernhaus, 1911
Aquarell über Graphit, 50 × 65 cm
Brücke-Museum Berlin

Seite —— 99

Emil Nolde
Segler und Rauch, 1910
Radierung,
Bildmaß: 41,4 × 31,5 cm; Blattmaß: 62,5 × 48 cm
Brücke-Museum Berlin

Seite —— 101

Emil Nolde
Hamburg, Reiherstiegdock, 1910
Radierung,
Bildmaß: 31,5 × 41,5 cm; Blattmaß: 48,7 × 60,9 cm
Brücke-Museum Berlin,
Dauerleihgabe aus Privatbesitz

Seite —— 105

Emil Nolde
Verspottung, 1909
Öl auf Leinwand, 86 × 106,5 cm
Brücke-Museum Berlin,
Karl und Emy Schmidt-Rottluff Stiftung

Seite —— 111

Max Pechstein
Haff, 1909
Öl auf Leinwand, 65,4 × 64,8 cm
Museo Nacional Centro de Arte Reina Sofía,
Madrid

Seite —— 112

Max Pechstein
Nidden, 1911
Öl auf Leinwand, 50 × 65,4 cm
Privatsammlung

Seite —— 113

Max Pechstein
Rettungsboot, 1911
Öl auf Leinwand, 70 × 80,5 cm
Privatsammlung

Seite —— 114/115

Max Pechstein
Fischerboote in Nidden, 1912
Öl auf Leinwand, 51,5 × 71,5 cm
Landesmuseum für Kunst und Kulturgeschichte
Oldenburg

Seite —— 120

Max Pechstein
Junges Mädchen, 1908
Öl auf Leinwand, 65,5 × 50,5 cm
Brücke-Museum Berlin
Staatliche Museen zu Berlin, Nationalgalerie.
1949 erworben durch das Land Berlin

Seite —— 121

Max Pechstein
Liegender weiblicher Akt mit Katze, 1909
Aquarell und schwarze Kreide, 34,5 × 45,5 cm
Brücke-Museum Berlin,
Karl und Emy Schmidt-Rottluff Stiftung

Seite —— 122

Ernst Ludwig Kirchner
Weiblicher Akt lesend, 1909
(recto: *Weiblicher Akt mit Badezuber*, 1912)
Öl auf Leinwand, 96,4 × 64,5 cm
Heidi Horten Collection

Seite —— 123

Max Pechstein
Mädchen mit großem Federhut, 1909
(recto: *Die gelbe Maske*, 1910)
Öl auf Leinwand, 52,2 × 52,2 cm
Heidi Horten Collection

Seite —— 124

Erich Heckel
Junger Mann und Mädchen, 1909
Öl auf Leinwand, 70,5 × 8,4 cm
Brücke-Museum Berlin

Seite —— 125

Ernst Ludwig Kirchner
Liegender Akt vor Spiegel, 1909/10
Öl auf Leinwand, 83,3 × 95,5 cm
Brücke-Museum Berlin

Seite —— 126

Ernst Ludwig Kirchner
Artistin Marcella, 1910
Öl auf Leinwand, 101 × 76 cm
Brücke-Museum Berlin

Seite —— 129

Ernst Ludwig Kirchner
Pfortensteg Chemnitz, 1910
(recto: *Zwei Akte mit Badetub und Ofen*, 1911)
Öl auf Leinwand, 89 × 80 cm
Museum Frieder Burda

Seite —— 135

Max Pechstein
Kind auf der Bank, 1908
Farblithographie, 38,7 × 34,3 cm
Brücke-Museum Berlin,
Karl und Emy Schmidt-Rottluff Stiftung

Seite —— 136

Erich Heckel
Modelle, 1909
Farblithographie auf Papier (elfenbeinfarben)
Bildmaß: 44,2 × 33,5 cm; Blattmaß: 57 × 42,1 cm
Staatsgalerie Stuttgart, Graphische Sammlung,
Leihgabe seit 2008

Seite —— 137

Erich Heckel
Zwei ruhende Frauen, 1910
Farbholzschnitt auf Papier (rohweiß)
Bildmaß: 32,3 × 36,7 cm; Blattmaß: 42,5 × 51,7 cm
Staatsgalerie Stuttgart, Graphische Sammlung,
Leihgabe seit 2008

Seite —— 138

Ernst Ludwig Kirchner
Segelboot, 1910
Farbholzschnitt,
Bildmaß: 23,2 × 19,5 cm; Blattmaß: 32,4 × 26,7 cm
Brücke-Museum Berlin,
Karl und Emy Schmidt-Rottluff Stiftung

Seite —— 139

Erich Heckel
Zwei Mädchen, 1909
Farbholzschnitt,
Bildmaß: 21,9 × 16,1 cm; Blattmaß: 35,5 × 27,8 cm
Brücke-Museum Berlin

Seite —— 143

Karl Schmidt-Rottluff
Frau am Tisch (Rosa Schapire), 1909
Aquarell, 66 × 50 cm
Brücke-Museum Berlin

Seite —— 145

Karl Schmidt-Rottluff
Bildnis Rosa Schapire, 1911
Öl auf Leinwand, 84 × 76 cm
Brücke-Museum Berlin

Seite —— 150/151

Ernst Ludwig Kirchner
Liegender blauer Akt mit Strohhut, 1909
Öl auf Karton, 68 × 72 cm
Privatsammlung

Seite —— 152

Ernst Ludwig Kirchner
Fränzi mit Bogen und Akt, 1910
Aquarell, 45 × 35 cm
Brücke-Museum Berlin

Seite —— 153

Ernst Ludwig Kirchner
Stehender Akt mit Fächer (Milly), 1909
Kreide, 44,2 × 34,6 cm
Brücke-Museum Berlin

Seite —— 154

Max Pechstein
Wiesenrand, 1910
Öl auf Leinwand, 70,2 × 80,3 cm
Privatsammlung

Seite —— 155

Max Pechstein
Das gelbschwarze Trikot, 1910
Öl auf Leinwand, 68 × 78 cm
Brücke-Museum Berlin,
Dauerleihgabe aus Privatbesitz

Seite —— 156

Max Pechstein
Sitzendes Mädchen, 1910
Öl auf Leinwand, 80 × 70 cm
Staatliche Museen zu Berlin, Nationalgalerie

Seite —— 157

Max Pechstein
Im Wald bei Moritzburg, 1910
Öl auf Leinwand, 68 × 78 cm
Brücke-Museum Berlin

Seite —— 158

Erich Heckel
Kinder im Freien, 1910
Öl auf Leinwand, 61 × 68,5 cm
Heidi Horten Collection

Seite —— 159

Erich Heckel
Aus Moritzburg, 1910
Öl auf Leinwand, 60,5 × 70,7 cm
Sammlung Rudolf und Bertha Frank im
Kunstmuseum Stuttgart

Seite —— 160

Ernst Ludwig Kirchner
Zwei badende Mädchen, 1911
Aquarell und Bleistift, 34 × 25,6 cm
Brücke Museum Berlin

Seite —— 161

Erich Heckel
Stehendes Kind, Fränzi, 1911 (1910)
Farbholzschnitt auf Papier (rohweiß)
Bildmaß: 36,9 × 27,8 cm; Blattmaß: 54 × 40 cm
Staatsgalerie Stuttgart, Graphische Sammlung,
Leihgabe seit 2008

Seite —— 165

Emil Nolde
Feriengäste, 1911
Öl auf Leinwand, 87 × 101 cm
Brücke-Museum Berlin

Seite —— 170/171

Erich Heckel
Fränzi liegend, 1910
Farbholzschnitt,
Bildmaß: 23/20,7 × 40,5/41,6 cm;
Blattmaß: 39,4 × 53,3 cm
Brücke-Museum Berlin

Seite —— 172/173

Erich Heckel
Sitzendes Kind, 1910
Deckfarbe über Bleistift, 34,7 × 44,6 cm
Brücke-Museum Berlin

Seite —— 174

Erich Heckel
In den Dünen, 1911
Lithographie,
Bildmaß: 27,5 × 32,9 cm; Blattmaß: 33,9 × 44,9 cm
Brücke-Museum Berlin

Seite —— 175

Karl Schmidt-Rottluff
Liegender weiblicher Akt, 1914
Tuschpinsel und Aquarell, 50 × 64 cm
Brücke-Museum Berlin

Seite —— 180

Ernst Ludwig Kirchner
Mädchen im Badetub, 1908
Lithographie,
Bildmaß: 32,5 × 38 cm; Blattmaß: 40,2 × 47,4 cm
Brücke-Museum Berlin,
Karl und Emy Schmidt-Rottluff Stiftung

Seite —— 181

Ernst Ludwig Kirchner
Zwei Akte mit Badetub und Ofen, 1911
(verso: *Pfortensteg Chemnitz*, 1910)
Öl auf Leinwand, 89 × 80 cm
Museum Frieder Burda

Seite —— 182/183

Erich Heckel
Kind, 1910
Bleistift, 25,5 × 35,5 cm
Brücke-Museum Berlin

Seite —— 184

Erich Heckel
Zwei Mädchen im Atelier, 1910
Holzschnitt,
Bildmaß: 18,5 × 24 cm; Blattmaß: 28 × 35,5 cm
Brücke-Museum Berlin

Seite —— 185

Erich Heckel
Im Atelier, 1911
Bleistift, 34 × 43,8 cm
Brücke-Museum Berlin

Seite —— 187

Erich Heckel
Akt im Raum, 1912
Aquarell über Bleistift, 45 × 36,5 cm
Brücke-Museum Berlin

Seite —— 193

Max Pechstein
Die gelbe Maske, 1910
(verso: *Mädchen mit großem Federhut*, 1909)
Öl auf Leinwand, 51 × 51 cm
Heidi Horten Collection

Seite —— 194/195

Max Pechstein
Tanz, 1909
Öl auf Leinwand, 95 × 120 cm
Brücke-Museum Berlin,
Dauerleihgabe aus Privatbesitz

Seite —— 196

Erich Heckel
Kabarettsängerin, 1907
Farbholzschnitt; handkoloriert auf Papier (verbräunt)
Bildmaß: 32,5 × 27,3 cm; Blattmaß: 44,5 × 36,4 cm
Staatsgalerie Stuttgart, Graphische Sammlung,
Leihgabe seit 2008

Seite —— 197

Max Pechstein
Im Café, 1910
Postkarte, Aquarell und Tusche, 13,9 × 9 cm
Brücke-Museum Berlin

Seite —— 201

Karl Schmidt-Rottluff
Mann und Weib, 1912
Holzschnitt,
Bildmaß: 23,5 × 30,1; Blattmaß: 45,3 × 59,2 cm
Brücke-Museum Berlin

Seite —— 203

Karl Schmidt-Rottluff
Mädchen bei der Toilette, 1912
Öl auf Leinwand, 84 × 76 cm
Brücke-Museum Berlin

Seite —— 205

Karl Schmidt-Rottluff
Sinnende Frau, 1912
Öl auf Leinwand, 102 × 76 cm
Brücke-Museum Berlin

Seite —— 207

Max Pechstein
Lokomotivenpfiff, 1913
Öl auf Leinwand, 75 × 75 cm
Museum Kunstpalast, Düsseldorf

Seite —— 212

Erich Heckel
Sitzende am Wasser, 1913
Holzschnitt, aquarelliert in Rosaviolett, Blau und Ocker
Bildmaß: 30,7 × 32,5 cm; Blattmaß: 70,5 × 55,6 cm
Brücke-Museum Berlin,
Karl und Emy Schmidt-Rottluff Stiftung

Seite —— 213

Erich Heckel
Park in Dilborn, 1914
Holzschnitt,
Bildmaß: 40,1/39,5 × 36,1/37,2 cm;
Blattmaß: 58,2 × 44,3 cm
Brücke-Museum Berlin

Seite —— 215

Ernst Ludwig Kirchner
Steilküste mit Runder Bucht, Fehmarn (Dünenabhang mit runder Bucht), 1913
Holzschnitt,
Bildmaß: 43,3 × 35 cm; Blattmaß: 52 × 39 cm
Brücke-Museum Berlin

Seite —— 219

Max Pechstein
Fischerkopf VII, 1911
Aus der 7. Jahresmappe der „Brücke", 1912
Holzschnitt,
Bildmaß: 29,2 × 24 cm; Blattmaß: 54 × 40,1 cm
Brücke-Museum Berlin,
Karl und Emy Schmidt-Rottluff Stiftung

Seite —— 221

Max Pechstein
Der Tanz (Tanzende und Badende am Waldteich), 1912
Aus der 7. Jahresmappe der „Brücke", 1912
Lithographie, handkoloriert in Grün und Blau,
Bildmaß: 43,5 × 33 cm; Blattmaß: 53,7 × 40 cm
Brücke-Museum Berlin,
Karl und Emy Schmidt-Rottluff Stiftung

Seite —— 225

Ernst Ludwig Kirchner
Sitzendes nacktes Mädchen, 1912/13
Kohle, 68 × 48 cm
Brücke-Museum Berlin

Seite —— 229

Ernst Ludwig Kirchner
Segelboote bei Grünau, 1914
Öl auf Leinwand, 90,5 × 80,5 cm
Staatsgalerie Stuttgart, erworben 1950

Seite —— 230

Ernst Ludwig Kirchner
Fehmarnmädchen, 1913
Holzschnitt,
Bildmaß: 43,2 × 36,8 cm; Blattmaß: 52,5 × 39,2 cm
Brücke-Museum Berlin

Seite —— 231

Ernst Ludwig Kirchner
Liegende Akte am Meer, 1913
Lithographie,
Bildmaß: 31,5 × 42 cm; Blattmaß: 57,4 × 43,2 cm
Brücke-Museum Berlin

Seite —— 235

Karl Schmidt-Rottluff
Kniender weiblicher Akt, 1913
Tusche und Bleistift auf gelbem Papier,
49,7 × 36,6 cm
Brücke-Museum Berlin

Seite —— 237

Karl Schmidt-Rottluff
Drei Akte (Dünenbild aus Nidden), 1913
Öl auf Leinwand, 98 × 106,5 cm
Staatliche Museen zu Berlin, Nationalgalerie.
1949 erworben durch das Land Berlin

Seite —— 245

Erich Heckel
Oluf Samsonsgang in Flensburg, 1913
Öl auf Leinwand, 68 × 79 cm
Brücke-Museum Berlin

Seite —— 246

Erich Heckel
Zwei sitzende Frauen, 1912
Holzschnitt, aquarelliert in Gelb, Grün und Rosa,
Bildmaß: 23,7/29,9 × 29,6/29,3 cm;
Blattmaß: 36,4 × 44,8 cm
Brücke-Museum Berlin

Seite —— 247

Erich Heckel
Gelbe Segel, 1913
Öl auf Leinwand, 80 × 84 cm
Kunstsammlung Jena, Geschenk des Künstlers
an die neugegründete Sammlung des Jenaer
Kunstvereins 1913

Seite —— 252

Erich Heckel
Die Mellingburger Alsterschleuse, 1913
Öl auf Leinwand, 95 × 80 cm
Brücke-Museum Berlin,
Karl und Emy Schmidt-Rottluff Stiftung

Seite —— 253

Erich Heckel
Parksee, 1914
Kaltnadelradierung auf Papier (elfenbeinfarben)
Bildmaß: 24,9 × 19,8 cm; Blattmaß: 40,5 × 31,5 cm
Staatsgalerie Stuttgart, Graphische Sammlung,
erworben 1947

Seite —— 258

Erich Heckel
Lesende, 1911
Deckfarbe über Wachskreide, 31,2 × 28,8 cm
Brücke-Museum Berlin

Seite —— 259

Erich Heckel
Leidendes Mädchen, 1914
Öl auf Leinwand, 100 × 74,3 cm
Lehmbruck Museum, Duisburg

Seite —— 267

Emil Nolde
Holzfigur, 1912
Öl auf Leinwand, 60 × 38 cm
Brücke-Museum Berlin,
Dauerleihgabe aus Privatbesitz

Seite —— 269

Emil Nolde
Exotische Figuren. Mann und Frau, 1912
Öl auf Leinwand, 70 × 57 cm
Brücke-Museum Berlin

Seite —— 273

Max Pechstein
Badeszene mit Steuermannsvögeln, 1914
Aquarell, 17 × 16,5 cm
Brücke-Museum Berlin

Seite —— 277

Ernst Ludwig Kirchner
Rückenakt mit Spiegel und Mann, 1912
Öl auf Leinwand, 150 × 75,5 cm
Brücke-Museum Berlin

Seite —— 283

Ernst Ludwig Kirchner
Straßenszene, 1913/14
Pastell, 40 × 30 cm
Brücke-Museum Berlin

Seite —— 284

Ernst Ludwig Kirchner
Weiblicher Akt mit Badezuber, 1912
(verso: *Weiblicher Akt lesend*, 1909)
Öl auf Leinwand, 61 × 68,5 cm
Heidi Horten Collection

Seite —— 285

Ernst Ludwig Kirchner
Sich kämmender Akt, 1913
Öl auf Leinwand, 125 × 90 cm
Brücke-Museum Berlin

Seite —— 287

Ernst Ludwig Kirchner
Leipziger Straße, Kreuzung, 1914
Lithographie auf gelbem Papier,
Bildmaß: 59,5 × 50,6 cm; Blattmaß: 65 × 54,5 cm
Brücke-Museum Berlin,
Karl und Emy Schmidt-Rottluff Stiftung

Seite —— 296

Ernst Ludwig Kirchner
Selbstbildnis, zeichnend, April 1916
Strich- und Flächenätzung,
Bildmaß: 40,5 × 31 cm; Blattmaß: 56,2 × 36,5 cm
Brücke-Museum Berlin

Seite —— 297

Ernst Ludwig Kirchner
Selbstbildnis, 1914
Öl auf Leinwand, 65 × 47 cm
Brücke-Museum Berlin

Begleitabbildungen

Seite —— 16

Ernst Ludwig Kirchner
Programm der Brücke, 1906
Holzschnitt, 15 × 7,5 cm
Brücke-Museum Berlin

Seite —— 26

Abb. 1 **Ernst Ludwig Kirchner**
Programm der Brücke, 1906
Handzettel, 22,7 × 14,5 cm
Brücke-Museum Berlin

Seite —— 30

Abb. 1 **Ernst Ludwig Kirchner**
Bildnis Erich Heckel, 1909
Öl auf Leinwand, 84 × 61 cm
Bündner Kunstmuseum, Chur

Abb. 2 **Ernst Ludwig Kirchner**
Portrait des Malers Heckel, 1907
Öl auf Pappe, 70 × 50,5 cm
Privatbesitz

Abb. 3 **Ernst Ludwig Kirchner**
Portrait Schmidt-Rottluff, 1909
Holzschnitt in Rot, 39,8 × 30,1 cm
Brücke-Museum Berlin

Abb. 4 **Max Pechstein**
Bildnis Ernst Ludwig Kirchner, 1908
Lithographie, 42 × 33 cm
Brücke-Museum Berlin

Seite —— 40

Abb. 1 **Félix Vallotton**
La Paresse, 1896
Holzschnitt, 17,7 × 22,2 cm
Privatbesitz

Abb. 2 **Ernst Ludwig Kirchner**
Mädchenakt auf Sofa, 1905
Holzschnitt, 8,4 × 10 cm
Brücke-Museum Berlin

Abb. 3 **Fritz Bleyl**
Winter, 1905
Farbholzschnitt, 17 × 9,9 cm
Brücke-Museum Berlin

Abb. 4 **Karl Schmidt-Rottluff**
Aus einem Bergwerksdorf, 1905
Holzschnitt, 17,1 × 10,2 cm
Brücke-Museum Berlin

Seite —— 54

Abb. 1 **Ernst Ludwig Kirchner**
Kornpuppen, 1907
Rohrfeder, 36 × 26 cm
Brücke-Museum Berlin

Abb. 2 **Erich Heckel**
Ziegelei, 1907
Holzschnitt, 20 × 26,2 cm
Brücke-Museum Berlin

Abb. 3 **Max Pechstein**
Straße, 1906
Farbholzschnitt, 15,5 × 13,3 cm
Brücke-Museum Berlin

Abb. 4 **Max Pechstein**
Bedrückt, 1906
Holzschnitt, 14,6 × 10,7 cm
Brücke-Museum Berlin

Seite —— 56

Abb. 5 **Ernst Ludwig Kirchner**
Doris mit Halskrause, 1906
Öl auf Karton, 70 × 52 cm
Museo Thyssen-Bornemisza, Madrid

Seite —— 74

Abb. 1 **Ernst Ludwig Kirchner**
Spazierengehendes Paar, 1907
Farbholzschnitt, 28 × 21,5 cm
Privatbesitz

Abb. 2 **Ernst Ludwig Kirchner**
Akt unter Sonnenblumen, 1906
Farbholzschnitt, 21,1 × 15 cm
Wilhelm-Hack-Museum, Ludwigshafen am Rhein

Abb. 3 **Ernst Ludwig Kirchner**
Liebesszene, 1908
Farblithographie, 37,5 × 33,5 cm
Privatbesitz

Seite —— 77

Abb. 4 **Karl Schmidt-Rottluff**
Oppedal (Sogne Fjord), 1911
Öl auf Leinwand, 76,5 × 84,5 cm
Staatsgalerie Stuttgart

Abb. 5 **Edvard Munch**
Selbstbildnis mit Weinflasche, 1906
Öl auf Leinwand, 110,5 × 120,5 cm
Oslo, Munch-museet

Abb. 6 **Karl Schmidt-Rottluff**
Weinstube, 1913
Öl auf Leinwand, 76 × 84 cm
Brücke-Museum Berlin

Seite —— 82

Abb. 1 **Erich Heckel**
Rote Häuser, 1908
Öl auf Leinwand, 65,5 × 79,5 cm
Kunsthalle Bielefeld

Abb. 2 **Karl Schmidt-Rottluff**
Dorfhaus mit Weiden, 1907
Öl auf Leinwand, 85 × 75 cm
Staatliche Museen zu Berlin, Nationalgalerie

Abb. 3 **Karl Schmidt-Rottluff**
Mittag im Moor (Dangast), 1908
Öl auf Leinwand, 69 × 81 cm
Landesmuseum für Kunst und Kulturgeschichte Oldenburg

Abb. 4 **Karl Schmidt-Rottluff**
Einfahrt, 1910
Öl auf Leinwand, 74 × 84 cm
Merzbacher Kunststiftung

Seite —— 109

Abb. 1 **Max Pechstein**
Gehöft, 1909
Öl auf Leinwand, 50,5 × 54,5 cm
Privatbesitz

Abb. 2 **Max Pechstein**
Unter den Bäumen, 1911
Öl auf Leinwand, 74 × 99 cm
Detroit Institute of Arts

Seite —— 119

Abb. 1 **Ernst Ludwig Kirchner**
Japanisches Theater,1909
Öl auf Leinwand, 114,5 × 114,2 cm
National Galleries of Scotland

Abb. 2 **Ernst Ludwig Kirchner**
Ringkämpfer im Zirkus, 1909
Öl auf Leinwand, 80,5 × 94 cm
The Cleveland Museum of Art

Seite —— 132

Abb. 1 **Ernst Ludwig Kirchner**
Burg Rabenstein, Chemnitz, 1904/05
Linolschnitt in Rot, Gelb und Blau, 14 × 12 cm
Brücke-Museum Berlin

Abb. 2 **Ernst Ludwig Kirchner**
Burg Rabenstein, Chemnitz, 1904/05
Linolschnitt in Violett, Braun und Blau, 14 × 12 cm
Brücke-Museum Berlin

Abb. 3 **Ernst Ludwig Kirchner**
Badende Frauen zwischen weißen Steinen, Fehmarn, 1912
Farbholzschnitt, 28,5 × 29 cm
Brücke-Museum Berlin

Abb. 4 **Max Pechstein**
Tänzerin (Tanzpaar), 1909
Lithographie in Schwarz und Rot auf gelbem Papier, 53,5 × 42,3 cm
Brücke-Museum Berlin,
Karl und Emy Schmidt-Rottluff Stiftung

Seite —— 134

Abb. 5 **Ernst Ludwig Kirchner**
Dodo mit japanischem Schirm, 1909
Lithographie n Schwarz, Violett, Rot, Grün und Gelb, 38,5 × 32,5/33 cm
Privatbesitz

Abb. 6 **Ernst Ludwig Kirchner**
Dodo mit japanischem Schirm, 1909
Lithographie in Schwarz, Blau, Rot, Grün und Gelb, 38,4 × 32,9 cm
Museum Ulm

Abb. 7 **Ernst Ludwig Kirchner**
Dodo mit japanischem Schirm, 1909
Lithographie in Schwarz, Hellocker, Rot, Türkis und Gelb, 38,5 × 32,5/33 cm
Privatbesitz

Seite —— 149

Abb. 1 **Erich Heckel**
Badende im Teich, 1909
Öl auf Leinwand, 75 × 95 cm
Privatbesitz

Abb. 2 **Ernst Ludwig Kirchner**
Vier Badende, 1910
Öl auf Leinwand, 75 × 100,5 cm
Von der Heydt-Museum Wuppertal

Abb. 3 **Max Pechstein**
Pferdemarkt in Moritzburg, 1910
Öl auf Leinwand, 69,5 × 80,5 cm
Museo Thyssen-Bornemisza, Madrid,
Leihgabe der Sammlung Carmen Thyssen-Bornemisza Collection

Seite —— 178

Abb. 1 Karl Schmidt-Rottluff
Berliner Straße in Dresden, 1909
Lithographie, 39,7 × 33,5 cm
Brücke-Museum Berlin

Abb. 2 **Erich Heckel**
Mädchen mit Ananas, 1910
Öl auf Leinwand, 80 × 70 cm
(zerstört)

Seite —— 179

Abb. 3 **Erich Heckel**
Atelierszene, 1911
Öl auf Leinwand, 75 × 53,5 cm
Staatliche Kunstsammlungen Dresden,
Albertinum

Abb. 4 **Erich Heckel**
Zwei Alte auf blauem Sofa, 1910
Öl auf Leinwand, 74 × 86 cm
Kunsthalle zu Kiel

Abb. 5 **Erich Heckel**
Innenraum, 1913
Aquarell und Tusche über Bleistift, 46 × 39 cm
Brücke-Museum Berlin

Seite —— 190

Abb. 1 **Erich Heckel**
Drahtseilartisten (Tanzendes Paar), 1910
Öl auf Leinwand, 80 × 68,5 cm
Kochel, Franz Marc Museum, Stiftung Etta und Otto Stangl

Abb. 2 **Ernst Ludwig Kirchner**
Russisches Tänzerpaar, 1909
Farblithographie, 33 × 38,5 cm
Privatbesitz

Abb. 3 **Ernst Ludwig Kirchner**
Musikrestaurant, 1914
Lithographie auf gelbem Papier, 59,5 × 50,5 cm
Brücke-Museum Berlin

Seite —— 192

Abb. 4 **Erich Heckel**
Sterbender Pierrot, 1913
Öl auf Leinwand, 96 × 83 cm
(zerstört)

Seite —— 211

Abb. 1 **Karl Schmidt-Rottluff**
Frau unter Bäumen, 1914
Holzschnitt, 49,8 × 40,2 cm
Brücke-Museum Berlin

Abb. 2 **Karl Schmidt-Rottluff**
Tanne, 1914
Holzschnitt, 40,2 × 50 cm
Brücke-Museum Berlin

Seite —— 240

Abb. 1 **Max Pechstein**
Fischerboot, 1913
Öl auf Leinwand, 190 × 96 cm
Brücke-Museum Berlin

Seite —— 251

Abb. 1 **Erich Heckel**
Gläserner Tag, 1913
Öl auf Leinwand, 121 × 97 cm
Bayerische Staatsgemäldesammlungen, München

Abb. 2 **Erich Heckel**
Laute spielendes Mädchen, 1913
Öl auf Leinwand, 72 × 79 cm
Brücke-Museum Berlin

Seite —— 256

Abb. 1 **Erich Heckel**
Akt, 1910
Öl auf Leinwand, 77,5 × 72,5 cm
Privatbesitz

Abb. 2 **Ernst Ludwig Kirchner**
Nelly und Sidi Heckel (Riha), tanzend im Atelier von Erich Heckel, 1910/11
Fotografie, 13 × 18 cm
Kirchner Museum Davos, Schenkung Nachlass Ernst Ludwig Kirchner

Abb. 3 **Erich Heckel**
Pantomime von WS Guttmann, 1912
Holzschnitt, 11 × 22,5 cm
Privatbesitz

Seite —— 257

Abb. 4 **Erich Heckel**
Genesende (Triptychon), 1913
Öl auf Leinwand, 80,7 × 70,3 cm; 81,3 × 70,5 cm; 80,5 × 70,3 cm
Harvard Art Museums/Busch-Reisinger Museum, Edmée Busch Greenough Fund

Seite —— 262

Abb. 1 **Ernst Ludwig Kirchner**
Chronik der „Brücke", Titel
Holzschnitt in Schwarz auf rotem Papier, 45,7 × 33,2 cm (Bildmaß)
Privatbesitz

Abb. 2 **Ernst Ludwig Kirchner**
Chronik der „Brücke", Textseite
Typographisch gestalteter Text mit zwei Holzschnitten, 67 × 51 cm (Blattmaß)
Brücke-Museum Berlin

Seite —— 272

Abb. 1 **Max Pechstein**
Monsunstimmung in Palau, 1914
Öl auf Leinwand, 78 × 67 cm
Privatbesitz

Seite —— 276

Abb. 1
Ernst Ludwig Kirchner
Paar im Zimmer, 1912
Öl auf Leinwand, 95 × 86 cm
Privatbesitz

Seite —— 281

Abb. 1 **Ernst Ludwig Kirchner**
Friedrichstraße Berlin, 1914
Öl auf Leinwand, 125 × 91 cm
Staatsgalerie Stuttgart

Abb. 2 **Ernst Ludwig Kirchner**
Straßenszene mit grüner Dame, 1914
Pastell, 47 × 29,8 cm
Brücke-Museum Berlin, ehemals Sammlung Karlheinz Gabler

Abb. 3 **Ernst Ludwig Kirchner**
Sich anbietende Kokotte, 1914
Radierung in Violett, 35,1 × 27,1 cm
Brücke-Museum Berlin

Seite —— 290

Abb. 1 **Ernst Ludwig Kirchner**
Das Eisenbahnunglück, 1914
Lithographie, handkoloriert in Violett, 50,5 × 59,5 cm
Brücke-Museum Berlin

Abb. 2 **Ernst Ludwig Kirchner**
Potsdamer Platz, 1914
Kohle auf Bütten, 67,5 × 51,2 cm
Brücke-Museum Berlin, ehemals Sammlung Karlheinz Gabler

Schmuckseiten

Cover:

Ernst Ludwig Kirchner
Liegender blauer Akt mit Strohhut, 1909
Öl auf Karton, 68 × 72 cm
Privatsammlung

Detailabbildungen:

Ernst Ludwig Kirchner
Artistin Marcella, 1910
Öl auf Leinwand, 101 × 76 cm
Brücke-Museum Berlin

Ernst Ludwig Kirchner
Stehender Akt mit Fächer (Milly), 1909
Kreide, 44,2 × 34,6 cm
Brücke-Museum Berlin

Ernst Ludwig Kirchner
Steilküste mit runder Bucht, Fehmarn (Dünenabhang mit runder Bucht), 1913
Holzschnitt, Bildmaß: 43,3 × 35 cm; Blattmaß: 52 × 39 cm
Brücke-Museum Berlin

Seite —— 14/15:

Ernst Ludwig Kirchner
Werner Gothein, Hugo Biallowons und Erna Schilling in Kirchners Atelier, Körnerstr. 45, Berlin 1915
Modern Print, 13 × 18 cm
Slg. E.W.K., Bern-Davos, Courtesy Kirchner Museum Davos

Lesehinweise

50 Jahre Brücke-Museum Berlin. Jubiläumsband, München 2017

Itzhak Goldberg, L'Expressionisme. Une Esthétique Européenne, Paris 2017

Magdalena M. Moeller, Brücke-Museum Berlin (Prestel-Museumsführer), 3. Aufl. München 2014

Die Brücke 1905–1914. Aux origines de l'expressionisme, Ausst.-Kat. Musée de Grenoble, 2012

Brücke-Museum Berlin. Malerei und Plastik. Sammlung der Karl und Emy Schmidt-Rottluff Stiftung. Kommentiertes Verzeichnis der Bestände, hrsg. von Magdalena M. Moeller, München 2011

Deutscher Expressionismus 1905–1913, hrsg. von Magdalena M. Moeller und Marietta Jansen, Ausst.-Kat. Groninger Museum Groningen, München 2009

Neue Forschungen und Berichte, Brücke-Archiv 23, hrsg. von Magdalena M. Moeller, München 2008

Erlebnis Farbe. Aquarelle aus dem Brücke-Museum Berlin, hrsg. von Magdalena M. Moeller, Ausst.-Kat. Brücke-Museum Berlin u. a., München 2007

Brücke-Museum Berlin. Malerei und Plastik. Kommentiertes Verzeichnis der Bestände, hrsg. von Magdalena M. Moeller, München 2006

Brücke. Die Geburt des deutschen Expressionismus, hrsg. von Magdalena M. Moeller, Ausst.-Kat. Brücke-Museum in der Berlinischen Galerie, München 2005

Magdalena M. Moeller, Expressionismus. Die große Künstlerbewegung der Moderne, 2. Aufl. Köln 2005

Magdalena M. Moeller, Künstlergruppe Brücke, München 2005

„Unmittelbar und Unverfälscht." Aquarelle, Zeichnungen und Druckgraphik der „Brücke" aus dem Brücke-Museum Berlin, hrsg. von Magdalena M. Moeller, Ausst.-Kat. Brücke-Museum Berlin u.a., München 2003

Magdalena M. Moeller, Die Brücke. Meisterwerke des Expressionismus aus dem Brücke-Museum, Ausst.-Kat. Kunstmuseum Bonn, München 2002

Figures du Moderne, L'Expressionisme en Allemagne 1905–1914, Ausst.-Kat. Musée d'Art Moderne de la Ville de Paris, Paris 1993

Die Expressionisten vom Aufbruch bis zur Verfemung, Ausst.-Kat. Museum Ludwig, Köln 1996

Magdalena M. Moeller, Die Brücke. Zeichnungen, Aquarelle, Druckgraphik, Stuttgart 1992

Lothar-Günther Buchheim, Die Künstlergemeinschaft Brücke, Feldafing 1956

Paul Vogt, Expressionismus, Deutsche Malerei zwischen 1905 und 1920, Köln 1978

Zur Autorin

Magdalena M. Moeller wurde in Köln geboren. Nach dem Abitur 1974 Studium der Kunstgeschichte, Archäologie und Ostasiatischen Kunstgeschichte in Köln und Bonn. 1981 Promotion bei Eduard Trier über den „Sonderbund“. 1976 bis 1978 Tätigkeit für die Antonie Deusser-Stiftung in Zürich. Ab 1981 an der Staatsgalerie Stuttgart, dort Ausstellungen über *Fernand Léger/Georges Braque zum 100. Geburtstag* und *Die Handzeichnung der Gegenwart*. Ab 1982 Leitung der Abteilung Malerei und Plastik am Sprengel Museum Hannover. Ausstellungen zur zeitgenössischen Kunst und zur Klassischen Moderne, u.a. *Boccioni und Mailand* (1983) und *Picasso* (1986). Außerdem Mitwirkung an Ausstellungen wie *Delaunay und Deutschland*, München 1985, *Henri Laurens*, Bern 1985, oder *Georges Braque*, München 1988. 1986 Kuratierung der Ausstellung *Positionen*, der ersten Ausstellung zeitgenössischer westdeutscher Kunst in Ost-Berlin und Dresden nach Unterzeichnung des Kulturabkommens mit der DDR. 1988 Berufung an das Brücke-Museum in Berlin als Nachfolgerin von Leopold Reidemeister. Verleihung des Professorentitels durch das Land Berlin. Umfangreiche Erwerbungstätigkeit und Komplettierung des Bestands. Publikation zahlreicher Sammlungskataloge und Aufarbeitung des Brücke-Expressionismus in zahlreichen Ausstellungen, insbesondere zu Kirchner, sowie Ausstellungen zu Zeitgenossen wie Franz Marc (1989), Wassily Kandinsky (1994), den Künstlern des „Blauen Reiter“ (1998) oder August Macke (2001). Außerdem eine Vielzahl von „Brücke“-Ausstellungen weltweit, u.a. in Tokio, Mailand, Jerusalem, Madrid, Luxemburg, Wien, Rom, Oslo, Moskau, Venedig, Grenoble, Genua. 2003 bedeutende Kirchner-Ausstellung in London und Washington, 2017 Kirchner-Ausstellung in Zürich.

Magdalena M. Moeller ist auch Autorin diverser Buchpublikationen, u. a. zu *August Macke* (1987), *Der Blaue Reiter* (1988), *Macke. Die Tunisreise* (1989), *Die großen Expressionisten* (2000), *Die Brücke* (2005), *Kirchner. Peter Schlemihls wundersame Geschichte* (2014, in Zusammenarbeit mit Günther Gercken), *Leopold Reidemeister. Ein deutscher Museumsmann* (2017, in Herausgeberschaft).

Mit dem 50-jährigen Bestehen des Brücke-Museums 2017 Ausscheiden aus dem Amt der Direktorin.

Besondere Ehrungen: 1983 Paul Clemen-Preis des Landschaftsverbands Rheinland für die Dissertation. 2015 Verdienstkreuz der Bundesrepublik Deutschland. Siehe auch die 2017 erschienene Publikation von Bernadette Schoog, *Kirchner, Nolde und die anderen. Magdalena M. Moeller und das Brücke-Museum Berlin*.

Impressum

Diese Publikation erscheint anlässlich der Ausstellung

Die Brücke 1905–14

im Museum Frieder Burda, Baden-Baden
17. November 2018 – 24. März 2019

Herausgeber
Stiftung Frieder Burda und
Prof. Dr. Magdalena M. Moeller

Direktor des Museum Frieder Burda
Henning Schaper

Konzeption von Ausstellung und Katalog
Prof. Dr. Magdalena M. Moeller

unter Mitwirkung von
Prof. Dr. Helmut Friedel

Ausstellungsorganisation und Katalogredaktion
Christiane Righetti

Leiterin der Sammlung Frieder Burda
Judith Irrgang

Koordination und Marketing
Annette Smetanig

Sekretariat
Carolin Melcher

PR und Öffentlichkeitsarbeit
Kathrin Luz, Ute Rosenfeld

Kunstvermittlung
Kathrin Dorfner, Brigitte von Stebut

Ausstellungsaufbau
Josef Merkel, Arnd Merkle, Ralph Vollmer, Karlheinz Zachmann

Gestaltung und Satz
Margarethe Hausstätter ExtraGestaltung

Lektorat
Sophie Reinhardt

Projektleitung Verlag
Jürgen Kleidt

Lithographie
Repromayer, Reutlingen

Papier
Artic Volume Ivory, 150 g/qm

Druck und Bindung
Printer Trento S.r.l., Trento

Printed in Italy

Bibliografische Information der Deutschen Nationalbibliothek: Die Deutsche Nationalbibliothek verzeichnet diese Publikation in der Deutschen Nationalbibliografie; detaillierte bibliografische Daten sind im Internet über www.dnb.de abrufbar.

ISBN 978-3-7774-3152-9

Erschienen im
Hirmer Verlag GmbH
Nymphenburger Straße 84
80636 München

www.hirmerverlag.de

Fotonachweis

Landesmuseum für Kunst und Kulturgeschichte Oldenburg, Sven Adelaid: S. 82 (Abb. 3)
Archiv Museum Frieder Burda: S. 59, 112, 113, 129, 153, 154, 181
bpk: S. 82 (Abb. 2), 77, 82 (Abb. 2), 90, 92, 136, 137, 156, 181, 196, 229, 237, 251 (Abb. 1), 253, 281 (Abb. 1)
Archivo Fotográfico Museo Nacional Centro de Arte Reina Sofía, Madrid: S. 111
The Cleveland Museum of Art: S. 119 (Abb. 2)
Detroit Institute of Arts: S. 109 (Abb. 2)
Museum Ulm/Mario Gastinger, München: S. 132 (Abb. 6)
Harvard Art Museums/Busch-Reisinger Museum, Edmée Busch Greenough Fund: S. 257 (Abb. 4)
Kirchner Museum Davos: S. 14/15, 256 (Abb. 2)
Brücke-Museum Berlin, Roman März: S. 16, 19, 23, 26, 30 (Abb. 3, 4) 32–35, 37, 40 (Abb. 2–4), 43–45, 49, 51, 54 (Abb. 1–4), 60–64, 67, 71, 77 (Abb. 6), 78, 79, 84–89, 91, 93–95, 99, 105, 121, 124–126, 132 (Abb. 1–4), 135, 138, 139, 143, 145, 152, 153, 155, 157, 160, 165, 170–175, 179 (Abb. 1, 5), 180–185, 187, 190 (Abb. 3), 194/195, 197, 201, 203, 205, 211 (Abb. 1, 2), 213, 215, 219, 221, 225, 230, 231, 235, 240 (Abb. 1), 245, 246, 251 (Abb. 2), 252, 258, 262 (Abb. 2), 269, 273, 277, 281 (Abb. 3), 283, 285, 287, 290 (Abb. 1, 2), 296, 297
National Galleries of Scotland: S. 119 (Abb. 1)
Nolde Stiftung Seebüll: S. 65, 101, 267
SCALA, Florenz: S. 56, 149 (Abb. 3)
Antje Zeis-Loi, Medienzentrum Wuppertal/ Von der Heydt-Museum Wuppertal: S. 149 (Abb. 2)

Nicht in allen Fällen war es möglich, die Inhaber der Urheberrechte ausfindig zu machen oder zu erreichen. Berechtigte Ansprüche werden selbstverständlich im Rahmen der üblichen Vereinbarungen abgegolten.